Reisesprachführer

# FRANZÖSISCH

**Die wichtigsten Wörter und Wendungen für Alltag und Reise**
**Mit nützlichen landeskundlichen Tipps und Infos**

W0306826

Bassermann

ISBN-10: 3-8094-1913-3
ISBN-13: 978-3-8094-1913-6

Autorisierte Sonderausgabe 2006 für den Bassermann Verlag
© der Originalausgabe 2006 by Wissen Media Verlag GmbH,
Gütersloh/München

**bearbeitet von:** Nicole Romain

**Redaktion:** Michaela Stüttgen, Dr. Beate Varnhorn
**Umschlaggestaltung:** Therese und Horst Rothe, Niedernhausen
**Illustrationen:** Dieter Stadler
**Satz und Layout:** Dirk Bischoff, Ernst-Jürgen Bischoff, Anke Eickholt
**Bildredaktion:** Edeltraud Siebart
**Herstellung für diese Ausgabe:** Sonja Storz
**Druck und Bindung:** Druckerei Alföldi, Debrecen, Ungarn

Nachdruck – auch auszugsweise – nur mit Genehmigung des Verlags.

**Bildnachweis:**

Jean-Marie Basquine, Montpellier: 75; Caro Fotoagentur GbR, Berlin: 194; istockphoto: 138; Mauritius, Mittenwald: 165/Fagot, Hintergrund: 15, 35, 115, 155, 185, 215, 231, 253, 269, 287; Sipa Press, Paris: 124/Ikawa.

*Alle in diesem Band aufgeführten Wörter, Wendungen, Übersetzungen und Fakten wurden sorgfältig recherchiert. Für ihre Richtigkeit kann jedoch keine Gewähr übernommen werden.*

048/12760202X817 2635 4453 6271

# INHALTSVERZEICHNIS

## Unterwegs: Von A nach Z 3



## Unterkunft 4

## Essen & Trinken 5



## Einkaufen 6



1 2 3 4 5 6 7 8 9 10

## Für alle Fälle 9



## Dienstlich unterwegs 10



## Kurzgrammatik S. 269

## Wörterbuch S. 287

# EINFÜHRUNG

Deutsch- oder Englischkenntnisse können in Frankreich vielerorts nicht vorausgesetzt werden, so dass das Französische oft die einzige Verständigungsmöglichkeit darstellt. Und überhaupt begegnet man ausländischen Besuchern und Touristen, die ihr Interesse am Land und seinen Bewohnern mit – sei es auch nur sehr begrenzten – Französischkenntnissen manifestieren, im allgemeinen offener und entgegenkommender.

## Ganze Sätze und einzelne Vokabeln nachschlagen

Einzelne deutsche oder französische **Vokabeln** und ihre Übersetzung finden Sie am schnellsten im Wörterbuchteil im Anhang des Buches. Wenn Sie sich hingegen auf eine bestimmte Situation im Reiseland systematisch vorbereiten wollen und bestimmte **Sätze**, eine feste Wendung oder situationstypische Standardvokabeln lernen oder nachschlagen möchten, so gelangen Sie am besten über das thematisch geordnete Inhaltsverzeichnis in das entsprechende Kapitel. Hier sind dann alle typischen Redemittel in überschaubaren Einheiten präsentiert. Darüber hinaus finden Sie in den Kapiteln nützliche **Tipps und Hinweise**, die Ihnen helfen, sich in der fremden Umgebung besser zu orientieren und zurechtzufinden. Eine weitere Zugriffsmöglichkeit für Wendungen und Sätze bietet das **Wörterbuch** im Anhang. Denn dort ist außer der Übersetzung der gesuchten Vokabel auch die jeweilige Seitenzahl angegeben, die Sie direkt in den entsprechenden Textteil führt.

## Der Reisesprachführer als Selbstlernsprachkurs

Für Französischlerner und diejenigen, die sich mit den wichtigsten Regeln der französischen Sprache vertraut machen möchten, ist die **Kurzgrammatik** im Anhang konzipiert. Die **Ausspracheregeln** im Vorspann des Buches und die **Lautschriftangaben** zu den Vokabeln und Sätzen in den einzelnen Kapiteln geben Ihnen die korrekte Sprechweise an. Die **Lerneinheiten** im Textteil sind thematisch geordnet und eignen sich zum selektiven Lesen und Lernen. In den einzelnen Kapiteln sind alle wichtigen Redemittel zu der jeweiligen typischen Reisesituation übersichtlich zusammengestellt: elementare Sätze der Alltagskommunikation und die wichtigsten Vokabeln ebenso wie häufige Hinweise, Schilder und Durchsagen in der Landessprache.

Das, was gelernt werden sollte, steht immer rechts: Handelt es sich um Wörter oder Wendungen, die Sie aktiv beherrschen sollten (z.B. *Die Rechnung, bitte!)*, so steht die deutsche Wendung links, die französische Übersetzung rechts. Bei Wörtern und Wendungen, die Sie selbst kaum sagen würden, aber doch verstehen sollten (z.B. *Haben Sie etwas zu verzollen?)*, ist die Anordnung genau umgekehrt. So können Sie jeweils die rechte Spalte verdecken und lernen.

Apropos: Weibliche Nomen sind in den Wortlisten nachstehend durch ein *f* gekennzeichnet. Abweichender Numerus wird durch die Angabe *pl* signalisiert (z.B. Schere - ciseaux *pl*).

# SYMBOLE & DARSTELLUNGSWEISEN

| **Symbol** | **Beschreibung** | **Beispiel** |
|---|---|---|
| • | passiver Wortschatz | • Vos papiers, s'il vous plaît!<br>[vo papje sil vu plɛ]<br>Ihre Papiere, bitte! |
| / | Alternativen; die Grauschrift kennzeichnet die Wahlmöglichkeiten | Angestellte/r – employé/e<br>Wo ist / sind …?<br>Bis nachher / später / bald!<br>Danke gut, und Ihnen / dir? |
| ( ) | fakultative Erweiterungen | Es tut mir (wirklich) leid! –<br>Je suis (vraiment) désolé/e!<br>[ʒə sɥi (vrɛmɑ̃) dezɔle] |
| … | Platz für Varianten, die an dieser Stelle eingesetzt werden können | **Allez …!** — **Fahren Sie …!**<br>[ale]<br>à droite — nach rechts<br>[a drwat]<br>à gauche — nach links<br>[a goʃ]<br>tout droit — geradeaus<br>[tu drwa] |
| ▶ | Weiteres finden Sie im Wörterbuch oder im angegebenen Kapitel | ▶ Wörterbuch (Berufe)<br>▶ Kap. 1, Rund ums Geld S. 19 |

# 1 ZAHLEN, ZEITEN, ZENTIMETER

1

# Zahlen & Maße

Angesichts des hohen Sprechtempos vieler Franzosen sind Zahlen nicht immer leicht zu verstehen. Lassen Sie sich ggf. die Telefonnummer oder den Preis aufschreiben: *Pourriez-vous m'écrire le numéro de téléphone / prix?* *[purje vu mekrir lə nymero də telefɔn / pri]* (= Könnten Sie mir die Telefonnummer / den Preis aufschreiben?)

## Kardinalzahlen

| 0 | 1 | 2 | 3 | 4 |
|---|---|---|---|---|
| zéro [zero] | un [œ̃] | deux [dø] | trois [trwa] | quatre [katr(ə)] |

| 5 | 6 | 7 | 8 | 9 |
|---|---|---|---|---|
| cinq [sɛ̃k] | six [sis] | sept [sɛt] | huit [ɥit] | neuf [nœf] |

| | | | |
|---|---|---|---|
| 10 | dix [dis] | 11 | onze [ɔ̃z] |
| 20 | vingt [vɛ̃] | 12 | douze [duz] |
| 30 | trente [trɑ̃t] | 13 | treize [trɛz] |
| 40 | quarante [karɑ̃t] | 14 | quatorze [katɔrz] |
| 50 | cinquante [sɛ̃kɑ̃t] | 15 | quinze [kɛ̃z] |
| 60 | soixante [swasɑ̃t] | 16 | seize [sɛz] |
| 70 | soixante-dix [swasɑ̃t dis] | 17 | dix-sept [disɛt] |
| 80 | quatre-vingts [katrə vɛ̃] | 18 | dix-huit [dizɥit] |
| 90 | quatre-vingt-dix [katrə vɛ̃ dis] | 19 | dix-neuf [diznœf] |
| 100 | cent [sɑ̃] | 21 | vingt et un [vɛ̃t‿e œ̃] |
| 200 | deux cents [dø sɑ̃] | 22 | vingt-deux [vɛ̃t dø] |
| 300 | troix cents [trwa sɑ̃] | 23 | vingt-trois [vɛ̃t trwa] |
| 400 | quatre cents [katr(ə) sɑ̃] | 31 | trente et un [trɑ̃t‿e œ̃] |

| | | | |
|---|---|---|---|
| 101 | cent un [sɑ̃ œ̃] | 104 | cent quatre [sɑ̃ katr(ə)] |
| 102 | cent deux [sɑ̃ dø] | 105 | cent cinq [sɑ̃ sɛ̃k] |
| 103 | cent trois [sɑ̃ trwa] | 106 | cent six [sɑ̃ sis] |

| 1000<br>mille<br>[mil] | 10.000<br>dix mille<br>[di mil] | 1.000.000<br>un million<br>[œ̃ miljɔ̃] |
|---|---|---|

| | | | |
|---|---|---|---|
| 1.500 | mille cinq cents [mil sɛ̃ sɑ̃] | 20.000 | vingt mille [vɛ̃ mil] |
| 2.000 | deux mille [dø mil] | 30.000 | trente mille [trɑ̃t mil] |
| 3.000 | trois mille [trwa mil] | 100.000 | cent mille [sɑ̃ mil] |
| 4.000 | quatre mille [katr(ə) mil] | 200.000 | deux cents mille [dø sɑ̃ mil] |
| | | 2.000.000 | deux millions [dø miljɔ̃] |

▶ Kap. 1, Rund ums Geld S. 19

## Ordinalzahlen

| | | | |
|---|---|---|---|
| 1° | premier/-ière [prəmje/-jɛr] | 6° | sixième [sizjɛm] |
| 2° | deuxième [døzjɛm] | 7° | septième [sɛtjɛm] |
| 3° | troisième [trwazjɛm] | 8° | huitième ['ɥitjɛm] |
| 4° | quatrième [katrijɛm] | 9° | neuvième [nœvjɛm] |
| 5° | cinquième [sɛ̃kjɛm] | 10° | dixième [dizjɛm] |

Alle weiteren Ordinalzahlen werden durch Anhängen von *-ième* [jɛm] gebildet: *onze* [ɔ̃z] – *onzième* [ɔ̃zjɛm], *vingt et un* [vɛ̃t‿e œ̃〉] – *vingt et unième* [vɛ̃t‿e ynjɛm].

▶ Kap. 1, Datum S. 29

1

## Bruch- & Prozentzahlen

| | | | |
|---|---|---|---|
| 1/2 | un/e demi/e [œ̃/yn d(ə)mi] | 1/6 | un sixième [œ̃ sizjɛm] |
| 1 1/2 | un et demi [œ̃ e d(ə)mi] | | |
| 1/3 | un tiers [œ̃ tjɛr] | 15% | quinze pour cent [kɛ̃z pur sɑ̃] |
| 1/4 | un quart [œ̃ kar] | | |
| 3/4 | trois quarts [trwa kar] | 50% | cinquante pour cent [sɛ̃kɑ̃t pur sɑ̃] |
| 1/5 | un cinquième [œ̃ sɛ̃kjɛm] | | |

**Apropos:** Mit *un demi* [œ̃ d(ə)mi] können Sie in französischen Bars ein frisch gezapftes Bier bestellen, allerdings bekommen Sie nicht ein Halbes im bayrischen Sinne, sondern nur 0,25 l.

## Maß- & Mengeneinheiten

| | | |
|---|---|---|
| mm | Millimeter | le millimètre [lə milimɛtr(ə)] |
| cm | Zentimeter | le centimètre [lə sɑ̃timɛtr(ə)] |
| m | Meter | le mètre [lə mɛtr(ə)] |
| km | Kilometer | le kilomètre [lə kilɔmɛtr(ə)] |
| | Seemeile | le mille marin [lə mil marɛ̃] |
| $m^2$ | Quadratmeter | le mètre carré [lə mɛtr(ə) kare] |
| $km^2$ | Quadratkilometer | le kilomètre carré [lə kilɔmɛtr(ə) kare] |
| a | Ar | l'are [lar] |
| ha | Hektar | l'hectare [lɛktar] |
| $cm^3$ | Kubikzentimeter | le centimètre cube [lə sɑ̃timɛtr(ə) kyb] |
| $m^3$ | Kubikmeter | le mètre cube [lə mɛtr(ə) kyb] |
| km/h | Stundenkilometer | le kilomètre-heure [lə kilɔmɛtr‿œr] |
| | Knoten | le nœud [lə nø] |

| | | |
|---|---|---|
| dl | Deziliter | le décilitre [lə desilitr(ə)] |
| l | Liter | le litre [lə litr(ə)] |
| g | Gramm | le gramme [lə gram] |
| | 500 Gramm | la livre [la livr(ə)] |
| kg | Kilogramm | le kilo [lə kilo] |
| | Zentner (50 kg) | le demi-quintal [lə d(ə)mi kɛ̃tal] |
| | | cinquante kilos [sɛ̃kɑ̃t kilo] |
| q | Doppelzentner | le quintal [lə kɛ̃tal] |
| t | Tonne | la tonne [la tɔn] |
| | ein Dutzend | une douzaine [yn duzɛn] |
| | ein Paar | une paire [yn pɛr] |
| | ein paar Äpfel | quelques pommes [kɛlkə pɔm] |

**Apropos:** Bei Mengenangaben wird *de* [də] ergänzt: *un kilo de pommes* [œ̃ kilo də pɔm] (= ein Kilo Äpfel).

▶ Kap. 6, Mengenangaben S. 163
▶ Kap. 5, Mengen S. 118

# Rund ums Geld

Am 1. Januar 2002 löste der Euro den französischen Franc ab. In Frankreich wurden für die Münzen drei unterschiedliche Motive gewählt. Auf den 1- und 2-Euro-Münzen ist ein stilisierter Baum dargestellt, dessen Äste und Wurzeln Leben, Beständigkeit und Wachstum symbolisieren sollen. Er ist eingerahmt von der republikanischen Devise "liberté , egalité, fraternité" (Freiheit, Gleichheit, Brüderlichkeit). Auf den 10-, 20- und 50-Cent-Münzen ist die Säerin, eine Konstante in der Währungsgeschichte des Franc, als Symbol für Fruchtbarkeit und Eigenständigkeit zu sehen. Die 1-, 2- und 5-Cent-Münzen zeigen eine junge und feminine Marianne als Personifizierung Frankreichs, die den Wunsch nach einem starken und beständigen Europa verkörpert.

## Bezahlen

Die meistverbreiteten Zahlungsmittel in Frankreich sind Bargeld, Schecks, EC- und Kreditkarten. Aus Furcht vor Fälschungen kann es passieren, dass Händler Banknoten von hohem Wert (100 oder 200 Euro) ablehnen.
»Plastikgeld« ist in Frankreich sehr beliebt und verbreitet. Die bekanntesten Kreditkarten (= *cartes bancaires/de crédit* [kart(ə) bɑ̃kɛr/də kredi]) sind VISA (= *carte bleue* [kart(ə) blø]) und Mastercard/Eurocard. Sie werden fast überall akzeptiert, während American Express oder Diners Club meist nur im Hotelgewerbe und in der Gastronomie als gängiges Zahlungsmittel anerkannt sind.

| | |
|---|---|
| Wie viel kostet das? | Combien ça coûte? [kɔ̃bjɛ̃ sa kut] |
| Was kosten die Tomaten? | Combien coûtent les tomates? [kɔ̃bjɛ̃ kut(ə) le tɔmat] |
| Wie viel schulde ich Ihnen? | Combien est-ce que je vous dois? [kɔ̃bjɛ̃ ɛs‿kə ʒə vu dwa] |
| • Cela vous fait cent cinquante-cinq euros. [səla vu fɛ sɑ̃ sɛ̃kɑ̃t sɛ̃k ørɔ] | Das macht 155 Euro. |
| • **Voilà, votre ...!** [vwala vɔtr(ə)] | **Hier Ihr/e ...!** |
| monnaie [mɔnɛ] | Rückgeld |
| reçu [r(ə)sy] | Quittung |
| • Comment réglez-vous? [kɔmɑ̃ regle vu] | Wie möchten Sie zahlen? |

| | |
|---|---|
| • **Je paye ... .** [ʒə pɛj] | **Ich zahle ... .** |
| en espèces [ɑ̃n‿ɛspɛs] | bar |
| par chèque [par ʃɛk] | mit Scheck |
| avec la carte de crédit [avɛk la kart(ə) də kredi] | mit Kreditkarte |
| **Nehmen Sie ... ?** | **Acceptez-vous ... ?** [aksɛpte vu] |
| die VisaCard | la carte bleue [la kart(ə) blø] |
| die EC-Karte | la carte eurochèque [la kart(ə) ørɔʃɛk] |
| • Signez ici, s'il vous plaît! [siɲe isi sil vu plɛ] | Unterschreiben Sie bitte hier! |
| Könnte ich bitte eine Rechnung / Quittung haben? | Puis-je avoir une facture / un reçu, s'il vous plaît? [pɥi‿ʒ(ə) avwar yn faktyr / œ̃ r(ə)sy sil vu plɛ] |
| • Avec ou sans la TVA? [avɛk u sɑ̃ la tevea] | Mit oder ohne Mehrwertsteuer? |

## Reisezahlungsmittel

### So erhalten Sie Bargeld

| | |
|---|---|
| EC-Karte (Geldautomat) | carte *f* eurochèque [kart(ə) ørɔʃɛk] (distributeur de billets [distribytœr də bijɛ]) |
| Kreditkarte (Geldautomat) | carte *f* de crédit [kart(ə) də kredi] |
| Sparcard (Post) | livret d'épargne [livrɛ deparɲ(ə)] (poste [pɔst(ə)]) |
| Reisescheck | traveller's chèque [travlœr(s) ʃɛk] |
| Barumtausch | change [ʃɑ̃ʒ] |

▶ Kap. 8, Banken & Geldverkehr S. 217

1

# Zeiten

Obwohl es zwischen Deutschland und Frankreich keine Zeitverschiebung gibt, sind Zeitverständnis, Tagesrhythmen und Öffnungszeiten andere. Je weiter südlich Sie kommen, desto größer wird der Unterschied.

## Uhrzeiten

| | |
|---|---|
| Wie spät ist es? | Quelle heure est-il? [kɛl‿œr ɛt‿il] |
| Können Sie mir bitte sagen, wie spät es ist? | Vous avez l'heure, s'il vous plaît? [vuz‿ave lœr sil vu plɛ] |
| **Es ist ... .** | **Il est ... .**[il‿ɛ] |
| 15:00 | Il est trois heures. [il‿ɛ trwaz‿œr] |
| 15:10 | Il est trois heures dix. [il‿ɛ trwaz‿œr dis] |
| 15:15 | Il est trois heures et quart. [il‿ɛ trwaz‿œr e kar] |
| 15:25 | Il est trois heures vingt-cinq. [il‿ɛ trwaz‿œr vɛ̃t sɛ̃k] |
| 15:30 | Il est trois heures et demi. [il‿ɛ trwaz‿œr e d(ə)mi] |
| 15:40 | Il est quatre heures moins vingt. [il‿ɛ katr‿œr mwɛ̃ vɛ̃] |
| 15:45 | Il est quatre heures moins le quart. [il‿ɛ katr‿œr mwɛ̃ lə kar] |

| | |
|---|---|
| 15:50 | Il est quatre heures moins dix. [il‿ɛ katr‿œr mwɛ̃ dis] |
| 16:00 | Il est quatre heures. [il‿ɛ katr‿œr] |

| | |
|---|---|
| wann? | quand? [kɑ̃] |
| um wie viel Uhr? | à quelle heure? [a kɛl‿œr] |
| um 10 Uhr | à dix heures [a diz‿œr] |
| Punkt 6 Uhr | à six heures précises [a siz‿œr presiz] |
| gegen 11 Uhr | vers onze heures [vɛr‿ɔ̃z‿œr] |
| in 20 Minuten | dans vingt minutes [dɑ̃ vɛ̃ minyt] |
| in einer Viertelstunde | dans un quart d'heure [dɑ̃z‿œ̃ kar dœr] |
| vor einer halben Stunde | il y a une demi-heure [il‿ja yn d(ə)mijœr] |
| Minute | minute *f* [minyt] |
| Sekunde | seconde *f* [s(ə)gɔ̃d] |
| Stunde | heure *f* [œr] |

## Öffnungszeiten

Für Einkäufer sind die französischen Geschäftszeiten paradiesisch: lange Öffnungszeiten, häufig bis in den späten Abend. Mittagspausen sind üblich, variieren jedoch in der Länge. Samstags bleiben die Geschäfte, bis auf viele Reisebüros, auch am Nachmittag bis 19.00 Uhr geöffnet; und an vielen Sonn- und Feiertagen kann ebenfalls eingekauft werden. Montagmorgens hingegen ist häufig geschlossen. Im Juli und August, der Hauptferienzeit, gelten in Touristenzentren oft Sonderregelungen.

1

**Apotheken** Jede geöffnete bzw. diensthabende Apotheke ist an ihrem grün aufleuchtenden Kreuz zu erkennen. In den meisten Großstädten sind Apotheken täglich, außer sonntags, durchgehend von 8.00 - 19.00 Uhr geöffnet; in kleineren Ortschaften schließen Apotheken mittags. Außerhalb der Öffnungszeiten gelten Bereitschaftsdienste (= *pharmacie f de garde* [farmasi də gard(ə)].

**Ausgrabungsstätten & Parks** Täglich von 9.00 Uhr bis 18.00 Uhr (im Winter wird meist früher geschlossen).

**Banken** Mo – Fr 8.30 (oder 9.00) – 16.30 (oder 17.00) Uhr. Manche Banken sind nur von Di - Sa vormittags geöffnet. Nur kleinere Bankfilialen schließen zwischen 12.00 und 14.00 Uhr.

**Botschaften & Konsulate** Publikumsverkehr Mo – Do (oder Fr) 9.00 – 12.00 Uhr. Die Vertretungen haben an nationalen Feiertagen geschlossen. Sa / So und an Feiertagen Bereitschaftsdienste.

**Geschäfte & Kaufhäuser** Kernzeiten: Mo – Sa 9.00 – 12.00 (13.00) Uhr und 14.00 (15.00) – 19.00 (20.00 in Großstädten) Uhr. Im Einzelhandel bleiben viele Geschäfte an einem bestimmten Wochentag bzw. Vormittag (häufig montags) geschlossen. Die großen Kaufhäuser (= *les grandes surfaces* [le grɑ̃d syrfas]) sind durchgehend von 9.00 (10.00) – 20.30 bzw. 22.00 Uhr geöffnet. Viele Lebensmittelläden öffnen auch am Sonntagvormittag.

**Kirchen** Gottesdienste (= *messe f* [mɛs]): siehe Aushänge an der Kirchentür oder in der Tagespresse. In Großstädten sind Kirchen täglich geöffnet, auf dem Land schließen viele Kirchen außerhalb der Gottesdienste.

**Märkte** Täglich von 7.00 – 12.00 (z.T. auch 13.00) Uhr.

**Museen** Städtische Museen und öffentliche Galerien schließen montags, staatliche Museen und Denkmäler (Paris!) dienstags. An den anderen Tagen gelten die folgenden Öffnungszeiten: 10.00 – 17.00 (z.T. auch 19.00) Uhr. Abendöffnungen gibt es hauptsächlich in Paris. In den Sommermonaten gelten oft längere Öffnungszeiten (s. Tagespresse).

**Postämter** Mo – Fr 8.00 – 12.00 Uhr und 14.00 – 17.00 (bzw. 19.00) Uhr, Sa 8.00 – 12.00 Uhr. Hauptpostämter in Großstädten 8.00 – 19.00 Uhr.

**Reisebüros** Mo – Fr 9.00 – 12.00 Uhr und 14.30 – 18.00 (z.T. auch 18.30) Uhr.

**Restaurants** Die Öffnungszeiten variieren. Kernzeiten: 12.00 – 14.00 Uhr und 19.00 – 22.00 (oder 23.00) Uhr. Der wöchentliche Ruhetag wird normalerweise an der Eingangstür bekanntgegeben.

**Tankstellen** Die Öffnungszeiten sind sehr unterschiedlich. Außerhalb der Öffnungszeiten können Sie bei vielen Tankstellen an Tankautomaten mit Kreditkarte tanken.

**Um wie viel Uhr öffnet / schließt ...?** — **A quelle heure ouvre / ferme ...?** [a kɛl‿œr uvrə / fɛrm]
dieses Geschäft — ce magasin [sə magasɛ̃]
die Bank — la banque [la bɑ̃k]
das Museum — le musée [lə myze]

- A huit heures et demi. [a 'ɥit‿œr e d(ə)mi] — Um 8.30 Uhr.
- Entre quatorze et quinze heures. [ɑ̃tr(ə) katɔrz‿e kɛ̃z‿œr] — Zwischen 14.00 und 15.00 Uhr.

1

| | |
|---|---|
| ouvert [uvɛr] | geöffnet |
| fermé [fɛrme] | geschlossen |
| congé / fermeture *f* annuel/le [kɔ̃ʒe / fɛrmətyr anɥɛl] | Betriebsferien |
| heures *f pl* d'ouverture [œr duvɛrtyr] | Öffnungszeiten |
| ~ valables à partir du ... [valabl(ə) a partir dy] | ~ gültig ab dem ... |
| ~ valables du ... au... [valabl(ə) dy ... o] | ~ gültig vom... bis zum... |
| ~ valables jusqu'au ... [valabl(ə) ʒysko] | ~ gültig bis zum... |
| ~ en été [ɑ̃n‿ete] | ~ im Sommer |
| ~ en hiver [ɑ̃n‿ivɛr] | ~ im Winter |
| ~ les jours ouvrables / fériés [le ʒurz‿uvrabl(ə) / ferje] | ~ an Werk-/ Feiertagen |

## Andere Zeitangaben

| **Wann?** | **Quand?** [kɑ̃] |
|---|---|
| vorgestern | avant-hier [avɑ̃tjɛr] |
| gestern | hier [jɛr] |
| ~ Abend | ~ soir [swar] |
| heute | aujourd'hui [oʒurdɥi] |
| ~ Abend | ce soir [sə swar] |
| morgen | demain [d(ə)mɛ̃] |
| ~ Abend | ~ soir [swar] |
| ~ früh | ~ matin [matɛ̃] |
| übermorgen | après-demain [aprɛd(ə)mɛ̃] |

1

| | |
|---|---|
| in 8 Tagen | dans huit jours [dɑ̃ 'ɥi ʒur] |
| letzte Woche | la semaine dernière [la s(ə)mɛn dɛrnjɛr] |
| vorletzte Woche | l'avant-dernière semaine [lavɑ̃ dɛrnjɛr s(ə)mɛn] |
| diesen Freitag | ce vendredi [sə vɑ̃drədi] |
| nächsten Monat | le mois prochain [lə mwa prɔʃɛ̃] |
| übernächstes Jahr | dans deux ans [dɑ̃ døz‿ɑ̃] |
| montags | le lundi [lə lœ̃di] |
| im Jahre 2000 | en l'an deux mille [ɑ̃ lɑ̃ dø mil] |
| im Februar | au mois de février [o mwa də fevrije] |
| Anfang Januar | début janvier [deby ʒɑ̃vje] |
| Mitte Januar | mi-janvier [miʒɑ̃vje] |
| Ende Januar | fin janvier [fɛ̃ ʒɑ̃vje] |
| sofort | immédiatement [imedjatmɑ̃] |
| gleich | tout de suite [tut‿sɥit] |
| bald | bientôt [bjɛ̃to] |
| früh | tôt [to] |
| spät | tard [tar] |
| 10 Minuten später | dix minutes plus tard [di minyt ply tar] |
| **Ab wann?** | **À partir de quand?** [a partir də kɑ̃] |
| ab 9 Uhr | à partir de neuf heures [a partir də nœv‿œr] |
| ab Montag | à partir de lundi [a partir də lœ̃di] |
| **Seit wann?** | **Depuis quand?** [dəpɥi kɑ̃] |
| seit einer Stunde | depuis une heure [dəpɥi yn‿œr] |
| seit 11 Uhr | depuis onze heures [dəpɥi ɔ̃z‿œr] |

1

## Tageszeiten

| | |
|---|---|
| jour [ʒur] | Tag |
| matin [matɛ̃] | Morgen |
| (tôt) le matin [(to) lə matɛ̃] | (früh)morgens |
| matinée *f* [matine] | Vormittag |
| la matinée [la matine] | vormittags, am Vormittag |
| midi [midi] | Mittag |
| après-midi [aprɛmidi] | Nachmittag |
| soir [swar] | Abend |
| le soir [lə swar] | abends, am Abend |
| nuit *f* [nɥi] | Nacht |
| la nuit [la nɥi] | nachts |
| minuit [minɥi] | Mitternacht |
| à minuit [a minɥi] | um Mitternacht |

## Wochentage

| | |
|---|---|
| Montag | lundi [lœ̃di] |
| Dienstag | mardi [mardi] |
| Mittwoch | mercredi [mɛrkrədi] |
| Donnerstag | jeudi [ʒødi] |
| Freitag | vendredi [vɑ̃drədi] |
| Samstag | samedi [samdi] |
| Sonntag | dimanche [dimɑ̃ʃ] |
| Werktag | jour ouvrable [ʒur‿uvrabl(ə)] |
| Feiertag | jour férié [ʒur ferje] |
| Wochenende | week-end [wikɛnd] |

### Monate

**Apropos:** Der heiße August ist der französische Ferienmonat schlechthin: überfüllte Strände, Staus, menschenleere Städte, geschlossene Läden und Büros. Dienstreisen nach Frankreich verlegt man besser auf einen anderen Monat. Auch Amtliches erledigt sich leichter zu einer anderen Jahreszeit.

1 JANUAR
janvier [ʒɑ̃vje]

2 FEBRUAR
février [fevrije]

3 MÄRZ
mars [mars]

4 APRIL
avril [avril]

5 MAI
mai [mɛ]

6 JUNI
juin [ʒɥɛ̃]

7 JULI
juillet [ʒɥijɛ]

8 AUGUST
août [ut]

9 SEPTEMBER
septembre [sɛptɑ̃br(ə)]

10 OKTOBER
octobre [ɔktɔbr(ə)]

11 NOVEMBER
novembre [nɔvɑ̃br(ə)]

12 DEZEMBER
décembre [desɑ̃br(ə)]

## Daten & Feiertage

### Datum

**Apropos:** Beim Datum wird nur der erste Tag des Monats als Ordinalzahl angegeben: *le premier juillet* [lə prəmje ʒɥijɛ] (= der 1. Juli). Ansonsten werden die Kardinalzahlen verwendet: *le deux juillet* [lə dø ʒɥijɛ] (= der 2. Juli).

Der wievielte ist heute? — Quel jour sommes-nous? [kɛl ʒur sɔm nu]

Ist heute der 7.? — Sommes-nous le sept aujourd'hui? [sɔm nu lə sɛt‿oʒurdɥi]

1

| | |
|---|---|
| • (Aujourd'hui) On est le quatorze juillet. [(oʒurdɥi) ɔ̃n‿ɛ lə katɔrz ʒɥijɛ] | Wir haben (heute) den 14. Juli. |
| • Quand êtes-vous/es-tu né/e? [kɑ̃ ɛt vu / ɛ ty ne] | Wann sind Sie/bist du geboren? |
| Am 25. Juni 1964. | Le 25 juin mille neuf cent soixante-quatre. [lə vɛ̃t sɛ̃k ʒɥɛ̃ mil nœf sɑ̃ swasɑ̃t katr(ə)] |

► Kap. 2, Angaben zur Person S. 41

## Fest- & Feiertage

In der warmen Jahreszeit wird in Frankreich gern gefeiert. Die Palette touristisch interessanter festlicher Ereignisse reicht vom einfachen Dorffest bis hin zum Filmfestival in Cannes oder zu den Theaterfestspielen in Avignon. Den Sommer läutet am 21. Juni die *Fête de la Musique* [fɛt də la myzik] (= Tag der Musik) mit zahlreichen Konzerten in ganz Frankreich ein.

### Nationale Feiertage

| | | |
|---|---|---|
| 01.01. | Nouvel An [nuvɛl‿ɑ̃] | Neujahr |
| | Pâques [pɑk] | Ostern |
| | Dimanche de Pâques [dimɑ̃ʃ də pɑk] | Ostersonntag |
| | Lundi de Pâques [lœ̃di də pɑk] | Ostermontag |
| 01.05. | Fête du Travail [fɛt dy travaj] | Tag der Arbeit |
| 08.05. | Jour de la Victoire [ʒur də la viktwar] | Tag des Sieges über den Nationalsozialismus (1944) |
| | Ascension [asɑ̃sjɔ̃] | Christi Himmelfahrt (6. Do nach Ostern) |

| | | |
|---|---|---|
| | Fête des Mères [fɛt de mɛr] | Muttertag |
| | Pentecôte [pɑ̃tkot] | Pfingsten (2. So & Mo nach Christi Himmelfahrt) |
| | Lundi de Pentecôte [lœ̃di də pɑ̃tkot] | Pfingstmontag |
| 14.07. | Fête Nationale [fɛt nasjɔnal] | Nationalfeiertag |
| 15.08. | Assomption [asɔ̃psjɔ̃] | Mariä Himmelfahrt |
| 01.11. | Toussaint [tusɛ̃] | Allerheiligen |
| 11.11. | Armistice [armistis] | Tag des Waffenstillstandes (1918) |
| 25.12. | Noël [nɔɛl] | Weihnachten |

**Apropos:** Dem deutschen Rosenmontag entspricht in Frankreich der „fette Dienstag" (= *mardi gras* [mardi gra]). Zentrum des französischen Karnevals ist Nizza, die „Hauptstadt" der Côte d'Azur. Erst nach zwölf Festtagen gehen dort die Feierlichkeiten mit einem großen Feuerwerk und einer Blumenschlacht (= *Bataille de fleurs de Nice* [bataj də flœr də nis]) am *mardi gras* zu Ende.

## Wetter & Jahreszeiten

Nicht nur „Sonne, Strand und Meer" geben beim Klima in Frankreich den Ton an. Der Küstenstreifen entlang des Atlantiks und des Ärmelkanals weist ein feucht-moderates Meeresklima auf. Das Landesinnere (*Massif central* [masif sɑ̃tral]) und der Osten (*Alsace* [alzas], *Champagne* [ʃɑ̃paɲ], *Jura* [ʒyra], *Lorraine* [lorɛ̃n]) zeichnen sich durch ein kontinentales Klima mit warmen, gewittrigen Sommern und kalten, klaren Wintern aus. Im Süden und Südwesten Frankreichs herrscht hingegen typisch mediterranes Klima mit heißen Sommern und milden Wintern.

1

| | |
|---|---|
| **Jahreszeiten** | |
| Frühling | printemps [prɛ̃tɑ̃] |
| Sommer | été [ete] |
| Herbst | automne [otɔn] |
| Winter | hiver [ivɛr] |

## Übers Wetter reden

Das aktuelle Wetter bietet stets Anlass zu Kommentaren: *Quel temps de chien!* [kɛl tɑ̃ də ʃjɛ̃] (= Was für ein Hundewetter!) bzw. *Il fait un temps à ne pas mettre la tête dehors!* [il fɛt‿œ̃ tɑ̃ a nə pɑ mɛtr(ə) la tɛt dəɔr] (= Ein Wetter, bei dem man den Kopf besser nicht nach draußen steckt!) oder *Quelle chaleur accablante!* [kɛl ʃalœr akablɑ̃t] (= Was für eine unerträgliche Hitze!).

| | |
|---|---|
| Was für ein schöner Tag! | Quelle belle journée! [kɛl bɛl ʒurne] |
| Heute ist es aber heiß / kalt / frisch! | Il fait chaud / froid / frais aujourd'hui! [il fɛ ʃo / frwa / frɛ oʒurdɥi] |
| Wie ist das Wetter? | Quel temps fait-il? [kɛl tɑ̃ fɛt‿il] |
| Es ist schönes Wetter. | Il fait beau. [il fɛ bo] |
| Die Sonne scheint. | Le soleil brille. [lə sɔlɛj brij] |
| Heute ist es schwül / windig. | Il fait lourd / du vent aujourd'hui. [il fɛ lur / dy vɑ̃ oʒurdɥi] |
| Es ist neblig. | Il y a du brouillard. [il‿ja dy brujar] |
| Es zieht ein Gewitter auf. | Il fait orageux. [il fɛt‿ɔraʒø] |
| Es regnet. | Il pleut. [il plø] |

1

| | |
|---|---|
| Es ist feucht / nasskalt. | Il fait humide / un froid humide. [il fɛt‿ymid / œ̃ frwa ymid] |
| Es schneit. | Il neige. [il nɛʒ] |
| Es ist 38° C. | Il fait trente-huit degré (Celsius). [il fɛ trɑ̃t‿ɥi dəgre (sɛlsiys)] |
| Wie wird das Wetter morgen? | Quel temps fera-t-il demain? [kɛl tɑ̃ fəra‿til d(ə)mɛ̃] |
| • Le temps sera au beau fixe. [lə tɑ̃ səra o bo fiks] | Das Wetter bleibt schön. |
| • Le temps changera. [lə tɑ̃ ʃɑ̃ʒra] | Das Wetter ändert sich. |

**Wetter**

| | |
|---|---|
| température *f* [tɑ̃peratyr] | Temperatur |
| soleil [sɔlɛj] | Sonne |
| chaleur *f* [ʃalœr] | Hitze |
| chaud [ʃo] | heiß |
| froid [frwa] | Kälte, kalt |
| ciel [sjɛl] | Himmel |
| nuage [nɥaʒ] | Wolke |
| nuageux [nɥaʒø] | bewölkt |
| vent [vɑ̃] | Wind |
| pluie *f* [plɥi] | Regen |
| orage [ɔraʒ] | Gewitter |
| tempête *f* [tɑ̃pɛt] | Sturm |
| neige *f* [nɛʒ] | Schnee |
| verglas [vɛrgla] | Glatteis |
| grêle *f* [grɛl] | Hagel |
| gel [ʒɛl] | Frost |
| brouillard [brujar] | Nebel |

## Himmelsrichtungen

| | |
|---|---|
| Norden | le nord [lə nɔr] |
| Süden | le sud [lə syd] |
| Westen | l'ouest [lwɛst] |
| Osten | l'est [lɛst] |
| Nordosten | le nord-est [lə nɔrɛst] |
| Südwesten | le sud-ouest [lə sydwɛst] |

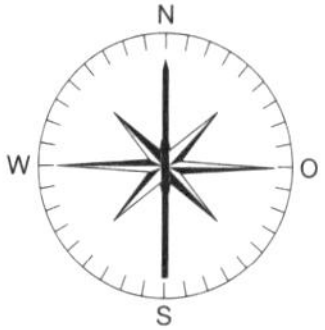


# Farben

| | |
|---|---|
| beige | beige [bɛʒ] |
| blau | bleu [blø] |
| hellblau | bleu clair [blø klɛr] |
| dunkelblau | bleu foncé [blø fɔ̃se] |
| braun | marron [marɔ̃] |
| gelb | jaune [ʒon] |
| grau | gris [gri] |
| grün | vert [vɛr] |
| orange | orange [ɔrɑ̃ʒ] |
| rosa | rose [roz] |
| rot | rouge [ruʒ] |
| schwarz | noir [nwar] |
| türkis | turquoise [tyrkwaz] |
| violett | violet [vjɔlɛ] |
| weiß | blanc[blɑ̃] |

▶ Wörterbuch

# KONTAKTE: TÄGLICHES & NÜTZLICHES

2

# Das Allernotwendigste

2

Junge Leute sprechen sich hauptsächlich mit *tu* [ty] (= du) an, darüber hinaus ist das Duzen nur unter Freunden und im familiären Bereich üblich. Älteren Menschen und Amtspersonen gegenüber ist das höfliche *vous* [vu] (= Sie) angebracht. Auch unter Arbeitskollegen gehört das *vous* zum normalen Umgangston. Apropos: Die Anrede *Mademoiselle* [madmwazɛl] (= Fräulein) gilt in Frankreich nach wie vor als übliche Anrede für junge Frauen.

## Bei Verständigungschwierigkeiten

Französisch wird meist sehr schnell gesprochen. Regionale Ausspracheunterschiede können das Verständnis außerdem erschweren.

### *Wenn Sie nichts oder wenig verstehen...*

| | |
|---|---|
| **Sprechen Sie ...?** | **Parlez-vous ...?** [parle vu] |
| Deutsch | allemand [almɑ̃] |
| Englisch | anglais [ɑ̃glɛ] |
| Spanisch | espagnol [ɛspaɲɔl] |
| Gibt es hier jemanden, der Deutsch spricht? | Y a-t-il quelqu'un ici qui parle allemand? [ja‿til kɛlkœ̃ isi ki parl almɑ̃] |
| Ich spreche leider nur wenig / kein Französisch. | Malheureusement, je ne parle que très peu / pas (le) francais. [malœrøzmɑ̃ ʒə n(ə) parl kə trɛ pø / pɑ (lə) frɑ̃sɛ] |
| Ich verstehe nicht. | Je ne comprends pas . [ʒə n(ə) kɔ̃prɑ̃ pɑ] |

| | |
|---|---|
| Ich brauche (dringend) einen deutschen Übersetzer / Dolmetscher. | J'ai besoin (de toute urgence) d'un traducteur / interprète allemand. [ʒɛ bəzwɛ̃ (də tut yrʒɑ̃s) dœ̃ tradyktœr / ɛ̃tɛrprɛt almɑ̃] |



## *Wenn Sie das eine oder andere nicht verstanden haben ...*

| | |
|---|---|
| Wie bitte? | Pardon? / Comment, s'il vous / te plaît? [pardɔ̃ / kɔmɑ̃ sil vu / tə plɛ] |
| Ich habe nicht richtig verstanden. | Je n'ai pas très bien compris. [ʒə nɛ pa trɛ bjɛ̃ kɔ̃pri] |
| Könnten Sie / Könntest du das bitte wiederholen? | Pourriez-vous / Pourrais-tu répéter, s'il vous / te plaît? [purje vu / purɛ ty repete sil vu / tə plɛ] |
| Etwas langsamer, bitte! | Plus lentement, s'il vous plaît! [ply lɑ̃tmɑ̃ sil vu plɛ] |
| Wie sagt man „Tisch" auf Französisch? | Comment dit-on „table" en français? [kɔmɑ̃ dit‿ɔ̃ tabl(ə) ɑ̃ frɑ̃sɛ] |
| Was bedeutet das? | Qu'est-ce que ça veut dire? [kɛskə sa vø dir(ə)] |
| Wie spricht man dieses Wort aus? | Comment prononce-t-on ce mot? [kɔmɑ̃ prɔnɔ̃s‿tɔ̃ sə mo] |

## Die Aufmerksamkeit auf sich lenken

| | |
|---|---|
| Entschuldige(n Sie)! | Pardon! [pardɔ̃] / Excuse(z)-moi! [ɛkskyz(e) mwa] |
| Meine Dame! / Mein Herr! | Madame! [madam] / Monsieur! [məsjø] |

# Begrüßung & Verabschiedung



Im formalen Umgang wird durchaus Wert auf Titel wie *Monsieur le Professeur* [məsjø lə profɛsœr] (= Herr Professor), *Maître* [mɛtr(ə)] (= Herr Rechtsanwalt) oder *Père* [pɛr] (= Herr Pater) gelegt. Die Anrede *Docteur* [dɔktœr] (= Herr Doktor) gilt nur den medizinischen Berufen.

## Sich begrüßen

Begrüßungen fallen meist herzlich aus: mit Händeschütteln und Schulterschlag unter befreundeten Männern; mit - einer von Region zu Region unterschiedlichen Anzahl von - Wangenküssen (= *bises* [biz]) unter Frauen und zwischen Männern und Frauen im privaten Bereich; unter jüngeren Leuten gehören die *bises* zur üblichen Begrüßung, inzwischen auch häufiger unter Männern.

| | |
|---|---|
| Guten Tag / Morgen! | Bonjour! [bɔ̃ʒur] |
| Guten Abend! | Bonsoir! [bɔ̃swar] |
| Hallo! | Salut! [saly] |
| Frau Dupond lässt Sie / dich grüßen. | Madame Dupond vous / te salue bien. [madam dypɔ̃ vu / tə saly bjɛ̃] |

| | |
|---|---|
| Wie geht es Ihnen?<br>Comment allez-vous?<br>[kɔmɑ̃t‿ale vu] | Danke, und *Ihnen / dir*?<br>Bien, merci et *vous-même / toi*? [bjɛ̃ mɛrsi e *vu mɛm / twa*] |
| Wie geht es dir?<br>Comment vas-tu? / Ça va?<br>[kɔmɑ̃ va ty / sa va] | (Sehr) Gut / Schlecht.<br>(Très) Bien / Mal. [(trɛ) bjɛ̃ / mal] |
| | So lala.<br>Couci, couça. [kusi kusa] |

**Apropos:** *Ça va?* [sa va] ist eine gängige Höflichkeitsformel in Frankreich, auf die man üblicherweise mit *oui* [wi] (= Ja) antwortet.

- Bienvenu/e à Paris! [bjɛ̃vny a pari] — Willkommen in Paris!



| | |
|---|---|
| Wie war die Reise?<br>Comment était le voyage?<br>[kɔmɑ̃ etɛ lə vwajaʒ] | Sehr schön / angenehm.<br>Très bien / agréable.<br>[trɛ bjɛ̃ / agreabl(ə)]<br><br>Es ging.<br>Ça allait. [sa alɛ]<br><br>Anstrengend.<br>Fatigant. [fatigɑ̃] |

## Sich vorstellen

Ich heiße Sophie Durand! — Je m'appelle Sophie Durand! [ʒə mapɛl sofi dyrɑ̃]

**Darf ich Ihnen / dir vorstellen? Das ist... .** — **Je vous / te présente... .** [ʒə vu / tə prezɑ̃t]

Herr / Frau Martin — Monsieur / Madame Martin [məsjø / madam martɛ̃]

meine Frau / mein Mann — mon épouse / mon mari [mɔ̃n‿epuz / mɔ̃ mari]

- Enchanté/e (de faire votre / ta connaissance)! [ɑ̃ʃɑ̃te (də fɛr votr(ə) / ta kɔnɛsɑ̃s)] — Sehr erfreut (Sie / dich kennen zu lernen)!

▶ Wörterbuch (Verwandtschaftsbezeichnungen)

**Apropos:** Eine lose Bekanntschaft wird durch *un copain / une copine* [œ̃ kɔpɛ̃ / yn kɔpin], eine engere Freundschaft durch *un / une ami/e* [œ̃ / yn‿ami] signalisiert. Mit *mon ami / mon copain* [mɔ̃n‿ami / mɔ̃ kɔpɛ̃] hingegen ist der feste Freund gemeint.

2

## Sich verabschieden

| | |
|---|---|
| Auf Wiedersehen! | Au revoir! [o r(ə)vwar] |
| Tschüs! | Salut! [saly] |
| Bis später / bald / morgen! | A plus tard / bientôt / demain! [a ply tar / bjɛ̃to / d(ə)mɛ̃] |
| Gute Reise! | Bon voyage! [bɔ̃ vwajaʒ] |
| Gute Nacht! | Bonne nuit! [bɔn nɥi] |
| Schönes Wochenende! | Bon week-end! [bɔ̃ wikɛnd] |
| Alles Gute! | Bonne chance! [bɔn ʃɑ̃s] |
| • Je suis ravi/e de vous / t' avoir rencontré/e. [ʒə sɥi ravi də vuz‿avwar / tavwar rɑ̃kɔ̃tre] | Ich habe mich gefreut, Sie / dich kennen zu lernen. |
| Ganz meinerseits. | Moi de même. [mwa də mɛm] |
| Grüßen Sie Herrn Bonnet von mir! | Saluez Monsieur Bonnet de ma part! [salɥe məsjø bone də ma par] |
| Es ist schon spät. | Il est déjà tard. [il ɛ deʒa tar] |
| Ich muss jetzt (leider) gehen. | (Je regrette,) Je dois m'en aller maintenant. [(ʒə rəgrɛt) ʒe dwa mɑ̃n‿ale mɛ̃tnɑ̃] |
| Es war wirklich ein schöner Abend. | C'était une soirée très agréable. [setɛ yn sware trɛz‿agreabl(ə)] |

# Angaben zur Person

## Auskunft geben



| | |
|---|---|
| • Comment vous appelez-vous / tu t'appelles? [kɔmɑ̃ vuz‿aple vu / ty tapɛl] | Wie heißen Sie / heißt du? |
| • Quel est votre nom, s'il vous plaît? [kɛl‿ɛ vɔtr(ə) nɔ̃ sil vu plɛ] | Wie ist Ihr Name, bitte? |
| Ich heiße Dorothea Bonnet. | Je m'appelle Dorothée Bonnet. [ʒə mapɛl dorote bone] |
| • D'où venez-vous / viens-tu? [du vəne vu / vjɛ̃ ty] | Woher kommen Sie / kommst du? |
| Ich komme aus / wohne in Köln. | Je viens de / J'habite à Cologne. [ʒə vjɛ̃ də / ʒabit a kolɔɲə] |
| **Ich bin … .**<br>Deutsche/r<br>Schweizer/in<br>Österreicher/in | **Je suis … .** [ʒə sɥi]<br>allemand/e [almɑ̃/ɑ̃d]<br>suisse [sɥis]<br>autrichien/ne [otriʃjɛ̃/jɛn] |
| • Où logez-vous? [u lɔʒe vu] | Wo wohnen Sie? |
| Ganz in der Nähe, in der Avenue Léon Blum. | Tout près d'ici, avenue Léon Blum. [tu prɛ disi avny leɔ̃ blum] |
| • Quel âge avez-vous / as-tu? [kɛl‿aʒ ave vu / a ty] | Wie alt sind Sie / bist du? |
| Ich bin 35 Jahre alt. | J'ai trente-cinq ans. [ʒɛ trɑ̃tsɛ̃k ɑ̃] |
| • Quand / Où êtes-vous né/e? [kɑ̃ / u ɛt vu ne] | Wann / Wo sind Sie geboren? |

Ich bin am 18. Februar 1960 in Hamburg geboren.

Je suis né le dix-huit février dix-neuf cent soixante à Hambourg. [ʒə sɥi ne lə dizɥit fevrije diznœf sɑ̃ swasɑ̃t a ɑ̃bur]

2

## Glossar: Personalien

| | |
|---|---|
| nom, prénom [nɔ̃, prenɔ̃] | Name, Vorname |
| adresse *f* [adrɛs] | Adresse |
| rue *f* [ry] | Straße |
| numéro de la maison [nymero də la mɛzɔ̃] | Hausnummer |
| code postal [kɔd pɔstal] | Postleitzahl |
| domicile [dɔmisil] | Wohnsitz |
| province *f* [prɔvɛ̃s] | Provinz |
| département [departəmɑ̃] | Departement |
| pays [pei] | Land |
| numéro de téléphone [nymero də telefɔn] | Telefonnummer |
| âge [ɑʒ] | Alter |
| date *f* de naissance / né/e le [dat də nɛsɑ̃s / ne lə] | Geburtstag / geboren am |
| lieu de naissance / né/e à [ljø də nɛsɑ̃s / ne a] | Geburtsort / geboren in |
| nationalité *f* [nasjɔnalite] | Staatsangehörigkeit |
| profession *f* [prɔfɛsjɔ̃] | Beruf |
| sexe [sɛks(ə)] | Geschlecht |
| masculin [maskylɛ̃] | männlich |
| féminin [feminɛ̃] | weiblich |

| | |
|---|---|
| état civil [eta sivil] | Familienstand |
| célibataire [selibatɛr] | ledig |
| marié/e [marje] | verheiratet |
| séparé/e [separe] | getrennt |
| divorcé/e [divɔrse] | geschieden |
| veuf/veuve [vœf / vœv] | verwitwet |
| papiers d'identité [papje didɑ̃tite] | Ausweispapiere |
| passeport [paspɔr] | Reisepass |
| carte *f* d'identité [kart(ə) didɑ̃tite] | Personalausweis |
| numéro de ... [nymerɔ də] | ...- Nummer |
| date *f* de délivrance [dat də delivrɑ̃s] | Ausstellungsdatum |
| date *f* limite [dat limit] | gültig bis |



## Studium & Berufstätigkeit

• Que faites-vous professionnellement? [kə fɛt vu prɔfɛsjɔnɛlmɑ̃] — Was machen Sie beruflich?

| | |
|---|---|
| **Ich bin ... .** | **Je suis ... .** [ʒə sɥi] |
| Angestellte/r | employé/e [ɑ̃plwaje] |
| Arbeiter/in | ouvrier/ouvrière [uvrije/uvrijɛr] |
| Auszubildender | apprenti/e [aprɑ̃ti] |
| Beamter/Beamtin | fonctionnaire [fɔ̃ksjɔnɛr] |
| Handwerker/in | artisan [artizɑ̃] |
| Hausfrau | femme au foyer [fam o fwaje] |
| Künstler/in | artiste [artist] |
| Lehrer/in | professeur [prɔfɛsœr] |
| Rentner/in | à la retraite [a la rətrɛt] |
| Unternehmer/in | entrepreneur [ɑ̃trəprənœr] |

2

| | |
|---|---|
| Ich arbeite … . | Je travaille … . [ʒə travaj] |
| bei … | à / chez … [a / ʃe] |
| bei der Bahn | à la SNCF [a la ɛsɛnseɛf] |
| in einer Bank | dans une banque [dɑ̃z‿yn bɑ̃k] |
| im Büro | dans un bureau [dɑ̃z‿œ̃ byro] |
| in einer Fabrik | dans une usine [dɑ̃z‿yn‿yzin] |
| im Krankenhaus | à l'hôpital [a lɔpital] |
| im öffentlichen Dienst | dans le service public [dɑ̃ lə sɛrvis pyblik] |
| bei der Post | à la poste [a la pɔst(ə)] |
| Ich bin freiberuflich tätig. | J'exerce une profession libérale. [ʒɛgzɛrs yn prɔfɛsjɔ̃ liberal] |
| Ich bin arbeitslos. | Je suis au chômage. [ʒə sɥiz‿o ʃomaʒ] |
| Ich gehe noch zur Schule / aufs Gymnasium (Oberstufe). | Je vais encore à l'école / au lycée. [ʒə vɛz‿ɑ̃kɔr a lekɔl / o lise] |
| Ich bin „beim Bund". | Je fais mon service militaire. [ʒə fɛ mɔ̃ sɛrvis militɛr] |
| Ich bin Student/in. | Je suis étudiant/e. [ʒɛ sɥiz‿etydjɑ̃/t] |
| **Ich studiere … .** | **Je suis … .** [ʒə sɥi] |
| Architektur | en architecture [ɑ̃n arʃitɛktyr] |
| Jura | en droit [ɑ̃ drwa] |
| Medizin | en médecine [ɑ̃ mɛdsin] |
| Sprachen | en langues étrangères appliquées [ɑ̃ lɑ̃gz‿etrɑ̃ʒɛr aplike] |
| Wirtschaftswissenschaften | en sciences économiques [ɑ̃ sjɑ̃s‿ekɔnɔmik] |

► Wörterbuch (Berufe, Branchen, Studienfächer)

# Höflichkeitsformeln

Loben und Komplimente machen ist ein zentrales Element französischer Höflichkeit. Geizen Sie also nicht mit positiven Superlativen, und äußern Sie - wenn möglich - auch Kritik als Lob verkleidet. Erhalten Sie selbst Komplimente und reagieren nach dem Motto „Bescheidenheit ist eine Zier", so können Sie zusätzlich Punkte machen.



## Komplimente machen

| | |
|---|---|
| Wie freundlich! | Que c'est gentil! [kə sɛ ʒɑ̃ti] |
| Wie hübsch / niedlich! | Que c'est mignon! [kə sɛ miɲɔ̃] |
| Was für ein schönes Haus! | Quelle belle maison! [kɛl bɛl mɛzɔ̃] |

| | |
|---|---|
| angenehm | agréable [agreabl(ə)] |
| eindrucksvoll | impressionant/e [ɛ̃presjɔnɑ̃/ɑ̃t] |
| gut | bien [bjɛ̃] |
| interessant | intéressant/e [ɛ̃terɛsɑ̃/ɑ̃t] |
| originell | original/e [ɔriʒinal] |
| sympathisch | sympathique [sɛ̃patik] |
| fantastisch | fantastique [fɑ̃tastik] |
| toll | formidable [fɔrmidabl(ə)] |
| wunderbar | sublime [syblim] |

Es ist durchaus üblich, das Äußere der Erscheinung zu kommentieren. Scheuen Sie sich also nicht, die schicke Kleidung, die neue Brille, die elegante Frisur Ihres Gegenübers zu loben: Das steht Ihnen / dir aber gut! (= *Ça vous / te va très bien!* [sa vu / tə va trɛ bjɛ̃]).

2

## Sich bedanken

| | |
|---|---|
| Danke! / Vielen Dank! | Merci! [mɛrsi] / Merci beaucoup! [mɛrsi boku] |
| Ich danke dir. | Je te remercie. [ʒə tə r(ə)mɛrsi] |
| Das ist sehr nett, danke. | C'est très gentil, merci. [sɛ trɛ ʒɑ̃ti mɛrsi] |
| Bitte sehr. | De rien. / Je vous en prie. [də rjɛ̃ / ʒə vuz‿ɑ̃ pri] |
| Nichts zu danken. | Il n'y a pas de quoi. [il nja pɑ də kwa] |

## Anfragen & etwas erbitten

| | |
|---|---|
| Darf ich? | Puis-je? [pɥi‿ʒ(ə)] |
| Gestatten Sie? | Vous permettez? [vu pɛrmete] |
| Darf ich Sie / dich um einen Gefallen bitten? | Puis-je vous / te demander un service? [pɥi‿ʒ(ə) vu / tə dəmɑ̃de œ̃ sɛrvis] |
| Könnten Sie mir bitte helfen? | Pourriez-vous m'aider, s'il vous plaît? [purje vu mede sil vu plɛ] |
| Könnten Sie mich / uns bitte fotografieren? | Pourriez-vous me / nous prendre en photo, s'il vous plaît? [purje vu mə / nu prɑ̃dr(ə) ɑ̃ fɔtɔ sil vu plɛ] |
| • Mais naturellement! / Bien sûr! [mɛ natyrɛlmɑ̃ / bjɛ̃ syr] | Aber natürlich! |
| • Volontiers! / Avec plaisir! [vɔlɔ̃tje / avɛk plezir] | Gern. |

## Sich entschuldigen

| | |
|---|---|
| Entschuldigung! | Excuse/z-moi! [ɛkskyz/e mwa] |
| Es tut mir leid. | Je suis désolé/e. [ʒə sɥi dezɔle] |
| Es war ein Missverständnis. | C'est un malentendu. [sɛt‿œ̃ malɑ̃tɑ̃dy] |
| Es war meine Schuld. | C'est de ma faute. [sɛ də ma fot] |
| Das macht nichts. | Ça ne fait rien. [sa nə fɛ rjɛ̃] |
| Es ist nicht (so) schlimm. | Ce n'est pas (si) grave. [sə nɛ pɑ (si) grav] |

## Bedauern, Freude & Begeisterung ausdrücken

| | |
|---|---|
| Es tut mir sehr leid! | Je suis vraiment désolé/e. [ʒə sɥi vrɛmɑ̃ dezɔle] |
| Wie schade! | Quel dommage! [kɛl dɔmaʒ] |
| Was für ein Pech / Glück! | Quelle malchance / chance! [kɛl malʃɑ̃s / ʃɑ̃s] |
| Was für eine Freude! | Quel plaisir! [kɛl plezir] |
| Klasse! | Génial! [ʒenjal] / Super! [sypɛr] |

## Glückwünsche

**Apropos:** Nicht Gesundheit wünscht man sich in Frankreich beim Niesen, sondern die Erfüllung seiner Wünsche: *A vos souhaits!* [a vo swɛ].

2

| | |
|---|---|
| Herzlichen Glückwunsch! | Félicitations! / Meilleurs voeux! [felisitasjɔ̃ / mɛjœr vø] |
| Schöne Feiertage! | Bonnes fêtes! [bɔn fɛt] |
| Frohes neues Jahr! | Bonne (nouvelle) année! [bɔn‿(nuvɛl‿) ane] |
| Frohe Weihnachten / Ostern! | Joyeux Noël / Joyeuses Pâques! [ʒwajø nɔɛl / ʒwajøz pɑk] |
| Viel Glück! | Bonne chance! [bɔn ʃɑ̃s] |
| Herzlichen Glückwunsch zum Geburtstag! | Bon anniversaire! [bɔn‿anivɛrsɛr] |
| Gute Besserung! | Je vous / te souhaite un prompt rétablissement! [ʒə vu / tə swɛt œ̃ prɔ̃ retablismɑ̃] |

# Einladungen & Verabredungen

In Frankreich trifft man sich gern in Kneipen, Bars und Cafés. Kleinere Einladungen zu einem Getränk bzw. Aperitif sind dabei an der Tagesordnung, wobei separates Bezahlen eher als kleinlich gilt.

## Sich verabreden

| | |
|---|---|
| • Avez-vous déjà prévu quelque chose pour demain? [ave vu deʒa prevy kɛlkə ʃoz pur d(ə)mɛ̃] | Haben Sie morgen schon etwas vor? |
| • Voulez-vous qu'on se voie ce soir? [vule vu kɔ̃ sə vwa sə swar] | Wollen wir uns heute Abend treffen? |

| | |
|---|---|
| • Nous pourrions aller au cinéma. [nu purjɔ̃z‿ale o sinema] | Wir könnten ins Kino gehen. |
| Einverstanden. / Gern. | D'accord. / Volontiers. [dakɔr / vɔlɔ̃tje] |
| Vielleicht ein andermal. | Peut-être une autre fois. [pøt‿ɛtr(ə) yn‿otr(ə) fwa] |
| **Es tut mir leid, aber ... .** | **Je suis désolé/e, mais ... .** [ʒə sɥi dezɔle mɛ] |
| es geht nicht | ce n'est pas possible [sə nɛ pɑ pɔsibl(ə)] |
| heute kann ich nicht | je suis pris/e ce soir [ʒə sɥi pri/z sə swar] |
| ich habe schon etwas vor | j'ai déjà prévu quelque chose [ʒɛ deʒa prevy kɛlkə ʃoz] |
| • A quelle heure on se donne rendez-vous? [a kɛl‿œr ɔ̃ sə dɔn rɑ̃de vu] | Um wie viel Uhr treffen wir uns? |
| • Où se voit-on? [u sə vwat‿ɔ̃] | Wo treffen wir uns? |
| (Ich erwarte Sie / dich) Um 19.00 Uhr im Café zum Meer. | (Je vous / t' attends) A dix-neuf heures au Café de la Mer. [(ʒə vuz‿atɑ̃ / tatɑ̃) a diznœf‿œr o kafe də la mɛr] |
| • Je viens vous / te chercher à huit heures à l'hôtel. [ʒə vjɛ̃ vu / tə ʃɛrʃe a 'ɥit‿œr a lotɛl] | Ich hole Sie / dich um acht Uhr im Hotel ab. |
| • Cela vous convient-il? / Ça vous va? [səla vu kɔ̃vjɛ̃t‿il / sa vu va] | Einverstanden? |
| Gut, dann bis 21.00 Uhr heute Abend! | Bien, alors à vingt et une heures ce soir! [bjɛ̃ alɔr a vɛ̃t‿e yn‿œr sə swar] |

## Eingeladen werden

2

Die feste Einladung nach Hause ist stets ein Ausdruck besonderer Wertschätzung. Einmalig unverbindlich ausgesprochene Einladungen sollten allerdings nicht allzu wörtlich genommen werden. Sind Sie zum Essen eingeladen, richten Sie sich besser auf ein üppiges Vier-Gänge-Menü ein. Vergessen Sie dabei nicht, die Köchin ausgiebig zu loben: *C'est très bon / fin!* [sɛ trɛ bɔ̃ / fɛ̃] (= Es ist sehr gut!).

- J'aimerais bien vous / t' inviter à la maison. [ʒem(ə)rɛ bjɛ̃ vuz‿ɛ̃vite / tɛ̃vite a la mɛzɔ̃] — Ich würde Sie / dich gerne zu mir nach Hause einladen.

Vielen Dank für die Einladung. Das ist sehr freundlich. — Merci beaucoup pour cette invitation. C'est très aimable. [mɛrsi boku pur set‿ɛ̃vitasjɔ̃ sɛ trɛz‿ɛmabl(ə)]

Ich komme / Wir kommen gern. — Je viens / Nous venons avec plaisir. [ʒə vjɛ̃ / nu vənɔ̃ avɛk plezir]

- **Restez / Reste ...!** [rɛste/rɛst] — **Bleiben Sie / Bleib doch ... !**
  pour le déjeuner [pur lə deʒœne] — zum Mittagessen
  pour le dîner [pur lə dine] — zum Abendessen
  encore un peu [ɑ̃kɔr œ̃ pø] — noch ein bisschen

Gerne, wenn es nicht zu viele Umstände macht. — Volontiers, si ça ne vous / te dérange pas. [vɔlɔ̃tje si sa nə vu / tə derɑ̃ʒ pɑ]

- Mais non, avec plaisir. [mɛ nɔ̃ avɛk plezir] — Aber nein, gern.

**Tip:** Blumen, Champagner oder eine gute Flasche Wein sind eine angebrachte Aufmerksamkeit, wenn Sie nach Hause eingeladen werden.

## Empfang & Bewirtung



| | |
|---|---|
| • Entrez / Entre! [ɑ̃tre / ɑ̃tr] | Kommen Sie / Komm herein! |
| • Asseyez-vous / Assieds-toi! [asɛje vu / asje twa] | Nehmen Sie / Nimm Platz! |
| • Que puis-je vous / te proposer? Un pastis? [kə pɥi‿ʒ(ə) vu / tə prɔpoze œ̃ pastis] | Was kann ich Ihnen / dir anbieten? Einen Pastis? |
| Ja, gern. / Nichts, vielen Dank. | Oui, volontiers. / Rien, merci. [wi vɔlɔ̃tje / rjɛ̃ mɛrsi] |
| • Bon appétit! [bɔn‿apeti] | Guten Appetit! |
| Gleichfalls! | Merci, à vous aussi! [mɛrsi a vuz‿osi] |
| Wie gut das riecht! | Que ça sent bon! [kə sa sɑ̃ bɔ̃] |
| (Dieses Gericht ist) Ausgezeichnet / Köstlich! | (Ce plat est) Excellent / Délicieux! [(sə pla ɛt) ɛksɛlɑ̃ / delisjø] |
| Dieser Wein schmeckt mir sehr. | Ce vin me plaît beaucoup. [sə vɛ̃ mə plɛ boku] |
| • Encore un peu de salade? [ɑ̃kɔr œ̃ pø də salad] | Noch etwas Salat? |
| • Resservez-vous / Ressers-toi, s'il vous / te plaît! [rəsɛrve vu / rəsɛr twa sil vu / tə plɛ] | Bitte nehmen Sie / nimm doch noch etwas! |
| Danke, nein es war sehr gut / ich kann nicht mehr. | Non, merci, c'était très bon / je n'ai plus faim. [nɔ̃ mɛrsi setɛ trɛ bɔ̃ / ʒə nɛ ply fɛ̃] |

► Kap. 2, Begrüßung & Verabschiedung S. 38
► Kap. 5, Essen & Trinken S. 115

# Small Talk



Im Bus, am Kiosk oder in der Bar – ein Anlass zum Gespräch ist schnell gefunden: die Unbilden des Wetters, die Reden von Politikern, Erfolge von Sportlern, Klatsch über die Reichen ...

## Meinungen äußern

| | |
|---|---|
| Ja. / Nein. | Oui. / Non. [wi / nɔ̃] |
| Genau! | Exactement! [ɛgzaktəmɑ̃] |
| Du hast Recht. | Tu as raison. [ty a rɛzɔ̃] |
| Das ist / ist nicht wahr. | C'est / Ce n'ai pas vrai. [sɛ / sə nɛ pa vrɛ] |
| Vielleicht. | Peut-être. / Eventuellement. [pøtɛtr(ə) / evɑ̃tɥɛlmɑ̃] |
| Ich weiß (noch) nicht. | Je ne sais pas (encore). [ʒə nə sɛ pa (ɑ̃kɔr)] |
| Ich denke / glaube / finde, dass ... . | Je pense / crois / trouve que ... . [ʒə pɑ̃s / krwa / truv kə] |
| Meiner Meinung nach ... . | A mon avis ... . [a mɔ̃n‿avi] |

## Ausrufe

Die französische Sprache kennt eine Vielzahl derb-vulgärer Schimpfwörter wie *Putain!* [pytɛ̃] oder *Conard!* [kɔnar] / *Conasse!* [kɔnas], die ihren Tabucharakter teilweise verloren haben und meist ohne Rücksicht auf ihre konkrete Bedeutung eingesetzt werden. Harmloser sind die folgenden Ausrufe:

| | |
|---|---|
| • Nom d'un chien! [nɔ̃ dœ̃ ʃjɛ̃] | Verdammt (noch mal)! |
| • Incroyable! [ɛ̃krwajabl(ə)] | Unglaublich! |
| • Pensez donc! [pɑ̃se dɔ̃k] | Stellen Sie sich das vor! |
| • Pas question! [pɑ kɛstjɔ̃] | Kommt nicht in Frage! |

**Apropos:** *Merde!* [mɛrd] (= Scheiße!) ist zwar das bekannteste Schimpfwort der französischen Sprache, doch gilt der Gebrauch durch Nicht-Muttersprachler als unschicklich. Die „feinere" Form ist ein kräftig betontes *Mince!* [mɛ̃s] (wörtlich = „Dünn!").

## Geschmacksurteile

Mit *aimer* [eme] steht Ihnen ein sehr vielseitiges Verb zur Verfügung. Es bedeutet sowohl „mögen", „gern haben" als auch „gefallen" und ist als Frage und als Antwort immer eindeutig.

| | |
|---|---|
| • Aimez-vous / Aimes-tu ce tableau? [eme vu / em ty sə tablo] | Gefällt Ihnen / dir das Bild? |
| Ja, es gefällt mir sehr. | Oui, je l'aime beaucoup. [wi ʒə lem boku] |
| Nein, es gefällt mir nicht (so sehr). | Non, je ne l'aime pas (trop). [nɔ̃ ʒə nə lem pɑ (tro)] |
| **Es ist (sehr) ... .**<br>schön<br>fantastisch | **C'est (très) ... .** [sɛ (trɛ)]<br>beau [bo]<br>fantastique [fɑ̃tastik] |
| **Ich mag / liebe ... .**<br>Frankreich<br>die französische Küche | **J'aime ... .** [ʒem]<br>la France [la frɑ̃s]<br>la cuisine française [la kɥizin frɑ̃sɛz] |

## Kontakte knüpfen

Während Nordfranzosen eher distanziert miteinander umgehen, trifft man im Süden des Landes zumeist auf sehr offene, kommunikationsfreudige Menschen. Was für Mitteleuropäer schon fast einem Verhör gleichkommt, ist – vor allem im Süden Frankreichs – oft nur ein Versuch, ins Gespräch zu kommen.

2

| | |
|---|---|
| • Que faites-vous / fais-tu ici? [kə fɛt vu / fɛ ty isi] | Was machen Sie / machst du hier? |
| Ich mache Urlaub. | Je suis en vacances. [ʒə sɥiz‿ɑ̃ vakɑ̃s] |
| Ich bin geschäftlich hier. | Je suis en voyage d'affaires. [ʒə sɥiz‿ɑ̃ vwajaʒ dafɛr] |
| • Aimez-vous / Aimes-tu la France? [eme vu / em ty la frɑ̃s] | Gefällt Ihnen / dir Frankreich? |
| • Depuis combien de temps êtes-vous / es-tu ici? [dəpɥi kɔ̃bjɛ̃ də tɑ̃ ɛt vu / ɛ ty isi] | Wie lange sind Sie / bist du schon hier? |
| • Combien de temps restez-vous ici? [kɔ̃bjɛ̃ də tɑ̃ rɛste vu isi] | Wie lange bleiben Sie noch hier? |
| • Etes-vous / Es-tu seul ici? [ɛt vu / ɛ ty sœl isi] | Sind Sie / Bist du alleine hier? |
| • J'aimerais bien vous / te revoir. [ʒem(ə)rɛ bjɛ̃ vu / tə r(ə)vwar] | Ich würde Sie / dich gerne wiedersehen. |

**Apropos:** Wenn Sie kein Interesse an einem Gespräch haben oder sich belästigt fühlen, reagieren Sie am besten mit völliger Gleichgültigkeit, oder wehren Sie sich durch ein deutliches *Je n'ai pas envie de parler*! [ʒə nɛ paz‿ɑ̃vi də parle] (= Ich möchte mich nicht unterhalten!) oder *Ça suffit!* [sa syfi] (= Es reicht jetzt!).

# 3 UNTERWEGS: VON A NACH Z

# Allgemein

| | |
|---|---|
| (zu Fuß) gehen | aller (à pied) / marcher [ale a pje / marʃe] |
| **mit dem / der ... fahren** | **aller ...** [ale] |
| Auto | en voiture [ɑ̃ vwatyr] |
| Bus | en car / (auto)bus [ɑ̃ kar / (ɔtɔ)bys] |
| Fahrrad | à vélo / bicyclette [a velo / bisiklɛt] |
| Motorrad | à moto [a mɔtɔ] |
| Schiff | en bateau [ɑ̃ bato] |
| U-Bahn / Zug | en métro / train [ɑ̃ metro / trɛ̃] |
| fliegen | prendre l'avion [prɑ̃dr(ə) lavjɔ̃] |
| trampen | faire de l'auto-stop / du stop [fɛr də lɔtɔstɔp / dy stɔp] |

## Wegbeschreibungen

| | |
|---|---|
| Wo ist / sind ...? | Où se trouve / trouvent ...? [u sə truv / truv(ə)] |
| Ich suche ... . | Je cherche ... . [ʒə ʃɛrʃ] |
| **Wie komme ich am schnellsten ...?** | **Quel est le trajet le plus court pour aller ..., s'il vous plaît?** [kɛl‿ɛ lə traʒɛ lə ply kur pur‿ale ... sil vu plɛ] |
| zum Bahnhof | à la gare [a la gar] |
| zum Flughafen | à l'aéroport [a laerɔpɔr] |
| ins Zentrum | au centre ville [o sɑ̃tr(ə) vil] |
| dorthin | là-bas [laba] |

| | |
|---|---|
| • Je suis désolé/e mais je ne suis pas d'ici. [ʒə sɥi dezɔle mɛ ʒə nə sɥi pɑ disi] | Tut mir leid, aber ich bin nicht von hier. |
| • **Allez ...!** [ale] | **Gehen / Fahren Sie ...!** |
| tout droit [tu drwa] | immer geradeaus |
| jusqu'au carrefour [ʒysko karfur] | bis zur Kreuzung |
| et puis à droite / gauche [e pɥi a drwat / goʃ] | und dann rechts / links |
| • **Tournez ...!** [turne] | **Biegen Sie ... ab!** |
| au deuxième feu [o døzjɛm fø] | an der zweiten Ampel |
| à la prochaine rue [a la prɔʃɛ̃n ry] | an der nächsten Straße |
| à droite / gauche [a drwat / goʃ] | nach rechts / links |
| • **Le musée se trouve ... .** [lə myze sə truv] | **Das Museum ist... .** |
| juste là / là-bas [ʒyst(ə) la / laba] | dort drüben |
| près de la gare [prɛ də la gar] | in der Nähe des Bahnhofs |
| en face de la poste [ɑ̃ fas də la pɔst(ə)] | gegenüber der Post |
| • Prenez le car / le bus numéro 5 jusqu'à (l'arrêt de) „Comédie"! [prəne lə kar / lə bys nymero sɛ̃k ʒyska (larɛ də) kɔmedi] | Nehmen Sie den Bus Nr. 5 bis (zur Haltestelle) „Comédie"! |
| Bitte, ist das hier der Weg nach Rouen / zum Bahnhof? | Pardon, est-ce bien la route de Rouen / pour aller à la gare? [pardɔ̃ ɛs bjɛ̃ la rut de ruɑ̃ / pur‿ale a la gar] |
| Bin ich hier richtig nach Paris? | Suis-je dans la bonne direction pour aller à Paris? [sɥi‿ʒ(ə) dɑ̃ la bɔn dirɛksjɔ̃ pur‿ale a pari] |

▶ Kap. 4, Orientierung: Wo ist ...? S. 104

3

| | |
|---|---|
| traverser [traverse] | überqueren |
| tourner [turne] | abbiegen |
| aller [ale] | gehen, fahren |
| poursuivre [pursɥivr(ə)] | weitergehen, folgen |
| faire demi-tour [fɛr d(ə)mi tur] | zurückfahren, umkehren |
| prendre [prɑ̃dr(ə)] | nehmen |
| monter [mɔ̃te] | einsteigen, hochgehen |
| descendre [desɑ̃dr(ə)] | aussteigen, hinuntergehen |
| à gauche / droite [a goʃ / drwat] | nach links / rechts |
| tout droit [tu drwa] | (immer) geradeaus |
| au bout de [o bu də] | am Ende von |
| proche de [prɔʃ də] | in der Nähe von |
| feu [fø] | Ampel |
| carrefour [karfur] | Kreuzung |
| rue *f* [ry] | Straße |
| place *f* [plas] | Platz |

## Ortspräpositionen

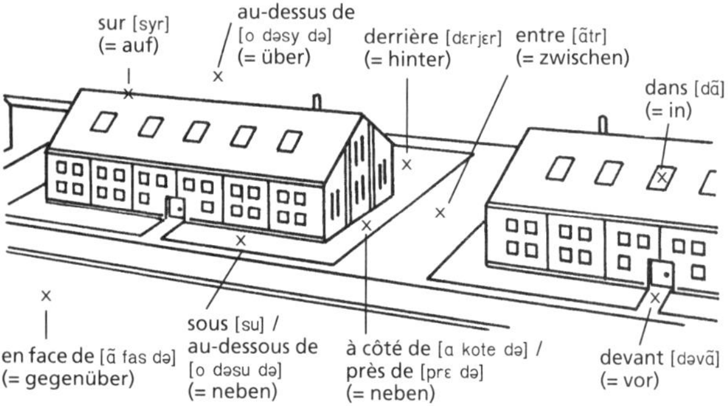

## Entfernungen erfragen

Wie weit ist es (bis Montpellier)? — Combien de kilomètres y a-t-il (jusqu'à Montpellier)? [kɔ̃bjɛ̃ dɔ kilɔmɛtr(ə) ja‿til (ʒyska mɔ̃pɛlje)]

Wie lange braucht man bis dorthin? — Combien de temps faut-il pour y aller? [kɔ̃bjɛ̃ də tɑ̃ fot‿il pur jale]

Ist es noch weit (bis ...)? — Est-ce encore loin (jusqu'à ...)? [ɛs‿ɑ̃kɔr lwɛ̃ (ʒyska ...)]

• C'est à (environ) deux kilomètres d'ici. [sɛt‿a (ɑ̃virɔ̃) dø kilɔmɛtr(ə) disi] — Es sind noch (ungefähr) zwei Kilometer von hier aus.

Ist es hier in der Nähe? — Est-ce (tout) près d'ici? [ɛs (tu) prɛ disi]

## Verkehrsverbindungen erfragen

**Wann / Wo geht / fährt ... nach Bastia?** — **A quelle heure / D'où part ... pour Bastia?** [a kɛl‿œr / du par ... pur bastja]

der nächste / letzte Bus — le prochain / dernier bus [lə prɔʃɛ̃ / dɛrnje bys]

die erste Fähre — le premier ferry [lə prəmje fɛri]

der Zug — le train [lə trɛ̃]

Combien de temps dure le voyage? [kɔ̃bjɛ̃ də tɑ̃ dyr lə vwajaʒ] — Wie lange dauert die Fahrt?

Wann kommt er / sie in Bastia an? — A quelle heure arrive-t-on à Bastia? [a kɛl‿œr ariv tɔ̃ a bastja]

▶ Kap. 3, Zugverbindungen erfragen S. 72, Buchungen & Stornierungen S. 82, Informationen erfragen S. 87

3

# An der Grenze

Für EU-Bürger ist die Einreise (= *entrée* [ɑ̃tre]) nach Frankreich frei. Wer länger als drei Monate bleibt, braucht eine *carte de séjour* [kart(ə) də seʒur] (= Aufenthaltsgenehmigung), die bei der zuständigen *Préfecture* [prefɛktyr] (= Polizeibehörde) beantragt werden kann.

3

| | |
|---|---|
| Personalausweis | carte *f* d'identité [kart(ə) didɑ̃tite] |
| Reisepass | passeport [pɑspɔr] |
| Visum | visa [viza] |
| Zoll | douane *f* [dwan] |
| verzollen | déclarer [deklare] |
| zollfrei | exempt de droits de douane [ɛgzɑ̃ d(ə) drwa d(ə) dwan] |
| zollpflichtig | soumis aux droits de douane [sumi o draw d(ə) dwan] |
| Spirituosen | des alcools [dez‿alkɔl] |
| Tabakwaren | du tabac [dy taba] |

► Wörterbuch

## Pass- und Warenkontrolle

Zwischen Mitgliedstaaten der EU werden Sie schon seit langem nicht mehr an der Grenze kontrolliert. Lediglich bei der Durchreise durch die Schweiz werden Sie noch nach Ihren Papieren gefragt.

- Votre passeport, s'il vous plaît! [vɔtr(ə) pɑspɔr sil vu plɛ] — Ihren Pass, bitte!

| | |
|---|---|
| • Combien de temps comptez-vous rester en France? [kɔ̃bjɛ̃ də tɑ̃ kɔ̃te vu rɛste ɑ̃ frɑ̃s] | Wie lange wollen Sie in Frankreich bleiben? |
| Ich weiß es noch nicht. | Je ne le sais pas encore. [ʒə nə lə sɛ pɑz‿ɑ̃kɔr] |
| Ich bleibe (nur) ein paar Tage. | Je compte rester (seulement) quelques jours. [ʒə kɔ̃t rɛste (sœlmɑ̃) kɛlkə ʒur] |
| **Ich bin … .** | **Je suis … .** [ʒə sɥi] |
| nur auf der Durchreise | seulement de passage [sœlmɑ̃ də pɑsaʒ] |
| auf Urlaubsreise | en vacances [ɑ̃ vakɑ̃s] |

▶ Kap. 2, Angaben zur Person S. 41

Für den privaten Reiseverkehr gelten innerhalb der EU praktisch keine Warenbeschränkungen mehr. Bei größeren Mengen sollten Sie sich jedoch nach möglichen Höchstgrenzen erkundigen.

| | |
|---|---|
| • Avez-vous quelque chose à déclarer? [ave vu kɛlkə ʃoz a deklare] | Haben Sie etwas zu verzolllen? |
| Nein, nichts. | Non, rien. [nɔ̃ rjɛ̃] |
| **Ich habe … zu verzollen.** | **J'ai … à déclarer.** [ʒɛ … a deklare] |
| eine Stange Zigaretten | une cartouche de cigarettes [yn kartuʃ də sigarɛt] |
| 20 Flaschen / Liter Wein | vingt bouteilles / litres de vin [vɛ̃ butɛj / litr(ə) də vɛ̃] |
| • Contrôle de douane! Veuillez ouvrir le coffre de la voiture! [kɔ̃trol də dwan vœje uvrir lə kɔfr(ə) də la vwatyr] | Zollkontrolle! Bitte öffnen Sie den Kofferraum! |

# Mit dem Auto oder Motorrad

Zur Einreise nach Frankreich reicht der nationale Führerschein (= *permis de conduire* [pɛrmi də kɔ̃dɥir]); die grüne Versicherungskarte (= *carte verte* [kart(ə) vɛrt(ə)] hilft in Schadensfällen. Apropos: Der französische Fahrstil ist eher flott, wobei so manche Verkehrsregel und Geschwindigkeitsbegrenzung schon mal außer acht gelassen wird. Je weiter südlich Sie kommen, desto flexibler werden die Straßenverkehrsvorschriften interpretiert.



▶ Kap. 3, Wegbeschreibungen S. 56

## Straßen

| | |
|---|---|
| Autoroute *f* (A) (à péage) | Autobahn (A) (gebührenpflichtig), blaue Beschilderung |
| Voies Rapides *f pl* | Schnellstraße (oft vierspurig), grüne Beschilderung |
| Nationale *f* (N) | Nationalstraße |
| Départementale *f* (D) | kommunale Landstraße |
| Chemin vicinal | kleinerer Landweg |
| Périphérique | Ringstraße / Umgehungsstraße |

| **Straßenverkehrsmittel** | **Véhicules** [veikyl] |
|---|---|
| Auto | voiture *f* [vwatyr] |
| LKW | camion [kamjɔ̃] |
| Motorrad | moto *f* [mɔto] |
| Kastenwagen | estafette *f* [ɛstafɛt] |
| Lieferwagen | camionnette *f* [kamiɔnɛt] |
| Anhänger | remorque *f* [r(ə)mɔrk(ə)] |
| Wohnwagen | caravane *f* [karavan] |

## Verkehrskontrolle & Verkehrshinweise

Geschwindigkeitsbegrenzungen, Gurt- und Helmpflicht, Alkohol am Steuer, - die Regelungen entsprechen den gängigen europäischen Normen. Die Verkehrspolizei ist vielerorts präsent und verhängt z.T. saftige Strafen, die von Ausländern meist an Ort und Stelle beglichen werden müssen: *Vous avez une contravention de ... euros.* [vuz‿ave yn kɔ̃travɑ̃sjɔ̃ də ... ørɔ] (= Sie müssen eine Strafe von ... Euro zahlen.).



| | |
|---|---|
| carte *f* grise [kart(ə) griz] | Fahrzeugschein |
| conducteur / ~trice [kɔ̃dyktœr / tris] | Fahrer/in |
| contravention *f* [kɔ̃travɑ̃sjɔ̃] | Strafe |
| permis de conduire [pɛrmi də kɔ̃dɥir] | Führerschein |
| plaque *f* de nationalité [plak də nasjɔnalite] | Nationalitätskennzeichen |
| plaque *f* d'immatriculation [plak dimatrikylasjɔ̃] | Nummernschild |
| propriétaire [prɔprijetɛr] | Fahrzeughalter |

- **Vous n'avez pas respecté ... .** [vu nave pɑ rɛspɛkte] — **Sie haben ... nicht beachtet.**
  - l'interdiction de doubler [lɛ̃tɛrdiksjɔ̃ də duble] — das Überholverbot
  - la limitation de vitesse [la limitɑsjɔ̃ də vitɛs] — die Geschwindigkeitsbegrenzung
  - la priorité [la prijɔrite] — die Vorfahrt
- Vous êtes passé au feu rouge. [vuz‿ɛt pase o fø ruʒ] — Sie sind bei Rot über die Ampel gefahren.

**Beschilderung**

| | |
|---|---|
| Auto-école *f* | Fahrschule |
| Céder le passage | Vorfahrt beachten |
| Chaussée *f* déformée | Schlechte Fahrbahn |
| Déviation *f* | Umleitung |
| Ecole *f* | Auf Schulkinder achten |
| Halte *f* | Haltepflicht |
| ~ Douane *f* | Halt Zoll |
| ~ Péage | Halt Mautstelle |
| ~ Police | Halt Polizei |
| Rappel | Fortgesetztes Tempolimit |
| Ralentissez | Langsam fahren |
| Route *f* barrée | Gesperrt für den Verkehr |
| Sortie *f* | Ausfahrt |
| Travaux | Straßenbauarbeiten |
| Tunnel | Tunnel |
| Vous n'avez pas la priorité | Sie haben keine Vorfahrt |
| Zone *f* piétonne | Fußgängerzone |

▶ Wörterbuch

In Stadtkernen und auf Umgehungsstraßen sucht man oft vergeblich nach Schildern mit präzisen Orts- bzw. Richtungsangaben. Folgen Sie in diesem Fall dem Hinweis *Toutes Directions* (= alle Richtungen). Die gesuchte Abzweigung ist dann später ausgezeichnet.

**Verkehrsnachrichten**

| | |
|---|---|
| Bouchon [buʃɔ̃] / Embouteillage [ɑ̃butɛjaʒ] | Stau |
| Brouillard [brujar] | Nebel |

| | |
|---|---|
| Carambolage [karɑ̃bɔlaʒ] | Auffahrunfall |
| Chaînes *f pl* (pour la neige) obligatoires [ʃɛn (pur la nɛʒ) ɔbligatwar] | Durchfahrt nur mit Schneeketten |
| Danger verglas [dɑ̃ʒe vɛrgla] | Glättegefahr |
| Ralentissement [ralɑ̃tismɑ̃] | zähfließender Verkehr |
| Route *f* encombrée [rut ɑ̃kɔ̃bre] | hohes Verkehrsaufkommen |
| Trafic ralenti [trafik ralɑ̃ti] | schleppender Verkehr |
| Verglas [vɛrgla] | Glatteis |
| Visibilité *f* limitée [vizibilite limite] | eingeschränkte Sicht |



## Auf der Autobahn

Auf französischen Autobahnen ist ein Tempolimit von 130 km/h (110 km/h bei Nebel und Regen und für Autofahrer, die ihren Führerschein noch keine 2 Jahre besitzen) einzuhalten. LKWs haben von Samstag 22.00 bis Sonntag 22.00 Uhr Fahrverbot; in den Hauptferienzeiten gelten weitere Einschränkungen. Privates Abschleppen ist auf Autobahnen verboten; Pannenhilfe übernehmen regional zugelassene Autowerkstätten (→ Kap. 9, Autopanne S. 235).

**Hinweise**

| | |
|---|---|
| Aire *f* de services | Raststätte und Tankstelle |
| Aire *f* de repos | Rastplatz |
| Borne *f* d'arrêt d'urgence | Notrufsäule |
| Péage 2000 m | Mautstelle, Halt 2000 m |
| Service de dépannage | Pannendienst |
| Sortie *f* | Ausfahrt |
| Vitesse *f* autorisée | Höchstgeschwindigkeit |
| ~ limitée: 80 km/h | ~ 80 km/h |

Autobahnen sind in Frankreich bis auf wenige Abschnitte gebührenpflichtig. Die Gebühren variieren je nach Strecke, Kilometern und Kraftfahrzeug. Zahlen können Sie an der *Péage* [peaʒ] (= Mautstelle) mit Kredikarte (*carte seulement* [kart(ə) sœlmɑ̃]) oder Bargeld (*pièces seulement* [pjɛs sœlmɑ̃]).

**Apropos:** Vor jeder Autobahnauffahrt (= *bretelle d'accès* [brətɛl daksɛ]) finden Sie ein farbiges Schild mit Hinweisen zur Verkehrsdichte: grün = freie Fahrt, orange = flüssiges Fahren mit erhöhtem Verkehrsaufkommen, rot = starkes Verkehrsaufkommen mit Behinderungen. Mögliche Streckenalternativen werden mit *itinéraire bis* [itinerɛr bis] gekennzeichnet.

3

## Tanken

**Apropos:** In Frankreich unterscheidet man Benzin in der Regel nach der Oktanzahl. .

| | |
|---|---|
| Super bleifrei (95 Oktan) | (super) sans plomb 95<br>[(sypɛr) sɑ̃ plɔ̃ katr(ə) vɛ̃ kɛ̃z] |
| Super Plus bleifrei (98 Oktan) | (super) sans plomb 98<br>[(sypɛr) sɑ̃ plɔ̃ katr(ə) vɛ̃ duz] |
| Diesel | gas-oil / gazole [gazwal / gazɔl] |

| | |
|---|---|
| Wo ist die nächste Tankstelle, bitte? | Pardon, où est la station-service la plus proche, s'il vous plaît?<br>[pardɔ̃ u ɛ la stasjɔ̃ sɛrvis la ply prɔʃ sil vu plɛ] |
| Volltanken, bitte! | Le plein, s'il vous plaît!<br>[lə plɛ̃ sil vu plɛ] |

| | |
|---|---|
| Für ... Euro Diesel, bitte! | Pour ... euros de gas-oil, s'il vous plaît!<br>[pur ... ørɔ də gɑzwal sil vu plɛ] |

Auch in Frankreich ist der Benzinpreis frei, so daß sich ein Preisvergleich lohnt. Preisgünstig sind v. a. die *Grandes Surfaces* [grɑ̃d syrfas] (= Supermärkte) wie *Carrefour* [karfur], *Intermarché* [ɛ̃tɛrmarʃe], *Géant Casino* [ʒeɑ̃ kazinɔ], *Leclerc* [ləklɛr] oder *Mammouth* [mamut]. Dort gilt meistens Selbstbedienung (= *libre service* [libr(ə) sɛrvis]). Außerhalb der Ladenöffnungszeiten stehen Ihnen Tanksäulen mit Kreditkartenbezahlung zur Verfügung (24 Stunden täglich).
**Apropos:** Der Kraftstoff GPL für gasbetriebene Fahrzeuge ist nur an wenigen Tankstellen erhältlich.

## Am Tankautomaten

| | |
|---|---|
| Servez-vous moteur arrêté. | Bedienung nur mit abgestelltem Motor. |
| En service. | In Betrieb. |
| Introduisez votre carte dans le lecteur cartes. Sens de la flèche. | Führen Sie Ihre Karte bitte in Pfeilrichtung ein. |
| Veuillez patienter. | Gedulden Sie sich bitte. |
| Attention cet appareil ne délivre plus de ticket. | Achtung, dieser Automat gibt keinen Bon mehr aus. |
| Sélectionnez votre carburant. | Wählen Sie bitte Ihren Kraftstoff. |
| Ensuite appuyez sur la touche „Validation". | Drücken Sie anschließend den Knopf „Validation". |
| Composez votre code confidentiel. | Geben Sie bitte Ihre Geheimzahl ein. |
| Validez. | Bestätigen Sie bitte. |
| Prenez votre carte et allez vous servir en ... . | Nehmen Sie Ihre Karte, und bedienen Sie sich mit ... . |

## Tankstelle: Serviceleistungen

| | |
|---|---|
| **Garage** [garaʒ] | **Autowerkstatt** |
| Vidange *f* [vidɑ̃ʒ] | Ölwechsel |
| Station *f* de gonflage [stasjɔ̃ də gɔ̃flaʒ] | Reifenservice |
| Station *f* de lavage [stasjɔ̃ də lavaʒ] | Autowäsche |

3

- **Voulez-vous que je vérifie …?** [vule vu kə ʒə verifi] — **Soll ich nach … sehen?**

le niveau d'huile [lə nivo dɥil] — dem Ölstand

le liquide de refroidissement [lə likid də r(ə)frwadismɑ̃] — dem Kühlwasser

la pression des pneus [la prɛsjɔ̃ de pnø] — dem Reifendruck

Ja, bitte. — Oui, s'il vous plaît. [wi sil vu plɛ]

Danke, das ist nicht nötig. — Non merci, ce n'est pas nécessaire. [nɔ̃ mɛrsi sə nɛ pɑ nesesɛr]

**Könnten Sie bitte … … ?** — **Pourriez-vous … ?** [purje vu]

den Öl- / Wasserstand kontrollieren — contrôler le niveau d'huile / d'eau [kɔ̃trole lə nivo dɥil / do]

die Scheiben reinigen — nettoyer les vitres [netwaje le vitr(ə)]

die Batterie aufladen — recharger la batterie [rəʃarʒe la batri]

den Reifen wechseln — changer le pneu [ʃɑ̃ʒe lə pnø]

▶ Kap. 9, Autopanne S. 235

## Parken

Parkplätze sind außerhalb der Mittags- und Nachtstunden zumeist gebührenpflichtig. Man unterscheidet zwei Parkzonen: die *courte durée* [kurt(ə) dyre] (= max. Parkdauer von 2 Stunden, meist gelb ausgeschildert) und die *longue durée* [lɔ̃g dyre] (= max. Parkdauer von 8 Stunden, orange ausgeschildert). Erkundigen Sie sich ggf. im Hotel nach einer Abstellmöglichkeit: *Y-a-t-il un parking privé?* [ja‿til œ̃ parkiŋ prive] (= Haben Sie einen Privatparkplatz?).



| | |
|---|---|
| garer / stationner [gare / stasjɔne] | parken |
| parking [parkiŋ] | Parkplatz |
| ~ courte durée [kurt(ə) dyre] | Kurzparkzone |
| ~ longue durée [lɔ̃g dyre] | Dauerparkzone |
| interdiction *f* de stationner [ɛ̃tɛrdiksjɔ̃ də stasjɔne] | Parkverbot |
| disque de stationnement [disk də stasjɔnmɑ̃] | Parkscheibe |
| horodateur [ɔrɔdatœr] | Parkuhr |

| | |
|---|---|
| Wo kann ich bitte meinen Wagen parken? | Où puis-je garer ma voiture, s'il vous plaît? [u pɥi‿ʒ(ə) gare ma vwatyr sil vu plɛ] |
| Wie hoch ist die Gebühr pro Stunde / Tag / Nacht? | Quel est le tarif pour une heure / journée / nuit? [kɛl ɛ lə tarif pur yn œr / ʒurne / nɥi] |
| Wo bezahlt man? | Où puis-je payer? [u pɥi‿ʒ(ə) peje] |
| Wo ist der Parkscheinautomat? | Où puis-je trouver l'horodateur? [u pɥi‿ʒ(ə) truve lɔrɔdatœr] |

### Parkscheinautomat

| | |
|---|---|
| Insérez les pièces en fonction de la somme demandée. | Werfen Sie die Münzen ein, je nach verlangtem Betrag. |
| Appuyez sur le bouton rouge pour obtenir un ticket. | Drücken Sie auf den roten Knopf, um Ihren Parkschein zu ziehen. |
| Prenez le ticket et placez-le dans votre voiture derrière le pare-brise. | Nehmen Sie den Parkschein, und legen Sie ihn hinter die Sichtschutzscheibe in Ihr Auto. |



## Autovermietung

*Location de voitures* [lɔkasjɔ̃ də vwatyr] (= Autoverleiher) sind am ehesten an Flughäfen und Bahnhöfen vertreten.

| | |
|---|---|
| Wo finde ich hier den nächsten Autoverleih? | Où puis-je trouver une location de voitures ici? [u pɥi‿ʒ(ə) truve yn lɔkasjɔ̃ də vwatyr isi] |
| **Ich möchte ein ... (für eine Woche) mieten.** | **Je voudrais louer ... (pour une semaine).** [ʒə vudrɛ lwe ... (pur yn s(ə)mɛn)] |
| Auto | une voiture [yn vwatyr] |
| ~ mit Automatik | ~ à boîte de vitesse automatique [a bwat də vitɛs ɔtɔmatik] |
| ~ mit Klimaanlage | ~ avec climatisation [avɛk klimatizasjɔ̃] |
| ~ mit Kindersitz | ~ avec un siège-bébé [avɛk œ̃ sjɛʒ bebe] |
| Motorrad | une moto [yn mɔto] |

| | |
|---|---|
| Wie hoch ist der Tagessatz bei diesem Modell? | Quel est le tarif à la journée pour ce modèle? [kɛl‿ɛ lə tarif a la ʒurne pur sə mɔdɛl] |
| • **Le tarif inclut ...** [lə tarif ɛ̃kly] | **In den Tarifen ist eine / die ... inbegriffen.** |
| une assurance tous risques [yn‿asyrɑ̃s tu risk] | Vollkaskoversicherung |
| une assurance accidents [yn‿asyrɑ̃s aksidɑ̃] | Unfallversicherung |
| une assurance vol [yn‿asyrɑ̃s vɔl] | Diebstahlversicherung |
| la responsabilité civile [la rɛspɔ̃sabilite sivil] | Personenhaftpflicht |
| la TVA [la tevea] | Mehrwertsteuer |
| Wo / Wann muss ich den Wagen abgeben? | Où / Quand dois-je rendre le véhicule? [u / kɑ̃ dwa‿ʒ(ə) rɑ̃dr(ə) lə veikyl] |
| • Votre permis et une pièce d'identité, s'il vous plaît! [vɔtr(ə) pɛrmi e yn pjɛs didɑ̃tite sil vu plɛ] | Ihren Führerschein und den Ausweis, bitte! |
| • Signez ici, s'il vous plaît! [siɲe isi sil vu plɛ] | Unterschreiben Sie bitte hier! |



# Mit der Bahn

SNCF

Das französische Eisenbahnnetz ist insgesamt gut ausgebaut. Insbesondere die Großstädte erreicht man daher leichter und schneller mit dem Zug als mit dem Auto oder Bus. Besonders zeitsparend sind die Verbindungen mit dem französischen Hochgeschwindigkeitszug TGV [teʒeve], für den eine Reservierung notwendig ist.

**Züge**

| | |
|---|---|
| TGV (Train Grande Vitesse) [teʒeve (trɛ̃ grɑ̃d vitɛs)] | moderner Hochgeschwindigkeitszug |
| Euro-Cités (EC) [ørɔsite (əse)] | Eurocity (zuschlagpflichtig) |
| Corail [kɔraj] | D-Zug, hält an allen größeren Bahnhöfen |
| Trains de nuit [trɛ̃ də nɥi] | Nachtzug |
| TER (Trains Express Régionaux) [teəɛr (trɛ̃ ɛksprɛs reʒjɔno)] | regionaler Eilzug, hält an jedem Bahnhof |
| Auto / Train [ɔtɔ / trɛ̃] | Autoreisezug |
| RER (Réseau Express Régional) [ɛrəɛr (rezo ɛksprɛs reʒjɔnal)] | Pariser S-Bahn |

3

**Tipp:** Großstädte haben in der Regel mehrere Bahnhöfe, Paris allein fünf: Informieren Sie sich daher, auf welchem Bahnhof Sie sich einfinden müssen, und planen Sie genügend Zeit ein, falls Sie beim Umsteigen auch den Bahnhof wechseln müssen.

| | |
|---|---|
| Wo ist der (Nord-) Bahnhof? | Où se trouve la gare (du Nord)? [u sə truv la gar (dy nɔr)] |

## Zugverbindungen erfragen

Faltblätter (= *dépliant détaillant les horaires* [deplijɑ̃ detajɑ̃ lez‿ɔrɛr]) mit den Abfahrtszeiten der Züge für typische Städteverbindungen liegen in jedem Bahnhof aus. Einen schnellen Überblick über mögliche Zugverbindungen und Reservierungen erhalten Sie außerdem an der *Billeterie Automatique* [bijɛtri ɔtɔmatik] (= Fahrkartenautomat).

| | |
|---|---|
| Wann fährt der nächste Zug nach Bordeaux? | A quelle heure part le prochain train pour Bordeaux? [a kɛl‿œr par lə prɔʃɛ̃ trɛ̃ pur bɔrdo] |

| | |
|---|---|
| **Welchen Zug könnte ich morgen ... nach Toulouse nehmen?** | **Quel train pourrais-je prendre demain ... pour aller à Toulouse?** [kɛl trɛ̃ purɛ‿ʒ(ə) prɑ̃dr(ə) d(ə)mɛ̃ ... pur‿ale a tuluz] |
| früh | matin [matɛ̃] |
| Nachmittag | après-midi [aprɛmidi] |
| Abend | soir [swar] |
| Ich möchte gegen 10.00 Uhr (abends) in Straßburg sein. | J'aimerais bien arriver vers dix heures (du soir) à Strasbourg. [ʒem(ə)rɛ bjɛ̃n‿arive vɛr diz‿œr (dy swar) a strasbur] |
| Wann kommt der Zug in Paris an? | A quelle heure le train arrive-t-il à Paris? [a kɛl‿œr lə trɛ̃ ariv(ə)‿til a pari] |
| **Gibt es noch ... ?** | **Y a-t-il encore ...?** [ja‿til ɑ̃kɔr] |
| einen früheren / späteren Zug | un train plus tôt / tard [œ̃ trɛ̃ ply to / tar] |
| eine andere Möglichkeit | une autre possibilité [yn‿otr(ə) pɔsibilite] |
| Hält dieser Zug in Toulon? | Est-ce que le train s'arrête à Toulon? [ɛskə lə trɛ̃ sarɛt a tulɔ̃] |
| Fährt dieser Zug über Chartres? | Ce train passe-t-il par Chartres? [sə trɛ̃ pas‿til par ʃartr(ə)] |
| • Il faut que vous changiez de train à Lyon. [il fo kə vu ʃɑ̃ʒje də trɛ̃ a ljɔ̃] | Sie müssen in Lyon umsteigen. |
| Gibt es in Marseille einen Anschlusszug nach Aix-en-Provence? | Y a-t-il une correspondance à Marseille pour Aix-en-Provence? [ja‿til yn kɔrɛspɔ̃dɑ̃s a marsɛj pur ɛks ɑ̃ prɔvɑ̃s] |

3

| | |
|---|---|
| Was für ein Zug ist das? | C'est quelle sorte de train? [sɛ kɛl sɔrt(ə) də trɛ̃] |
| **Hat der Zug ein/en ... ?** | **Le train comporte-t-il ...?** [lə trɛ̃ kɔ̃pɔrt‿il] |
| Liegewagen | des couchettes [de kuʃɛt] |
| Schlafwagen | un wagon-lit [œ̃ vagɔ̃li] |
| Speisewagen | un wagon-restaurant [œ̃ vagɔ̃ rɛstɔrɑ̃] |
| Bistro | une voiture-bar [yn vwatyr bar] |
| Kann man in diesem Zug auch ein Fahrrad mitnehmen? | Puis-je prendre mon vélo / ma bicyclette dans ce train? [pɥi‿ʒ(ə) prɑ̃dr(ə) mɔ̃ velo / ma bisiklɛt dɑ̃ sə trɛ̃] |

3

**Apropos:** Nicht nur für Eisenbahnfans interessant ist die Fahrt mit dem *Petit Train Jaune de la Cerdagne* [pəti trɛ̃ ʒon də la sɛrdaɲ(ə)] in den Pyrenäen, dem *Train des Pignes* [trɛ̃ de piɲ(ə)] in der Provence und der korsischen Eisenbahnlinie, die Ajaccio über Corte mit Bastia verbindet.

## Fahrplaninformationen

| **Horaire** [ɔrɛr] | **Fahrplan** |
|---|---|
| arrivée *f* [arive] | Ankunft |
| ~ prévue [prevy] | planmäßige ~ |
| trains à l'arrivée [trɛ̃ a larive] | ~szeiten |
| départ [depar] | Abfahrt |
| trains au départ[trɛ̃ o depar] | ~szeiten |
| voie *f* [vwa] | Gleis |

► Kap. 3, Züge S. 72

## Fahrkarten kaufen

Fahrkarten (= billets [bijɛ]), Zuschläge (außer EC) (= suppléments [syplemɑ̃]) und Reservierungen (= *réservations* [rezɛrvasjɔ̃]) müssen (!) generell vor Fahrtantritt gekauft und an den orangefarbenen Entwertern (= *composteur* [kɔ̃pɔstœr]) abgestempelt werden. Ohne vorherige Entwertung ist die Fahrkarte ungültig, und der Schaffner kann ein Bußgeld verlangen.



### Ermäßigungen

| | |
|---|---|
| Découverte Séjour | Hin- und Rückfahrt bis 200 km, von Samstag auf Sonntag, mit 25% Ermäßigung |
| Carte 12–25 | Spezialarrangement für Jugendliche zwischen 12 und 25 Jahren |
| Carte Senior | Spezialarrangement für Senioren ab 60 Jahren |
| J8 / J30 | Ermäßigung bei Reservierung bis zu 8/30 Tagen im Voraus |
| Période bleue [perjɔd blø] | im Fahrplan blau markierte Reisetage mit Fahrpreisermäßigungen bis zu 50% |

**Tipp:** Um lange Wartezeiten zu vermeiden, kaufen Sie Fahrkarten und Platzreservierungen schneller und stressfreier in einer autorisierten *Agence de voyage* [aʒɑ̃s də vwajaʒ] (= Reisebüro mit SNCF-Zeichen an der Türe) oder - in den größeren Bahnhöfen - mit Kreditkarte an der *Billeterie Automatique* [bijɛtri ɔtɔmatik]. Wenn Sie dennoch den Schalterdienst der französischen Eisenbahn SNCF in Anspruch nehmen, achten Sie auf die Beschilderung, da die jeweilige Dienstleistung nur an den eigens dafür vorgesehenen Schaltern (= *guichets* [giʃɛ]) erhältlich ist:

3

| **Guichet** [giʃɛ] | **Schalter** |
|---|---|
| Abonnements / Service clientèle [abɔnmɑ̃ / sɛrvis kliɑ̃tɛl] | Abonnements / Kundenservice |
| Billets [bijɛ] | Fahrkarten |
| Départ immédiat [depar imedja] (TGV du jour) [teʒeve dy ʒur] | Expressschalter |
| fermé [fɛrme] | geschlossen |
| Information *f* / Renseignements [ɛ̃fɔrmasjɔ̃ / rɑ̃sɛɲmɑ̃] | Informationen |
| Réservations *f pl* [rezɛrvasjɔ̃] | Reservierungen |

| | |
|---|---|
| **Eine Fahrkarte ... nach Paris, bitte!** | **Un billet ... pour Paris, s'il vous plaît!** [œ̃ bijɛ ... pur pari sil vu plɛ] |
| 1. / 2. Klasse | de première / deuxième classe [də prəmjɛr / døzjɛm klɑs] |
| einfach | aller simple [ale sɛ̃pl(ə)] |
| hin und zurück | aller-retour [ale r(ə)tur] |
| für heute / morgen | pour aujourd'hui / demain [pur oʒurdɥi / d(ə)mɛ̃] |
| mit Zuschlag für den TGV | avec supplément pour le TGV [avɛk syplemɑ̃ pur lə teʒeve] |
| Eine Liegewagenreservierung, bitte! | Une réservation pour une couchette, s'il vous plaît! [yn rezɛrvasjɔ̃ pur yn kuʃɛt sil vu plɛ] |

| | |
|---|---|
| **Ich hätte gerne eine Reservierung … .** | **J'aimerais avoir une réservation … .** [ʒem(ə)rɛ avwar yn rezɛrvasjɔ̃] |
| für den Zug um 8.00 Uhr nach Paris | pour le train de huit heures qui va à Paris [pur lə trɛ̃ də 'ɥit‿œr ki va a pari] |
| im (Nicht-) Raucherabteil | (non-) fumeur [(nɔ̃) fymœr] |
| am Fenster | fenêtre [f(ə)nɛtr(ə)] |



| | |
|---|---|
| Fahrkarte | billet [bijɛ] |
| (Nicht-) Raucher | (non-) fumeur [(nɔ̃) fymœr] |
| Klasse | classe *f* [klɑs] |
| Abteil | compartiment [kɔ̃partimɑ̃] |
| Zuschlag | supplément [syplemɑ̃] |
| Platzkarte | réservation *f* [rezɛrvasjɔ̃] |
| Liegewagen | couchette *f* [kuʃɛt] |
| oben / unten | en haut / en bas [ɑ̃ 'o / ɑ̃ ba] |
| in der Mitte | au milieu [o miljø] |
| Schlafwagen | wagon-lit [vagɔ̃li] |

## Am Bahnhof: Orientierung

| | |
|---|---|
| **ACCÈS AUX VOIES**<br>Zugang zu den Gleisen | **SALLE D'ATTENTE**<br>Wartesaal |

| | |
|---|---|
| **Wo ist …?** | **Où se trouve …?** [u sə truv] |
| die Gepäckaufbewahrung | la consigne [la kɔ̃siɲ] |
| der Entwerter | le composteur [lə kɔ̃pɔstœr] |
| der Wartesaal | la salle d'attente [la sal datɑ̃t] |

Ist das der Zug nach Paris? — Est-ce le train pour Paris? [ɛs lə trɛ̃ pur pari]

Von welchem Bahnsteig fährt der Zug nach Frankfurt ab? — De quel quai part le train pour Francfort? [də kɛl ke par lə trɛ̃ pur frɑ̃kfɔr]



Auf welchem Bahnsteig / Gleis kommt der Zug aus Brüssel an? — Sur quel quai / quelle voie arrive le train en provenance de Bruxelles? [syr kɛl ke / kɛl vwa ariv lə trɛ̃ ɑ̃ prɔvnɑ̃s də bryksɛl]

Hat der Zug aus Genf Verspätung? — Est-ce que le train en provenance de Genève a du retard? [ɛskə lə trɛ̃ ɑ̃ prɔvnɑ̃s də ʒənɛv a dy r(ə)tar]

## Im Zug

Entschuldigung, wo ist der Wagen Nummer 11? — Pardon, où est la voiture numéro onze? [pardɔ̃ u ɛ la vwatyr nymero ɔ̃z]

Ist der Platz frei? — Est-ce que cette place est libre? [ɛskə sɛt plas ɛ libr(ə)]

• Oui. [wi] / Non, elle est réservée / occupée. [nɔ̃ ɛl‿ɛ rezɛrve / ɔkype] — Ja. / Nein, er ist reserviert / besetzt.

Entschuldigen Sie, ich glaube, das ist mein Platz. Ich habe reserviert. — Je suis désolé/e, je pense que c'est ma place. J'ai reservé. [ʒə sɥi dezɔle ʒə pɑ̃s kə sɛ ma plas ʒɛ rezɛrve]

Stört es Sie, wenn ich das Fenster öffne / schließe? — Ça vous gène, si j'ouvre / je ferme la fenêtre? [sa vu ʒɛn si ʒuvr / ʒə fɛrm la f(ə)nɛtr(ə)]

| | |
|---|---|
| • Les billets, s'il vous plaît! [le bijɛ sil vu plɛ] | Die Fahrkarten, bitte! |
| Wann kommen wir in Dijon an? | Quand arriverons-nous à Dijon? [kɑ̃ arivrɔ̃ nu a diʒɔ̃] |
| Wie viel Minuten Verspätung hat der Zug, bitte? | Le train a combien de minutes de retard, s'il vous plaît? [lə trɛ̃ a kɔ̃bjɛ̃ də minyt də r(ə)tar sil vu plɛ] |
| Bekomme ich noch den Anschluss an den Zug nach Straßburg? | Est-ce que j'aurai encore la correspondance pour Strasbourg? [ɛskə ʒore ɑ̃kɔr la kɔrɛspɔ̃dɑ̃s pur strasbur] |

▶ Kap. 2, Small Talk S. 52, Höflichkeitsformeln & Komplimente S. 45

| | |
|---|---|
| Eau *f* (non-) potable | (Kein) Trinkwasser |
| libre / occupé | frei / besetzt |
| pousser / tirer | drücken / ziehen |
| Signal d'alarme | Notbremse |
| Ne pas se pencher au-dehors! | Nicht hinauslehnen! |
| Issue *f* de secours | Notausgang |

## Gepäck

Gepäckwägelchen (= *chariots à bagages* [ʃarjo a bagaʒ]) sind oftmals pfandpflichtig. Am besten halten Sie eine 1-Euro-Münze bereit.

| | |
|---|---|
| **CONSIGNE AUTOMATIQUE**<br>Schließfächer | **CONSIGNE**<br>Gepäckaufbewahrung |

3

Kann ich mein Gepäck hier lassen? — Puis-je laisser mes bagages ici? [pɥi‿ʒ(ə) lese me bagaʒ isi]

**Ich möchte ... aufgeben / abholen.** — **Je voudrais faire enregistrer / retirer ... .** [ʒə vudrɛ fɛr ɑ̃rʒistre / r(ə)tire]

mein Gepäck — mes bagages [me bagaʒ]
ein Fahrrad — un vélo [œ̃ velo]
meinen Koffer — ma valise [ma valiz]
meinen Rucksack — mon sac à dos [mɔ̃ sak‿a do]
Skier — des skis [de ski]
eine Tasche — un sac [œ̃ sak]

Gepäckträger! — Porteur! [pɔrtœr]

▶ Kap. 9, Diebstahl & Verlust S. 237



# Mit dem Flugzeug

Telefonieren ist im Flugzeug nicht erlaubt. Laptops dürfen während des Fluges nur nach Rückfrage benutzt werden. Alle Inlandflüge (= *vols intérieurs* [vɔl ɛ̃terjœr]) sind Nicht-Raucherflüge (= *vols non-fumeur* [vɔl nɔ̃fymœr]).

Entschuldigung, wie komme ich zum (internationalen) Flughafen? — Pardon, comment puis-je me rendre à l'aéroport (international)? [pardɔ̃ kɔmɑ̃ pɥi‿ʒ(ə) mə rɑ̃dr(ə) a laerɔpɔr (ɛ̃tɛrnasjɔnal)]

Gibt es einen Bus / Zug zum Flughafen? — Y a-t-il un bus / train pour rejoindre l'aéroport? [ja‿til œ̃ bys / trɛ̃ pur r(ə)ʒwɛ̃dr(ə) laerɔpɔr]

| | |
|---|---|
| Flug | vol [vɔl] |
| Flughafen | aéroport [aerɔpɔr] |
| Fluggesellschaft | compagnie *f* aérienne [kɔ̃paɲi aerjɛn] |
| Flugticket | billets d'avion [bijɛ davjɔ̃] |
| Flugnummer | numéro de vol [nymero dvɔl] |
| Bordkarte | carte *f* d'embarquement [kart(ə) dɑ̃barkmɑ̃] |
| Passagier | passager [pasaʒe] |
| Pilot | pilote [pilɔt] |
| Steward/ess | steward / hôtesse *f* de l'air [stjuward / otɛs də lɛr] |

3

## Am Flughafen: Orientierung

| | |
|---|---|
| Wo ist der Air France-Schalter? | Où se trouve le guichet d'Air France? [u sə truv lə giʃɛ dɛr frɑ̃s] |
| Hat die Maschine aus / nach Frankfurt Verspätung? | Est-ce que l'avion de / pour Francfort a du retard?[ɛskə lavjɔ̃ də / pur frɑ̃kfɔr a dy r(ə)tar] |
| Ist die Maschine aus Köln schon gelandet? | Est-ce que l'avion de Cologne a déjà atterri? [ɛskə lavjɔ̃ də kɔlɔɲ a deʒa ateri] |

| | |
|---|---|
| arrivée *f* / départ | Ankunft / Abflug |
| contrôle des passeports | Passkontrolle |
| vols internationaux | internationale Flüge |
| vols intérieurs | nationale Flüge |

## Buchungen & Stornierungen

3

| | |
|---|---|
| Wann geht der nächste Flug nach Hamburg? | Quand part le prochain vol pour Hambourg? [kɑ̃t par lə prɔʃɛ̃ vɔl pur 'ɑ̃bur] |
| **Ist es ein …?** | **Est-ce un vol …?** [ɛs‿œ̃ vɔl] |
| Charterflug | charter[ʃartɛr] |
| Direktflug | direct [dirɛkt] |
| Was kostet der Flug in der Business-Class / Touristenklasse? | Combien coûte ce vol en classe affaires / classe touriste? [kɔ̃bjɛ̃ kut sə vɔl ɑ̃ klas afɛr / klas turist] |
| Ich möchte einen Flug nach München buchen. | Je voudrais réserver un vol pour Munich, s'il vous plaît. [ʒə vudrɛ rezɛrve œ̃ vol pur mynik sil vu plɛ] |
| **Ich möchte diesen Flug … .** | **Je voudrais … ce vol.** [ʒə vudrɛ … sə vɔl] |
| stornieren | annuler [anyle] |
| umbuchen | changer la réservation de [ʃɑ̃ʒe la rezɛrvasjɔ̃ də] |
| bestätigen | confirmer [kɔ̃firme] |

## Einchecken

| | |
|---|---|
| • Votre billet, s'il vous plaît! [vɔtr(ə) bijɛ sil vu plɛ] | Ihr Flugticket, bitte! |
| • Avez-vous des bagages à enregistrer? [ave vu de bagaʒ a ɑ̃rʒistre] | Haben Sie Gepäck aufzugeben? |

Kann ich das als Handgepäck mitnehmen? — Puis-je prendre ceci en bagage à main? [pɥi‿ʒ(ə) prɑ̃dr(ə) səsi ɑ̃ bagaʒ a mɛ̃]

• Fumeur ou non-fumeur? [fymœr u nɔ̃fymœr] — Raucher oder Nichtraucher?

**Ich möchte gern ... sitzen.** — **J'aimerais avoir une place ... .** [ʒem(ə)rɛ avwar yn plas]

am Fenster — côté hublot [kote 'yblo]
in der Mitte — au milieu [o miljø]
am Gang — côté couloir [kote kulwar]

Wir möchten gerne zusammen sitzen. — Nous aimerions bien avoir des places côte à côte. [nuz‿em(ə)rjɔ̃ bjɛ̃n‿avwar de plas kot‿a kot]

• Voilà, votre carte d'embarquement! [vwala vɔtr(ə) kart(ə) dɑ̃barkmɑ̃] — Bitte sehr, Ihre Bordkarte!

3

# Mit Schiff und Fähre

Entschuldigung, wie komme ich zum Hafen? — Pardon, comment puis-je me rendre au port? [pardɔ̃ kɔmɑ̃ pɥi‿ʒ(ə) mə rɑ̃dr(ə) o pɔr]

Wann / Wo **fährt** das nächste Schiff / die nächste Fähre **nach** Bastia **ab**? — A quelle heure / D'où **part le** prochain bateau / ferry-boat **pour Bastia?** [a kɛl‿œr / du **par lə** prɔʃɛ̃ bato / fɛribot **pur bastja**]

Wie lange dauert die Überfahrt? — Combien de temps dure la traversée? [kɔ̃bjɛ̃ də tɑ̃ dyr la travɛrse]

**Apropos:** Die Abfahrtszeiten der Schiffe in Richtung Korsika sind stark saisonabhängig.

| | |
|---|---|
| Hafen | port [pɔr] |
| Kreuzfahrt | croisière *f* [krwazjɛr] |
| Schiff / Boot | bateau [bato] |
| Luftkissen~ | hovercraft / aéroglisseur [ovœrkraft / aerɔglisœr] |
| (Auto-) Fähre | ferry-boat / bac [fɛribot / bak] |
| Deck | pont [pɔ̃] |
| Landungsbrücke | embarcadère [ɑ̃barkadɛr] |
| Rettungsboot | chaloupe *f* de sauvetage [ʃalup də sovtaʒ] |
| Rettungsring | bouée *f* de sauvetage [bwe də sovtaʒ] |
| seekrank sein | avoir le mal de mer [avwar lə mal də mɛr] |
| Schwimmweste | gilet de sauvetage [ʒilɛ də sovtaʒ] |

3

## Schiffskarten

Schiffskarten kann man entweder im Reisebüro oder direkt am Hafen im Büro der jeweiligen Reederei lösen. Tipp: Erkundigen Sie sich genau nach den Preisen, da saisonal verschiedene Vergünstigungen angeboten werden.

| | |
|---|---|
| Karten für eine Überfahrt für zwei Personen und ein Auto, bitte! | Des billets pour une traversée pour deux personnes et une voiture, s'il vous plaît! [de bijɛ pur‿yn travɛrse pur dø pɛrsɔn e yn vwatyr sil vu plɛ] |

| | |
|---|---|
| **Ich hätte gerne eine ... .** | **Je voudrais une cabine ... .** [ʒə vudrɛ yn kabin] |
| Einzel- / Zweipersonenkabine | pour une / deux personne/s [pur‿yn / dø pɛrsɔn] |
| Kabine erster/ zweiter Klasse. | en première / deuxième classe [ɑ̃ prəmjɛr / døzjɛm klas] |
| Außen- / Innenkabine. | extérieure / intérieure [ɛksterjœr / ɛ̃terjœr] |

3

# Mit dem Fahrrad

Die Tour de France holt alljährlich viele begeisterte Radsportfans auf die Straße, und viele Franzosen sind leidenschaftliche Biker. In den Städten aber zählt Radfahren zu den eher exotischen und gefährlichen Aktivitäten. Tipp: In vielen Bahnhöfen der SNCF finden Sie auch einen Fahrradverleih; geliehene Fahrräder können in der Regel auch an einem anderen Bahnhof wieder abgegeben werden.

| | |
|---|---|
| Fahrrad | vélo / bicyclette *f* [velo / bisiklɛt] |
| Rennrad | vélo de course [velo də kurs(ə)] |
| Mountainbike | VTT (vélo tout terrain) [vetete (velo tu tɛrɛ̃)] |

| | |
|---|---|
| **Gibt es hier ...?** | **Y a-t-il ici ...?** [ja‿til isi] |
| eine Fahrradwerkstatt | un atelier pour réparer les vélos [œ̃n‿atəlje pur repare le velo] |
| einen Fahrradverleih | une location de vélos [yn lɔkasjɔ̃ də velo] |
| An meinem Fahrrad ist ... kaputt. | ... est cassé/e sur mon vélo. [... ɛ kase syr mɔ̃ velo] |

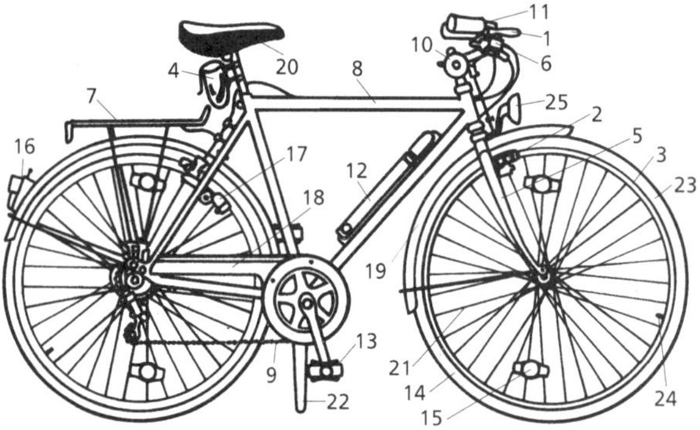


| | | |
|---|---|---|
| 1 | Bremse | frein [frɛ̃] |
| 2 | Dynamo | dynamo *f* [dinamo] |
| 3 | Felge | jante *f* [ʒɑ̃t] |
| 4 | Flickzeug | nécessaire de réparation [nesesɛr də reparasjɔ̃] |
| 5 | Gabel | fourche *f* [furʃ(ə)] |
| 6 | Gangschaltung | dérailleur [derajœr] |
| 7 | Gepäckträger | porte-bagages [pɔrt(ə) bagaʒ] |
| 8 | Gestell / Rahmen | cadre [kadr(ə)] |
| 9 | Kette | chaîne *f* [ʃɛn] |
| 10 | Klingel | timbre [tɛ̃br(ə)], sonette *f* [sɔnɛt] |
| 11 | Lenkstange | guidon [gidɔ̃] |
| 12 | Luftpumpe | pompe (à air) *f* [pɔ̃p (a ɛr)] |
| 13 | Pedal | pédale *f* [pedal] |
| 14 | Rad | roue *f* [ru] |
| 15 | Reflektor | réflecteur [reflɛktœr] |
| 16 | Rücklicht | feu arrière[fø arjɛr] |
| 17 | Schloss | cadenas [kadna] |
| 18 | Schutzblech (Kette) | couvre-chaîne [kuvr(ə) ʃɛn] |
| 19 | Schutzblech (Reifen) | garde-boue [gardəbu] |
| 20 | Sattel | selle *f* [sɛl] |
| 21 | Speiche | rayon [rɛjɔ̃] |
| 22 | Ständer | pied d'appui [pje dapɥi] |
| 23 | Reifen / Schlauch | pneu / chambre *f* à air [pnø / ʃɑ̃br(ə) a ɛr] |
| 24 | Ventil | valve *f* [valv(ə)] |
| 25 | Vorderlicht | phare [far] |

# Öffentliche Verkehrsmittel vor Ort

| | |
|---|---|
| Busbahnhof | gare *f* routière [gar rutjɛr] |
| Bus | bus [bys] |
| Straßenbahn | tram(way) [tram(wɛ)] |
| U-Bahn | métro [metro] |
| Taxi | taxi [taksi] |
| Fahrkarten-Verkaufsstellen | vente *f* de billets [vɑ̃t də bijɛ] |
| Endhaltestelle | terminus [tɛrminys] |
| Haltestelle | arrêt (de bus) [arɛ (də bys)] |
| Ausstieg | sortie *f* [sɔrti] |
| Einstieg | entrée *f* [ɑ̃tre] |
| entwerten | composter [kɔ̃pɔste] |



In Großstädten wie Paris warnen Durchsagen vor Taschendieben (= *voleur à la tire / pickpocket* [vɔlœr a la tir / pikpɔkɛt]). Auf den typischen Touristenstrecken und bei großem Gedränge sollten Sie daher besonders achtgeben.

## Informationen erfragen

**Tipp:** Über die öffentlichen U-Bahn- und Busverbindungen in Paris informiert Sie am besten der Pariser Taschenfahrplan (= *Paris Plan de poche* [pari plɑ̃ də pɔʃ]). Sie erhalten ihn kostenlos im Fremdenverkehrsamt oder an einem Fahrkartenschalter: *Pourriez-vous me donner le Paris Plan de poche?* [purje vu mə dɔne lə pari plɑ̃ də pɔʃ] (= Könnten Sie mir bitte den Pariser Taschenfahrplan geben?).

| **POUR OUVRIR APPUYEZ** | **ARRÊT DEMANDÉ** |
|---|---|
| Zum Öffnen Knopf drücken | Haltewunsch |

3

**Entschuldigung, wo ist die nächste ...-haltestelle?**
**Pardon, où se trouve ... le / la plus proche?**
[pardɔ̃ u sə truv ... lə / la ply prɔʃ]

Bus~ — l'arrêt de bus [larɛ də bys]
Straßenbahn~ — l'arrêt de tram [larɛ də tram]
U-Bahn~ — la station de métro [la stɑsjɔ̃ də metro]

Welche Linie fährt nach Fontenay-aux-Roses?
Quelle ligne va à Fontenay-aux-Roses? [kɛl liɲ va a fɔ̃tnɛ o ros(ə)]

- Prenez la ligne un jusqu'à Châtelet, puis le RER B jusqu'à Fontenay.
[prəne la liɲe œ̃ ʒyska ʃatlɛ pɥi lə ɛrəɛr be ʒyska fɔ̃tnɛ]
Nehmen Sie die Linie 1 bis Châtelet und dann die RER B bis Fontenay.

Ist das der Bus nach St. Germain des Prés?
Est-ce le bus pour St. Germain des Prés?
[ɛs lə bys pur sɛ̃ ʒɛrmɛ̃ de pre]

Wo muss ich aussteigen / umsteigen?
Où dois-je descendre / changer?
[u dwa‿ʒ(ə) desɑ̃dr(ə) / ʃɑ̃ʒe]

Können Sie mir Bescheid sagen, wenn ich aussteigen muss?
Pourriez vous m'indiquer où je dois descendre?
[purje vu mɛ̃dike u ʒə dwa desɑ̃dr(ə)]

**Apropos:** An den *arrêt facultatif* [arɛ fakyltatif] (= fakultative Haltestelle) müssen Sie dem Busfahrer durch Handzeichen signalisieren, dass Sie einsteigen möchten.

## Fahrkarten kaufen

Einzelfahrscheine für Stadt- und Regionalbusse können Sie direkt beim Busfahrer kaufen, Mehrfahrtenkarten gibt es u.a. im Tabakladen und an den offiziellen Verkaufsstellen in der Nähe der jeweiligen Haltestation bzw. direkt im U-Bahn-Bereich.



| | |
|---|---|
| Eine Fahrkarte nach Etoile, bitte! | Un billet pour l'Etoile, s'il vous plaît. [œ̃ bijɛ pur letwal sil vu plɛ] |

| | |
|---|---|
| Fahrkarte | billet [bijɛ] |
| Wochenkarte | carte *f* (d'abonnement) hebdomadaire [kart(ə) (dabɔnmɑ̃) ɛbdɔmadɛr] |
| Monatskarte | carte *f* (d'abonnement) mensuelle [kart(ə) (dabɔnmɑ̃) mɑ̃sɥɛl] |
| Mehrfahrtenkarte (Fahrkartenblock) | carnet [karnɛ] |

**Apropos:** In Paris heißt die Wochenkarte *Carte Orange* [kart(ə) ɔrɑ̃ʒ] und die Tageskarte *Mobilis*. Beide Karten werden zusammen mit einem Ausweispapier (ohne Paßbild) ausgestellt. Gültig sind die Tickets nur, wenn Sie den Namen, die Kartennummer bzw. das Datum an den dafür vorgesehenen Stellen eingetragen haben:

### Fahrkartenausweis

| | |
|---|---|
| Inscrivez votre nom et votre prénom ci-dessus. | Tragen Sie Ihren Namen und Vornamen oben ein. |
| Signez sur la flèche jaune de l'autre côté. | Unterschreiben Sie umseitig auf dem gelben Pfeil. |

Reportez sur le ticket votre n° de carte.

Tragen Sie auf der Fahrkarte Ihre Kartennummer ein.

Inscrivez sur le ticket la date du jour / de la semaine où vous l'utilisez.

Tragen Sie das Datum des Tages / der Woche, an dem / in der Sie die Karte benutzen, ein.

Attention! Dans les bus, ne compostez pas votre ticket.

Achtung! Stempeln Sie Ihre Fahrkarte im Bus nicht ab.



## Taxis

Französische Taxis besitzen keine einheitliche Autofarbe. Die Preise variieren von Region zu Region, bei längeren Fahrten können Sie einen Festpreis aushandeln.

Könnten Sie mir bitte ein Taxi bestellen?

Pourriez-vous m'appelez un taxi, s'il vous plaît?
[purje vu maple œ̃ taksi sil vu plɛ]

Zum Bahnhof, bitte!

A la gare, s'il vous plaît!
[a la gar sil vu plɛ]

Ich habe es sehr eilig.

Je suis très pressé/e.
[ʒə sɥi trɛ prɛse]

Halten Sie bitte hier!

Arrêtez ici, s'il vous plaît!
[arɛte isi sil vu plɛ]

Warten Sie hier, ich bin gleich zurück!

Attendez ici, je reviens tout de suite. [atɑ̃de isi ʒə rəvjɛ̃ tu də sɥit]

Was macht das?

Combien cela fait-il?
[kɔ̃bjɛ̃ səla fɛt‿il]

Eine Quittung, bitte!

Un reçu, s'il vous plaît!
[œ̃ r(ə)sy sil vu plɛ]

# UNTERKUNFT 4

# Allgemein

Die Qualität der Unterkünfte ist auch in Frankreich durch die Zahl der Sterne kategorisiert: 1 Stern für die einfache Ausstattung, 4 Sterne für die Luxusklasse. In den Städten hält das jeweilige Fremdenverkehrsamt (= *Office du Tourisme* [ɔfis dy turism(ə)] oder *Syndicat d'initiative* [sɛ̃dika dinisjativ]) offizielle Hotelführer und Adressenlisten der Gästezimmer bereit. Apropos: Während der Hauptsaison (Juli und August, in Paris ganzjährig) sollten Übernachtungen frühzeitig gebucht werden.



| **CHAMBRE LIBRE** | **COMPLET** |
|---|---|
| Zimmer frei | ausgebucht |

## Unterkunftsmöglichkeiten erfragen

In den Städten sind Hotels braun ausgeschildert. In ländlichen Gegenden weist das *Gîtes de France*-Emblem auf das Vorhandensein von Gästezimmern hin.

### Unterkünfte

| | |
|---|---|
| Appartements (de vacances) [apartəmɑ̃ (də vakɑ̃s)] | Ferienwohnungen |
| Auberge *f* [obɛrʒ(ə)] | Landgasthof, teils mit Zimmern |
| ~ de Jeunesse *f* [də ʒœnɛs] | Jugendherberge |
| Camping [kɑ̃piŋ] | Campingplatz |
| Chambres *f pl* d'hôte [ʃɑ̃br(ə) dot] | Gästezimmer |
| Châteaux & Hôtels [ʃato e otɛl] | Hotel der gehobenen Klasse, z.T. in alten Schlössern und Burgen |

| | |
|---|---|
| Dortoirs [dɔrtwar] | Schlafgelegenheiten |
| Gîte [ʒit] | Gästezimmer in ländlicher Gegend |
| ~ de montagne [də mɔ̃taɲ] | Berghütte |
| Hébergement chez l'habitant [ebɛrʒəmɑ̃ ʃe labitɑ̃] | Privatzimmer |
| Hôtel (H) [otɛl] | Hotel |
| Maison *f* de vacances [mɛzɔ̃ də vakɑ̃s] | Ferienhaus |
| Motel [mɔtɛl] | Motel |
| Village de vacances [vilaʒ də vakɑ̃s] | Feriendorf |



| | |
|---|---|
| **Könnten Sie mir ein ... empfehlen?** | **Pourriez-vous m'indiquer ...?** [purje vu mɛ̃dike] |
| ruhiges Hotel | un hôtel calme [œ̃n‿otɛl kalm] |
| Hotel der Mittelklasse | un hôtel de catégorie moyenne [œ̃n‿otɛl də kategɔri mwajɛn] |
| Hotel im Zentrum | un hôtel au centre ville [œ̃n‿otɛl o sɑ̃tr(ə) vil] |
| **Gibt es hier in der Nähe ...?** | **Y a-t-il ... près d'ici?** [ja‿til ... prɛ disi] |
| eine Jugendherberge | une auberge de jeunesse [yn‿obɛrʒ(ə) də ʒœnɛs] |
| einen Campingplatz | un camping [œ̃ kɑ̃piŋ] |
| Wie komme ich dorthin? | Quel est le chemin pour y aller? [kɛl‿ɛ lə ʃ(ə)mɛ̃ pur‿jale] |
| **Wo ist ...?** | **Où se trouve ...?** [u sə truv] |
| das Hotel „Le Guilhem" | (l'hôtel) „Le Guilhem" [(lotɛl) lə gijɛm] |
| der nächste Campingplatz | le camping le plus proche [lə kɑ̃piŋ lə ply prɔʃ] |

| | |
|---|---|
| **Haben Sie noch ...?** | **Avez-vous encore des ...?** [ave vuz‿ɑ̃kɔr de] |
| Zimmer frei | chambres libres [ʃɑ̃br(ə) libr(ə)] |
| freie Stellplätze | places libres [plas libr(ə)] |
| Ferienappartments zu vermieten | appartements à louer [z‿apartəmɑ̃ a lwe] |
| **Wir suchen ein Zimmer ... .** | **Nous cherchons une chambre ... .** [nu ʃɛrʃɔ̃ yn ʃɑ̃br(ə)] |
| für eine Nacht | pour une nuit [pur‿yn nɥi] |
| mit Dusche und WC | avec douche et toilettes [avɛk duʃ e twalɛt] |

4

| | |
|---|---|
| • **Je suis désolé, mais ... .** [ʒə sɥi dezɔle mɛ] | **Tut mir leid, aber ... .** |
| nous sommes „complet" [nu sɔm kɔ̃plɛ] | wir sind ausgebucht |
| nous n'avons plus de chambres libres [nu navɔ̃ ply də ʃɑ̃br(ə) libr(ə)] | wir haben keine Zimmer mehr frei |
| tout est pris [tut‿ɛ pri] | alles ist vermietet |

## Fragen zum Preis

Im allgemeinen enthalten die Preise für ein Zimmer bereits die Mehrwertsteuer. Die Tarife für Halb- und Vollpension geben den Preis pro Person an. Eine Kurtaxe kann zusätzlich gefordert werden.

| | |
|---|---|
| **Was kostet ein ...?** | **Combien coûte ...?** [kɔ̃bjɛ̃ kut] |
| Doppelzimmer mit Bad & WC | une chambre double avec salle de bains et toilettes [yn ʃɑ̃br(ə) dubl(ə) avɛk sal də bɛ̃ e twalɛt] |
| Ferienhaus | une maison de vacances [yn mɛzɔ̃ də vakɑ̃s] |

| | |
|---|---|
| Was ist im Preis inbegriffen? | Qu'est-ce qui est compris dans le prix? [kɛski‿ɛ kɔ̃pri dɑ̃ lə pri] |
| **Ist der Preis inklusive ...?** | **Est-ce que le prix inclut / comprend ...?** [ɛskə lə pri ɛ̃kly / kɔ̃prɑ̃] |
| Frühstück | le petit déjeuner [lə p(ə)ti deʒœne] |
| Halbpension | la demi-pension [la d(ə)mi pɑ̃sjɔ̃] |
| Vollpension | la pension complète [la pɑ̃sjɔ̃ kɔ̃plɛt] |
| **Gibt es Preisreduktionen / -aufschläge ...?** | **Y a-t-il des réductions / une majoration ...?** [ja‿til de redyksjɔ̃ / yn maʒɔrasjɔ̃] |
| für Kinder | pour les enfants [pur lez‿ɑ̃fɑ̃] |
| zu Weihnachten / Silvester / Ostern | pour Noël / la Saint-Sylvestre / Pâques [pur noɛl / la sɛ̃ silvɛstr(ə) / pak] |
| während der Hauptsaison | en haute saison [ɑ̃ 'ot sɛzɔ̃] |



| | |
|---|---|
| saison *f* [sɛzɔ̃] | Saison |
| haute ~ ['ot] | Hoch~ |
| basse ~ [bas] | Neben~ |
| (en de)hors (de la) ~ [(ɑ̃ də)ɔr (də la)] | außerhalb der ~ |
| paiement d'avance [pɛmɑ̃ davɑ̃s] | Vorauszahlung |
| prix par personne [pri par pɛrsɔn] | Preis pro Person |
| réduction *f* [redyksjɔ̃] | Ermäßigung |
| majoration *f* [maʒɔrasjɔ̃] | Preisaufschlag |

► Kap. 1, Rund ums Geld S. 19

## Aufenthaltsdauer festlegen

| | |
|---|---|
| Jour d'arrivée [ʒur darive] | Anreisetag |
| Jour de départ [ʒur də depar] | Abreisetag |
| Séjour [seʒur] | Aufenthalt |
| du ... [dy] | vom ... |
| jusqu'à/au ... [ʒyska/o] | bis ... |



| | |
|---|---|
| Ich möchte ein Zimmer reservieren. | Je voudrais réserver une chambre. [ʒə vudrɛ rezɛrve yn ʃɑ̃br(ə)] |

| | |
|---|---|
| • Pour quand? [pur kɑ̃]<br>Für wann? | Für morgen und übermorgen.<br>Pour demain et après-demain.<br>[pur d(ə)mɛ̃ e aprɛdmɛ̃]<br><br>Vom 1. (bis) zum 6. Mai.<br>Du premier (jusqu') au six mai.<br>[dy prəmje (ʒysk) o si mɛ] |

| | |
|---|---|
| • Combien de temps comptez-vous rester?<br>[kɔ̃bjɛ̃ də tɑ̃ kɔ̃te vu rɛste]<br>Wie lange möchten Sie bleiben?<br><br>• Combien de temps?<br>[kɔ̃bjɛ̃ də tɑ̃]<br>Wie lange? | Nur *eine / diese* Nacht.<br>Juste *une / cette* nuit.<br>[ʒyst(ə) yn / sɛt nɥi]<br><br>Zwei *Tage / Wochen.*<br>Deux *jours / semaines.*<br>[dø ʒur / s(ə)mɛn]<br><br>Ich weiß es noch nicht.<br>Je ne le sais pas encore.<br>[ʒə nə lə sɛ paz‿ɑ̃kɔr] |

| | |
|---|---|
| • Quand comptez-vous arriver / partir? [kɑ̃ kɔ̃te vu arive / partir] | Wann kommen / fahren Sie an / ab? |
| Ist es möglich, (den Aufenthalt) zu verlängern? | Est-il possible de prolonger (notre séjour)? [ɛt‿il pɔsibl(ə) də prɔlɔ̃ʒe (nɔtr(ə) seʒur)] |

▶ Kap. 1, Zeiten S. 22, Datum S. 29

## Art der Unterkunft

4

| | |
|---|---|
| **Ist das Hotel ...?** | **Est-ce un hôtel ...?** [ɛs œ̃n‿otɛl] |
| teuer | coûteux [kutø] |
| einfach | simple [sɛ̃pl(ə)] |
| **Ich möchte ein Zimmer mit Blick ... .** | **Je voudrais une chambre avec vue sur ... .** [ʒə vudrɛ yn ʃɑ̃br(ə) avɛk vy syr] |
| aufs Meer / auf den See | la mer / le lac [la mɛr / lə lak] |
| auf die Berge | la montagne [la mɔ̃taɲ] |
| **Liegt die Unterkunft ...?** | **L'hébergement est-il ...?** [lebɛrʒəmɑ̃ ɛt‿il] |
| in Strand- / Küstennähe | près de la plage / côte [prɛ də la plaʒ / kot] |
| im Zentrum | au centre-ville [o sɑ̃tr(ə) vil] |
| ruhig | dans un quartier calme [dɑ̃z‿œ̃ kartje kalm] |
| **Gibt es / Ist dort (ein/e/n) ...?** | **Y a-t-il ...?** [ja‿til] |
| Lift | un ascenseur [œ̃n‿asɑ̃sœr] |
| Garage / Privatparkplatz | un garage / parking privé [œ̃ garaʒ / parkiŋ prive] |

▶ Wörterbuch

## Beanstandungen

Beanstandungen leiten Sie am besten mit einem freundlichen *Pardon, j'ai un problème* [pardɔ̃ ʒɛ œ̃ prɔblɛm] (= Entschuldigung, ich habe ein Problem) ein.

4

| | |
|---|---|
| **Ich hatte ... reserviert.** | **J'avais réservé une chambre ... .** [ʒavɛ rezɛrve yn ʃɑ̃br(ə)] |
| ein Zimmer mit Meeresblick | avec vue sur la mer [avɛk vy syr la mɛr] |
| ein ruhiges Zimmer | au calme [o kalm] |
| **... funktioniert nicht.** | **... ne marche pas.** [nə marʃ pɑ] |
| Die Dusche | La douche [la duʃ] |
| Der Aufzug | L'ascenseur [lasɑ̃sœr] |
| Das Licht | La lumière [la lymjɛr] |
| Das Warmwasser | L'eau chaude [lo ʃod] |
| Der Schlüssel geht nicht. | La clé ne marche pas. [la kle nə marʃ pɑ] |
| Die Tür / Das Fenster lässt sich nicht öffnen / schließen. | La porte / La fenêtre ne s'ouvre / ferme pas. [la pɔrt(ə) / la f(ə)nɛtr(ə) nə suvr / fɛrm pɑ] |
| Die Toilette / Das Waschbecken ist verstopft. | Les toilettes sont / Le lavabo est bouché/es. [le twalɛt sɔ̃ / lə lavabo ɛ buʃe] |
| **Die Matratze ist (zu) ... .** | **Le matelas est (trop) ... .** [lə matla ɛ (tro)] |
| weich | mou [mu] |
| hart | dur [dyr] |
| **Der / Die / Das ... ist ... .** | **Le / La ... est ... .** [lə / la ... ɛ] |
| dreckig | sale [sal] |
| kaputt | cassé/e [kase] |

- Nous nous excusons. On va s'en occuper tout de suite. [nu nuz‿ɛkskyzɔ̃ ɔ̃ va sɑ̃n‿ɔkype tu d(ə) sɥit] — Entschuldigen Sie, bitte! Wir werden uns sofort darum kümmern.

▶ Wörterbuch

## Hotels & Pensionen

**Apropos:** Die aktuelle Preisliste (= *les tarifs*) muss am Eingang oder an der Rezeption/Information bzw. im Zimmer aushängen.



### Glossar: Zimmer & Betten

| | |
|---|---|
| Einzelzimmer | une chambre pour une personne [yn ʃɑ̃br(ə) pur yn pɛrsɔn] |
| Doppelzimmer | une chambre double [yn ʃɑ̃br(ə) dubl(ə)] |
| **Zimmer für ...** | **une chambre ...** [yn ʃɑ̃br(ə)] |
| Behinderte | pour handicapé [pur 'ɑ̃dikape] |
| Nichtraucher | non-fumeur [nɔ̃ fymœr] |
| Doppelbett | des lits jumeaux / twin [de li ʒymo / twin] |
| französisches Bett | un grand lit / double [œ̃ grɑ̃ li / dubl(ə)] |
| getrennte Betten | des lits séparés [de li separe] |
| Kinderbett | un lit d'enfant [œ̃ li dɑ̃fɑ̃] |
| Zusatzbett | un lit supplémentaire [œ̃ li syplemɑ̃tɛr] |

## Einrichtung & Ausstattung der Zimmer

**Apropos:** Die Bezeichnung *cabinet de toilettes* [kabinɛ də twalɛt] steht nicht für ein WC, wie man es vermuten könnte, sondern nur für ein Waschbecken (ggf. mit Bidet) auf dem Zimmer.

| | |
|---|---|
| **Hat das Zimmer (ein/e/n) …?** | **Est-ce une chambre avec …?** [ɛs yn ʃɑ̃br(ə) avɛk] |
| Bad / Dusche & WC | salle de bains / une douche et WC [sal də bɛ̃ / yn duʃ e vese] |
| Minibar | un minibar [œ̃ minibar] |
| Telefon | téléphone [telefɔn] |
| Fernseher | une télévision [yn televizjɔ̃] |
| Klimaanlage | une climatisation [yn klimatizɑsjɔ̃] |
| Safe | un coffre(-fort) [œ̃ kɔfr(ə) (fɔr)] |

4

▶ Wörterbuch

## Telefonische Reservierung

| | |
|---|---|
| Hallo, Hotel „Le Palais"? | Allô, l'hôtel „Le Palais"? [alo lotɛl lə palɛ] |
| **Ich möchte gern ein Doppelzimmer … reservieren.** | **Je voudrais réserver une chambre double … .** [ʒə vudrɛ rezɛrve yn ʃɑ̃br(ə) dubl(ə)] |
| auf den Namen … | au nom de … [o nɔ̃ də] |
| vom … bis … | du …au … [dy … o] |
| für den 6. Juni | pour le six juin [pur lə si ʒɥɛ̃] |
| Haben Sie (für heute Nacht / morgen) noch ein Zimmer frei? | Avez-vous encore une chambre de libre (pour ce soir / demain)? [ave vuz‿ɑ̃kɔr yn ʃɑ̃br(ə) də libr(ə) (pur sə swar / d(ə)mɛ̃)] |

| | |
|---|---|
| • C'est à quel nom, s'il vous plaît? [sɛt‿a kɛl nɔ̃ sil vu plɛ] | Auf welchen Namen, bitte? |
| • Pourriez-vous l'épeler, s'il vous plaît? [purje vu leple sil vu plɛ] | Buchstabieren Sie bitte? |
| • A partir de quelle date? [a partir də kɛl dat] | Ab wann? |
| Wie viel kostet das Zimmer pro Nacht? | Combien coûte la chambre pour une nuit? [kɔ̃bjɛ̃ kut la ʃɑ̃br(ə) pur‿yn nɥi] |
| Ist es möglich, ein Zusatzbett zu bekommen? | Est-il possible d'avoir un lit supplémentaire? [ɛt‿il pɔsibl(ə) davwar œ̃ li syplemɑ̃tɛr] |
| Haben Sie auch einen Garagenplatz? | Disposez-vous d'un garage? [dispoze vu dœ̃ garaʒ] |
| • Arrivez-vous avec votre propre véhicule? [arive vu avɛk vɔtr(ə) prɔpr(ə) veikyl] | Reisen Sie mit dem eigenen Wagen an? |
| Sind Haustiere im Hotel erlaubt? | L'hôtel accepte-t-il les animaux domestiques? [lotɛl aksɛpt‿til lez‿animo dɔmɛstik] |
| • **Pourriez-vous me donner ... ?** [purje vu mə dɔne] | **Könnten Sie mir eine ... angeben?** |
| une adresse [yn‿adrɛs] | Adresse |
| un numéro de téléphone [œ̃ nymero də telefɔn] | Telefonnummer |
| • Pourriez-vous me confirmer la réservation par fax / courrier? [purje vu mə kɔ̃firme la rezɛrvasjɔ̃ par faks / kurje] | Könnten Sie mir eine Bestätigung per Fax / Post schicken? |

4

- Pourriez-vous nous verser des arrhes? [purje vu nu vɛrse dez‿ar] — Könnten Sie eine Anzahlung machen?

▶ Kap. 4, Allgemein S. 92
▶ Kap. 8, Am Telefon, S. 227

## Zimmersuche vor Ort

4

| | |
|---|---|
| Haben Sie noch ein Doppelzimmer mit Bad frei? | Avez-vous encore une chambre double avec salle de bains de libre? [ave vuz‿ɑ̃kɔr yn ʃɑ̃br(ə) dubl(ə) avɛk sal də bɛ̃ də libr(ə)] |
| • C'est pour combien de nuits, Monsieur / Madame? [sɛ pur kɔ̃bjɛ̃ də nɥi məsjø / madam] | Wie viele Nächte möchten Sie bleiben? |
| Was kostet das Zimmer? | Combien coûte la chambre? [kɔ̃bjɛ̃ kut la ʃɑ̃br(ə)] |
| Kann ich das Zimmer ansehen? | Puis-je voir la chambre? [pɥi‿ʒ(ə) vwar la ʃɑ̃br(ə)] |
| Gut, wir nehmen das Zimmer! | Bien, nous la prenons! [bjɛ̃ nu la prənɔ̃] |

▶ Kap. 4, Allgemein S. 92, Telefonische Reservierung S. 100

## Ankunft: Check in

| | |
|---|---|
| Wir haben / Ich habe ein Zimmer (auf den Namen...) reserviert. | Nous avons / J'ai réservé une chambre (au nom de ...). [nuz‿avɔ̃ / jɛ rezɛrve yn ʃɑ̃br(ə) (o nɔ̃ də)] |

| | |
|---|---|
| • Pardon, quel est votre nom?<br>[pardɔ̃ kɛl‿ɛ vɔtr(ə) nɔ̃] | Verzeihung, wie war der Name? |
| • Ah oui, la chambre numéro dix.<br>[ɑ wi la ʃɑ̃br(ə) nymero dis] | Ja, Zimmer Nr. 10. |
| • Voilà, les clés de la chambre!<br>[vwala le kle də la ʃɑ̃br(ə)] | Hier der Schlüssel, bitte! |
| • La chambre n'est pas tout à fait prête.<br>[la ʃɑ̃br(ə) nɛ pɑ tut‿a fɛ prɛt] | Das Zimmer ist noch nicht ganz fertig. |
| • La chambre sera à votre disposition à partir de ... heure(s).<br>[la ʃɑ̃br(ə) səra a vɔtr(ə) dispozisjɔ̃ a partir də ... œr] | Das Zimmer steht Ihnen um ... Uhr zur Verfügung. |
| • Entretemps, vous pouvez laisser vos bagages ici.<br>[ɑ̃trətɑ̃ vu puve lese vo bagaʒ isi] | In der Zwischenzeit können Sie Ihr Gepäck hier lassen. |
| • Pourriez-vous me donner une pièce d'identité?<br>[purje vu mə dɔne yn pjɛs didɑ̃tite] | Könnten Sie mir Ihren Ausweis geben? |
| • Nous allons nous occuper de vos bagages.<br>[nuz‿alɔ̃ nuz‿ɔkype də vo bagaʒ] | Wir kümmern uns um Ihr Gepäck. |
| Kann ich meine Wertsachen bei Ihnen hinterlegen? | Puis-je déposer mes objets de valeur dans votre coffre(-fort)?<br>[pɥi‿ʒ(ə) depoze mez‿ɔbʒɛ də valœr dɑ̃ vɔtr(ə) kɔfr(ə)(fɔr)] |
| Wo kann ich den Wagen parken? | Où puis-je garer ma voiture?<br>[u pɥi‿ʒ(ə) gare ma vwatyr] |

In manchen Hotels wird man Sie bitten, ein Anmeldeformular auszufüllen: *Voudriez-vous remplir cette fiche, s'il vous plaît!* [vudrije vu rɑ̃plir sɛt fiʃ sil vu plɛ] (= Füllen Sie bitte dieses Formular aus!). *Signez ici, s'il vous plaît!* [siɲe isi sil vu plɛ] heißt: Unterschreiben Sie bitte hier!

▶ Kap. 2, Angaben zur Person S. 41

## Orientierung: Wo ist ... ?



**Apropos:** Viele Hotels in Frankreich haben einen getrennten Nachteingang (= *entrée de nuit* [ɑ̃tre də nɥi]), für den Sie entweder einen zusätzlichen Schlüssel oder einen Code erhalten.

| | |
|---|---|
| **Wo ist / befindet sich der/ die/das/ein ...?** | **Où est / se trouve ...?** [u ɛ / sə truv(ə)] |
| Rezeption | la réception [la resɛpsjɔ̃] |
| Lift | l'ascenseur [lasɑ̃sœr] |
| Hotelbar | le bar de l'hôtel [lə bar də lotɛl] |
| Speisesaal | la salle à manger [la sal a mɑ̃ʒe] |
| Restaurant | le restaurant [lə rɛstɔrɑ̃] |
| Swimmingpool | la piscine [la pisin] |
| Faxgerät | le fax [lə faks] |
| Telefon | le téléphone [lə telefɔn] |

▶ Wörterbuch

## Nachrichten hinterlassen

| | |
|---|---|
| Ich möchte eine Nachricht für Frau / Herrn ... hinterlassen. | Je voudrais laisser un message pour Madame / Monsieur ... . [ʒə vudrɛ lese œ̃ mesaʒ pur madam / məsjø] |

| | |
|---|---|
| Hat jemand eine Nachricht für mich hinterlassen? | Avez-vous un message pour moi? [ave vu œ̃ mesaʒ pur mwa] |
| Ist Post oder ein Fax für mich gekommen? | Y a-t-il du courrier ou un fax pour moi? [ja‿til dy kurje u œ̃ faks pur mwa] |
| Hat jemand für mich angerufen? | Y a-t-il eu des appels pour moi? [ja‿til y dez‿apɛl pur mwa] |

## Fragen & Wünsche



| | |
|---|---|
| Meinen Schlüssel, bitte! | Ma clé, s'il vous plaît! [ma kle sil vu plɛ] |
| **Wann wird das ... serviert?** | **A quelle heure servez-vous ...?** [a kɛl‿œr sɛrve vu] |
| Frühstück | le petit déjeuner [lə p(ə)ti deʒœne] |
| Mittagessen | le déjeuner [lə deʒœne] |
| Abendessen | le dîner [lə dine] |
| **Ist es möglich, hier ...?** | **Est-il possible ...?** [ɛt‿il pɔsibl(ə)] |
| Geld zu wechseln | de changer de l'argent sur place [də ʃɑ̃ʒe də larʒɑ̃ syr plas] |
| Wertgegenstände zu hinterlegen | de déposer des objets de valeur [də depoze dez‿ɔbʒɛ də valœr] |
| Fahrräder zu mieten | de louer des vélos ici [də lwe de velo isi] |
| **Haben Sie vielleicht (ein/e/n) ...?** | **Auriez-vous éventuellement ...?** [ɔrje vuz‿evɑ̃tɥɛlmɑ̃] |
| Bademantel / Handtuch | un peignoir / une serviette [œ̃ pɛɲwar / yn sɛrvjɛt] |
| etwas gegen Mücken | de l'antimoustique [də lɑ̃timustik] |
| Kleiderbügel | un cintre [œ̃ sɛ̃tr(ə)] |

| | |
|---|---|
| **Könnten Sie mich / mir ...?** | **Pourriez-vous ...?** [purje vu] |
| morgen früh um ... Uhr wecken | me réveiller demain matin à ... heures [mə reveje d(ə)mɛ̃ matɛ̃ a ... œr] |
| das Frühstück aufs Zimmer bringen | m'apporter le petit déjeuner à la chambre [mapɔrte lə p(ə)ti deʒœne a la ʃɑ̃br(ə)] |
| ein Taxi bestellen | m'appeler un taxi [maple œ̃ taksi] |
| diese Kleidungsstücke reinigen / bügeln lassen | faire nettoyer / repasser ces vêtements [fɛr netwaje / r(ə)pɑse se vɛtmɑ̃] |
| Karten fürs Theater besorgen | m'acheter des billets pour le théâtre [maʃte de bijɛ pur lə teɑtr(ə)] |

4

▶ Kap. 4, Nachrichten hinterlassen S. 104
▶ Kap. 5, Bestellen S. 123

## Zimmertelefon

| | |
|---|---|
| Wie funktioniert das Telefon? | Comment marche / fonctionne le téléphone? [kɔmɑ̃ marʃ / fɔ̃ksjɔn lə telefɔn] |
| **Welche Nummer muss ich vorwählen, um ...?** | **Quel numéro dois-je composer pour avoir ...?** [kɛl nymero dwa‿ʒ(ə) kɔ̃poze pur avwar] |
| direkt durchzuwählen | la ligne directe [la liɲ dirɛkt] |
| ein Inlands- / Auslandsferngespräch zu führen | une communication nationale / internationale [yn kɔmynikɑsjɔ̃ nasjɔnal / ɛ̃tɛrnasjɔnal] |
| ein hausinternes Gespräch zu führen | une communication dans la maison [yn kɔmynikɑsjɔ̃ dɑ̃ la mɛzɔ̃] |

| | |
|---|---|
| • Vous devez composer le zéro (et puis ...).<br>[vu d(ə)ve kɔ̃poze lə zero (e pɥi)] | Sie müssen die 0 vorwählen (und dann ...). |

▶ Kap. 8, Telefonieren S. 224

## Abreise

**NOUS VOUS PRIONS DE LIBÉRER LA CHAMBRE AVANT DIX HEURES**

Wir bitten Sie, das Zimmer vor 10.00 Uhr zu räumen.



Waren Sie mit dem Zimmerservice zufrieden, wird man Ihren Dank und ein Trinkgeld (= *pourboire* [purbwar]) gewiss schätzen. Sie können einige Euro auf dem Zimmer liegen lassen oder an der Rezeption abgeben. Dem Kofferträger hingegen geben Sie das Trinkgeld direkt in die Hand.

| | |
|---|---|
| Ich reise / Wir reisen morgen ab. | Je pars / Nous partons demain.<br>[ʒə par / nu partɔ̃ d(ə)mɛ̃] |
| Machen Sie mir bitte die Rechnung fertig! | Voulez-vous préparer ma note, s'il vous plaît!<br>[vule vu prepare ma nɔt sil vu plɛ] |
| Kann ich das Gepäck noch bis ... Uhr hier abstellen? | Puis-je laisser mes bagages à l'hôtel jusqu'à ... heures?<br>[pɥi‿ʒ(ə) lese me bagaʒ a lotɛl ʒyska ... œr] |
| Hier, der Schlüssel! | Voilà, les clés! [vwala le kle] |

Könnten Sie mir bitte ein Taxi bestellen?

Pourriez-vous m'appeler un taxi, s'il vous plaît?
[purje vu maple œ̃ taksi sil vu plɛ]

Bis zum nächsten Mal!

A la prochaine fois!
[a la prɔʃɛn fwa]

Vielen Dank und auf Wiedersehen!

Merci beaucoup et au revoir!
[mɛrsi boku e or(ə)vwar]

▶ Kap. 1, Bezahlen S. 20

4

# Ferienwohnungen

## Reservierung

Ich möchte eine Ferienwohnung (vom ... bis ...) mieten / reservieren.

Je voudrais louer / réserver un appartement de vacances (du ... jusqu'au ...). [ʒə vudrɛ lwe / rezɛrve œ̃n‿apartmɑ̃ də vakɑ̃s (dy ... ʒysko)]

• Je regrette, mais tout est déjà pris / complet.
[ʒə rəgrɛt mɛ tut‿ɛ deʒa pri / kɔ̃plɛ]

Tut mir leid, aber es ist schon alles vermietet.

Haben Sie noch andere Apartments zu vermieten?

Auriez-vous d'autres appartements à louer?
[ɔrje vu dotr(ə)z‿apartmɑ̃ a lwe]

Haben Sie noch ein größeres Apartment?

Auriez-vous encore un appartement plus grand?
[ɔrje vuz‿ɑ̃kɔr œ̃n‿apartmɑ̃ ply grɑ̃]

Wie viele Schlafplätze sind vorhanden?

Combien de lits y a-t-il?
[kɔ̃bjɛ̃ də li ja‿til]

| | |
|---|---|
| Hat das Apartment eine Waschmaschine? | Y a-t-il une machine à laver dans l'appartement? [ja‿til yn maʃin a lave dɑ̃ lapartmɑ̃] |
| Wie hoch ist der Mietpreis für einen Monat? | Quel est le prix pour un mois? [kɛl‿ɛ lə pri pur‿œ̃ mwa] |
| Gut, ich nehme es. | Bien, je le prends. [bjɛ̃ ʒə lə prɑ̃] |
| Wir kommen am 2. März gegen Abend an. | Nous arrivons le deux mars en fin d'après-midi. [nuz‿arivɔ̃ lə dø mars ɑ̃ fɛ̃ daprɛmidi] |
| Wo können wir die Schlüssel abholen? | Où faut-il aller chercher les clés? [u fot‿il ale ʃɛrʃe le kle] |

▶ Kap. 4, Allgemein S. 92, Telefonische Reservierung S. 100

## Bei der Ankunft

| | |
|---|---|
| Ich habe eine Ferienwohnung gemietet / reserviert. | J'ai loué / réservé un appartement (de vacances). [ʒɛ lwe / rezɛrve œ̃n‿apartmɑ̃ (də vakɑ̃s)] |
| Von wem bekomme ich die Schlüssel? | A qui faut-il s'adresser pour avoir les clés? [a ki fot‿il sadrese pur avwar le kle] |
| **Wo ist / sind die ...?** | **Où se trouve / trouvent ...?** [u sə truv / truv(ə)] |
| Gebrauchsanweisung für ... | le mode d'emploi de ... [lə mɔd dɑ̃plwa də] |
| Mülltonnen | les poubelles [le pubɛl] |
| Können Sie mir zeigen, wie ... funktioniert? | Pourriez-vous me montrer le fonctionnement de ... ? [purje vu mə mɔ̃tre lə fɔ̃ksjɔnmɑ̃ də] |

4

## Einrichtung & Ausstattung

Die Stromspannung (= *voltage* [vɔltaʒ) ist zumeist 220 Volt. In älteren Häusern gibt es verschiedene Steckdosensysteme, wofür Sie im Eisenwarenhandel oder im Supermarkt entsprechende Adapter (= *adaptateur* [adaptatœr]) finden.



| | |
|---|---|
| **Allgemein** | |
| Fenster | fenêtre *f* [f(ə)nɛtr(ə)] |
| Flur | couloir [kulwar] |
| Keller | cave *f* [kav] |
| Treppe | escalier [ɛskalje] |
| Tür | porte *f* [pɔrt(ə)] |
| **Bad** | **Salle** *f* **de bains** [sal də bɛ̃] |
| Badewanne | baignoire *f* [bɛɲwar] |
| Bidet | bidet [bidɛ] |
| Dusche | douche *f* [duʃ] |
| Warmwasserboiler | chauffe-eau [ʃofo] |
| Waschbecken | lavabo [lavabo] |
| Wasserhahn | robinet [rɔbinɛ] |
| WC | WC / toilettes *pl* [vese / twalɛt] |
| **Küche** | **Cuisine** *f* [kɥizin] |
| Herd | cuisinière *f* [kɥizinjɛr] |
| Kühlschrank | réfrigérateur [refriʒeratœr] / frigo [frigo] |
| Spülmaschine | lave-vaisselle [lavvɛsɛl] |
| Waschmaschine | machine *f* à laver [maʃin a lave] |
| **Schlafzimmer** | **Chambre** *f* [ʃɑ̃br(ə)] |
| Bett | lit [li] |
| Decke | couverture *f* [kuvɛrtyr] |
| Kopfkissen | oreiller [ɔreje] |
| Schrank | armoire *f* [armwar] |

| | |
|---|---|
| **Wohnzimmer** | **Salon** [salɔ̃] |
| Couch, Sofa | canapé [kanape] |
| Regal | étagère *f* [etaʒɛr] |
| Sessel | fauteuil [fotœj] |
| Stuhl | chaise *f* [ʃɛz] |
| Tisch | table *f* [tabl(ə)] |
| **Haushaltswäsche** | **Linge de maison** [lɛ̃ʒ də mɛzɔ̃] |
| Bettbezug | drap de lit [dra də li] |
| Bettlaken | drap (de dessous) [dra (də d(ə)su)] |
| Geschirrtuch | torchon [tɔrʃɔ̃] |
| Handtuch / Badetuch | serviette *f* / drap de bain [sɛrvjɛt / dra də bɛ̃] |
| Kissenbezug | taie *f* d'oreiller [tɛ dɔreje] |
| Tischtuch | nappe *f* [nap] |
| **Geschirr** | **Vaisselle** *f* [vɛsɛl] |
| Glas | verre [vɛr] |
| Tasse | tasse *f* [tas] |
| Teller | assiette *f* [asjɛt(ə)] |
| Sieb | passoire *f* [paswar] |
| Topf | casserole *f* [kasrol] |
| Pfanne | poêle *f* [pwal] |
| Salatschüssel | saladier [saladje] |
| **Besteck** | **Couvert** [kuvɛr] |
| Messer | couteau [kuto] |
| Gabel | fourchette *f* [furʃɛt] |
| Löffel | cuillère *f* [kɥijɛr] |
| Dosenöffner | ouvre-boîte [uvrəbwat] |
| Flaschenöffner | ouvre-bouteille [uvrəbutɛj] |
| Korkenzieher | tire-bouchon [tirbuʃɔ̃] |

▶ Wörterbuch

## Abreise

| | |
|---|---|
| Bei wem soll ich die Schlüssel abgeben? | A qui dois-je rendre les clés? [a ki dwa‿ʒ(ə) rɑ̃dr(ə) le kle] |
| Soll ich das Gas / Wasser abstellen? | Dois-je fermer l'eau / le gaz? [dwa‿ʒ(ə) fɛrme lo / lə gaz] |
| Leider ist ... kaputtgegangen. | Malheureusement ... est tombé en panne. [malœrøzmɑ̃ ... ɛ tɔ̃be ɑ̃ pan] |
| Wir würden (nächstes Jahr) gern wiederkommen. | Nous aimerions bien revenir (l'année prochaine). [nuz‿em(ə)rjɔ̃ bjɛ̃ rəvənir (lane prɔʃɛn)] |

4

▶ Kap. 1, Bezahlen S. 20 ▶ Kap. 4, Beanstandungen S. 98

# Camping

Wild campen ist in Frankreich verboten. Privat können Sie aber jederzeit fragen, ob Sie Ihr Zelt aufschlagen oder Ihren Camper über Nacht stehen lassen können.

| | |
|---|---|
| **Kann man mit dem ... hier stehen bleiben?** | **Peut-on rester avec ... ici?** [pøt‿ɔ̃ rɛste avɛk ... isi] |
| Auto | la voiture [la vwatyr] |
| Wohnmobil | le camping-car [lə kɑ̃piŋ kar] |
| Wohnwagen | la caravane [la karavan] |
| Zelt | la tente [la tɑ̃t] |
| Kann man hier campen? | Peut-on faire du camping ici? [pøt‿ɔ̃ fɛr dy kɑ̃piŋ isi] |
| Ist es gefährlich? | Est-ce dangereux? [ɛs dɑ̃ʒrø] |

## Anmeldung

| | |
|---|---|
| **Haben Sie noch einen Stellplatz für …?** | **Avez-vous encore une place (de libre) pour …?** [ave vuz‿ɑ̃kɔr yn plas (də libr(ə)) pur] |
| einen Wohnwagen | une caravane [yn karavan] |
| ein Zelt | une tente [yn tɑ̃t] |
| **Könnten wir einen Platz … haben?** | **Pourrions-nous avoir une place …?** [purjɔ̃ nuz‿avwar yn plas] |
| am Rand | en bordure [ɑ̃ bɔrdyr] |
| im Schatten | à l'ombre [a lɔ̃br(ə)] |
| Haben Sie noch einen anderen freien Platz? | Auriez-vous encore une autre place de libre? [ɔrje vuz‿ɑ̃kɔr yn‿ɔtr(ə) plas də libr(ə)] |
| Wie hoch ist die Gebühr pro Nacht? | Quel est le tarif par nuit? [kɛl‿ɛ lə tarif par nɥi] |



## Gemeinschaftseinrichtungen

| | |
|---|---|
| **Wo ist / sind ein / die …?** | **Où se trouve / trouvent …?** [u sə truv / truv(ə)] |
| Toiletten | les toilettes [le twalɛt] |
| Duschen | les douches [le duʃ] |
| Waschraum | la salle d'eau [la sal do] |
| Supermarkt | une superette [yn sypɛrɛt] |
| **Wo kann man …?** | **Où est-ce qu'on peut …?** [u ɛskɔ̃ pø] |
| einkaufen | faire les courses [fɛr le kurs(ə)] |
| Wäsche waschen | faire la lessive [fɛr la lɛsiv] |
| telefonieren | téléphoner [telefɔne] |

## Ausrüstung

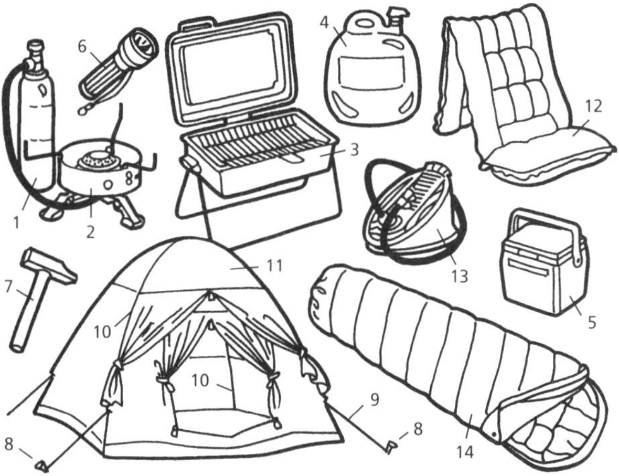


| | | |
|---|---|---|
| 1 | Campinggas | cartouche *f* / recharge *f* de gaz [kartuʃ / r(ə)ʃarʒ(ə) də gaz] |
| 2 | Gaskocher | réchaud à gaz / camping-gaz [reʃo a gaz / kɑ̃piŋ gaz] |
| 3 | Grill | barbecue [barbəkju] |
| 4 | Kanister | bidon [bidɔ̃] |
| 5 | Kühltasche | glacière *f* [glasjɛr] |
| 6 | Taschenlampe | lampe *f* de poche [lɑ̃p də pɔʃ] |
| 7 | Hammer | maillet [majɛ] |
| 8 | Heringe *pl* | piquets *pl* (de tente) / sardines *f pl* [pikɛ (də tɑ̃t) / sardin] |
| 9 | Zeltschnur | corde *f* [kɔrd] |
| 10 | Zeltstange | mât de tente [mɑ də tɑ̃t] |
| 11 | Zelt | tente *f* [tɑ̃t] |
| 12 | Luftmatratze | matelas pneumatique [matla pnømatik] |
| 13 | Blasebalg | gonfleur [gɔ̃flœr] |
| 14 | Schlafsack | sac de couchage [sak də kuʃaʒ] |

▶ Wörterbuch

# ESSEN & TRINKEN 5

# Allgemein

Von der *Andouillette* [ɑ̃dujɛt] (= Bratwurst aus Kutteln) bis hin zur *Vinaigrette* [vinɛgrɛt] (= Salatsauce), – die französische Küche ist so vielfältig wie das Land selbst. Traditionsgerecht warten die Küstenregionen mit einer Vielzahl von Fischrezepten und Meeresfrüchten atlantischer und mediterraner Herkunft auf. Das Landesinnere ist berühmt für seine Fleischgerichte, Ragouts und Eintöpfe.

## Wann & Wo?



| **HEURES DE REPAS** | **JOUR DE REPOS** |
| --- | --- |
| Öffnungszeiten | (wöchentlicher) Ruhetag |

**Fr hst ck**
petit déjeuner

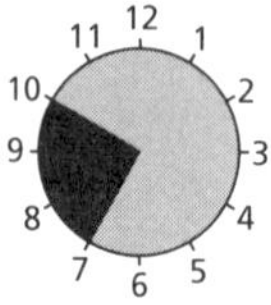

**Mittagessen**
déjeuner

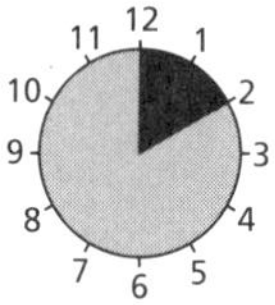

**Abendessen**
dîner

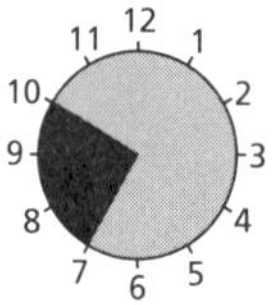

Das typische französische Frühstück, ein Kaffee mit Blätterteighörnchen, bekommen Sie in den meisten Cafés oder Bars bereits in den frühen Morgenstunden. Mittags können Sie sich zwischen einer kleinen Speise oder einem ausgiebigen 4-Gänge-Menü entscheiden. Für den süßen Hunger am Nachmittag finden Sie zahlreiche Leckereien in den *Pâtisseries* [patisri].

## Lokalitäten

| | |
|---|---|
| Auberge *f* [obɛrʒ] | rustikales Lokal, meist in ländlicher Gegend, mit einer regional typischen Küche |
| Bar [bar] | Allround-Lokal mit langer Theke, Drehpunkt des Alltagsleben, französisches Frühstück, häufig auch kleine Snacks und einfache Hausmannskost |
| Bistrot [bistro] | Café oder charakteristisches kleines Restaurant mit landesüblicher Küche und Stammgastpublikum |
| Bistrot à vin [bistro a vɛ̃] | Weinlokal, wo man den *Millésime* [milezim] (= französischer Jahrgangswein) auch schon mal im Glas probieren kann; regionale Gerichte (andere Bezeichnungen: *Bouchon* [buʃɔ̃] in Lyon, *Winstub* [vinstub] im Elsaß) |
| Brasserie *f* [brasri] | ursprünglich Brauerei, aus der heute ein größeres Ess- und Trinklokal geworden ist; häufig durchgehender Service |
| Café [kafe] | Trinklokal ähnlich wie die Bar, häufig mit Terrasse, französisches Frühstück; kleine Snacks rund um die Uhr |
| Café-Tabac [kafe taba] | Café mit Tabakverkauf und Lotteriespielmöglichkeit |
| Crêperie *f* [krɛpri] | Pfannkuchenrestaurant |
| Pâtisserie *f* [pɑtisri] | Konditorei |
| Pub [pœb] | Kneipe, meist Bierkneipe im englischen Stil mit vielen verschiedenen Biersorten |
| Restaurant [rɛstɔrɑ̃] | Restaurant |
| Salon de thé [salɔ̃ də te] | Teestube, häufig kleine Snacks und Salate |
| Self-Service [sɛlf sɛrvis] | Selbstbedienung |
| Taverne *f* [tavɛrn] | Bierlokal, Taverne |

| | |
|---|---|
| Können Sie mir sagen, wo man hier gut essen kann? | Pourriez-vous m'indiquer où on mange bien par ici? [purje vu mɛ̃dike u ɔ̃ mɑ̃ʒ bjɛ̃ par‿isi] |
| **Gibt es hier in der Nähe ein/e ... ?** | **Y a-t-il un ... près d'ici?** [ja‿til œ̃ ... prɛ disi] |
| gutes Restaurant | bon restaurant [bɔ̃ rɛstɔrɑ̃] |
| Frühstücksbar | café [kafe] |
| Ich suche das Restaurant / Café ... . | Je cherche le restaurant / café ... . [ʒə ʃɛrʃ lə rɛstɔrɑ̃ / kafe] |

# Getränke

| | |
|---|---|
| Einen Milchkaffe, bitte! | Un café au lait, s'il vous plaît! [œ̃ kafe o lɛ sil vu plɛ] |
| Ich nehme 1/4 Liter Rotwein. | Je prends un quart de rouge. [ʒə prɑ̃ œ̃ kar də ruʒ] |

## Mengen

| | |
|---|---|
| 1 Liter ... | un litre de ... [œ̃ litr(ə) də] |
| 1/2 Liter ... | un demi-litre de ... [œ̃ d(ə)mi litr(ə) də] |
| 1/4 Liter ... | un quart de ... [œ̃ kar də] |
| eine Tasse ... | une tasse de ... [yn tɑs də] |
| ein Glas ... | un verre de ... [œ̃ vɛr də] |
| eine Flasche | une bouteille de ... [yn butɛj də] |
| eine Karaffe ... / Wasser | un pichet de ... / une carafe d'eau [œ̃ piʃɛ də / yn karaf do] |

## Kaffee & Tee

| | |
|---|---|
| café [kafe] (auch: express [ɛksprɛs] oder petit noir [p(ə)ti nwar]) | starker schwarzer Kaffee, ähnlich dem italienischen Espresso |
| ~ au lait [o lɛ] | Milchkaffee |
| ~ double [dubl(ə)] | doppelte Portion *café* |
| ~ grande tasse [grɑ̃d tɑs] | große Tasse *café* |
| ~ léger [leʒe] | nicht so starker *café* |
| ~ long / allongé [lɔ̃ / alɔ̃ʒe] | *café*, mit warmem Wasser verlängert |
| noisette *f* [nwazɛt] | *café* mit etwas Milch |
| ~ serré [sɛre] | sehr starker *café* |
| grand / petit crème [grɑ̃ / [p(ə)ti krɛm] | *café* mit etwas aufgeschäumter Milch |
| déca [deka] | koffeinfreier Kaffee |
| chocolat chaud [ʃɔkɔla ʃo] | heiße Schokolade |
| infusion *f* / tisane *f* [ɛ̃fyzjɔ̃ / tizan] | Kräutertee |
| ~ de menthe [də mɑ̃t] | Pfefferminztee |
| ~ de camomille [də kamɔmij] | Kamillentee |
| verveine *f* [vɛrvɛn] | Eisenkrauttee |
| lait chaud [lɛ ʃo] | heiße Milch |
| thé [te] | schwarzer Tee |
| ~ au citron [o sitrɔ̃] | ~ mit Zitrone |
| ~ au lait [o lɛ] | ~ mit Milch |

**Apropos:** Wer in Frankreich eine kleine Tasse starken Kaffee trinken möchte, bestellt einen *(petit) café* [p(ə)ti kafe]. Dem deutschen Kaffee ähnlicher ist der *grand café* [grɑ̃ kafe]. Der in Deutschland sehr beliebte Milchkaffee (= *café au lait* [kafe o lɛ]) wird von Franzosen eher selten bestellt.

## Erfrischungsgetränke

Franzosen trinken bevorzugt stilles Mineralwasser (= *eau plate* [o plat]). Möchten Sie kohlensäurehaltiges Mineralwasser, sollten Sie ausdrücklich *eau minérale gazeuse* [o mineral gazøz] bestellen.

| | |
|---|---|
| Café frappé [kafe frape] | halbgefrorener, zerstoßener Kaffee |
| Cacolac [kakɔlak] | Kakaogetränk, kalt serviert |
| Coca (- Cola) [kɔka (kɔla)] | Coca (- Cola) |
| Eau *f* minérale [o mineral] | Mineralwasser |
| ~ gazeuse [gazøz] | kohlensäurehaltiges ~ |
| ~ plate [plat] | stilles ~ |
| ~ au sirop [o siro] | ~ mit (Frucht-) Sirup |
| Fruits pressés [frɥi prɛse] | Fruchtsaft, frisch gepresst |
| Citron pressé [sitrɔ̃ prɛse] | Zitronensaft mit Wasser und Zucker serviert |
| Orange *f* pressée [ɔrɑ̃ʒ prɛse] | Orangensaft, frisch gepresst |
| Jus [ʒy] | Fruchtsaft |
| ~ d'orange [dɔrɑ̃ʒ] | Orangensaft |
| ~ de pomme [də pɔm] | Apfelsaft |
| ~ de tomate [də tɔmat] | Tomatensaft |
| Limonade *f* [limɔnad] | Zitronenlimonade |
| Orangina [ɔrɑ̃ʒina] | Orangenlimonade |
| Sirop (à l'eau) [siro (a lo)] | Sirup, mit Leitungswasser |
| ~ de citron [də sitrɔ̃] | Zitronen~ |
| ~ de fraise [də frɛz] | Erdbeer~ |
| ~ de grenadine [də grənadin] | Granatapfel~ |
| ~ de menthe [də mɑ̃t] | Minz~ |
| ~ d'orgeat [dɔrʒa] | Mandelmilch~ |
| Tonic (Schweppes) [tɔnik (ʃwɛps)] | Tonic Water |

**Apropos:** Viele der erfrischenden Sirupgetränke haben Phantasienamen: *Diabolo menthe* [djabɔlo mɑ̃t] ist ein Minzsirup mit Limonade, *Pac à l'eau* [pak‿a‿lo] ein Zitronensirup mit Leitungswasser, *Gambetta* [gɑ̃bɛta] ein Sirupgemisch mit Limonade und *Monaco* [mɔnako] ein Bier mit Limonade und Granatapfelsirup.

## Alkoholische Getränke

Vor dem Essen trinken Franzosen gerne einen Aperitif: ein Glas Weißwein, einen klassischen *Kir* [kir](= Weißwein mit schwarzem Johannisbeerlikör), einen *Pastis* [pastis] (= Anisschnaps, mit Wasser serviert) oder auch eine *Pression* [prɛsjɔ̃] (= frisch gezapftes Bier). Nach dem Essen hilft man der Verdauung mit einem *café* [kafe] und einem *digestif* [diʒɛstif], meist einem Likör, einem Schnaps (= *eau-de-vie* [o də vi]) oder auch einem Kognak, nach. Wird angestoßen, so hebt man das Glas zu einem *(A votre) Santé!* [(a vɔtr(ə)) sɑ̃te], im familiären Kreis zu einem *Tchin-tchin!* [tʃintʃin].

5

| | |
|---|---|
| Apéritif anisé [aperitif anize]/ Pastis [pastis] | Anisschnaps |
| Armagnac [armaɲak] | Armagnac (Weinbrand) |
| Bière *f* [bjɛr] | Bier |
| un demi [œ̃ d(ə)mi] | gezapftes Bier (0,25l) |
| une pression [yn prɛsjɔ̃] | gezapftes Bier (0,25l) |
| une blonde [yn blɔ̃d] | helles Bier |
| une brune [yn bryn] | dunkles Bier |
| une Adelscott [yn‿adɛlskɔt] | Bier mit Malt-Whisky |
| Calvados [kalvados] / Calva [kalva] | Apfelschnaps |
| Campari [kɑ̃pari] | Campari |
| Champagne [ʃɑ̃paɲ] | Champagner |

| | |
|---|---|
| Chartreuse *f* [ʃartrøz] | Kräuterlikör |
| Cognac [kɔɲak] | Weinbrand, Kognac |
| Cointreau [kwɛ̃tro] | Orangenlikör |
| Gin (Tonic) [dʒin (tɔnik)] | Gin (Tonic) |
| Kir [kir] | Weißwein mit Likör oder Sirup (Pfirsich, Himbeere, Brombeere) |
| ~ royal [rwajal] | Champagner mit schwarzem Johannisbeerlikör |
| Kirsch [kirʃ] | Kirschschnaps |
| Marc [mar] | Tresterschnaps |
| Mirabelle *f* [mirabɛl] | Mirabellenschnaps |
| Muscat [myska] | Muskattellerwein (Süßwein) |
| Picon (- Bière) [pikɔ̃ (bjɛr)] | Elsässisches Bitter, meist mit Bier getrunken |
| Rhum [rɔm] | Rum |
| Suze *f* [syz] | Aperitif mit Enziangeschmack, bitter |
| Vin [vɛ̃] | Wein |
| ~ blanc [blɑ̃] | Weiß~ |
| ~ rouge [ruʒ] | Rot~ |
| ~ rosé [roze] | Rosé~ |
| ~ cuit [kɥi] | Brannt~ |
| ~ mousseux [musø] | Sekt |
| ~ de table [də tabl(ə)] | Tafel~ |
| Vodka *f* [vodka] | Wodka |

▶ Wörterbuch ▶ Kap. 5, Im Bistrot à vin: Weine genießen S. 152

Obwohl noch immer Wein das landestypische Getränk ist, gewinnt Bier in Frankreich an Popularität. Apropos: Wein ist in Frankreich ein typischer Essensbegleiter, außerhalb der Essenszeiten wird daher nur in Ausnahmefällen Wein gereicht.

5

# Le Café: Frühstück & Snacks

Am *place principale* [plas prɛ̃sipal] (= Hauptplatz) eines jeden Dorfes gibt es fast immer zwei Bars oder Cafés: eine „linke" und eine „rechte". Aber nicht nur das politische Leben wird am Tresen diskutiert: man tauscht sich aus, tätigt Geschäfte und zeigt sich in der Öffentlichkeit, vor allem im Süden Frankreichs, wo die Terrassen im Sommer überschwellen.

| **SANDWICHES** | **PLAT DU JOUR** |
|---|---|
| belegte Brote | Tagesteller |



**Apropos:** Aus hygienischen Gründen ist die Toilette in vielen Cafés, Bars und auch öffentlichen Einrichtungen Frankreichs weiterhin eine *toilettes à la turque* [twalɛt a la tyrk] (= Stehklo).

## Bestellen

| | |
|---|---|
| • Que désirez-vous? [kə dezire vu] | Was wünschen Sie? |
| Zwei Kaffee, bitte! | Deux cafés, s'il vous plaît!<br>[dø kafe sil vu plɛ] |
| **Ich möchte ..., bitte!** | **Je voudrais ..., s'il vous plaît!**<br>[ʒə vudrɛ ... sil vu plɛ] |
| ein Sandwich<br>dieses Teilchen | un sandwich [œ̃ sɑ̃dwitʃ]<br>cette pâtisserie [sɛt patisri] |
| Das andere, daneben, bitte! | Celui juste à côté, s'il vous plaît!<br>[səlɥi ʒyst a kote sil vu plɛ] |

| | |
|---|---|
| • Voulez-vous autre chose / un autre café? [vule vu otr(ə) ʃoz / œ̃n‿otr(ə) kafe] | Möchten Sie noch etwas anderes / einen Kaffee? |
| (Ja,) Noch einen Kaffee, bitte! | (Oui,) Un autre café, s'il vous plaît! [(wi) œ̃n‿otr(ə) kafe sil vu plɛ] |
| Nein, danke. | Non, merci. [nɔ̃ mɛrsi] |

## Bezahlen

Entweder bittet der Kellner beim Servieren direkt um Bezahlung, oder der Kassenbon liegt der Bestellung bei, so dass man beim Bezahlen den Betrag um ein Trinkgeld aufrundet und das Geld einfach auf den Tisch legt. Getrenntes Zahlen gilt eher als kleinlich.



▶ Kap. 1, Bezahlen S. 20

## Frühstück auf Französisch

Für mitteleuropäische Verhältnisse fällt das in den französischen Bars und Cafés angebotene Frühstück (= *le petit déjeuner* [lə p(ə)ti deʒœne]) eher mager aus: ein *café* [kafe] und ein *croissant* [krwasɑ̃] (= Blätterteighörnchen) mit Butter und Marmelade oder ein *pain au chocolat* [pɛ̃ o ʃɔkɔlat] (= Schokoladencroissant). Hotels der niedrigeren bis mittleren Preiskategorien offerieren i.A. ein solches französisches Frühstück, während in den Hotels der gehobenen Klasse ein Frühstücks-Büffet bzw. ein reichhaltiges Frühstücksangebot zum Standard zählt.

| | |
|---|---|
| Könnte ich (etwas) ... haben? | Pourrais-je avoir (un peu de) ...? [purɛ‿ʒ(ə) avwar (œ̃ pø də)] |



**Frühstücksliste**

| | |
|---|---|
| Aufschnitt (Wurst) | charcuterie *f* [ʃarkytri] |
| Brioche (Milchteigteilchen) | brioche *f* [brijɔʃ] |
| Brot | pain [pɛ̃] |
| Brötchen | petit ~ [p(ə)ti] |
| Rosinenschnecke | ~ aux raisins [o rɛzɛ̃] |
| Landbrot (helles Graubrot) | ~ de campagne [də kɑ̃paɲ] |
| nach alter Art gebackenes Brot in Paris | ~ Poîlane [pwalan] |
| Vollkornbrot | ~ complet [kɔ̃plɛ] |
| Toastbrot, ungeröstet / Kastenweißbrot | ~ de mie [də mi] |
| Toastbrot, geröstet | ~ grillé [grije] |
| Butter | beurre [bœr] |
| Cornflakes | céréales *f pl* [sereal] |
| Croissant (Blätterteighörnchen) | croissant [krwasɑ̃] |

| | |
|---|---|
| Ei, Eier | œuf [œf], œufs [ø] |
| Gebäck | pâtisserie *f* [patisri] |
| Haferflocken | flocons *pl* d'avoine [flɔkɔ̃ davwan] |
| Honig | miel [mjɛl] |
| Joghurt | yaourt / yoghourt [jaur(t) / jɔgur(t)] |
| Natur~ | ~ nature [natyr] |
| Frucht~ | ~ aux fruits [o frɥi] |
| Käse | fromage [frɔmaʒ] |
| Marmelade | confiture *f* [kɔ̃fityr] |
| Diät~ | ~ diététique [djetetik] |
| Milch | lait [lɛ] |
| kalte ~ / warme ~ | ~ frais [frɛ] / ~ chaud [ʃo] |
| Müsli | muesli [my(ə)sli] |
| Obst | fruit [frɥi] |
| Orangensaft | jus d'orange [ʒy dɔrɑ̃ʒ] |
| frisch gepresster ~ | orange *f* pressée [ɔrɑ̃ʒ prɛse] |
| Schinken | jambon [ʒɑ̃bɔ̃] |
| roh / gekocht | cru [kry] / cuit [kɥi] |
| geräuchert | fumé [fyme] |
| (heiße) Schokolade | chocolat (chaud) [ʃɔkɔla (ʃo)] |
| Süßstoff | aspartam [aspartam] / saccharine *f* [sakarin] |
| Zucker | sucre [sykr(ə)] |

► Kap. 5, Kaffee & Tee S. 119, Ei, Eier S. 143
► Kap. 6, Lebensmittel S. 162

**Tipp:** Wenn Sie das Frühstück selbst besorgen: Die Auswahl an Gebäck ist in einer Bäckerei-Konditorei (= *boulangerie-pâtisserie* [bulɑ̃ʒri patisri]) am größten. Wird es dort selbst hergestellt, ist es besonders lecker. Apropos: Viele französische Bäcker „parfümieren" ihre Teilchen mit Orangenblütenessenz.

## Snacks & Sandwiches

Auch in Frankreich hat die Fastfood-Küche erfolgreich Einzug gehalten. Einen kleinen, geschmackvollen Snack für zwischendurch findet man zu jeder Tages- und Nachtzeit. Apropos: Franzosen verwenden für ihre Sandwiches meistens ein halbes, der Länge nach durchgeschnittenes *baguette* [bagɛt] (= Stangenweißbrot). Fertig abgepackt findet man auch belegtes Toastbrot.

| | |
|---|---|
| **Ich möchte ein Sandwich mit … .** | **Je voudrais un sandwich … .** [ʒə vudrɛ œ̃ sɑ̃dwitʃ] |
| (gekochtem / rohem) Schinken | au jambon (cuit / cru) [o ʒɑ̃bɔ̃ (kɥi / kry)] |
| Pastete | au pâté [o pɑte] |
| Salami | au saucisson [o sosisɔ̃] |
| Camembert | au camembert [o kamɑ̃bɛr] |
| Käse | au fromage [o frɔmaʒ] |
| Huhn | au poulet [o pulɛ] |
| **Ich hätte gern einen (Eier-) Kuchen mit … .** | **Je voudrais une quiche / tarte / tourte … .** [ʒə vudrɛ yn kiʃ / tart(ə) / turt(ə)] |
| Porree | aux poireaux [o pwaro] |
| Spinat | aux épinards [oz‿epinar] |
| Tomaten | à la tomate [a la tɔmat] |
| Zwiebeln | aux oignons [oz‿ɔɲɔ̃] |
| Lachs | au saumon [o somɔ̃] |

5

**Apropos:** Die verschiedensten Formen von *quiche* [kiʃ] (= Eierkuchen) und *tarte* [tart(ə)] (= Kuchen) werden heute nur noch selten als Hauptgericht serviert; sie gelten eher als ein sehr pikanter Snack oder werden als Vorspeise serviert. Für den kleinen Appetit zwischendurch können Sie auch einen französischen Pfannkuchen in der *Crêperie* (→ Kap. 5, S. 142) essen.

**Snacks**

| | |
|---|---|
| coca [kɔka] | meist mit Gemüse gefüllte Teigtasche |
| croque-monsieur [krɔkməsjø] | Toastbrot, mit Schinken, Bechamelsauce und Käse überbacken |
| flamiche *f* [flamiʃ] | Hefeteig, mit Ziegenkäse und Speckwürfeln belegt |
| fougasse *f* / fouace *f* [fugas / fwas] | flacher, meist mit Hackfleisch gefüllter Blätterteigkuchen |
| Hamburger [ɑ̃burgœr] | Baguettebrot, mit Frikadelle und Pommes Frites belegt |
| nem [nɛm] | vietnamesische Frühlingsrollen |
| pain bagnat [pɛ̃ baɲa] | Baguettebrot, mit Salat, Tomaten, Thunfisch und Eiern belegt |
| panini [panini] | belegtes geröstetes Baguettebrot |
| pissaladière *f* [pisaladjɛr] | Mürbeteigboden, mit Tomaten und Thunfisch belegt |
| quiche *f* lorraine [kiʃ lɔrɛ̃n] | Lothringer Speckkuchen |
| roulé [rule] | Wurst, in Blätterteig gehüllt |
| tielle [tjɛl] | gedeckter Kuchen, mit Muscheln gefüllt |

5

# Le Restaurant: Genüsslich essen gehen

Ein gutes Essen ist in Frankreich ein gesellschaftliches und kulinarisches Ritual. Wenn es ums Vergnügen geht, zählt die Auswahl auf der Speisekarte häufig mehr als die Euro im Portemonnaie. Über das Angebot und Preisniveau können Sie sich anhand der aushängenden Speisekarte (= *la carte* [la kart(ə)]) informieren. Bedienung und Mehrwertsteuer müssen im Preis enthalten sein: *TVA / Prix net & service compris.*

## Reservieren & Platz nehmen

| | |
|---|---|
| **Ich möchte gerne einen Tisch für ... reservieren.** | **Je voudrais réserver une table pour ... .** [ʒə vudrɛ rezɛrve yn tabl(ə) pur] |
| ... Personen | ... personnes [... pɛrsɔn] |
| heute / morgen Abend | ce / demain soir [sə / d(ə)mɛ̃ swar] |
| • A quelle heure? [a kɛl‿œr] | Um wie viel Uhr? |
| • A quel nom, s'il vous plaît? [a kɛl nɔ̃ sil vu plɛ] | Auf welchen Namen, bitte? |
| Auf den Namen ... . | Au nom de ... . [o nɔ̃ də] |

**Apropos:** In Frankreich ist es üblich, dass der Kellner den Gästen einen Tisch zuweist. Am Eingang wartend bedeutet man dem Kellner, zu wie vielen Personen man essen möchte.



| | |
|---|---|
| Guten Abend, hätten Sie einen Tisch für ... Personen? | Bonsoir, auriez-vous une table pour ... personnes? [bɔ̃swar ɔrje vu yn tabl(ə) pur ... pɛrsɔn] |
| Wir haben einen Tisch reserviert. | Nous avons réservé une table. [nuz‿avɔ̃ rezɛrve yn tabl(ə)] |
| • Cette table vous plaît? [sɛt tabl(ə) vu plɛ] | Ist Ihnen dieser Tisch recht? |

## Die Speisekarte: Ein Überblick

Bei der Bestellung können Sie zwischen einem kompletten Menü zum Festpreis oder einer Zusammenstellung *à la carte* [a la kart(ə)] (= nach Speisekarte) wählen. Zu einem kompletten 3-Gänge-Menü gehören eine warme bzw. kalte Vorspeise, ein Fleisch- oder Fischgericht im Hauptgang sowie Käse bzw. ein Dessert zum Abschluss; bei vier Gängen wird Ihnen ein Fisch- und ein Fleischgericht angeboten, bei fünf Gängen bekommen Sie zusätzlich zum Käse ein Dessert. Wasser (= *eau* [o]) und Brot (= *pain* [pɛ̃]) gehören wie der Wein zu jedem französischen Essen. Auf jeden Fall: *Bon appétit!* [bɔn‿apeti] (= Guten Appetit!).



| **Carte *f*** | **Speisekarte** |
|---|---|
| Plat du jour [pla dy ʒur] | Tagesteller |
| Menu [məny] | Menü |
| Entrées *f* [ɑ̃tre]/ Hors-d'œuvre ['ɔrdœvr(ə)] | warme / kalte Vorspeisen |
| Soupes *f* [sup] | Suppen |
| Salades *f* [salad] | Salate |
| Pâtes *f* (fraîches) [pɑt(ə) (frɛʃ)] | frische Nudeln / Nudelgerichte |
| Poissons [pwasɔ̃] | Fisch |
| Fruits de mer [frɥi də mɛr] & Crustacés [krystase] | Meeresfrüchte & Schalentiere |
| Viande *f* [vjɑ̃d] & Abats [aba] | Fleisch & Innereien |
| Volaille *f* [vɔlɑj] | Geflügel |
| Gibier *f* [gibje] | Wild(bret) |
| Garnitures *f* [garnityr] | Beilagen |
| Légumes [legym] | Gemüse |
| Fromage [frɔmaʒ] | Käse |
| Dessert [desɛr] | Nachspeise |
| Boissons *f* [bwasɔ̃] | Getränke |
| ~ alcoolisées [alkɔlize] | alkoholische ~ |
| ~ non-alcoolisées [nɔn‿alkɔlize] | alkoholfreie ~ |

**Apropos:** Viele Brasserien bieten ein Menü (= *formule* [fɔrmyl]) „Brasserie" an: Sie können zwischen einer Vorspeise und einem Hauptgang oder einem Hauptgang und einer Nachspeise wählen.

**Hinweise auf der Speisekarte**

| | |
|---|---|
| (fait/e) maison | hausgemacht |
| Nous recommandons ... | Wir empfehlen ... |
| pour ... personnes | für ... Personen |
| seulement à midi / le soir | nur mittags / abends |
| spécialités de la maison | Spezialitäten des Hauses |
| sur commande | nur auf Vorbestellung |
| TVA / Prix net & Service compris | Mehrwertsteuer und Bedienung inbegriffen |



Charakteristisch für die französische Küche sind ihre vielen Zutaten, die meist frisch und insgesamt eher vorsichtig eingesetzt werden. Das *bouquet garni*, ein Kräutersträußchen aus Petersilie, Lorbeer, Thymian und Selleriekraut, würzt viele Fleisch- und Suppengerichte; Muskatnuss gehört zu weißen Saucen und Geflügelfüllungen. Knoblauch, Basilikum, Safran und Koriander stehen ganz oben in der Skala der südfranzösischen Küche. Im Norden kocht man viel mit Butter und saurer Sahne, im Südwesten mit Gänseschmalz und in Südfrankreich mit Olivenöl.

▶ Wörterbuch (Gewürze, Zutaten)

**Zubereitungsarten**

| | |
|---|---|
| ail, à l' [a laj] | mit Knoblauch zubereitet |
| blanchi/e [blɑ̃ʃi] | blanchiert |
| bouilli/e [buji] | gesotten, gekocht |

| | |
|---|---|
| braise, sur la [syr la brɛz] | vom (Holz-) Kohlengrill |
| braisé/e [brɛze]/ étuvé/e [etyve] | gedünstet |
| broche, à la [(a la) brɔʃ] | am Spieß |
| croûte (de sel), en [ɑ̃ krut də sɛl] | in einer (Salz-) Teigkruste gebacken |
| cru/e [kry] | roh |
| cuit/e au four [kɥi/t o fur] | im Ofen gebraten |
| étouffée, à l' [a letufe] / mijotée, à la [a la miʒɔte] | geschmort |
| farci/e [farsi] | gefüllt |
| feu de bois, au [o fø də bwa] | vom Holzfeuer |
| feuilleté/e [fœjte] | in Blätterteig gehüllt |
| flambé/e [flɑ̃be] | flambiert |
| four, au [o fur] | im Ofen |
| frit/e [fri/t] | (in Öl) gebraten, frittiert |
| fumé/e [fyme] | geräuchert |
| gratiné/e [gratine] | gratiniert, überbacken |
| grillé/e / gril, au [grije / o gril] | gegrillt |
| mariné/e [marine] | mariniert |
| nature [natyr] | natur |
| pané/e [pane] | paniert (Mehl-Ei-Hülle) |
| persillé/e [pɛrsije] | mit Petersilie überstreut |
| poché/e (au court-bouillon) [pɔʃe (o kur bujɔ̃)] | poschiert (in würziger Fischbrühe) |
| poêle, à la [a la pwal] | in der Pfanne zubereitet |
| puré, en [ɑ̃ pyre] | püriert |
| saignant/e [seɲɑ̃/t] | sehr kurz angebraten (relativ blutig) |
| sauce ..., en [ɑ̃ sos] | in ...-Sauce |
| sauté/e [sote] | in der Pfanne gebraten |
| truffé/e [tryfe] | getrüffelt |
| vapeur, à la [a la vapœr] | im Wasserdampf gegart |

5

## Vorspeisen – Entrées / Hors-d'œuvre

| | |
|---|---|
| avocat [avɔka] | Avocado |
| bouchée *f* à la reine [buʃe a la rɛn] | Königinpastetchen |
| caviar d'aubergines [kavjar dobɛrʒin] | Auberginencreme |
| charcuteries *f* assorties [ʃarkytri asɔrti] | Aufschnittplatte |
| cœur de palmier [kœr də palmje] | Palmenherzen |
| beignet [bɛ̃ɲɛ] | Teigtasche, in Fett ausgebacken |
| escalivade *f* [ɛskalivad] | Auberginen, Paprikaschoten und Zwiebeln, in Olivenöl und mit Knoblauch mariniert |
| friand [frijɑ̃] | gefüllte Blätterteigtasche |
| hors-d'œuvre variés ['ɔr dœvr(ə) varje] | verschiedene Vorspeisen |
| melon (au jambon) [məlɔ̃ (o ʒɑ̃bɔ̃)] | Melone (mit Schinken) |
| oursinade *f* [ursinad] | Fischgericht mit Seeigelcreme |
| pâté (en croûte / truffé) [pɑte (ɑ̃ krut / tryfe)] | Pastete (mit Teigkruste / getrüffelt) |
| ~ de foie gras [də fwa grɑ] | Gänseleber~ |
| rillettes *f pl* [rijɛt] | Aufstrich aus Schweine- oder Gänsefleisch mit Schmalz |
| tapenade *f* [tapənad] | Olivenpaste mit Kapern |
| terrine *f* (de gibier) [tɛrin (də ʒibje)] | (Wild-)Pastete |

▶ Kap. 5, Meeresfrüchte & Schalentiere S. 135, Crêpes, Omelett & andere Eierspeisen S. 142

5

| | |
|---|---|
| **Soupes** *f* [sup] **/ Potages** [pɔtaʒ] | **Suppen / Eintöpfe** |
| bisque d'écrevisse / de homard [bisk(ə) dekrəvis / də 'ɔmar] | Krebs- / Hummersuppe |
| bouillon [bujɔ̃] | Fleischbrühe |
| consommé (aux profiteroles) [kɔ̃sɔme (o prɔfitrɔl)] | geklärte Kraftbrühe (mit Backerbsen) |
| pot-au-feu [pɔtofø] | Rindfleisch-Gemüse-Eintopf |
| potage [pɔtaʒ] | Suppe |
| potée *f* [pɔte] | Eintopf |
| soupe *f* [sup] | Suppe |
| ~ à l'oignon (gratinée) [a lɔɲɔ̃ (gratine)] | (überbackene) Zwiebel~ |
| ~ au chou [o ʃu] | Weißkohl~ |
| ~ au pistou [o pistu] | Gemüse~ mit Knoblauch-Kräuterpaste |
| ~ de poisson [də pwasɔ̃] | pürierte Fisch~ |
| velouté [vəlute] | Cremesuppe |
| ~ d'asperges [daspɛrʒ] | Spargel~ |
| ~ de tomates [də tɔmat] | Tomaten~ |

5

**Apropos:** Die französische Fischsuppe wird je nach Region nicht nur anders bezeichnet, sondern auch anders zubereitet: die Marseiller *Bouillabaisse* [bujabɛs] wird aus Mittelmeerfischen gekocht und mit Safran, Tomaten und Fenchel abgeschmeckt, dazu gibt es *rouille* [ruj] (= rote, scharfe Pfeffersauce), Käse und geröstete Brotbröckchen. Die hellere südfranzösische *Bourride* [burid] wird aus Seeteufel zubereitet und mit Knoblauch, Zwiebeln und Kräutern gewürzt. Serviert wird dann der Seeteufel mit einer aus Fischbrühe und *aïoli* [ajoli] (= Knoblauchmayonnaise) abgeschmeckten, dickflüssigen Sauce. Die bretonische *Cotriade* [kɔtrijad] wird aus „weißem" Fisch zubereitet und kommt mit gerösteten Brotbröckchen auf den Tisch.

| | |
|---|---|
| **Salades** *f* [salad] | **Salate** |
| crudités *f pl* [krydite] | gemischter Salatteller |
| salade *f* (composée) [salad (kɔ̃poze)] | (gemischter) Salat |
| ~ au chèvre chaud [o ʃɛvr(ə) ʃo] | ~ mit warmem Ziegenkäse |
| ~ au foie de volaille [o fwa də vɔlaj] | ~ mit Geflügelleber |
| ~ au gésier [o ʒezje] | ~ mit Innereien |
| ~ de fruits de mer [də frɥi də mɛr] | ~ mit Meeresfrüchten |
| ~ de pissenlits au lard [də pisɑ̃li o lar] | Löwenzahnsalat mit warmen Speckwürfeln |
| ~ du Chef [dy ʃɛf] | ~ nach Art des Chefs |
| ~ niçoise [niswaz] | Nizza-Salat (mit Thunfisch, Ei, Tomaten, Oliven) |
| ~ normande [nɔrmɑ̃d] | ~ mit Äpfeln, Schellfisch, Käse und Kräutern |
| frisée [frize] | Endiviensalat |
| mesclun [mɛsklɛ̃] | Radicchiosalat mit Endivien, Postulak, Kerbel |

5

## Meeresfrüchte & Schalentiere

**Fruits de mer & Crustacés** [frɥi də mɛr & krystase]

| | |
|---|---|
| coque *f* [kɔk] / bucarde *f* [bykard] | Herzmuschel |
| coquille *f* Saint-Jacques [kɔkij sɛ̃ ʒak] | Jakobsmuschel (Pilgermuschel) |
| crabe [krɑb] | (Strand-) Krabbe |

| | |
|---|---|
| crevette *f* (grise) [krəvɛt (griz)] | Garnele |
| écrevisse *f* [ekrəvis] | Krebs |
| escargot [ɛskargo] | Schnecke |
| gambas [gɑ̃bas] | Garnele |
| homard ['ɔmar] | Hummer |
| huîtres *f pl* [ɥitr(ə)] | Austern |
| langouste *f* [lɑ̃gust] | Languste |
| langoustine *f* [lɑ̃gustin] | Riesengarnele |
| moules *f pl* [mul] | Miesmuscheln |
| ~ marinières [marinjɛr] | ~ im Sud gekocht |
| palourde *f* / clovisse *f* [palurd(ə) / klɔvis] | Venusmuschel (Tapetenmuschel) |
| pétoncle [petɔ̃kl(ə)] | Pektenmuschel |
| praire *f* [prɛr] | warzige Venusmuschel |
| tourteau [turto] | Taschenkrebs |

5

## Fischgerichte

| | |
|---|---|
| **Poisson** [pwasɔ̃] | **Fisch** |
| anchois [ɑ̃ʃwa] | Anschovis (pikant, süßsauer zubereitete Sardelle oder Sardine) |
| anguille *f* [ɑ̃gij] | Aal |
| brochet [brɔʃɛ] | Hecht |
| cabillaud [kabijo] | Kabeljau |
| cal(a)mar [kalmar] / encornet [ɑ̃kɔrnɛ] | Kalmar (Art Tintenfisch) |
| ~ à la romaine [a la romɛn] | frittierte ~ringe |
| colin [kɔlɛ̃] | Seehecht |
| daurade (dorade) *f* [dɔrad] | Goldbarsch (Dorade) |

| | |
|---|---|
| haddock / aiglefin fumé ['adɔk / ɛgləfɛ̃ fyme] | geräucherter Schellfisch |
| hareng ['arɑ̃] | Hering |
| limande *f* [limɑ̃d] | Kliesche |
| lotte *f* (de mer) / baudroie [lɔt (də mɛr) / bodrwa] | Seeteufel |
| ~ d'eau douce [do dus] | Aalquappe |
| loup (de mer) / bar [lu (də mɛr) / bar] | See- / Wolfsbarsch |
| maquereau [makro] | Makrele |
| merlan / lieu (noir) [mɛrlɑ̃ / ljø (nwar)] | Seehecht |
| (brandade *f* de) morue *f* [(brɑ̃dad də) mɔry] | Stockfisch (-brandade, -mus) |
| poisson [pwasɔ̃] | Fisch |
| ~ de mer [də mɛr] | Seefisch |
| ~ d'eau douce [do dus] | Süßwasserfisch |
| poulpe [pulp(ə)] | Seepolyp (Krake) |
| raie *f* [rɛ] | Rochen |
| rascasse *f* [raskas] | Drachenkopf |
| rouget [ruʒɛ] | Meerbarbe (Rotbarbe) |
| sardine *f* [sardin] | Sardine |
| saumon [somɔ̃] | Lachs |
| seiche *f* [sɛʃ] | Tintenfisch |
| ~ à la rouille [a la ruj] | ~ in einer pikanten Tomatensauce |
| sépia / chipiron [sepja / ʃipirɔ̃] | kleiner Tintenfisch |
| sole *f* [sɔl] | Seezunge |
| thon [tɔ̃] | Thunfisch |
| truite *f* [trɥit] | Forelle |
| ~ saumonée [somɔne] | Lachs~ |
| turbot [tyrbo] / barbue *f* [barby] | Glatt- / Steinbutt |

5

## Fleischgerichte

| **Viande, Volaille & Gibier** [vjɑ̃d vɔlaj ʒibje] | **Fleisch, Geflügel & Wild** |
|---|---|
| agneau [aɲo] | Lamm |
| gigot d'~ [ʒigo daɲo] | ~keule |
| andouille/tte *f* [ɑ̃duj/ɛt] | (Brat-)Wurst aus Schweinemagen |
| baeckeoffa [bɛkɔfa] | verschiedene Fleischsorten, mit Gemüse geschmort (elsässische Spezialität) |
| bavette *f* [bavɛt] | unteres Lendenstück |
| bifteck [biftɛk] | Beefsteak |
| bœuf [bœf] | Rindfleisch |
| boudin [budɛ̃] | Blutwurst |
| bécasse *f* [bekas] | Schnepfe |
| caille *f* [kaj] | Wachtel |

| | |
|---|---|
| canard [kanar] | Ente |
| aiguillettes *f* de ~ [egɥijɛt də] | Entenbrustfilet, geschnitten |
| magret de ~ [magrɛ də] | gebratene Entenbrust |
| cassoulet [kasulɛ] | Ragout aus Geflügel, Schweine- oder Hammelfleisch und weißen Bohnen (südfranzösische Spezialität) |
| chapon [ʃapɔ̃] | Kapaun |
| cheval [ʃəval] | Pferdefleisch |
| chevreuil [ʃəvrœj] | Reh |
| cervelle *f* [sɛrvɛl] | Hirn |
| coquelet [kɔklɛ] | junges Hähnchen |
| côtelette *f* [kɔtlɛt] | Kotelett |
| cuissot [kɥiso] / jarret [ʒarɛ] | Keule / Haxe |
| dinde *f* [dɛ̃d] | Truthahn / Puter |
| entrecôte *f* [ɑ̃trəkot] | Rippenstück |
| escalope *f* [ɛskalɔp] | Schnitzel |
| faisan [fezɑ̃] | Fasan |
| foie [fwa] | Leber |
| ~ gras [grɑ] | Gänse~ (Mastente) |
| ~ de volaille [də vɔlaj] | Geflügel~ |
| fondue *f* bourguignonne [fɔ̃dy burgiɲɔn] | Fleischfondue |
| lapin [lapɛ̃] / lapereau [lapro] | Kaninchen |
| lièvre [ljɛvr(ə)] | Hase |
| mouton [mutɔ̃] | Hammelfleisch |
| oie *f* [wa] | Gans |
| pâté de ... [pɑte də] | ... - Pastete |
| pigeon [piʒɔ̃] | Taube |
| pintade *f* [pɛ̃tad] | Perlhuhn |
| porc [pɔr] | Schweinefleisch |
| porcelet [pɔrsəlɛ] | Spanferkel |

5

| | |
|---|---|
| poularde *f* [pulard(ə)] | Masthuhn |
| poulet [pulɛ] | Hähnchen |
| blanc de ~ [blɑ̃ də] | ~brust |
| ragoût [ragu] | Ragout |
| rognons *pl* [rɔɲɔ̃] | Nieren |
| rôti [roti] | Braten |
| sanglier [sɑ̃glije] | Wildschwein |
| saucisse *f* (sèche) [sɔsis (sɛʃ)] | (luftgetrocknete) Wurst |
| selle *f* [sɛl] | Rückenfleisch |
| tripes *f pl* [trip] | Kutteln |
| veau [vo] | Kalbfleisch |

5

*Couscous* [kuskus], das berühmte nordafrikanische Ragout mit Maisgrieß, Gemüse und einer pikanten Sauce, hat inzwischen seinen festen Platz auf französischen Speisekarten. Die klassische Version ist das *Couscous Royal* [kuskus rwajal] mit Hammelfleisch, Geflügel und den scharfen *Merguez*-Würstchen.

## Beilagen

| | |
|---|---|
| **Garnitures** *f* [garnityr] | |
| pommes *f pl* de terre [pɔm də tɛr] | Kartoffeln |
| croquettes *f pl* [krɔkɛt] | Kroketten |
| frites *f pl* [frit] | Pommes frites |
| gratin dauphinois [gratɛ̃ dofinwa] | überbackene Kartoffeln (in Ei-Sahne-Soße) |
| pâtes *f pl* [pɑt] | Nudeln |
| riz [ri] | Reis |

**Apropos:** Die wichtigste Beilage ist in Frankreich das Weißbrot (= *baguette* [bagɛt]).

| **Légume** [legym] | **Gemüsesorten** |
|---|---|
| artichaut [artiʃo] | Artischocke |
| asperge *f* [aspɛrʒ] | Spargel |
| aubergine *f* [obɛrʒin] | Aubergine |
| betterave *f* [bɛtrav] | Rote Beete |
| brocoli [brɔkɔli] | Brokkoli |
| champignon (de Paris) [ʃɑ̃piɲɔ̃ (də pari)] | Pilze (Champignon) |
| chou [ʃu] | Kohl |
| ~ blanc / vert [blɑ̃ / vɛr] | Weiß~ / Grün~ |
| ~ de Bruxelles [də bryksɛl] | Rosen~ |
| ~ -fleur [flœr] | Blumen~ |
| choucroute *f* [ʃukrut] | Sauerkraut |
| concombre [kɔ̃kɔ̃br(ə)] | Gurke |
| courgette *f* [kurʒɛt] | Zucchini |
| endive *f* [ɑ̃div] | Chicorée |
| épinard (en branches) [epinar (ɑ̃ brɑ̃ʃ)] | (Blatt-) Spinat |
| haricot (blanc / vert) ['ariko (blɑ̃ / vɛr)] | (weiße / grüne) Bohnen |
| oseille *f* [ozɛj] | Sauerampfer |
| oignon [ɔɲɔ̃] | Zwiebel |
| (petit) pois *pl* [(p(ə)ti) pwa] | (grüne) Erbsen |
| ~ chiches [ʃiʃ] | Kicher~ |
| poivron [pwavrɔ̃] | Paprikaschote |
| tomate *f* [tɔmat] | Tomate |

▶ Kap. 6, Glossar: Gemüse, S. 170
▶ Wörterbuch

5

## Crêpes, Omelett & andere Eierspeisen

Die auch bei uns unter dem Namen *Crêpes* [krɛp] bekannten französischen Pfannkuchen sind das traditionelle Gericht zur Lichtmess (= *Chandeleur* [ʃɑ̃dlœr]) und zum Karneval im Februar. Ursprünglich aus der Bretagne findet man sie heute überall in Frankreich in den verschiedensten Variationen: salzig, süß, gefaltet, gerollt oder flambiert. Ein echter *cidre* [sidr(ə)] (= Apfelwein) begleitet jedes Crêpes-Festessen.

| | |
|---|---|
| **Galettes de sarrasin** [galɛt də sarazɛ̃] | Pfannkuchen aus Buchweizenmehl |
| galette *f* | Pfannkuchen |
| ~ paysanne [galɛt peizan] | ~ mit Speck, Käse und Ei |
| ~ à l'œuf [a lœf] | ~ mit Ei |
| ~ au fromage [o frɔmaʒ] | ~ mit Käse |
| ~ au jambon [o ʒɑ̃bɔ̃] | ~ mit Schinken |
| ~ aux sardines [o sardin] | ~ mit Sardinen |
| ~ à la saucisse [a la sosis] | ~ mit Würstchen |
| ~ du berger [dy bɛrʒe] | ~ mit Quark, Roquefort und Sellerie |
| **Crêpes sucrées au froment** [krɛp sykre o frɔmɑ̃] | süße Pfannkuchen aus Weizenmehl |
| crêpe *f* dentelle [krɛp dɑ̃tɛl] | gerollter dünner Pfannkuchen |
| ~ à la confiture [a la kɔ̃fityr] | ~ mit Marmelade |
| ~ à la crème de marrons [a la krɛm də marɔ̃] | ~ mit Kastaniencreme bestrichen |
| ~ au nutella [o nytɛla] | ~ mit Nutella bestrichen |
| ~ au sucre [o sykr(ə)] | ~ mit Zucker bestreut |
| ~ suzette [syzɛt] | ~ mit Butter, Zucker und Orangenlikör flambiert |

**Apropos:** Das französische Omelett wird nicht nur salzig als Hauptgericht, sondern auch süß als Nachtisch serviert.

| | |
|---|---|
| **Omelette salée** [ɔmlɛt sale] | **Omelett, salzig** |
| omelette *f* nature [ɔmlɛt natyr] | Omelett natur |
| ~ aux champignons [o ʃɑ̃piɲɔ̃] | ~ mit Champignon |
| ~ à la florentine / niçoise [a la flɔrɑ̃tin / niswaz] | ~ mit Spinat |
| ~ au fromage [o frɔmaʒ] | ~ mit Käse |
| ~ au lard [o lar] | ~ mit Speckwürfeln |
| ~ à la lyonnaise [a la ljɔnɛz] | ~ mit Zwiebeln |
| ~ à la paysanne [a la peizan] | ~ mit Kartoffeln und Speck |
| ~ à la portugaise [a la pɔrtygɛz] | ~ mit Tomaten |
| **Omelette sucrée** [omlɛt sykre] | **Omelett, süß** |
| ~ à la confiture [a la kɔ̃fityr] | ~ mit Marmelade |
| ~ flambée [flɑ̃be] | ~ flambiert |
| ~ à la norvégienne [a la nɔrveʒjɛn] | ~ mit Eis |
| ~ aux pommes [o pɔm] | ~ mit Äpfeln |
| ~ soufflée au rhum [sufle o rɔm] | ~ mit Rum |

5

| | |
|---|---|
| **Œuf** [œf], **Œufs** [ø] | **Ei, Eier** |
| ~ à la coque / mollet / dur [a la kɔk / mɔlɛ / dyr] | weich / mittelweich / hart gekochtes Ei |
| ~ au plat [o pla] | Spiegel~ |
| ~ brouillés [bruje] | Rühr~ |
| ~ en meurette [ɑ̃ mœrɛt] | verlorene ~ in Rotweinsauce |
| ~ farcis [farsi] | gefüllte ~ |
| ~ frits [fri] | in Fett ausgebackene ~ |
| ~ pochés [pɔʃe] | verlorene ~ |

## Nachspeisen

Je nach Menü können Sie nach dem Hauptgang zwischen Käse oder einem Nachtisch wählen. Die Auswahl an Käsesorten ist größer, wenn eine Käseplatte (= *plateau de fromage* [plato də frɔmaʒ]) angeboten wird. Steht nur ein Käseteller (= *assiette de fromage* [asjɛt də frɔmaʒ]) zur Wahl, kann man ruhigeren Gewissens den süßen Schlemmereien den Vorzug geben.

► Kap. 6, Glossar: Käse ... S. 165, Glossar: Obst S. 171

5

| | |
|---|---|
| **Dessert** [desɛr] | **Süße Nachspeisen** |
| café / chocolat liégeois [kafe / ʃɔkɔla ljeʒwa] | Eiskaffee / -schokolade |
| clafoutis [klafuti] | Obst (meist Kirschen), im Rührteig gebacken |
| crème *f* [krɛm] | Creme |
| ~ brûlée [bryle] / ~ catalane [katalan] | ~ aus Milch, Eiern, Zucker und Zimt, mit einer dünnen Karamelschicht |
| ~ caramel [karamɛl] | Karamel~ |
| compote *f* [kɔ̃pɔt] | Kompott |
| croûte *f* aux fruits [krut o frɥi] | Biskuitkuchen mit Obstbelag |
| crumble *f pl* [krœbl] | Streuselkuchen |
| flan [flɑ̃] | Pudding |
| fraises *f pl* à la chantilly [frɛz a la ʃɑ̃tiji] | Erdbeeren mit Schlagsahne |
| fruits givrés [frɥi ʒivre] | halbgefrorene Früchte |
| glace *f* [glas] | Eis |
| îles *f pl* flottantes [il flɔtɑ̃t] | Eischnee, in englischer Creme schwimmend |

| | |
|---|---|
| Mont-Blanc aux marrons [mɔ̃ blɑ̃ o marɔ̃] | Kastanienpüree, mit Schlagsahne bedeckt |
| mousse *f* (au chocolat) [mus (o ʃɔkɔla)] | (Schokoladen-) Schaumcreme |
| œufs *f pl* à la neige au coulis de fraise [ø a la nɛʒ o kuli də frɛz] | Eischnee auf einer Erdbeersoße gebettet |
| parfait [parfɛ] | Halbgefrorenes (Parfait) |
| pâtisserie *f* maison [pɑtisri mɛzɔ̃] | hausgemachter Kuchen |
| pêche *f* melba [pɛʃ mɛlba] | Pfirsich-Melba |
| profiteroles *f pl* au chocolat [prɔfitrɔl o ʃɔkɔla] | Windbeutel mit Schlagsahne, Creme oder Eis gefüllt, mit heißer Schokoladensoße |
| salade *f* de fruits [salad də frɥi] | Obstsalat |
| sorbet [sɔrbɛ] | Sorbet |
| tarte *f* tatin [tart(ə) tatɛ̃] | „umgekehrt" gebackener Apfelkuchen (wird warm serviert) |

5

▶ Kap. 5, In der Pâtisserie S. 149, In der Eisdiele S. 151

## Bestellen

Große Speisekarten erschweren häufig die Entscheidung. Hilfreich sind meist die Empfehlungen des Wirts: Was empfehlen Sie uns / mir? (= *Que nous / me recommandez-vous?* [kə nu / m(ə) r(ə)kɔmɑ̃de vu]). Möchten Sie sich erkundigen, was am Nachbartisch serviert wird, fragen Sie dezent: *Qu'est-ce que vous avez servi à côté? Ça a l'air appétissant.* [kɛskə vuz‿ave sɛrvi a kote sa a lɛr apetisɑ̃]). Wenn Sie die Bedienung an Ihren Tisch rufen möchten, können Sie dies mit einem einfachen *S'il vous plaît!* [sil vu plɛ] oder *Monsieur!* [məsjø] bzw. *Mademoiselle!* [madmwazɛl] tun.

| | |
|---|---|
| • Voilà, la carte! Nous avons également aujourd'hui … . [vwala la kart(ə) nuz‿avɔ̃ egalmɑ̃ oʒurdɥi] | Bitte sehr, die Speisekarte! Heute haben wir außerdem … . |
| • Qu'est-ce que vous désirez boire? [kɛskə vu dezire bwar] | Was möchten Sie trinken? |
| • A boire? [a bwar] | Zu trinken? |
| • Voulez-vous un apéritif? [vule vu œ̃n‿aperitif] | Möchten Sie einen Aperitif? |
| • Avez-vous choisi? [ave vu ʃwazi] | Haben Sie Ihre Wahl getroffen? |
| Nein, noch nicht. | Non, pas encore. [nɔ̃ pɑz‿ɑ̃kɔr] |
| Wir nehmen das Menü für … Euro. | Nous prendrons le menu à … euros. [nu prɑ̃drɔ̃ lə məny a … ørɔ] |
| • Les entrées / Les plats, s'il vous plaît? [lez‿ɑ̃tre / le pla sil vu plɛ] | Die Vorspeisen / Hauptspeisen, bitte? |
| Ich nehme nur den Tagesteller. | Je ne prendrai que le plat du jour. [jə nə prɑ̃drɛ kə lə pla dy ʒur] |
| Die Dame nimmt ein Cassoulet. | Madame prendra un cassoulet. [madam prɑ̃dra œ̃ kasulɛ] |
| Für mich … . | Pour moi … . [pur mwa] |
| • Comment désirez-vous votre viande? [kɔmɑ̃ dezire vu vɔtr(ə) vjɑ̃d] | Wie möchten Sie Ihr Fleisch? |
| **Für mich … .** | **Pour moi … .** [pur mwa] |
| blutig (fast roh) | bleu [blø] |
| englisch | saignant [sɛɲɑ̃] |
| medium | à point [a pwɛ̃] |
| gut durchgebraten | bien cuit [bjɛ̃ kɥi] |

5

| | |
|---|---|
| Wie ist es zubereitet? | Comment est-ce préparé? [kɔmɑ̃ ɛs prepare] |
| Ich darf / kann kein ... essen. | Je ne dois / peux pas manger de la / du ... . [ʒə nə dwa / pø pa mɑ̃ʒe də la / dy] |
| **Haben Sie etwas ...?** | **Auriez-vous un plat ... ?** [ɔrje vu œ̃ pla] |
| Leichtes | léger [leʒe] |
| Vegetarisches | végétarien [veʒetarjɛ̃] |
| für Diabetiker | pour diabétique [pur djabetik] |
| Haben Sie einen Kinderteller? | Auriez-vous un menu enfant? [orje vu œ̃ məny ɑ̃fɑ̃] |
| • Voulez-vous un dessert? [vule vu œ̃ desɛr] | Möchten Sie ein Dessert? |
| • Vous désirez autre chose? [vu dezire ɔtr(ə) ʃoz] | Wünschen Sie noch etwas (anderes)? |
| **Ja, ich hätte gern ... .** | **Oui, j'aimerais bien ... .** [wi ʒem(ə)rɛ bjɛ̃] |
| noch ein bisschen Käse | encore un peu de fromage [ɑ̃kɔr œ̃ pø də frɔmaʒ] |
| noch Gemüse | encore des légumes [ɑ̃kor de legym] |
| einen Obstsalat | une salade de fruits [yn salad də frɥi] |
| Könnten wir noch Brot / Wasser haben? | Pourriez-vous nous apporter encore du pain / de l'eau? [purje vu nuz‿apɔrte ɑ̃kɔr dy pɛ̃ / də lo] |

5

► Kap. 5, Getränke S. 118, Vorspeisen S. 133, Crêpes, Omelett & andere Eierspeisen S. 142, Hauptspeisen S. 135, Nachspeisen S. 144, Die Speisekarte: ... , S. 129

## Bitten & Beanstandungen

| | |
|---|---|
| Das habe ich nicht bestellt. | Ce n'est pas ce que j'ai commandé. [sə nɛ pa sə kə ʒɛ kɔmɑ̃de] |
| Es fehlt noch ... . | Il manque ... . [il mɑ̃k] |
| Bringen Sie mir / uns bitte ein/e/n ...!? | Apportez-moi / nous un / une ... ! [apɔrte mwa / nu œ̃ / yn] |



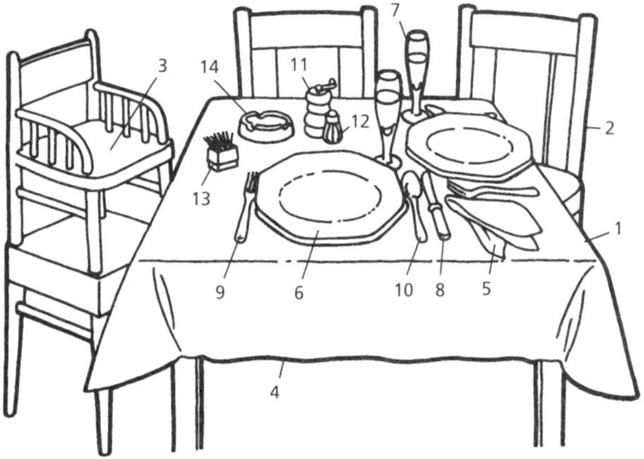


| | | | | | |
|---|---|---|---|---|---|
| 1 | Tisch | table *f* [tabl(ə)] | 8 | Messer | couteau [kuto] |
| 2 | Stuhl | chaise *f* [ʃɛz] | 9 | Gabel | fourchette *f* [furʃɛt] |
| 3 | Kindersitz | chaise pour enfant [ʃɛz pur‿ɑ̃fɑ̃] | 10 | (Kaffee-)Löffel | (petite) cuillère *f* [(p(ə)tit) kɥijɛr] |
| 4 | Tischtuch | nappe *f* [nap] | 11 | Pfeffermühle | moulin à poivre [mulɛ̃ a pwavr(ə)] |
| 5 | Serviette | serviette *f* de table [sɛrvjɛt də tabl(ə)] | 12 | Salzstreuer | salière *f* [saljɛr] |
| 6 | Teller | assiette *f* [asjɛt] | 13 | Zahnstocher | cure-dent [kyrdɑ̃] |
| 7 | Glas | verre [vɛr] | 14 | Aschenbecher | cendrier [sɑ̃drije] |

▶ Wörterbuch

## Bezahlen

Der Kellner „serviert" die Rechnung bzw. das Rückgeld i.A. diskret auf einem Tellerchen oder in einer Serviette. Obwohl die Bedienung in der Regel im Preis inbegriffen ist, lässt man üblicherweise nach dem Zahlen ein Trinkgeld (= *pourboire* [purbwar]) von 5-10% auf dem Tisch liegen. Die Bemerkung *C'est bon* [sɛ bɔ̃] (= Ist gut so.) ist eher ungewöhnlich.

| | |
|---|---|
| Die Rechnung, bitte! | L'addition, s'il vous plaît! [ladisjɔ̃ sil vu plɛ] |
| • Êtes-vous satisfait? [ɛt vu satisfɛ] | Hat es geschmeckt? |
| Ja, es war sehr gut. | Oui, c'était très bon / excellent. [wi setɛ trɛ bɔ̃ / ɛkselɑ̃] |
| Ich habe das nicht / kein ... gehabt. | Je n'ai pas pris cela / de ... . [ʒə nɛ pɑ pri s(ə)la / də] |

▶ Kap. 1, Bezahlen S. 20

# Süße Leckereien

## In der Pâtisserie

| | |
|---|---|
| 100 g Pralinen, bitte! | Cent grammes de chocolats fins, s'il vous plaît! [sɑ̃ gram də ʃɔkɔla fɛ̃ sil vu plɛ] |
| **Ich hätte gerne zwei ... !** | **Je voudrais deux ..., s'il vous plaît!** [ʒə vudrɛ dø ... sil vu plɛ] |
| Stück Kuchen | morceaux de gâteau [mɔrso də gɑto] |
| Törtchen | tartelettes [tartəlɛt] |

| | |
|---|---|
| Ist das Teilchen / der Kuchen mit ...? | La pâtisserie est-elle / Le gâteau est-il au / à la / aux ...? [la patisri ɛt‿ɛl / lə gato ɛt‿il o / a la / o] |
| ● **Oui, c'est ... .** [wi sɛt] | **Ja, es ist mit ... .** |
| à la chantilly [a la ʃɑ̃tiji] | Schlagsahne |
| au chocolat [o ʃɔkɔla] | Schokolade |
| au citron [o sitrɔ̃] | Zitronencreme |
| à la crème pâtissière / anglaise [a la krɛm patisjɛr / ɑ̃glɛz] | Vanillecreme / dünnflüssiger ~ |
| aux fruits [o frɥi] | Früchten |
| aux noix [o nwa] | Nüssen |

5

**Gebäck**

| | |
|---|---|
| baba (au rhum) [baba (o rɔm)] | in Rum getränkter Hefekuchen |
| beignet [bɛɲɛ] | Krapfen |
| diablotin [djɑblɔtɛ̃] | Kuchen mit Fruchtmousse |
| éclair [eklɛr] | Windbeutel mit Cremefüllung |
| galette *f* des rois [galɛt de rwa] | flacher, runder (Blätterteig-) Kuchen |
| galette *f* bretonne [galɛt bretɔn] | bretonische Butterplätzchen |
| gaufre *f* [gofr(ə)] | Waffel |
| Kougelhopf [kuglɔf] | Gugelhopf (Napfkuchen) |
| madeleine *f* [madlɛn] | Ei-Biskuit-Gebäck |
| meringue *f* [mərɛ̃g] | Baiser |
| millefeuilles [milfœj] | Blätterteigcremeschnitte |
| merveilles *f pl* [mɛrvɛj] / bugnes *f pl* [byɲ] | Schmalzgebäck |
| profiteroles *f pl* [prɔfitɛrɔl] | kleine Windbeutel, mit Schlagsahne, Creme oder Eis gefüllt |
| sablé [sable] | Mürbeteiggebäck |
| savarin [savarɛ̃] | in Sirup getränkter Hefekuchen |
| tarte *f* [tart(ə)] | Mürbeteigkuchen |

## In der Eisdiele

In Frankreich ist das *glace à l'italienne* kein italienisches, sondern Softeis. Italienisches Eis bekommen Sie entweder bei einem *Glacier* oder in der *Pâtisserie / Confiserie*. Hier unterscheiden Franzosen zwischen Milcheis (= *glace* [glas]) und Fruchteis (= *sorbet* [sɔrbɛ]).

| | |
|---|---|
| **Ich möchte ein/en ... .** | **Je voudrais ... .** [ʒə vudrɛ] |
| kleines / großes Eis | une petite / grande glace [yn p(ə)tit / grɑ̃d glas] |
| Hörnchen (mit 1 / 2 Kugeln) | un cornet (simple / double) [œ̃ kɔrnɛ (sɛ̃pl(ə) / dubl(ə))] |
| Becher (zu ... Euro) | une coupe (à ... euros) [yn kup (a ... ørɔ)] |
| Eis am Stiel | un bâtonnet [œ̃ batɔnɛ] |
| • Quels parfums désirez-vous? [kɛl parfœ̃ dezire vu] | Welche Sorten möchten Sie? |

5

**Eissorten**

| | |
|---|---|
| cassis [kasi(s)] | schwarze Johannisbeere |
| citron (vert) [sitrɔ̃ (vɛr)] | (grüne) Zitrone |
| chocolat (blanc) [ʃɔkɔla (blɑ̃)] | (weiße) Schokolade |
| fraise *f* [frɛz] | Erdbeer |
| gingembre [ʒɛ̃ʒɑ̃br(ə)] | Ingwer |
| menthe *f* [mɑ̃t] | Minze |
| noix *f* de coco [nwa də kɔko] | Kokusnuss |
| praliné [praline] | Vanilleeis mit Schokolade und gerösteten Mandeln |
| rhum-raisins [rɔm rɛzɛ̃] | Malaga (mit Rosinen) |

► Wörterbuch (Obst)

# Im Bistrot à vin: Weine genießen

Frankreich ist das Weinland schlechthin. Das größte jüngst anerkannte Weinanbaugebiet ist der Languedoc-Roussillon; die berühmtesten Weine kommen jedoch aus dem Bordelais und Burgund. Aber auch im Elsass, in der Champagne, im Beaujolais, im Loiretal und im Rhonetal werden hochwertige Qualitätsweine hergestellt.



| | |
|---|---|
| **Ich möchte ... .** | **Je voudrais ... .** [ʒə vudrɛ] |
| eine Flasche ... | une bouteille **de** ... [yn butɛj də] |
| ein Glas ... | un verre **de** ... [œ̃ vɛr də] |

| | |
|---|---|
| **Ich hätte gerne einen ... Wein ... .** | **J'aimerais un vin ... .** [ʒem(ə)rɛ œ̃ vɛ̃] |
| Weiß- | blanc [blɑ̃] |
| Rosé- | rosé [roze] |
| Rot- | rouge [ruʒ] |
| Dessert- | liquoreux [likɔrø] |
| aus dem Burgund | de Bourgogne [də burgɔɲ] |

| | |
|---|---|
| Wein | vin [vɛ̃] |
| Land~ | ~ de pays [də pei] |
| Tafel~ | ~ de table [də tabl(ə)] |
| trockener ~ | ~ sec [sɛk] / brut [bryt] |
| süßer ~ | ~ doux [du] / moelleux [mwalø] |
| Sekt | vin mousseux [vɛ̃ musø] |
| leichter Schaum~ | vin pétillant [vɛ̃ petijɑ̃] |
| besonders edler ~ | crémant [kremɑ̃] |
| Champagner | Champagne [ʃɑ̃paɲ] |

**Rund um den Wein**

| | |
|---|---|
| AOC | Appellation d'origine contrôlée (Garantie für Herkunft, Erzeugungsmethode, Rebsorten und Produktionsmenge) |
| VDQS | Vin délimité de qualité supérieure (Qualitätswein) |
| VQPRD | Vin de qualité produit dans une région déterminée (europäische Norm für Qualitätsweine einer bestimmten Region) |
| VMQPRD | Vin mousseux de qualité produit dans une région déterminée (europäische Norm für Qualitätssekte und Champagner) |
| cépage | Rebsorte |
| coopérative viticole | Winzergenossenschaft |
| méthode traditionnelle | traditionsgerechte Champagnermethode mit der 2. Gärung in der Flasche |
| millésime | Jahrgang |
| mis en bouteille par ... | abgefüllt von ... |
| vignoble/vigne | Weinberg |
| viticulteur | Winzer |



Eine Weinprobe (= dégustation [degystasjɔ̃]) beansprucht alle Sinne, erst das Auge (= *examen visuel* [ɛgzamɛ̃ visɥɛl]), dann die Nase (= *examen olfactif* [ɛgzamɛ̃ ɔlfaktif]) und den Mund (= *en bouche* [ɑ̃ buʃ]), schließlich das „taktile" Empfinden der Temperatur und Konsistenz des Weines. Auf den ersten Blick muss ein guter Wein klar und ohne Trübung sein, egal welcher Couleur er ist. Auf jeden Fall: *Bonne dégustation!* [bɔn degystasjɔ̃]

**Kleines Weinproben-ABC**

| | |
|---|---|
| agressif [agrɛsif] | Wein mit hohem Säuregehalt |
| bouchonné [buʃɔne] | nach Korken schmeckender Wein |
| bouquet / nez d'un vin [bukɛ / ne dœ̃ vɛ̃] | Bukett eines Weines |
| complexe [kɔ̃plɛks] | aromareicher Wein |
| corsé [kɔrse] | körperreicher Wein |
| fermé [fɛrme] | junger Qualitätswein, der noch nicht sein volles Aroma entwickelt hat |
| fin [fɛ̃] | fein, subtil im Geschmack |
| gras [grɑ] | „fetter" Wein, dessen Geschmack und Konsistenz den Mund ganz ausfüllen |
| limité [limite] | wenig Aromaentwicklung im Mund |
| longueur *f* en bouche [lɔ̃gœr ɑ̃ buʃ] | Dauer der Aromaentwicklung des Weines im Mund |
| odeurs *f pl* [ɔdœr] | Duftnoten |
| plat [pla] | platter, langweiliger Wein |
| plein [plɛ̃] | voll, „körperreich", vollmundiges Zusammenwirken |
| riche [riʃ] | reicher, voller Wein |
| senteurs *f pl* fleurales / de fruits [sɑ̃tœr flœral / də frɥi] | blumige / fruchtige Düfte |
| structuré [stryktyre] | strukturierter Wein |

5

# EINKAUFEN 6

# Orientierung

Kaufhäuser und Supermärkte sind zumeist durchgehend und z.T. auch sonntags geöffnet. Lohnenswert ist der Besuch der vielen Wochen- und Straßenmärkte (= *marché* [marʃe]).

▶ Kap. 1, Öffnungszeiten S. 23

| | |
|---|---|
| Wo ist hier in der Nähe ein Supermarkt? | Où se trouve un supermarché près d'ici? [u sə truv œ̃ sypɛrmarʃe prɛ disi] |
| Wo kann man hier (günstig) Schuhe kaufen? | Où peut-on acheter des chaussures (bon marché) ici? [u pøt‿ɔ̃ aʃte de ʃosyr (bɔ̃ marʃe) isi] |
| Wo finde ich ein ...-Geschäft? | Où puis-je trouver un magasin de ...? [u pɥi‿ʒ(ə) truve œ̃ magazɛ̃ də] |



| **Was?** | | **Wo?** |
|---|---|---|
| Antiquitäten | antiquités *f pl* [ɑ̃tikite] | Antiquaire [ɑ̃tikɛr], Brocante *f* [brɔkɑ̃t] |
| Bekleidung | vêtements *pl* [vɛtmɑ̃] | Magasin de vêtements [magazɛ̃ də vɛtmɑ̃] |
| Blumen | fleurs *f pl* [flœr] | Fleuriste [flœrist(ə)] |
| Briefmarken | timbres *pl* [tɛ̃br(ə)] | Tabac [taba], Poste *f* [pɔst(ə)] |
| Elektroartikel | électroménager [elɛktrɔmenaʒe] | Magasin d'électroménager [magazɛ̃ delɛktrɔmenaʒe] |
| Fahrräder & Zubehör | vélos *pl* [velo] / bicyclette *f* [bisiklɛt] | Magasin de cycles [magazɛ̃ də sikl(ə)] |

| | | |
|---|---|---|
| Fotoartikel | matériel photographique [materjɛl fɔtɔgrafik] | Magasin de photo [magazɛ̃ də fɔtɔ] |
| Geschenkartikel | cadeaux *pl* [kado] | Boutique *f* de cadeaux [butik də kado] |
| Getränke | boissons *f pl* [bwasɔ̃] | Epicerie *f* [episri], Superette *f* [sypɛrɛt], Supermarché [sypɛrmarʃe] |
| Glas- & Porzellanwaren | verre [vɛr], porcelaine *f* [pɔrsəlɛn] | Verrerie *f* [vɛrəri], Arts de la table [ar də la tabl(ə)] |
| Haushaltswaren | articles ménagers [artikl(ə) menaʒe] | Droguerie *f* [drɔgri] |
| Kosmetik | produits de beauté [prɔdɥi də bote] | Parfumerie *f* [parfymri] |
| Kurzwaren | mercerie *f* [mɛrsəri] | Mercerie *f* [mɛrsəri] |
| **Lebensmittel** | alimentation *f* [alimɑ̃tasjɔ̃] | Epicerie *f* [episri], Supermarché [sypɛrmarʃe] |
| Brot | pain [pɛ̃] | Boulangerie *f* [bulɑ̃ʒri] |
| Fisch | poisson [pwasɔ̃] | Poissonnerie *f* [pwasɔnri] |
| Fleisch | viande *f* [vjɑ̃d] | Boucherie *f* [buʃri] |
| Geflügel | volaille *f* [vɔlaj] | marchand de volailles [marʃɑ̃ də vɔlaj] |
| Milchprodukte | lait [lɛ], fromage [frɔmaʒ] | Crémerie *f* [krɛmri], Fromagerie *f* [frɔmaʒri] |
| Obst, Gemüse | fruits [frɥi], légumes [legym] | Marchand de fruits & légumes [marʃɑ̃ də frɥiz‿e legym], Primeurs [primœr] |
| Wein | vin [vɛ̃] | Marchand de vin [marʃɑ̃ də vɛ̃], Caviste [kavist(ə)] |
| Wurst, Aufschnitt | charcuterie *f* [ʃarkytri] | Charcuterie *f* [ʃarkytri] |

| | | |
|---|---|---|
| Lederwaren | articles de maroquinerie [artikl(ə) də marɔkinri] | Maroquinerie *f* [marɔkinri] |
| Musikkassetten & CD | disque compact [disk kɔ̃pakt], cassettes *f pl* [kasɛt] | Disquaire [diskɛr] |
| Brillen, ... | lunettes *f pl* [lynɛt] | Opticien [optisjɛ̃], Lunetier [lyntje] |
| Schmuck | bijoux *pl* [biʒu] | Bijouterie *f* [biʒutri] |
| Schreibwaren | articles de papeterie [artikl(ə) də papetri] | Papeterie *f* [papetri] |
| Schuhe | chaussures *f pl* [ʃosyr] | Magasin de chaussures [magazɛ̃ də ʃosyr] |
| Spielwaren | jouets [ʒwɛ] | Magasin de jouets et jeux [magazɛ̃ də ʒwɛ e ʒø] |
| Tabakwaren | cigarettes *f pl* [sigarɛt] | Bureau de tabac [byro də taba] |
| Uhren | montres *f pl* [mɔ̃tr(ə)] | Horlogerie *f* [ɔrlɔʒri] |
| Zeitungen | journaux [ʒurno] | Marchand de journaux [marʃɑ̃ də ʒurno], Point Presse [pwɛ̃ prɛs] |

6

# Verkaufsgespräche

## Allgemein

- Puis-je vous aider / être utile? [pɥi‿ʒ(ə) vuz‿ede / ɛtr(ə) ytil] — Kann ich Ihnen helfen?
- Que désirez-vous? [kə dezire vu] — Was wünschen Sie?

| | |
|---|---|
| Wo finde ich ...? | Où puis-je trouver ...? [u pɥi‿ʒ(ə) truve] |
| • A qui le tour? [a ki lə tur] | Wer ist dran? |
| Ich bin dran! | C'est à moi! [set‿a mwa] |
| Geben Sie mir bitte ...! | Donnez-moi ... , s'il vous plaît! [dɔne mwa ... sil vu plɛ] |
| Ich suche / möchte / brauche ... . | Je cherche / Je voudrais / J'ai besoin de ... . [ʒə ʃɛrʃ / ʒə vudrɛ / ʒɛ bəzwɛ̃ də] |
| • Désirez-vous autre chose? [dezire vu otr(ə) ʃoz] | Möchten Sie sonst noch etwas? |
| Danke, das ist alles. | Non, merci, ce sera tout. [nɔ̃ mɛrsi sə s(ə)ra tu] |
| Ja, ich hätte noch gern ... . | Oui, je voudrais ... . [wi ʒə vudrɛ] |
| Haben / Führen Sie ...? | Auriez- / Vendez- vous ...? [ɔrje / vɑ̃de vu] |
| • On s'occupe de vous? [ɔ̃ sɔkyp də vu] | Werden Sie schon bedient? |
| Ich möchte mich nur einmal umschauen. | Je regarde seulement. [ʒə rəgard sœlmɑ̃] |
| Ich habe ... im Schaufenster gesehen. | J'ai vu ... dans la vitrine. [ʒɛ vu ... dɑ̃ la vitrin] |
| Könnte ich eine (Plastik-)Tüte haben? | Pourrais-je avoir un sac plastique? [purɛ‿ʒ(ə) avwar œ̃ sak plastik] |
| Könnten Sie es mir als Geschenk einpacken? | Pourriez-vous faire un paquet cadeau, s'il vous plaît? [purje vu fɛr œ̃ pakɛ kado sil vu plɛ] |

6

## Die gesuchte Ware beschreiben

| | |
|---|---|
| Ich suche etwas für ein dreijähriges Mädchen. | Je cherche quelque chose pour une fillette de trois ans. [ʒə ʃɛrʃ kɛlkə ʃoz pur yn fijɛt də trwaz‿ɑ̃] |
| Es sollte elegant / nicht zu teuer sein. | Je voudrais quelque chose d'élégant / de pas trop cher. [ʒə vudrɛ kɛlkə ʃoz delegɑ̃ / də pa tro ʃɛr] |
| **Ich hätte gern einen Pullover … .**<br>aus Wolle<br>in Rot | **Je voudrais un pull-over … .** [ʒə vudrɛ œ̃ pulɔvɛr]<br>en laine [ɑ̃ lɛn]<br>rouge [ruʒ] |
| Woraus ist das? | En quelle matière est-ce? [ɑ̃ kɛl matjɛr ɛs] |
| • C'est de la / du … . [sɛ də la / dy] | Das ist aus … . |

6

| | |
|---|---|
| **Materialien** | |
| Glas | verre [vɛr] |
| Holz | bois [bwa] |
| Leder | cuir [kɥir] |
| Metall | métal [metal] |
| Plastik | plastique [plastik] |
| Porzellan | porcelaine *f* [pɔrsəlɛn] |
| **Formen** | |
| rund | rond/e [rɔ̃ / rɔ̃d] |
| quadratisch | carré/e [kare] |
| oval | ovale [ɔval] |

▶ Wörterbuch ▶ Kap. 6, Glossar: Stoffe, Muster & Schnitte S. 174

## Bewerten & sich entscheiden

| | |
|---|---|
| Das nehme ich. | Je le prends. [ʒə lə prɑ̃] |
| Diese Farbe / Das gefällt mir (nicht)! | Cette couleur / Ceci (ne) me plaît (pas)! [sɛt kulœr / səsi (nə) mə plɛ (pɑ)] |
| Ich muss es mir überlegen! | Je vais réfléchir! [ʒə vɛ refleʃir] |
| **Haben Sie das auch noch in einer/m anderen ...?** | **Vous ne l'auriez pas dans une ...?** [vu nə lorje pɑ dɑ̃nz‿yn] |
| Farbe | autre couleur [‿otr(ə) kulœr] |
| Material | autre matière [‿otr(ə)matjɛr] |
| • C'est tout ce que nous avons. [sɛ tus(ə) k(ə) nuz‿avɔ̃] | Das ist alles, was wir haben. |
| **Könnten Sie es mir ... ?** | **Pourriez-vous me le / la / les ... ?** [purje vu mə lə / la / le] |
| bestellen | commander [kɔmɑ̃de] |
| zurücklegen | mettre de côté [mɛtr(ə) də kote] |

6

## Fragen zum Preis

| | |
|---|---|
| **SOLDES**<br>Ausverkauf | **OFFRE SPÉCIALE**<br>Sonderangebot |

**Apropos:** Prozentuelle Rabatte werden meist nur allgemein durch Hinweisschilder angezeigt. Der reduzierte Betrag wird erst an der Kasse errechnet.

Wie teuer ist das? — Combien ça coûte? [kɔ̃bjɛ̃ sa kut]

• Combien vous voulez y mettre? [kɔ̃bjɛ̃ vu vule i mɛtr(ə)] — Wie viel möchten Sie ausgeben?

Nicht mehr als ... Euro. — Pas plus de ... euros. [pɑ ply də ... ørɔ]

▶ Kap. 1, Bezahlen S. 20

## Umtausch & Reklamation

Ich möchte das umtauschen / zurückgeben. — Je voudrais l'échanger / vous rendre ceci. [ʒə vudrɛ leʃɑ̃ʒe / vu rɑ̃dr(ə) səsi]

**Sehen Sie, das ist ... .** — **Regardez, c'est ... .** [rəgarde sɛ]
kaputt — cassé [kɑse]
schmutzig — sale [sal]

6

Hier ist die Quittung! — Voilà, le ticket de caisse! [vwala lə tikɛ də kɛs]

# Lebensmittel

**Tipp:** Markt (= *marché* [marʃe]) und Markthallen (= *Halles* ['al]) zählen sicherlich zu den Sehenswürdigkeiten Frankreichs. Hier herrscht reges Treiben, und wer bedient werden will, muss sich gegebenenfalls durch den Ausruf *C'est à moi!* [sɛt‿a mwa] (= Ich bin dran!) bemerkbar machen. In vielen Supermärkten (= *supermarché* [sypɛrmarʃe]) wird die Reihenfolge der Bedienung an den jeweiligen Verkaufstheken wie bei uns dadurch geregelt, dass man eine Nummer zieht, die dann aufgerufen wird.

## Mengenangaben

| | |
|---|---|
| • Combien (en) voulez-vous? [kɔ̃bjɛ̃ (ɑ̃) vule vu] | Wie viel möchten Sie (davon)? |
| **Ich möchte ... .** | **Je voudrais ..., s'il vous plaît.** [ʒə vudrɛ ... sil vu plɛ] |
| 100g Hackfleisch | cent grammes de viande hachée [sɑ̃ gram də vjɑ̃d 'aʃe] |
| 1 kg Rindfleisch (von der Hüfte) | un kilo de bœuf (de la culotte) [œ̃ kilo də bœf (də la kylɔt)] |
| 1 Pfund Apfelsinen | une livre d'oranges [yn livr(ə) dɔrɑ̃ʒ] |
| 1 l Milch | un litre de lait [œ̃ litr(ə) də lɛ] |
| **Geben Sie mir bitte ...!** | **Donnez-moi ..., s'il vous plaît!** [dɔne mwa ... sil vu plɛ] |
| etwas mehr / weniger | un peu plus / moins [œ̃ pø plys / mwɛ̃] |
| die Hälfte | la moitié [la mwatje] |
| zwei Scheiben (Land-) Schinken | deux tranches de jambon (de pays) [dø trɑ̃ʃ də ʒɑ̃bɔ̃ (də pei)] |
| ein Bund Frühlingszwiebeln | une botte des petits oignons [yn bɔt de p(ə)tiz‿ɔɲɔ̃] |
| eine Dose Tomaten | une boîte de tomates [yn bwat də tɔmat] |
| eine Dose Bier | une canette de bière [yn kanɛt də bjɛr] |
| eine Packung Plätzchen | un paquet de petit gâteaux [œ̃ pakɛ də p(ə)ti gɑto] |
| eine Flasche Rotwein | une bouteille de vin rouge [yn butɛj də vɛ̃ ruʒ] |
| Das ist genug / zu viel! | C'est tout / trop! [sɛ tu / tro] |

▶ Kap. 1, Maß- & Mengeneinheiten S. 18

## Glossar: Grundnahrungsmittel

Brot (= pain [pɛ̃]) ist in Frankreich vor allem Weißbrot, wobei jede Form ihren eigenen Namen hat: das *baguette* [bagɛt] (= Weißbrotstange), das *banette* [banɛt] (= kleine Weißbrotstange mit krustigen Enden) und die *flûte* [flyt] (= extrem dünne Weißbrotstange). Vollkornbrot (= *pain complet* [pɛ̃ kɔ̃plɛ]) ist sehr viel heller und feiner gemahlen, als es in Deutschland üblich ist.

| | |
|---|---|
| Brot | pain [pɛ̃] |
| Vollkorn~ | ~ complet [kɔ̃plɛ] |
| Knäcke~ | ~ suédois [sɥedwa] |
| Butter | beurre [bœr] |
| Milch | lait [lɛ] |
| Eier | œufs *pl* [ø] |
| Käse | fromage [frɔmaʒ] |
| Aufschnitt | charcuterie *f* [ʃarkytri] |
| Fleisch | viande *f* [vjɑ̃d] |
| Geflügel | volaille *f* [vɔlaj] |
| Fisch | poisson [pwasɔ̃] |
| Obst | fruits *pl* [frɥi] |
| Gemüse | légumes *pl* [legym] |
| Kartoffeln | pommes *f pl* de terre [pɔm də tɛr] |
| Nudeln | pâtes *f pl* [pɑt] |
| Reis | riz [ri] |
| Kaffee | café [kafe] |
| Tee | thé [te] |
| Zucker | sucre [sykr(ə)] |
| Mehl | farine *f* [farin] |
| Salz | sel [sɛl] |

▶ Wörterbuch

## Glossar: Käse & andere Milchprodukte

| | |
|---|---|
| Butter | beurre [bœr] |
| Käse | fromage (de) [frɔmaʒ (də)] |
| Schafs ~ | brebis [brəbi] |
| Kuh ~ | vache *f* [vaʃ] |
| Ziegen ~ | chèvre [ʃɛvr(ə)] |
| Milch | lait [lɛ] |
| Voll~ | ~ entier [ɑ̃tje] |
| Mager ~ | ~ écrémé [ekreme] |
| Joghurt | yaourt [jaur(t)] / yogourt [jɔgur(t)] |
| Sahne | crème *f* [krɛm] |
| ~ zum Schlagen | ~ liquide [likid] |
| saure ~ | ~ fraîche [frɛʃ] |
| Quark | fromage blanc [frɔmaʒ blɑ̃] |

Käse wird je nach Konsistenz und Reife unterschieden: *fromages à la crème* [frɔmaʒ a la krɛm] sind alle sehr cremigen Frischkäsesorten; mit *fromages (fermentés) à pâte molle* [frɔmaʒ (fɛrmɑ̃te) a pɑt mɔl] werden alle Weichkäsesorten mit oder ohne Schimmel bezeichnet und mit *fromages (affinés ou fermentés) à pâte dure* [frɔmaʒ (afine u fɛrmɑ̃te) a pɑt dyr] sämtliche Hartkäsesorten.

## Käsesorten

| | |
|---|---|
| Beaufort [bofɔr] | Käse aus Kuhrohmilch, pikant-würzig |
| Bleu d'Auvergne [blø dovɛrɲ(ə)] | pikanter Schimmelkäse aus Kuhmilch |
| Brie [bri] | Weichkäse aus Rohmilch |
| Brillat-Savarin [brija savarɛ̃] | milder, sehr sahniger Weichkäse aus Kuhmilch |
| Broccio [brɔkʃjo] | korsischer, milder Schafskäse |
| Brousse [brus] | provenzalischer Frischkäse aus Ziegen- oder Schafsmilch |
| Cabécou [kabeku] | Schafskäse aus den Pyrenäen |
| Camembert (au lait cru) [kamɑ̃bɛr (o lɛ kry)] | Weichkäse aus Kuh(roh)milch |
| Cantal [kɑ̃tal] | Hartkäse aus Kuhmilch, salzig |
| Chabichou [ʃabiʃu] | feiner Ziegenkäse aus Poitou |
| (Cœur de) Neufchâtel [(kœr də) nøʃatɛl] | weicher Kuhmilchkäse, leicht salzig im Geschmack |
| Comté [kɔ̃te] | Greyerzer Hartkäse, pikant |
| Coulommiers [kulɔmje] | Weichkäse, der jung sehr mild schmeckt und mit dem Alter an Schärfe gewinnt |
| Crottin de Chavignol [krɔtɛ̃ də ʃaviɲɔl] | fester, leicht schimmeliger Ziegenkäse, der nach drei Monaten seinen vollen Geschmack entwickelt |
| Emmenthal / Gruyère [emɑ̃tal / grɥijɛr] | Emmentaler: fruchtiger, manchmal leicht scharfer Geschmack |

| | |
|---|---|
| Epoisse [epwas] | parfümierter Weichkäse aus Kuhmilch |
| Etorki [etɔrki] | Pyrenäen-Hartkäse aus Schafsmilch, pikant |
| Laguiole [lagjɔl] | Vollfettkäse aus Kuhrohmilch mit säuerlichem Geschmack |
| Langres [lɑ̃gr(ə)] | Kuhmilchkäse aus der Bourgogne, streng im Geruch und pikant im Geschmack |
| Maroilles [marwal] | nordfranzösischer Weichkäse aus Kuhmilch: pikant-scharf im Geschmack |
| Mimolette [mimɔlɛt] | orangefarbener, Gouda-ähnlicher Hartkäse aus Kuhmilch (mittelalt, alt, sehr alt) |
| Morbier [mɔrbje] | milder Kuhmilchkäse, mit einer dünnen Aschenschicht durchzogen, leicht erdiger Geschmack |
| Munster [mœstɛr] | elsässischer Weichkäse aus Kuhmilch, pikant |
| Pélardon [pelardɔ̃] | Ziegenkäse, je nach Reifegrad weich und mild bzw. fest und würzig |
| Picodon [pikodɔ̃] | kleiner, runder Weichkäse aus Ziegenmilch: pikant-nussiger Geschmack |
| Pont-l'Evèque [pɔ̃ levɛk] | weicher Käse mit würzig-pikantem Geschmack |
| Pouligny-St. Pierre [puliɲy sɛ̃ pjɛr] | pyramidenförmiger Ziegenkäse, auch „Tour Eiffel" genannt |
| Pyrénée [pirene] | milder, halbfester Bergkäse aus Kuhmilch |
| Reblochon [rəblɔʃɔ̃] | Weichkäse aus Kuhrohmilch |
| Roquefort [rɔkfɔr] | Schimmelkäse aus Schafsmilch |
| St. Felicien [sɛ̃ felisjɛ̃] | Vollfett-Weichkäse aus Kuhmilch mit kräftigem Geschmack |
| St. Nectaire [sɛ̃ nektɛr] | milder halbfester Käse aus Kuhrohmilch |
| St. Marcellin [sɛ̃ marsəlɛ̃] | cremiger Weichkäse aus dem Vercors, leicht säuerlich |
| Tomme [tɔm] | würziger Hartkäse |
| ~ de Savoie [də savwa] | ~ aus den Alpen |
| ~ de brebis [də brəbi] | ~ aus Schafsmilch |
| Vacherin [vaʃrɛ̃] | sehr cremiger, milder Käse aus Kuhmilch |

## Glossar: Wurstwaren

**Tipp:** Berühmt sind außer den Gänseleberspezialitäten (= *fois gras* [fwa gra]) aus dem Südwesten Frankreichs auch die *rosette* [rozɛt] oder der *jesus* [ʒezu] (= Salami mit natürlicher Rinde) aus Lyon. Apropos: Aufschnitt bekommt man in der *Charcuterie* [ʃarkytri] und nicht beim Metzger (= *Boucherie* [buʃri])!

| | |
|---|---|
| **Charcuterie** *f* [ʃarkytri] | **Wurstwaren, Aufschnitt** |
| jambon [ʒɑ̃bɔ̃] | Schinken |
| ~ cru [kry] / cuit [kɥi] | roher / gekochter ~ |
| lard [lar] | Speck |
| mousse *f* de canard [mus də kanar] | ganz feine Entenpastete |
| pâté [pɑte] | Pastete |
| ~ de campagne [də kɑ̃paɲ] | ~ nach Landart |
| ~ en croûte [ɑ̃ krut] | ~ mit Teigkruste |
| poitrine *f* fumée [pwatrin fyme] | Räucherspeck |
| saucisse *f* [sosis] | Wurst, luftgetrocknete Salami |
| saucisson [sosisɔ̃] | luftgetrocknete Salami |



## Glossar: Fleisch

| | |
|---|---|
| **Fleisch** | **Viande** *f* [vjɑ̃d] |
| Kalb~ | veau [vo] |
| Lamm~ | agneau [aɲo] |
| Rind~ | bœuf [bœf] |
| Schweine~ | porc [pɔr] |
| Pferde~ | cheval [ʃəval] |
| Hähnchen | poulet [pulɛ] |

| | |
|---|---|
| Hackfleisch | viande *f* hachée [vjɑ̃d 'aʃe] |
| Bauchspeck | petit lard [p(ə)ti lar] / lardon [lardɔ̃] |
| Würstchen | saucisse *f* [sosis] |
| Kotelett | côtelette *f* [kɔtlɛt] |
| Filetsteak | filet [file] |
| Lende | aloyau [alwajo] |
| Schnitzel | escalope *f* [ɛskalɔp] |
| Rippenstück | entrecôte *f* [ɑ̃trəkot] |
| Haxe | jarret [ʒarɛ] |
| Brust | poitrine *f* [pwatrin] |
| Schenkel | cuisse *f* [kɥis] |

▶ Wörterbuch (Geflügel, Wild, Fleischteile)

## Fisch & Meeresfrüchte



Atlantik und Mittelmeer warten mit einer Vielzahl von Fischen und Meerestieren auf. Erkundigen Sie sich im Zweifelsfall *Quelle sorte de poisson est-ce?* [kɛl sɔrt(ə) də pwasɔ̃ ɛs] (= Was ist das für ein Fisch?)

| | |
|---|---|
| Haben Sie frischen See- / Süßwasserfisch? | Auriez-vous du poisson de mer / d'eau douce frais? [ɔrje vu dy pwasɔ̃ də mɛr / do dus frɛ] |
| Hat dieser Fisch viele Gräten? | Est-ce que ce poisson a beaucoup d'arêtes? [ɛskə sə pwasɔ̃ a boku darɛt] |

▶ Kap. 5, Fischgerichte S. 136, Meeresfrüchte & Schaltentiere S. 135
▶ Wörterbuch

## Glossar: Gemüse

| | |
|---|---|
| **Légumes** *pl* [legym] | **Gemüse** |
| carotte *f* [karɔt] | Möhre |
| épinard (en branches) [epinar (ɑ̃ brɑ̃ʃ)] | (Blatt-) Spinat |
| fenouil [fənuj] | Fenchel |
| poivron [pwavrɔ̃] | Paprika |
| tomate *f* [tɔmat] | Tomate |
| **Champignon** [ʃɑ̃piɲɔ̃] | **Pilze** |
| ~ de Paris [də pari] | Champignon |
| cèpe [sɛp] | Steinpilz |
| chanterelle *f* / girolle *f* [ʃɑ̃trɛl / ʒirɔl] | Pfifferlinge |
| morille *f* [mɔrij] | Morcheln |
| **Salade** *f* [salad] | **Salat** |
| ~ de mâche [də maʃ] | Feld~ |
| frisée *f* [frize] / scarole *f* [skarɔl] | Endiviensalat |
| laitue *f* [lɛty] | Kopfsalat |
| **Légumineuses** *f pl* [legyminøz] | **Hülsenfrüchte** |
| haricot (blanc / vert) ['ariko (blɑ̃ / vɛr)] | (weiße / grüne) Bohnen |
| lentilles *f pl* [lɑ̃tij] | Linsen |
| mange-tout [mɑ̃ʒtu] | Kaiserschoten |
| (petit) pois *pl* [(p(ə)ti) pwa] | (grüne) Erbsen |
| ~ chiches [ʃiʃ] | Kicher~ |

► Kap. 5, Beilagen S. 140
► Wörterbuch (Gemüse, Gewürze, Zutaten)

**Tipp:** Es ist zu Ihrem Vorteil, die in kg/g ausgezeichneten Waren nach dem Gewicht und nicht nach der Stückzahl zu kaufen.

6

## Glossar: Obst

| | |
|---|---|
| **Fruits** *pl* [frɥi] | **Obst** |
| abricot [abriko] | Aprikose |
| banane *f* [banan] | Banane |
| cerise *f* [s(ə)riz] | Kirsche |
| figue *f* [fig] | Feige |
| fraise *f* [frɛz] | Erdbeere |
| kiwi [kiwi] | Kiwi |
| melon [məlɔ̃] | Melone (süß) |
| orange *f* [ɔrɑ̃ʒ] | Orange |
| pamplemousse [pɑ̃pləmus] / pomélo [pɔmelo] | Grapefruit |
| pastèque *f* [pastɛk] | Wassermelone |
| pêche *f* [pɛʃ] | Pfirsich |
| poire *f* [pwar] | Birne |
| pomme *f* [pɔm] | Apfel |
| prune *f* [pryn] / quetsche *f* [kwɛtʃ(ə)] | Pflaume / Zwetschge |
| raisin [rɛzɛ̃] | Weintraube |

▶ Wörterbuch

# Kleidung & Textilien

## Größen

**Apropos:** Frauen müssen ca. 2 Punkte zur deutschen Konfektionsgröße hinzuaddieren, um auf die französische Maßeinheit zu kommen. Bei den BH-Größen werden 15 Punkte hinzugezählt. Männergrößen stimmen weitgehend mit den deutschen überein.

| | |
|---|---|
| • Quelle taille faites-vous? [kɛl taj fɛt vu] | Welche Größe tragen Sie? |
| **Ich trage (in Deutschland) … .** | **(En Allemagne) Je fais … .** [(ɑ̃n‿almaɲ) ʒə fɛ] |
| Größe 40 | du quarante [dy karɑ̃t] |
| S(mall) | du small / un 1 [dy smol / œ̃ œ̃] |
| M(edium) | du medium / un 2 [dy medjɔm / œ̃ dø] |
| L(arge) | du large / un 3 [dy larʒ / œ̃ trwa] |
| XL | du extralarge [dy ekstralarʒ] |
| Übergröße | une grande taille [yn grɑ̃d taj] |

## Anprobe

| | |
|---|---|
| Wo kann ich das anprobieren? | Où puis-je l'essayer? [u pɥi‿ʒ(ə) leseje] |
| • Ça vous va très bien! [sa vu va trɛ bjɛ̃] | Das steht Ihnen sehr gut! |
| Das passt mir (leider) nicht! | (Malheureusement) Ça ne me va pas! [(malœrøzmɑ̃) sa nə mə va pɑ] |
| **Das ist zu …!** | **C'est trop …!** [sɛ tro] |
| eng | serré [sere] |
| weit | large [larʒ] |
| kurz | court [kur] |
| lang | long [lɔ̃] |
| Was kann man dazu tragen? | Qu'est-ce qu'on peut mettre / porte avec ça? [kɛskɔ̃ pø mɛtr(ə) / pɔrt avɛk sa] |

► Kap. 6, Verkaufsgespräche S. 158

6

## Glossar: Kleidungsstücke

| | |
|---|---|
| Mantel | manteau [mɑ̃to] |
| Hut | chapeau [ʃapo] |
| Mütze | bonnet [bɔnɛ] |
| Basken~ | béret [berɛ] |
| Schal | écharpe *f* [eʃarp(ə)] |
| Handschuhe | gants *pl* [gɑ̃] |
| Jacke | veste *f* [vɛst(ə)] |
| Hose | pantalon [pɑ̃talɔ̃] |
| Jeans | jean [dʒin] |
| (Bermuda-) Shorts | short (bermuda) [ʃɔrt (bɛrmyda)] |
| Pullover | pull-over [pylɔvɛr] |
| Sweatshirt | sweat-shirt [switʃœrt] |
| T-Shirt | t-shirt [tiʃœrt] |
| Jogginganzug | survêtement [syrvɛtmɑ̃] |
| Morgenmantel | peignoir [pɛɲwar] |
| **Frauenbekleidung** | |
| Kleid | robe *f* [rɔb] |
| Kostüm | tailleur [tɑjœr] |
| Rock | jupe *f* [ʒyp] |
| Bluse | chemisier [ʃ(ə)mizje] |
| (Kopf-)Tuch | foulard [fular] |
| Legginghose | leggings *pl* [legiŋs] |
| Strümpfe | mi-bas [mi bɑ] |
| Feinstrumpfhose | collant [kɔlɑ̃] |
| Seiden~ | bas [bɑ] |
| BH | soutien-gorge [sutjɛ̃ gorʒ] |
| Slip | slip [slip] / culotte *f* [kylɔt] |
| Top | haut [ o] |
| Body | body [bɔdi] |
| Nachthemd | chemise *f* de nuit [ʃ(ə)miz də nɥi] |

**Männerkleidung**

| | |
|---|---|
| Anzug | costume [kɔstym] |
| Jackett | veste *f* [vɛst(ə)] |
| Weste | gilet [ʒilɛ] |
| Oberhemd | chemise *f* [ʃ(ə)miz] |
| Krawatte | cravate *f* [kravat] |
| Socken / Kniestrümpfe | chaussettes *f pl* [ʃosɛt] |
| Unterhemd, ärmellos | tricot de corps [triko də kɔr] / sous-vêtement [su vɛtmɑ̃] |
| Unterhose | culotte *f* [kylɔt] / slip [slip ] |
| Pyjama | pyjama [piʒama] |

▶ Wörterbuch ▶ Kap. 7, Glossar: Badeurlaub S. 189

## Glossar: Stoffe, Muster & Schnitte



| | |
|---|---|
| Wolle | laine *f* [lɛn] |
| Baumwolle | coton [kɔtɔ̃] |
| Leinen | lin [lɛ̃] |
| Seide | soie *f* [swa] |
| einfarbig | uni/e [yni] |
| in Gelb | en jaune [ɑ̃ ʒon] |
| kariert | à carreaux [a karo] |
| Ärmel | manche *f* [mɑ̃ʃ] |
| mit kurzen ~n | à ~s courtes [a mɑ̃ʃ kurt(ə)] |
| Ausschnitt | décolleté [dekɔlte] |
| mit rundem ~ | ~ rond [rɔ̃] |
| mit V-~ | ~ en pointe / V [ɑ̃ pwɛ̃t / ve] |

▶ Wörterbuch ▶ Kap. 1, Farben S. 34

# Schuhe & Lederwaren

## Schuhkauf

| | |
|---|---|
| **Ich suche ein Paar ... Schuhe.** | **Je cherche une paire de chaussures pour ... .** [ʒə ʃɛrʃ yn pɛr də ʃosyr pur] |
| Damen- | femme [fam] |
| Herren- | homme [ɔm] |
| Kinder- | enfant [ɑ̃fɑ̃] |
| • Quelle est votre pointure / pointure chaussez-vous? [kɛl‿ɛ vɔtr(ə) pwɛ̃tyr / pwɛ̃tyr ʃose vu] | Welche Größe (tragen Sie)? |
| Größe 39. | Du / La pointure trente-neuf. [dy / la pwɛ̃tyr trɑ̃tnœf] |
| • Quelle couleur (désirez-vous)? [kɛl kulœr (dezire vu)] | Welche Farbe (wünschen Sie)? |
| • Je ne l'ai plus dans votre pointure. [ʒə nə lɛ ply dɑ̃ vɔtr(ə) pwɛ̃tyr] | Die habe ich in Ihrer Größe nicht mehr da. |
| Haben Sie die (auch) in Braun? | Auriez-vous celles-ci (aussi) en marron? [ɔrje vu sɛl si (osi) ɑ̃ marɔ̃] |
| **Diese sind zu ... .** | **Celles-ci sont trop ... .** [sɛl si sɔ̃ trɔ] |
| klein / groß | petites / grandes [p(ə)tit / grɑ̃d] |
| eng / weit | étroites / larges [etrwat / larʒ] |
| Sie drücken mich hier . | Elles me font mal ici . [ɛl mə fɔ̃ mal isi] |

▶ Kap. 1, Farben S. 34

6

| | |
|---|---|
| **Schuhe** | **Chaussures** *f pl* [ʃosyr] |
| Halb~ | ~ basses / boots [bɑs / buts] |
| ~ mit hohem / niedrigem Absatz | ~ avec un grand / petit talon [avɛk œ̃ grɑ̃ / p(ə)ti talɔ̃] |
| Sport~ | ~ de sport [də spɔr] |
| ein Paar ~ | une paire de ~ [yn pɛr də] |
| Badeschlappen | sandales *f pl* de bain [sɑ̃dal də bɛ̃] |
| Mokassins / Slipper | mocassins [mɔkasɛ̃] |
| Sandalen / Sandaletten | sandales *f pl* [sɑ̃dal] |
| Stiefel | bottes *f pl* [bɔt] |

## Glossar: Lederwaren



| | |
|---|---|
| **Leder** | **Cuir** [kɥir] |
| echt | véritable [veritabl(ə)] |
| Pelz, Fell | peau *f* [po] / fourrure *f* [furyr] |
| Nappaleder | vachette *f* [vaʃɛt] |
| Wildleder | (peau *f* de) daim [(po də) dɛ̃] |
| **Lederwaren** | |
| Koffer | valise *f* [valiz] |
| Reisetasche | sac de voyage [sak də vwajaʒ] |
| Rucksack | sac à dos [sak‿a do] |
| Aktentasche | serviette *f* [sɛrvjɛt] |
| Handtasche | sac à main [sak‿a mɛ̃] |
| Brieftasche | portefeuille [pɔrtəfœj] |
| Portemonnaie | porte-monnaie [pɔrtmɔnɛ] |
| Schlüsselanhänger | porte-clefs [pɔrtəkle] |
| Gürtel | ceinture *f* [sɛ̃tyr] |
| Handschuhe | gants *pl* [gɑ̃] |

# Glossar: Körperpflegeartikel

| | |
|---|---|
| Seife | savon [savɔ̃] |
| Bade- / Duschgel | gel de bain / douche [gɛl də bɛ̃ / duʃ] |
| Haarshampoo | shampooing [ʃɑ̃pwɛ̃] |
| ~ für trockenes / fettiges Haar | ~ pour cheveux secs / gras [pur ʃ(ə)vø sɛk / grɑ] |
| Deo | déodorant [deɔdɔrɑ̃] |
| Bodylotion | lotion *f* pour le corps [losjɔ̃ pur lə kɔr] |
| Creme | crème *f* [crɛm] |
| Feuchtigkeits~ | ~ hydratante [idratɑ̃t] |
| ~ für normale / fettige / trockene Haut | ~ pour peau normale / grasse / sèche [pur po nɔrmal / grɑs / sɛʃ] |
| Tages~ | ~ de jour [də ʒur] |
| Nacht~ | ~ de nuit [də nɥi] |
| Sonnencreme / -milch / -öl | crème / lait / huile *f* solaire [krɛm / lɛ / ɥil sɔlɛr] |
| Zahnbürste | brosse *f* à dents [brɔs a dɑ̃] |
| Zahnpasta | dentifrice [dɑ̃tifris] |
| Reinigungstabletten *(Zahnprothese)* | comprimés *pl* nettoyants pour appareil dentaire [kɔ̃prime netwajɑ̃ pur‿aparɛj dɑ̃tɛr] / Corega ® [kɔrega] |
| Kamm | peigne [pɛɲ] |
| Bürste | brosse *f* [brɔs] |
| Nagelschere | pinces / ciseaux *pl* à ongles [pɛ̃s / sizo a ɔ̃gl(ə)] |
| Nagelfeile | lime *f* à ongles [lim‿a ɔ̃gl(ə)] |

6

| | |
|---|---|
| **Spezial: Für den Mann** | |
| Aftershave | lotion *f* après-rasage / after-shave [losjɔ̃ aprɛ razaʒ / aftœrʃɛv] |
| Rasierapparat | rasoir [razwar] |
| Rasierklinge | lame *f* de rasoir [lam də razwar] |
| Rasierpinsel | blaireau [blɛro] |
| Rasierschaum | mousse *f* à raser [mus a raze] |
| **Spezial: Für die Frau** | |
| Parfum | parfum [parfœ̃] |
| Make-up | fond de teint [fɔ̃ də tɛ̃] |
| Lippenstift | rouge à lèvres [ruʒ a lɛvr(ə)] |
| Eyeliner | eye-liner [ajlajnœr] |
| Lidschatten | fard à paupières [far‿a popjɛr] |
| Wimperntusche | mascara [maskara] |
| Puder | poudre *f* [pudr(ə)] |
| Rouge | fard [far] / rouge [ruʒ] |
| Nagellack | vernis [vɛrni] |
| ~entferner | dissolvant [disɔlvɑ̃] |
| Binden | serviettes *f pl* hygiéniques [sɛrvjɛt iʒjenik] |
| Slipeinlagen | protège-slip [prɔtɛʒslip] |
| Tampons / OB | Tampax® [tɑ̃paks] / Nett® [nɛt] |

6

▶ Wörterbuch ▶ Kap. 9, In der Apotheke S. 240

# Glossar: Babyartikel

Die meisten Pflegeartikel finden Sie in der Apotheke (= *pharmacie* [farmasi]), Windeln (= *couches* [kuʃ]) und Babynahrung kauft man günstiger im Supermarkt.

| | |
|---|---|
| Babynahrung | alimentation *f* / petits pots *pl* pour bébé [alimɑ̃tasjɔ̃ / p(ə)ti pɔ pur bebe] |
| Plätzchen *pl* | petits gâteaux [p(ə)ti gato] |
| Säuglingsmilch | lait (maternisé) [lɛ (matɛrnize)] |
| Brei | farine *f* [farin] |
| Fläschchen | biberon [bibrɔ̃] |
| Fläschchenwärmer | chauffe-biberon [ʃof bibrɔ̃] |
| Schnuller | tétine *f* [tetin] |
| Windeln | couches *f pl* [kuʃ] |
| Babycreme | crème *f* pour bébé [krɛm pur bebe] |
| Kinderbekleidung | vêtements *pl* pour enfant [vɛtmɑ̃ pur‿ɑ̃fɑ̃] |
| Babywäsche | layette *f* [lɛjɛt] |
| Lätzchen | bavette *f* [bavɛt] |
| Strampelhöschen | barboteuse *f* [barbɔtøz] |
| Kindersitz | siège pour enfant [sjɛʒ pur‿ɑ̃fɑ̃] |
| Spielzeug | jouet [ʒwɛ] |

6

# Fotos & Film

| | |
|---|---|
| **Ich möchte ein/en ... .** | **Je voudrais ... .** [ʒə vudrɛ] |
| Farbfilm mit 36 Aufnahmen | une pellicule / un film couleur trente-six poses [yn pelikyl / œ̃ film kulœr trɑ̃tsi poz] |
| Schwarzweißfilm | une pellicule noir et blanc [yn pelikyl nwar e blɑ̃] |
| Diafilm | un film inversible [œ̃ film ɛ̃vɛrsibl(ə)] |
| Blitzlicht | un flash [œ̃ flaʃ] |

Ich würde gerne Passbilder machen lassen. — Je voudrais faire faire des photos d'identité. [ʒə vudrɛ fɛr fɛr de fɔto didɑ̃tite]

**Könnten Sie (mir) ...?** — **Pourriez-vous ..., s'il vous plaît?** [purje vu ... sil vu plɛ]

die Batterie austauschen / überprüfen — changer / contrôler la pile [ʃɑ̃ʒe / kɔ̃trɔle la pil]

diesen Film entwickeln — faire développer cette pellicule [fɛr devlɔpe sɛt pelikyl]

- Quel format, s'il vous plaît? [kɛl fɔrma sil vu plɛ] — Welches Format, bitte?
- Brillant ou mat? [brijɑ̃ u mat] — Hochglanz oder matt?
- A quel nom, s'il vous plaît? [a kɛl nɔ̃ sil vu plɛ] — Auf welchen Namen, bitte?

Wann sind die Bilder fertig? — Quand est-ce que les photos seront prêtes? [kɑ̃t‿ɛskə le fɔto sərɔ̃ prɛt]

6

## Tabakwaren

Tabakläden (= *tabacs* [taba]) verkaufen außer „blauem Dunst" auch Briefmarken, Telefonkarten, Schreibwaren und Lotteriescheine. Apropos: Zigarettenautomaten gibt es in Frankreich nicht. Da aber die *Bars-Tabac* [bar taba] und Bahnhofskioske auch Zigaretten führen, kommen Sie abends durchaus noch an Ihre Packung.

**Ich möchte ... .** — **Je voudrais ... .** [ʒə vudrɛ]

eine Schachtel Zigaretten — un paquet de cigarettes [œ̃ pakɛ də sigarɛt]

ein Päckchen Streichhölzer — des allumettes [dez‿alymɛt]

| | |
|---|---|
| Feuerzeug | briquet [brikɛ] |
| Streichholz / -hölzer | allumette/s *f* [alymɛt] |
| Zigarette | cigarette *f* [sigarɛt] |
| ~ mit / ohne Filter | ~ avec / sans filtre [avɛk / sɑ̃ filtr(ə)] |
| ~npapier | du papier à ~s [dy papje a sigarɛt] |
| Pfeife | pipe *f* [pip] |
| ~nreiniger | cure-pipe [kyrpip] |
| ~nstopfer | bourre-pipe [burpip] |
| ~ntabak | tabac [taba] |
| Zigarre | cigare [sigar] |

# Zeitungen, Bücher & Schreibwaren

6

Die größten überregionalen Zeitungen heißen: *Le Monde* [lə mɔ̃d], *Le Figaro* [lə figaro] und *Libération* [liberɑsjɔ̃]. Deutschsprachige Zeitungen und Zeitschriften finden Sie vor allem in touristischen Städten und an Bahnhöfen.

| | |
|---|---|
| **Haben / Führen Sie ... ?** | **Auriez-vous des ... ?** [ɔrje vu de] |
| deutsche Zeitungen / Zeitschriften | journaux / magazines allemands [ʒurno / magazin almɑ̃] |
| Postkarten | cartes postales [kart(ə) pɔstal] |
| Briefmarken | timbres [tɛ̃br(ə)] |
| Telefonkarten | cartes téléphoniques [kart(ə) telefɔnik] |
| Stadtpläne | plans de ville [plɑ̃ də vil] |
| Reiseführer | guides touristiques [gid turistik] |
| Wörterbücher | dictionnaires [diksjɔnɛr] |

**Schreibwaren**

| | |
|---|---|
| Postkarte | carte *f* postale [kart(ə) pɔstal] |
| Briefpapier | papier à lettres [papje a lɛtr(ə)] |
| Briefumschlag | enveloppe *f* [ɑ̃vlɔp] |
| Heft | cahier [kaje] |
| Füller | stylo plume [stilɔ plym] |
| Kugelschreiber | stylo à bille [stilɔ a bij] |

▶ Wörterbuch ▶ Kap. 10, Bürobedarf & PC S. 264

# Musik

6

| | |
|---|---|
| Wo finde ich französische Rockmusik? | Où puis-je trouver du rock français? [u pɥi‿ʒ(ə) truve dy rɔk frɑ̃sɛ] |
| Welche französischen Sänger führen Sie? | Quels chanteurs français avez-vous? [kɛl ʃɑ̃tœr frɑ̃sɛ ave vu] |
| Ich suche eine CD / Kassette von Serge Gainsbourg. | Je cherche un CD / une cassette de Serge Gainsbourg. [ʒə ʃɛrʃ œ̃ sede / yn kasɛt də sɛrʒ gɛ̃sbur] |

| | |
|---|---|
| CD-Spieler | lecteur de CD [lɛktœr də sede] |
| Kofferradio | radio *f* portative [radjo pɔrtativ] |
| Batterie | pile *f* [pil] |
| Kopfhörer | casque [kask(ə)] |

▶ Wörterbuch ▶ Kap. 7, Musik: Konzerte, Opern, Ballett S. 209

# Souvenirs & Geschenke

Ob Keramik (= *céramique* [seramik]) aus dem Elsass oder der Normandie, Porzellan aus Limoges, Parfum, der Eiffelturm in Miniatur, Kräuter und Stoffe aus der Provence, Kristall aus Baccarat oder *le dernier cri* [lə dɛrnje kri] (= „der letzte Schrei") aus Paris, - für Sammler und Frankreichliebhaber gibt's überall Interessantes. Ein beliebtes Mitbringsel sind auch die kulinarischen Spezialitäten des Landes: Gänseleberpastete (= *pâté de foie gras* [pɑte də fwa gra]) oder geräucherte Entenbrust (= *magret de canard fumé* [magrɛ də kanar fyme]), kalt gepreßtes Olivenöl, Käse, luftgetrocknete Salami, Wein oder Champagner. Jede Region hat ihre eigene Spezialität!

▶ Wörterbuch ▶ Kap. 6, Lebensmittel S. 162

# Antiquitäten, Kunst & Kunsthandwerk

6

| | |
|---|---|
| Woher kommt das? | Quelle est la provenance? [kɛl‿ɛ la prɔvnɑ̃s] |
| **Aus welcher ... stammt das?** | **De quelle ... est-ce?** [də kɛl ... ɛs] |
| Zeit | époque [epɔk] |
| Gegend | région [reʒjɔ̃] |
| Schule | école [ekɔl] |
| Aus welchem Material ist das? | Quelle est cette matière? [kɛl‿ɛ sɛt matjɛr] |
| Ist das echt? | Est-ce authentique? [ɛs ɔtɑ̃tik] |

▶ Wörterbuch ▶ Kap. 6, Schmuck, Uhren, Brillen & mehr S. 184

# Schmuck, Uhren, Brillen & mehr

**Apropos:** Bei vielen Juwelieren und Uhrenfachgeschäften wird dem Kunden erst auf ein Klingelzeichen hin geöffnet.

| | |
|---|---|
| **Könnten Sie die ...?** | **Pourriez-vous ..., s'il vous plaît?** [purje vu ... sil vu plɛ] |
| Batterie austauschen | changer la pile [ʃɑ̃ʒe la pil] |
| Uhr reparieren | réparer la montre [repare la mɔ̃tr(ə)] |
| Ich möchte ... . | Je voudrais ... . [ʒə vudrɛ] |

| | |
|---|---|
| Armbanduhr | montre *f* [mɔ̃tr(ə)] |
| Uhr | horloge *f* [ɔrlɔʒ] |
| Armband / Armreif | bracelet [braslɛ] |
| Kette | collier [kɔlje] |
| Perlen~ | ~ de perles [də pɛrl(ə)] |
| Ohrringe | boucles *f pl* d'oreille [bukl(ə) dɔrɛj] |
| Ring | bague *f* [bag] |
| (Sonnen-)Brille | lunettes *f pl* (de soleil) [lynɛt (də sɔlɛj)] |
| Kontaktlinse | lentilles *f pl* (de contact) [lɑ̃tij (də kɔ̃takt)] |
| Fernglas | jumelles *f pl* [ʒymɛl] |
| Kompass | boussole *f* [busɔl] |
| Brilliant | brillant [brijɑ̃] |
| Diamant | diamant [djamɑ̃] |
| (echt) Gold | or (pur) [ɔr (pyr)] |
| Silber | argent [arʒɑ̃] |

▶ Wörterbuch

# 7 ENTSPANNUNG, SPORT & KULTUR

# Strände & Schwimmbäder

Es gibt sie noch, die langen weißen Sandstrände, die kleinen Buchten, aber auch die quirligen Familienstrände, zu denen komplette Großfamilien mit halbem Hausstand anrücken und wo das „Klack-Klack“ des Beachball-Spiels kein Ende nimmt.

| | |
|---|---|
| **Gibt es hier in der Nähe ein/e/n ... ?** | **Y a-t-il ... près d'ici?** [ja‿til ... prɛ disi] |
| schönen Strand | une belle plage [yn bɛl plaʒ] |
| Sandstrand | une plage de sable [yn plaʒ də sabl(ə)] |
| See | un lac [œ̃ lak] |
| Schwimmbad | une piscine [yn pisin] |
| Bademöglichkeit | un endroit pour se baigner [œ̃n‿ɑ̃drwa pur sə beɲe] |
| Entschuldigung, wie kommt man zum Strand? | Pardon, (par où faut-il passer) pour aller à la plage? [pardɔ̃ (par‿u fot‿il pɑse) pur ale a la plaʒ] |

7

## Am Strand

| **PLAGE PRIVÉE** | **BAIGNADE INTERDITE!** |
|---|---|
| Privatstrand | Badeverbot! |

An bewachten Strandabschnitten signalisiert die rote Fahne (= *drapeau* rouge [drapo ruʒ] ) absolutes Badeverbot. Die Sitten sind von Strand zu Strand unterschiedlich. Sich topless zu sonnen ist aber durchaus üblich.

| | |
|---|---|
| **Kann man hier ... ?** | **Peut-on ... ici?** [pøt‿ɔ̃ ... isi] |
| baden | se baigner [sə beɲe] |
| windsurfen | faire de la planche à voile [fɛr də la plɑ̃ʃ a vwal] |
| **Ist das Wasser ...?** | **L'eau est-elle ...?** [lo ɛt‿ɛl] |
| kalt / warm | froide / chaude [frwad / ʃod] |
| sauber / schmutzig | propre / sale [prɔpr(ə) / sal] |
| tief | profonde [prɔfɔ̃d] |
| Ist es für Kinder gefährlich? | Est-ce dangereux pour les enfants? [ɛs dɑ̃ʒrø pur lez‿ɑ̃fɑ̃] |
| **Gibt es ... ?** | **Y a-t-il des ... ?** [ja‿til de] |
| (gefährliche) Strömungen | courants (dangereux) [kurɑ̃ (dɑ̃ʒrø)] |
| Quallen | méduses [medyz] |
| Felsen | rochers [rɔʃe] |
| Wann ist Ebbe / Flut? | A quelle heure est la marée basse / haute? [a kɛl‿œr ɛ la mare bas / 'ot] |
| **Wo sind die ...?** | **Où se trouvent ...?** [u sə truv(ə)] |
| Duschen | les douches [le duʃ] |
| Umkleidekabinen | les cabines [le kabin] |
| **Wo kann man einen ... leihen?** | **Où peut-on louer ...?** [u pøt‿ɔ̃ lwe] |
| Liegestuhl | un transat [œ̃ trɑ̃sat] |
| Sonnenschirm | un parasol [œ̃ parasɔl] |
| **Ich möchte gern ein ... mieten.** | **Je voudrais louer ... .** [ʒə vudrɛ lwe] |
| Tretboot | un pédalo [œ̃ pedalo] |
| Surfbrett | une planche à voile [yn plɑ̃ʃ a vwal] |

7

| | |
|---|---|
| **Wie hoch ist die Miete für ... ?** | **Combien coûte la location pour ... ?** [kɔ̃bjɛ̃ kut la lɔkasjɔ̃ pur] |
| eine Stunde | une heure [yn‿œr] |
| einen Tag | un jour [œ̃ ʒur] |
| eine Woche | une semaine [yn s(ə)mɛn] |

▶ Kap. 7, Orientierung & Anmeldung S. 192, Glossar: Sportarten S. 193, Glossar: Sportgeräte & Ausrüstung S. 196, Glossar: Badeurlaub, S. 189
▶ Kap. 1, Rund ums Geld S. 19

| | |
|---|---|
| Ich gehe ins Wasser / baden. | Je vais dans l'eau / me baigner. [ʒə vɛ dɑ̃ lo / mə beɲe] |
| Kommst du mit? | Tu m'accompagnes? [ty makɔ̃paɲ] |
| Könnten Sie / Kannst du auf meine Sachen aufpassen? | Pourriez-vous / Pourrais-tu surveiller mes affaires? [purje vu / purɛ ty syrveje mez‿afɛr] |
| Könnten Sie die Musik bitte etwas leiser stellen? | Pourriez-vous baisser la musique s'il vous plaît? [purje vu bese la myzik sil vu plɛ] |



## Im Schwimmbad

Öffentliche Hallenbäder gibt es, insbesondere im Süden, wenige. In der warmen Jahreszeit sorgen Hotelpools und Strände am Meer und an Seen für Ausgleich.

**PLONGEONS INTERDITS!**

Hineinspringen verboten!

| | |
|---|---|
| Freibad | piscine *f* découverte [pisin dekuvɛrt] |
| Hallenbad | piscine *f* couverte [pisin kuvɛrt] |
| beheiztes Schwimmbad (mit Meerwasser) | piscine *f* (d'eau de mer) chauffée [pisin (do də mɛr) ʃofe] |
| Sprungbrett | tremplin [trɑ̃plɛ̃] |
| Bademeister | maître nageur(-sauveteur) [mɛtr(ə) naʒœr(sovtœr)] |

| | |
|---|---|
| **Wo sind die ...?** | **Où se trouvent les ...?** [u sə truv(ə) le] |
| Umkleidekabinen | vestiaires [vɛstjɛr] |
| Schließfächer | casiers [kazje] |
| Haartrockner | sèche-cheveux [sɛʃ ʃ(ə)vø] |
| **Gibt es hier ...?** | **Y a-t-il ici ...?** [ja‿til isi] |
| eine Sauna | un sauna [œ̃ sona] |
| ein Solarium | un solarium [œ̃ sɔlarjɔm] |
| Kann man hier ... leihen? | Peut-on emprunter des ... ici? [pøt‿ɔ̃n‿ɑ̃prœ̃te de ... isi] |

**Apropos:** In den meisten Schwimmbädern herrscht Badekappenpflicht. Ausleihmöglichkeiten allerdings sind selten gegeben.

7

## Glossar: Badeurlaub

**Am Strand**

| | |
|---|---|
| Strand | plage *f* [plaʒ] |
| Liegestuhl | transat [trɑ̃zat] |
| Strandkorb | fauteuil-cabine [fotœj kabin] |
| Strandmatte (geflochten) | natte *f* [nat] |

| | |
|---|---|
| Sonnenschirm | parasol [parasɔl] |
| Sonnenbrille | lunettes *f pl* de soleil [lynɛt də sɔlɛj] |
| Sonnencreme | crème *f* solaire [krɛm sɔlɛr] |
| Lichtschutzfaktor | indice / coefficient de protection [ɛ̃dis / kɔefisjɑ̃ də prɔtɛksjɔ̃] |
| Strandkiosk | snack / bar de la plage [snak / bar də la plaʒ] |
| Umkleidekabine | vestiaire [vɛstjɛr] |
| Dusche | douche *f* [duʃ] |
| **Badesachen** | |
| Badeanzug | maillot de bain [majo də bɛ̃] |
| Bikini | maillot deux pièces [majo dø pjɛs] / bikini [bikini] |
| Badehose (lang) | maillot / slip (caleçon) de bain [majo / slip (kalsɔ̃) də bɛ̃] |
| Badekappe | bonnet de bain [bɔnɛ də bɛ̃] |
| Badetuch / Handtuch | drap de bain [dra də bɛ̃] / serviette *f* [sɛrvjɛt] |
| Bademantel | peignoir [pɛɲwar] |
| Schwimmflügel | brassards *pl* [brasar] |
| **Sport & Spiel** | |
| Bootsverleih | location *f* de bateaux [lɔkasjɔ̃ də bato] |
| Boot | bateau [bato] / barque *f* [bark(ə)] |
| Segel~ | voilier [vwalje] |
| Tret~ | pédalo [pedalo] |
| Surfbrett (Wind- / Wellensurfen) | planche *f* à voile / de surf [plɑ̃ʃ a vwal / də sœrf] |
| Wasserski | ski nautique [ski notik] |
| Luftmatratze | matelas pneumatique [matla pnømatik] |

| | |
|---|---|
| Schnorchel | tuba [tyba] |
| Schwimmflossen | palmes *f pl* [palm(ə)] |
| Schwimmreifen | bouée *f* [bwe] / ceinture *f* de natation [sɛ̃tyr də natɑsjɔ̃] |
| Taucherbrille | masque [mask(ə)] |
| Ball | balle *f* [bal] / ballon [balɔ̃] |
| **Aktivitäten** | |
| baden | se baigner [sə beɲe] |
| schwimmen | nager [naʒe] |
| tauchen | plonger [plɔ̃ʒe] |
| windsurfen | faire de la planche à voile [fɛr də la plɑ̃ʃ a vwal] |
| wellensurfen | faire du surf [fɛr dy sœrf] |
| segeln | faire de la voile [fɛr də la vwal] |
| sich sonnen | prendre un bain de soleil [prɑ̃dr(ə) œ̃ bɛ̃ də sɔlɛj] |
| duschen | se doucher / prende une douche [sə duʃe / prɑ̃dr(ə) yn duʃ] |
| spielen | jouer [ʒwe] |

▶ Kap. 7, Sportarten S. 193
▶ Wörterbuch



## Sport

Alpine Kletterpartien und Skilauf in den Alpen und Pyrenäen, Rad fahren und wandern kreuz und quer, baden, tauchen, segeln und surfen an den Küsten: Aktivurlauber kommen dank günstiger klimatischer und geographischer Bedingungen das ganze Jahr hindurch in Sachen Sport auf ihre Kosten.

## Orientierung & Anmeldung

| | |
|---|---|
| **Wo kann man hier ...?** | **Où peut-on ...?** [u pøt‿ɔ̃] |
| windsurfen | faire de la planche à voile [fɛr də la plɑ̃ʃ a vwal] |
| Golf / Squash spielen | jouer au golf / squash [ʒwe o gɔlf / skwaʃ] |
| Wo ist der nächste Tennisplatz? | Où se trouve le tennis le plus proche? [u sə truv lə tenis lə ply prɔʃ] |
| **Kann man hier ... leihen?** | **Peut-on louer ... par ici?** [pøt‿ɔ̃ lwe ... par‿isi] |
| ein Surfbrett | une planche à voile [yn plɑ̃ʃ a vwal] |
| Skier | des skis [de ski] |
| **Ich würde gern ... .** | **J'aimerais ... .** [ʒem(ə)rɛ] |
| Tennisstunden nehmen | prendre des cours de tennis [prɑ̃dr(ə) de kur də tenis] |
| einen Skikurs machen | prendre des cours de ski [prɑ̃dr(ə) de kur də ski] |
| Ich möchte meine Tochter für einen Segelkurs anmelden. | Je voudrais inscrire ma fille à l'école de voile. [ʒə vudrɛ ɛ̃skrir ma fij a lekɔl də vwal] |
| • Pour débutant ou avancé? [pur debytɑ̃ u avɑ̃se] | Für Anfänger oder Fortgeschrittene? |
| **Gibt es hier ...?** | **Y a-t-il ...?** [ja‿til] |
| (markierte) Wanderwege | des sentiers de randonnée (balisés) [de sɑ̃tje də rɑ̃dɔne (balize)] |
| Touren mit Führung | des excursions guidées [dez‿ɛkskyrsjɔ̃ gide] |

7

| | |
|---|---|
| Ab / Bis wann gehen die Lifte? | A partir de / Jusqu'à quelle heure marchent les remontées mécaniques? [a partir də / ʒyska kɛl‿œr marʃ(ə) le rəmɔ̃te mekanik] |
| Ist die Piste gefährlich / schwierig? | Est-ce que la piste est dangereuse / difficile? [ɛskə la pist(ə) ɛ dɑ̃ʒrøz / difisil] |
| Einen Skipass für einen Tag, bitte! | Un forfait (de ski) pour une journée, s'il vous plaît! [œ̃ fɔrfɛ (də ski) pur‿yn ʒurne sil vu plɛ] |

**Apropos:** Die großen, quer durch Frankreich führenden Wanderwege sind durch *GR* (= *sentier de Grande Randonnée* [sɑ̃tje də grɑ̃d rɑ̃dɔne]) gekennzeichnet.

## Glossar: Sportarten

| | Sportart | sportliche Aktivität |
|---|---|---|
| **Wassersport** | | |
| Fischen | pêche *f* [pɛʃ] | pêcher [peʃe] |
| Rudern | rame *f* [ram] | ramer [rame] |
| Schwimmen | natation *f* [natɑsjɔ̃] | nager [naʒe] |
| Segeln | voile *f* [vwal] | faire de la voile [fɛr də la vwal] |
| Surfen (Wind~/ Wellen~) | planche *f* à voile / surf [plɑ̃ʃ a vwal / sœrf] | faire de la planche à voile / du surf [fɛr də la plɑ̃ʃ a vwal / dy sœrf] |
| Tauchen | plongée *f* [plɔ̃ʒe] | plonger [plɔ̃ʒe] |
| Wasserski | ski nautique [ski notik] | faire du ski nautique [fɛr dy ski notik] |

7

**Spiele**

| | | |
|---|---|---|
| Basketball | basket-ball [baskɛtbol] | jouer au basket(-ball) [ʒwe o baskɛt(bol)] |
| Fußball | football [futbol] | jouer au foot(ball) [ʒwe o fut(bol)] |
| Golf | golf [gɔlf] | jouer au golf [ʒwe o gɔlf] |
| Handball | hand-ball ['ɑ̃dbal] | jouer au hand-ball [ʒwe o 'ɑ̃dbal] |
| Squash | squash [skwaʃ] | jouer au squash [ʒwe o skwaʃ] |
| Tennis | tennis [tenis] | jouer au tennis [ʒwe o tenis] |
| Volleyball | volley-ball [vɔlɛbol] | jouer au volley-ball [ʒwe o vɔlɛbol] |

**Weitere Sportarten**

| | | |
|---|---|---|
| Bergsteigen | alpinisme [alpinism(ə)] | faire de l'alpinisme / escalader [fɛr də lalpinism(ə) / ɛskalade] |
| Boule | pétanque *f* [petɑ̃k] | jouer à la pétanque [ʒwe a la petɑ̃k] |
| Drachenfliegen | deltaplane [dɛltaplan] | faire du deltaplane [fɛr dy dɛltaplan] |
| Jagd | chasse *f* [ʃas] | chasser [ʃase] |
| Joggen | footing / jogging [futiŋ / dʒɔgiŋ] | faire un footing / courir [fɛr œ̃ futiŋ / kurir] |
| Karate | karaté [karate] | faire du karaté [fɛr dy karate] |
| (Fels-) Klettern | escalade *f* [ɛskalad] | faire de l'escalade [fɛr də lɛskalad] |
| Krafttraining / Bodybuilding | musculation *f* / body-building [myskylasjɔ̃ / bɔdybildiŋ] | faire de la musculation / du body-building [fɛr də la myskylasjɔ̃ / dy bɔdibildiŋ] |
| Radfahren | cyclisme [siklism(ə)] | faire du vélo [fɛr dy velo] |
| Reiten | équitation *f* [ekitasjɔ̃] | monter à cheval [mɔ̃te a ʃ(ə)val] |
| Wandern | randonnée *f* [rɑ̃dɔne] | faire de la randonnée [fɛr də la rɑ̃dɔne] |

▶ Kap. 7, Glossar: Wintersport S. 198 ▶ Wörterbuch

**Apropos:** Im Meer kann jeder fischen (= *pêcher* [peʃe]), in allen anderen Fällen braucht man jedoch einen Berechtigungsschein (= *permis de pêche* [pɛrmi də pɛʃ]). Die Jagd (= *la chasse* [la ʃas]) ist stark reglementiert und nur zu bestimmten Zeiten in dafür vorgesehenen Gebieten erlaubt.

7

## Glossar: Sportstätten & Einrichtungen

| | |
|---|---|
| Fitnesscenter | centre de remise en / club de forme [sãtr(ə) də rəmiz ã / klœb də fɔrm] |
| Fußballplatz | terrain de foot(ball) [tɛrɛ̃ də fut(bol)] |
| Golfplatz | terrain de golf [tɛrɛ̃ də gɔlf] |
| Pferderennbahn | hippodrome [ipɔdrom] |
| Schwimmbad | piscine *f* [pisin] |
| Segelklub | club de voile [klœb də vwal] |
| Sporthafen | port de plaisance [pɔr də plɛzãs] |
| Tennisplatz | terrain de tennis [tɛrɛ̃ də tenis] |

► Kap. 7, Glossar: Wintersport S. 198
► Wörterbuch

## Glossar: Sportgeräte & Ausrüstung

7

| | |
|---|---|
| **Wassersport** | |
| Angel & Netz | canne *f* à & filet de pêche [kan a e filɛ də pɛʃ] |
| Boot | bateau[bato] / barque *f* [bark(ə)] |
| Motor~ | bateau à moteur [bato a mɔtœr] |
| Ruder~ | ~ à rames [a ram] |
| Segel~ | voilier [vwalje] |
| Kanu / Kajak | canoë [kanɔe] / kayak [kajak] |
| Neoprenanzug | combinaison *f* [kɔ̃binɛzɔ̃] |
| Surfbrett | planche *f* à voile [plãʃ a vwal] |
| Wasserski | ski nautique [ski notik] |

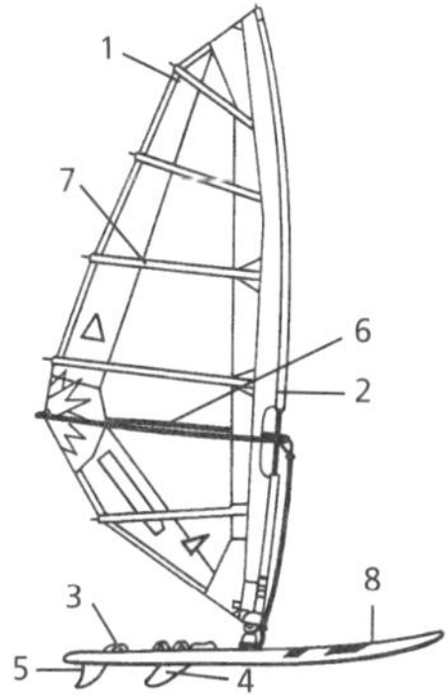


| | | |
|---|---|---|
| 1 | voile *f* [vwal] | Segel |
| 2 | mât [mɑ] | Mast |
| 3 | foot-strap [futstrap] | Fußschlaufe |
| 4 | dérive *f* [deriv] | Schwert |
| 5 | aileron [ɛlrɔ̃] | Finne |
| 6 | wishbone [wiʃbɔn] | Gabelbaum |
| 7 | latte *f* [lat] | Segellatte |
| 8 | planche *f* à voile [plɑ̃ʃ a vwal] | Surfbrett |

**Tauchen**

| | |
|---|---|
| Harpune | harpon ['arpɔ̃] |
| Sauerstoffflasche | bouteille *f* d'oxygène [butɛj dɔksiʒɛn] |
| Schwimmflossen | palmes *f pl* [palm] |
| Schnorchel | tuba [tyba] |
| Taucherbrille | masque [mask(ə)] |
| Taucheranzug | combinaison *f* de plongée [kɔ̃binɛzɔ̃ də plɔ̃ʒe] |

**Weitere Ausrüstungsgegenstände**

| | |
|---|---|
| Fußball | ballon de foot(ball) [balɔ̃ də fut(bol)] |
| Fahrrad | bicyclette *f* [bisiklɛt] / vélo [velo] |
| Mountainbike | vélo tout terrain (VTT) [velo tu tɛrɛ̃ (vetete)] |
| Rennrad | vélo de course [velo də kurs] |
| Fallschirm | parachute [paraʃyt] |
| Pferd & Sattel | cheval & selle *f* [ʃ(ə)val e sɛl] |
| Rollschuhe | patins *pl* à roulettes [patɛ̃ a rulɛt] |

| | |
|---|---|
| Schläger & Ball | raquette *f* & balle *f* [rakɛt e bal] |
| Golfschläger | crosse *f* de golf [krɔs də gɔlf] |
| Tennis- / Fußball- / Wanderschuhe | chaussures *f pl* de tennis / foot / randonnée [ʃosyr də tenis / fut / rɑ̃dɔne] |

▶ Kap.7, Glossar: Wintersport S. 198
▶ Wörterbuch

## Glossar: Wintersport

| DANGER D'AVALANCHE | TÉLÉSIÈGE |
|---|---|
| Lawinengefahr | Sessellift |

| **Sportarten** | | **Aktivität** |
|---|---|---|
| Skifahren | ski [ski] | skier [skije] |
| Ski alpin | ~ alpin [alpɛ̃] | faire du ski alpin [fɛr dy ski alpɛ̃] |
| Skilanglauf | ~ de fond [də fɔ̃] | faire du ski de fond [fɛr dy ski də fɔ̃] |
| Snowboardfahren | surf (de neige) [sœrf (də nɛʒ)] | faire du surf de neige [fɛr dy sœrf də nɛʒ] |
| Rodeln | luge *f* [lyʒ] | faire de la luge [fɛr də la lyʒ] |
| Eishockey | hockey sur glace ['ɔkɛ syr glas] | faire du hockey sur glace [fɛr dy 'ɔkɛ syr glas] |
| Schlittschuhlaufen | patinage [patinaʒ] | patiner [patine] |

7

| | |
|---|---|
| **Sportgeräte & Ausrüstung** | |
| Bindung | fixation *f* [fiksasjɔ̃] |
| Schlittschuhe | patins *pl* à glace [patɛ̃ a glas] |
| Abfahrt- / Langlaufskier | skis alpin / de fond [ski alpɛ̃ / də fɔ̃] |
| Skischuhe | chaussures *f pl* de ski [ʃosyr də ski] |
| Skibrille | lunettes *f pl* de ski [lynɛt də ski] / masque [mask(ə)] |
| Skistöcke | bâtons *pl* [batɔ̃] |
| Schlitten | luge *f* [lyʒ] |
| **Sportstätten & Einrichtungen** | |
| Eisstadion / Eisbahn | patinoire *f* [patinwar] |
| Langlaufloipe | parcours de ski de fond [parkur də ski də fɔ̃] |
| Rodelbahn | piste *f* de luge [pist(ə) də lyʒ] |
| Skipiste | piste *f* [pist(ə)] |
| (sehr) leicht / mittel / schwer | (très) facile / moyenne / difficile [(trɛ) fasil / mwajɛn / difisil] |
| Tiefschneepiste | poudreuse *f* [pudrøz] |
| **Liftanlagen** | |
| Seilbahn | téléphérique [teleferik] |
| Sessellift | télésiège [telesjɛʒ] |
| Kabinenbahn | télécabine *f* [telekabin] |
| **Skischule** | **école *f* de ski** [ekɔl də ski] |
| Privatstunden | cours *pl* particuliers [kur partikylje] |
| (Kurs für) Anfänger / Fortgeschrittene | (stage pour) débutants / skieurs avancés [(staʒ pur) debytɑ̃ / skjœr avɑ̃se] |
| Skilehrer | moniteur de ski [mɔnitœr də ski] |
| **Skipass** | **forfait** [fɔrfɛ] |
| Tageskarte | ~ -journée [ʒurne] |
| ½ Tageskarte | ~ demi-journée [d(ə)mi ʒurne] |
| ~ für ... Tage | ~ pour ... jours [pur ... ʒur] |

7

# Kirchen, Museen, Exkursionen

Notre-Dame, Louvre, Eiffelturm oder Beaubourg, - Paris wartet mit einer Vielzahl an Museen und Sehenswürdigkeiten der verschiedensten Epochen auf. Aber auch in den anderen Landesteilen kommt der kulturinteressierte Tourist voll auf seine Kosten.

## Orientierung



| | |
|---|---|
| **Wo ist der / das ...?** | **Où se trouve ...?** [u sə truv] |
| Fremdenverkehrsamt | l'office du tourisme [lɔfis dy turism(ə)] |
| Dom | la cathédrale *f* [la katedral] |
| Haben Sie einen (deutschsprachigen) Reiseführer (von ...)? | Auriez-vous un guide touristique (en allemand) (de ...)? [ɔrje vu œ̃ gid turistik (ɑ̃n‿almɑ̃) (de ...)] |
| Welche sind die Hauptsehenswürdigkeiten? | Quels sont les principaux monuments? [kɛl sɔ̃ le prɛ̃sipo mɔnymɑ̃] |
| Können Sie mir eine interessante Route empfehlen? | Pourriez-vous me recommander un itinéraire (touristique) intéressant? [purje vu mə r(ə)kɔmɑ̃de œ̃n‿itinerɛr (turistik) ɛ̃terɛsɑ̃] |
| **Wo / Wann kann man ... besichtigen?** | **Où / Quand peut-on visiter ...?** [u / kɑ̃ pøt‿ɔ̃ vizite] |
| die Ausstellung | l'exposition [lɛkspozisjɔ̃] |
| die Grotte | la grotte [la grɔt] |
| die Kapelle | la chapelle [la ʃapɛl] |

▶ Kap. 3, Wegbeschreibungen S. 56, Entfernungen erfragen S. 59
▶ Kap. 7, Organisierte Fahrten S. 206; Glossar: Kunst & Natur S. 203

## An der Kasse

| ENTRÉE LIBRE<br>Eintritt frei | INTERDICTION DE PHOTOGRAPHIER<br>Fotografieren verboten |
|---|---|

| | |
|---|---|
| entrée *f* [ɑ̃tre] | Eintrittskarte |
| ~ libre [libr(ə)] | Eintritt frei |
| place *f* [plas] | Platz |
| plein tarif [plɛ̃ tarif] | ohne Ermäßigung |
| tarif réduit [tarif redɥi] | ermäßigter Tarif |
| réduction *f* [redyksjɔ̃] | Ermäßigung |
| abonnement annuel [abɔnmɑ̃ anɥɛl] | Jahreskarte |
| heures *f pl* d'ouverture [œr duvɛrtyr] | Öffnungszeiten |
| fermé [fɛrme] | geschlossen |



Was kostet der Eintritt? — Combien coûte l'entrée? [kɔ̃bjɛ̃ kut lɑ̃tre]

**Gibt es eine Ermäßigung für ... ?** — **Y a-t-il une réduction pour ...?** [ja‿til yn redyksjɔ̃ pur]

| | |
|---|---|
| Behinderte | les handicapés [le 'ɑ̃dikape] |
| Gruppen | les groupes [le grup] |
| Kinder | les enfants [lez‿ɑ̃fɑ̃] |
| Senioren | le troisième âge [lə trwazjɛm‿aʒ] |
| Schüler | les élèves [lez‿elɛv] |
| Studenten | les étudiants [lez‿etydjɑ̃] |

| | |
|---|---|
| • Combien de billets d'entrée? [kɔ̃bjɛ̃ də bijɛ dɑ̃tre] | Wie viele Eintrittskarten? |
| Gibt es eine deutschsprachige Führung? | Y a-t-il une visite guidée en allemand? [ja‿til yn vizit gide ɑ̃n‿almɑ̃] |
| Wie viel kostet die Führung? | Combien coûte cette visite guidée? [kɔ̃bjɛ̃ kut sɛt vizit gide] |
| Wann beginnt sie? | Quand est-ce qu'elle commence? [kɑ̃t‿ɛs‿kɛl kɔmɑ̃s] |
| **Gibt es ein/e/n ... ?** | **Y a-t-il un ...?** [ja‿til œ̃] |
| Katalog | catalogue [katalɔg] |
| Faltblatt (zur Ausstellung) | dépliant (de l'exposition) [deplijɑ̃ (də lɛkspozisjɔ̃)] |
| Poster | poster [postɛr] |

**Apropos:** Bedenken Sie, dass bei Kirchenbesichtigungen auf angemessene Kleidung Wert gelegt wird.

► Kap. 1, Öffnungszeiten S. 23



## Fragen zu Namen, Daten & Fakten

| | |
|---|---|
| Wie heißt diese Kirche? | Comment s'appelle cette église? [kɔmɑ̃ sapɛl sɛt‿egliz] |
| **Was ist das für ein ...?** | **Quel ... est-ce?** [kɛl ... ɛs] |
| Berg | mont [mɔ̃] |
| Denkmal | monument [mɔnymɑ̃] |
| **Von wem ist diese/s ...?** | **De qui est ...?** [də ki ɛ] |
| Gemälde | ce tableau [sə tablo] |
| Skulptur | cette sculpture [sɛt skyltyr] |

| | |
|---|---|
| **Ist das / Wo befindet sich ...?** | **Est-ce / Où se trouve ...?** [ɛs / u sə truv] |
| das Geburtshaus von ... | la maison natale de ... [la mɛzɔ̃ natal də] |
| das Grab von ... | la tombe de ... [la tɔ̃b də] |
| **Wer hat das ...?** | **Qui a ... cela?** [ki a ... s(ə)la] |
| gemalt | peint/e [pɛ̃/t] |
| errichtet | construit/e [kɔ̃strɥi/t] |
| geschaffen | créé/e [kree] |
| Aus welcher Epoche stammt diese/s/r ...? | De quelle époque date ce / cette ...? [də kɛl‿epɔk dat sə / sɛt] |
| • **C'est ... .** [sɛ] | **Das ist ... .** |
| préhistorique [preistɔrik] | vorgeschichtlich |
| romain/e [rɔmɛ̃/ɛn] | römisch |
| paléochrétien/ne [paleɔkretjɛ̃/ɛn] | frühchristlich |
| gothique [gɔtik] | gotisch |
| de la renaissance [də la r(ə)nɛsɑ̃s] | aus der Renaissance |
| du Grand Siècle [dy grɑ̃ sjɛkl(ə)] | aus dem 17. Jahrhundert |
| du 18ème siècle [dy dizɥitjɛm sjɛkl(ə)] | aus dem 18. Jahrhundert |
| de la Belle Epoque [də la bɛl‿epɔk] | Jugendstil |
| modern/e [mɔdɛrn] | modern |

7

## Glossar: Kunst & Natur

### Malerei und Bildhauerei

| | |
|---|---|
| Museum | musée [myze] |
| Ausstellung | exposition *f* [ɛkspozisjɔ̃] |
| Galerie | galerie *f* [galri] |

| | |
|---|---|
| Denkmal | monument [mɔnymɑ̃] |
| Gemälde | tableau [tablo] / peinture *f* [pɛ̃tyr] |
| Porträt | portrait [pɔrtrɛ] |
| Skulptur | sculpture *f* [skyltyr] |
| **Sakralbauten** | |
| Kirche | église *f* [egliz] |
| Kathedrale, Dom | cathédrale *f* [katedral] |
| Kloster | monastère [mɔnastɛr] / cloître [klwatr(ə)] |
| Portal | portail [pɔrtaj] |
| Kirchenschiff | nef *f* [nɛf] |
| Altar | autel [otɛl] |
| **Architektur und Archäologie** | |
| Ausgrabungen | fouilles *f pl* [fuj] |
| Amphitheater | amphithéâtre [ɑ̃fiteɑtr(ə)] |
| Aquädukt | aqueduc [akdyk] |
| Ruine | ruine *f* [rɥin] |
| Altstadt | vieille ville [vjɛj vil] / centre historique [sɑ̃tr(ə) istɔrik] |
| Stadtmauer | mur d'enceinte [myr dɑ̃sɛ̃t] |
| (Markt-) Platz | place *f* (du marché) [plas (dy marʃe)] |
| Schloss | château [ʃato] |
| Burg | fort [fɔr] |
| Turm | tour *f* [tur] |
| **Natur** | |
| Landschaft | paysage [peizaʒ] |
| Aussichtspunkt | belvédère [bɛlvedɛr] |
| Gebirge | montagne *f* [mɔ̃taɲ] |
| Pass | col [kɔl] |
| Tal | vallée *f* [vale] |
| Höhle / Grotte | grotte *f* [grɔt] |

| | |
|---|---|
| Garten | jardin [ʒardɛ̃] |
| Wald | forêt *f* [fɔrɛ] |
| Park | parc [park] |
| Zoo | zoo [zoo] |
| Naturschutzgebiet | réserve *f* naturelle [rezɛrv natyrɛl] |
| **Gewässer** | |
| Meer | mer *f* [mɛr] |
| See | lac [lak] |
| Bucht | baie *f* [bɛ] |
| Fluss | fleuve [flœv] / rivière *f* [rivjɛr] |
| Quelle | source *f* [surs] |
| Wasserfall | cascade *f* [kaskad] / chute *f* d'eau [ʃyt do] |
| Klippe | écueil [ekœj] / falaise *f* [falɛz] |
| Strand | plage *f* [plaʒ] |

▶ Wörterbuch

Naturfreunde sollten einen Besuch in einem der französischen National- (= *parc national* [park nasjɔnal]) oder Naturparks (= *parc naturel* [park natyrɛl]) nicht versäumen.

7

## Kirchen & Gottesdienste

| | |
|---|---|
| **Gibt es hier in der Nähe eine ... Kirche ?** | **Y a-t-il une église ... près d'ici?** [ja‿til yn‿egliz ... prɛ disi] |
| evangelische | protestante [prɔtɛstɑ̃t] |
| katholische | catholique [katɔlik] |
| Um wie viel Uhr beginnt der Gottesdienst? | A quelle heure commence la messe? [a kɛl‿œr kɔmɑ̃s la mɛs] |

| | |
|---|---|
| Papst | pape [pap] |
| Heilige/r | saint/e [sɛ̃/t] |
| Madonna | vierge *f* [vjɛrʒ] / madonne *f* [madɔn] |
| Priester | prêtre [prɛtr(ə)] |
| Pilger/in | pèlerin/e [pɛlrɛ̃/in] |
| Wallfahrt | pèlerinage [pɛlrinaʒ] |
| Beichte | confession *f* [kɔ̃fesjɔ̃] |
| Wunder | miracle [mirakl(ə)] |
| Gebet | prière *f* [prijɛr] |
| Kerze | cierge [sjɛrʒ] |


- ▶ Wörterbuch
- ▶ Kap. 7, Glossar: Kunst & Natur S. 203
- ▶ Kap. 1, Öffnungszeiten S. 23


## Organisierte Fahrten

7

| | |
|---|---|
| **Organisieren Sie ...?** Stadtbesichtigungen | **Organisez-vous ...?** [organize vu] des visites guidées de la ville [de vizit gide də la vil] |
| Ausflüge nach ... | des excursions à ... [dez‿ɛkskyrsjɔ̃ a] |
| In welcher Sprache ist die Führung? | Dans quelle langue se fait la visite? [dɑ̃ kɛl lɑ̃g sə fɛ la vizit] |
| Wann / Wo fährt der Bus ab? | Quand / D'où part le car? [kɑ̃ / du par lə kar] |
| Werden wir auch das Nationalmuseum besichtigen? | Est-ce que nous allons aussi visiter le musée national? [eskə nuz‿alɔ̃ osi vizite lə myze nasjɔnal] |

| | |
|---|---|
| Wann kommen wir zurück? | A quelle heure serons-nous de retour? [a kɛl‿œr sərɔ̃ nu də rətur] |

**Apropos:** *Le guide* [lə gid] ist sowohl die routinierte Fremdenführerin als auch der illustrierte Reiseführer.

# Kulturelle Veranstaltungen

## Orientierung

| | |
|---|---|
| Haben Sie einen Veranstaltungskalender / ein Programm? | Auriez-vous un programme des spectacles ? [ɔrje vu œ̃ prɔgram de spɛktakl(ə)] |
| Können Sie mir etwas für heute Abend empfehlen? | Pourriez-vous me recommander quelque chose pour ce soir? [purje vu mə r(ə)kɔmɑ̃de kɛlkə ʃoz pur sə swar] |
| **Wo ist der/die/das ... ?** | **Où se trouve ...?** [u sə truv] |
| Oper | l'opéra [lɔpera] |
| Kino | le cinéma [lə sinema] |
| Theater | le théâtre [lə teɑtr(ə)] |
| **Wann beginnt der/die/das ... ?** | **A quelle heure commence ... ?** [a kɛl‿œr kɔmɑ̃s] |
| Konzert | le concert [lə kɔ̃sɛr] |
| Vorstellung | la représentation [la rəprezɑ̃tɑsjɔ̃] |
| Vorverkauf | la location des places [la lɔkɑsjɔ̃ de plas] |
| Sollte man Karten vorbestellen? | Est-il nécessaire de réserver les places à l'avance? [ɛt‿il nesesɛr də rezɛrve le plas a lavɑ̃s] |

7

## Kartenverkauf & Einlass

| | |
|---|---|
| **PRIX UNIQUE**<br>Einheitspreis | **RÉSERVATION PAR TÉLÉPHONE**<br>Telefonische Kartenre-servierung |

| | |
|---|---|
| Wo bekommt man Karten? | Où peut-on acheter des billets (d'entrée)? [u pøt‿ɔ̃ aʃte de bijɛ (dɑ̃tre)] |
| **Gibt es noch Karten für ...?** | **Est-ce qu'il reste des places pour ...?** [ɛs‿kil rɛst de plas pur] |
| die Abendvorstellung | la représentation en soirée [la rəprezɑ̃tasjɔ̃ ɑ̃ sware] |
| morgen Abend | demain soir [d(ə)mɛ̃ swar] |
| den ... | le ... [lə] |
| • Oui, mais seulement sur le côté. [wi mɛ sœlmɑ̃ syr lə kote] | Ja, aber nur Plätze auf der Seite. |
| • Non, tout est complet. [nɔ̃ tut‿ɛ kɔ̃plɛ] | Nein, es ist alles ausverkauft. |
| • La représentation est annulée. [la reprezɑ̃tasjɔ̃ ɛt‿anyle] | Die Veranstaltung fällt aus. |
| Zwei Karten (für ...), bitte! | Deux places (pour ...), s'il vous plaît! [dø plas (pur ...) sil vu plɛ] |
| Könnten Sie bitte vier Karten für die morgige Vorstellung reservieren? | Pourriez-vous me réserver quatre places pour la représentation de demain? [purje vu mə rezɛrve katr(ə) plas pur la rəprezɑ̃tasjɔ̃ də d(ə)mɛ̃] |

| | |
|---|---|
| **Ich möchte gern einen Platz … .** | **Je voudrais une place … .** [ʒə vudrɛ yn plas] |
| im Parkett | d'orchestre [dɔrkɛstr(ə)] |
| in der sechsten Reihe | au sixième rang [au sizjɛm rɑ̃] |
| im ersten Rang | au premier balcon [o prəmje balkɔ̃] |
| in der Mitte | au milieu [o miljø] |
| auf der Galerie | à la galerie [a la galri] |
| vorn | devant [d(ə)vɑ̃] |
| nicht zu weit von der Bühne entfernt | pas trop loin de la scène [pɑ tro lwɛ̃ də la sɛn] |
| Verkaufen Sie vielleicht eine Karte? | Pardon, auriez-vous un billet à vendre par hasard? [pardɔ̃ ɔrje vu œ̃ bijɛ a vɑ̃dr(ə) par 'azar] |
| Könnte ich bitte ein Programmheft haben? | Puis-je avoir un programme? [pɥi‿ʒ(ə) avwar œ̃ prɔgram] |
| Bis wann geht die Vorstellung? | Jusqu'à quelle heure dure le spectacle? [ʒyska kɛl‿œr dyr lə spektakl(ə)] |
| Gibt es ein Pause? | Y a-t-il un entracte? [ja‿til œ̃n‿ɑ̃trakt(ə)] |
| **Wo ist … ?** | **Où se trouve … ?** [u sə truv] |
| die Garderobe | le vestiaire [lə vɛstjɛr] |
| die Toilette | les toilettes [le twalɛt] |

7

## Musik: Konzerte, Opern, Ballett

Die französische Musikszene ist eine lebendige Vielfalt aus klassischer Musik, Jazz, Pop & Rock und natürlich dem charakteristischen *Chanson française* [ʃɑ̃sɔ̃ frɑ̃sɛz], berühmt geworden durch Edith Piaf,

Jacques Brel, George Brassens und Serge Gainsbourg. Apropos: Über den Erfolg einer Veranstaltung entscheiden die Zuschauer mit Applaus (= *applaudissements* [aplodismɑ̃]) und Zugaberufen (= *bis* [bis]).

| | |
|---|---|
| Was gibt es in dieser Saison (in der Oper)? | Quel est le programme (de l'opéra) pour la saison? [kɛl‿ɛ lə prɔgram (də lɔpera) pur la sɛzɔ̃] |
| Was wird (heute Abend) gespielt? | Qu'est-ce qu'on donne (ce soir)? [kɛs‿kɔ̃ dɔn (sə swar)] |
| **Wer ...?** | **Qui ...?** [ki] |
| spielt | joue [ʒu] |
| singt | chante [ʃɑ̃t] |
| tanzt | danse [dɑ̃s] |
| dirigiert | dirige [diriʒ] |

| | |
|---|---|
| Musik | musique *f* [myzik] |
| klassische ~ | ~ classique [klasik] |
| Ballett | ballet [balɛ] |
| Konzert | concert [kɔ̃sɛr] |
| Sinfonie~ | ~ symphonique [sɛ̃fɔnik] |
| Jazz~ | ~ de jazz [də dʒaz] |
| Pop~ | ~ de pop [də pɔp] |
| Rock~ | ~ de rock [də rɔk] |
| Orgel~ | ~ d'orgue [dɔrg(ə)] |
| Musical | comédie *f* musicale [kɔmedi myzikal] |
| Oper | opéra [ɔpera] |
| Operette | opérette *f* [ɔperɛt] |

► Wörterbuch (Instrumente, Künstler, Stimmen, Gesang)
► Kap.7, Kartenverkauf & Einlass S. 208

7

## Theater

| | |
|---|---|
| Welches Stück wird morgen gegeben? | Quelle pièce (de théâtre) donne-t-on demain? [kɛl pjɛs (də teatr(ə)) dɔntɔ̃ d(ə)mɛ̃] |
| Was ist es für ein Stück? | De quel genre de pièce s'agit-il? [də kɛl ʒɑ̃r də pjɛs saʒitil] |
| • **C'est … .** [sɛ] | **Es ist ein/e … .** |
| une comédie populaire [yn kɔmedi pɔpylɛr] | Volksstück |
| une tragédie classique [yn traʒedi klasik] | klassische Tragödie |
| de l'ensemble … [də lɑ̃sɑ̃bl(ə)] | Gastspiel der …-Bühne |
| une pièce moderne [yn pjɛs mɔdɛrn] | modernes Stück |
| un drame en trois actes [œ̃ dram ɑ̃ trwaz‿akt(ə)] | Drama in 3 Akten |
| Von wem? | De qui? [də ki] |
| Wer spielt die Hauptrolle? | Qui tient le premier rôle? [ki tjɛ̃ lə prəmje rol] |

▶ Kap. 7, Kartenverkauf & Einlass S. 208

## Kino

| | |
|---|---|
| Wollen wir heute Abend ins Kino gehen? | Si on allait au cinéma ce soir? [si ɔ̃ alɛ o sinema sə swar] |
| Was läuft heute abend im Kino / „Gaumont"? | Qu'est-ce qu'il y a ce soir au cinéma / Gaumont? [kɛs‿kil‿ja sə swar o sinema / gomɔ̃] |

7

| | |
|---|---|
| • **Il y a ... .** [il‿ja] | **Es läuft ein/e ... .** |
| un film d'action [œ̃ film daksjɔ̃] | Actionfilm |
| un western [œ̃ wɛstɛrn] | Western |
| un policier [œ̃ pɔlisje] | Krimi |
| un film de science-fiction [œ̃ film də sjɑ̃s fiksjɔ̃] | Science-Fiction-Film |
| un documentaire [œ̃ dɔkymɑ̃tɛr] | Dokumentarfilm |
| un film américain [œ̃ film amerikɛ̃] | amerikanischer Film |
| Wovon handelt der Film? | De quoi parle ce film? [də kwa parl sə film] |
| **Ich hätte gern ... .** | **Je voudrais ... .** [ʒə vudrɛ] |
| zwei Karten für ... | deux places pour ... [dø plas pur ...] |
| Popcorn | du pop-corn [dy pɔpkɔrn] |
| Eiskonfekt | des chocolats *pl* glacés [de ʃɔkola glase] |

▶ Wörterbuch

# Nachtleben

7

Nachtschwärmer treffen sich auf schönen Plätzen, Caféterrassen und in Restaurants, um dann spät abends durch die Stadt, in Diskotheken oder zu romantischen Aussichtspunkten zu fahren.

## Wohin am Abend?

| | |
|---|---|
| **Wir möchten heute Abend gern ... .** | **Nous aimerions bien ... ce soir.** [nuz‿em(ə)rjɔ̃ bjɛ̃ ... sə swar] |
| ausgehen | sortir [sɔrtir] |
| in ein Spielcasino gehen | aller au casino [ale o kazino] |

| | |
|---|---|
| Wo kann man tanzen? | Où peut-on aller danser? [u pøt‿ɔ̃ ale dɑ̃se] |
| Welche Veranstaltungen können Sie / kannst du uns empfehlen? | Quels spectacles pourriez-vous / pourrais-tu nous recommander? [kɛl spɛktakl(ə) purje vu / purɛ ty nu r(ə)kɔmɑ̃de] |
| Trifft sich dort eher junges oder älteres Publikum? | Est-ce fréquenté par des jeunes ou par un public plus âgé? [ɛs frekɑ̃te par de ʒœn u par‿œ̃ pyblik plyz‿aʒe] |
| Wie ist das Ambiente? | Comment est l'ambiance? [kɔmɑ̃ ɛ lɑ̃bjɑ̃s] |
| Ist Abendgarderobe vorgeschrieben? | Faut-il y aller en tenue de soirée? [fot‿il jale ɑ̃ təny də sware] |

| | |
|---|---|
| **Vie *f* nocturne** [vi nɔktyrn] | **Nachtleben** |
| Bar [bar] | Kneipe, Bar, Nachtlokal |
| ~ Américain [amerikɛ̃] | Cocktailbar |
| Bistrot à vin [bistro a vɛ̃] / Winstub [vinstub] | Weinlokal, das oft auch kleinere Gerichte anbietet |
| Cabaret [kabarɛ] | Kabarett |
| Café (-théâtre) [kafe (teɑtr(ə))] | Kaffeehaus (mit Theatervorstellung) |
| Casino [kazino] | Spielcasino |
| Dîner-dansant [dine dɑ̃sɑ̃] | Tanzlokal (meist mit Gastronomie) |
| Discothèque *f* [diskɔtɛk] / Boîte *f* [bwat] | Diskothek |
| Piano bar [pjano bar] | Pianobar |
| Pub (à bière) [pœb (a bjɛr)] | (Bier-) Kneipe, meist mit Musik |

7

| | |
|---|---|
| Terrasse *f* [tɛras] | Café / Kneipe mit Sitzgelegenheiten draußen und Ausblick auf Flaneure und die Schönen der Nacht |
| Variété-show [varjete ʃo] | Lokal mit Varieté-Programm |

▶ Kap. 5, Getränke S. 118, Im Bistrot à vin: Weine genießen S. 152, Le Restaurant: Genüsslich essen gehen S. 128, Süße Leckereien S. 149

## Beim Einlass

Ganz gleich, welches Ambiente Sie bevorzugen: ausgefallen (= *extravagant* [ɛkstravagɑ̃]), gemütlich (= *agréable* [agreabl(ə)]) oder rustikal (= *rustique* [rystik]), - alles ist möglich, wenn man am „Türsteher" (= *videur* [vidœr]) vorbeikommt.



| | |
|---|---|
| Wie viel kostet der Eintritt? | Combien coûte l'entrée? [kɔ̃bjɛ̃ kut lɑ̃tre] |
| • **Désolé, mais je ne peux pas vous laisser entrer ....** [dezɔle mɛ ʒə nə pø pɑ vu lese ɑ̃tre] | **Bedaure, aber ... kann ich Sie nicht reinlassen.** |
| comme ça [kɔm sa] | so |
| avec ces chaussures [avɛk se ʃosyr] | mit diesen Schuhen |
| sans cravatte [sɑ̃ kravat] | ohne Krawatte |
| sans invitation [sɑ̃z‿ɛ̃vitɑsjɔ̃] | ohne Einladung |

# DIENSTLEISTUNGEN: BANKEN, POST, ... 8

# Orientierung

Telekommunikation, Geldautomaten, Faxgeräte und Telefonkarten haben den Schalter - auch in Frankreich - weitgehend abgelöst; nur bei der Post *(la poste* [la pɔst(ə)]) und bei individuellen Banktransaktionen steht man gelegentlich noch Schlange.

| | |
|---|---|
| **Gibt es hier (in der Nähe) ein/e/n ...?** | **Y a-t-il ... (près d')ici?** [ja‿til ... (prɛ d)isi] |
| Bank | une banque [yn bɑ̃k] |
| Briefkasten | une boîte aux lettres [yn bwat o lɛtr(ə)] |
| Geldautomaten | un distributeur de billets [œ̃ distribytœr də bijɛ] |
| Telefon | une cabine téléphonique [yn kabin telefɔnik] |
| Friseur | un coiffeur [œ̃ kwafœr] |
| Wo ist die (Haupt-)Post? | Où se trouve la poste (principale)? [u sə truv la pɔst(ə) (prɛ̃sipal)] |
| **Wo kann man (hier) ...?** | **Où peut-on ... (ici)?** [u pøt‿ɔ̃ ... (isi)] |
| ein Fax schicken | envoyer un fax [ɑ̃vwaje ɑ̃ faks] |
| Briefmarken kaufen | acheter des timbres [aʃte de tɛ̃br(ə)] |
| telefonieren | téléphoner [telefɔne] |
| • Guichet numéro huit. [giʃɛ nymero 'ɥit] | Schalter Nummer 8. |

# Banken & Geldverkehr

Touristen sollten am besten Kreditkarten, EC-Karten sowie Bargeld mitnehmen; Reiseschecks sind zwar sicher, aber meist umständlich beim Eintauschen gegen Bargeld: sowohl der Bankangestellte als auch der Kunde muss unzählige Formulare ausfüllen. Ohne Ausweis geht meist gar nichts. Kreditkarten werden inzwischen in allen besseren Hotels, Restaurants und Boutiquen akzeptiert, besonders weit verbreitet sind VISA und die Eurocard. An EC-Geldautomaten (= *bancomat*), die inzwischen überall zu finden sind, kann man rund um die Uhr Geld abheben. Mit der Sparcard, dem Nachfolger des Postsparbuchs, kann man zusammen mit der PIN-Nummer Bargeld an Automaten mit dem VISA PLUS-Symbol abheben.
**Apropos:** Barschecks der französischen Banken und Kreditkarten gehören in Frankreich übrigens zu den gängigen Zahlungsmitteln.

▶ Kap. 8, Am Geldautomaten S. 219f.
▶ Kap. 1, Rund ums Geld S. 19
▶ Kap. 9, Bei Geld- und Kartenverlust S. 239

| | |
|---|---|
| **CHANGE**<br>Wechsel | **MONNAIE ÉTRANGÈRE**<br>ausländische Währung |



| | |
|---|---|
| **Ich möchte ... wechseln.** | **Je voudrais changer ... .** [ʒə vudrɛ ʃɑ̃ʒe] |
| Geld | de l'argent [də larʒɑ̃] |
| (Schweizer) Franken | des francs (suisses) [de frɑ̃ (sɥis)] |

Geben Sie Bargeld auf diese Kreditkarte? — Puis-je retirer de l'argent liquide avec cette carte de crédit? [pɥi‿ʒ(ə) r(ə)tire də larʒɑ̃ likid avɛk sɛt kart(ə) də kredi]

**Ich würde gerne einen ... einlösen.** — **Je voudrais tirer / encaisser ... .** [ʒə vudrɛ tire / ɑ̃kese]
Scheck — un chèque [ɑ̃ ʃɛk]
Reisescheck — un traveller's chèque [œ̃ travlœrs ʃɛk]

Wie lautet der Höchstbetrag? — Quel est le plafond de retrait? [kɛl‿ɛ lə plafɔ̃ də rətrɛ]

Wie ist der Wechselkurs? — Quel est le taux de change? [kɛl‿ɛ lə to də ʃɑ̃ʒ]

Wie hoch sind die Umtauschgebühren? — Quelle commission prenez-vous? [kɛl kɔmisjɔ̃ prəne vu]

• **Votre carte ..., s'il vous plaît!** [vɔtr(ə) kart(ə) ... sil vu plɛ] — **Ihre/n ..., bitte!**
d'identité [didɑ̃tite] — Ausweis
eurochèque [ørɔʃɛk] — Euroscheckkarte

• Signez ici, s'il vous plaît! [siɲe isi sil vu plɛ] — Unterschreiben Sie bitte hier!

• Allez au guichet numéro cinq / à la caisse, s'il vous plaît! [ale o giʃɛ nymero sɛ̃k / a la kɛs sil vu plɛ] — Bitte gehen Sie zum Schalter 5 / an die Kasse!

**Könnten Sie mir bitte ... geben?** — **Pourriez-vous me donner ..., s'il vous plaît?** [purje vu mə dɔne ... sil vu plɛ]
Kleingeld — de la monnaie [də la mɔnɛ]
50 Euro-Scheine — des billets de cinquante euros [de bijɛ də sɛ̃kɑ̃t ørɔ]

8

| | |
|---|---|
| change [ʃɑ̃ʒ] | Wechselkurs, Geldwechsel |
| monnaie *f* [mɔnɛ] | Währung |
| achat [aʃa] | Ankauf |
| vente *f* [vɑ̃t] | Verkauf |
| carte *f* de credit [kart(ə) dəkredi] | Kreditkarte |
| code confidentiel [kɔd kɔ̃fidɑ̃sjɛl] | Geheimzahl (PIN) |
| carte eurochèque [kart(ə) ørɔʃɛk] | Euroscheckkarte |
| plafond de retrait [plafɔ̃ də rətrɛ] | Höchstbetrag |
| traveller's chèque [travlœrs ʃɛk] | Reisescheck |

## Am Geldautomaten

Bargeld bekommen Sie in Frankreich flächendeckend und am einfachsten an einem Geldautomaten (= *distributeur / guichet automatique* [distribytœr / giʃɛ ɔtomatik]). Akzeptiert werden vor allem Kredit-, aber auch Euroscheckkarten. Das Procedere entspricht dem an deutschen Automaten und kann meist auch in englischer Sprache abgerufen werden. Tipp: Wird Ihre EC-Karte trotz abgebildetem ec-Zeichen nicht akzeptiert, brechen Sie den Vorgang besser ab. Ggf. droht der Verlust der Karte.

8

| | |
|---|---|
| Nimmt dieser Geldautomat auch Euroscheckkarten? | Est-ce que ce distributeur accepte les cartes eurochèque? [ɛskə sə distribytœr aksɛpt le kart(ə) ørɔʃɛk] |
| Meine Kredit- / Euroscheckkarte ist stecken geblieben. | Ma carte a été avalée. [ma kart(ə) a ete avale] |

## Am Geldautomaten

| | |
|---|---|
| Veuillez introduire / Insérez votre carte | Bitte Kreditkarte einführen |
| Composez votre code (confidentiel) puis validez (ou corrigez) | Bitte Geheimzahl wählen und bestätigen (oder korrigieren) |
| Consultation de solde | Kontostand |
| Retrait (+ Ticket + Solde) | Geld abheben (+ Beleg + Kontostand) |
| Appuyez sur la touche face au montant désiré | Bitte mit Taste Betrag auswählen |
| Montant disponible | Zur Verfügung stehender Betrag |
| Validez | Bestätigen |
| Veuillez patienter, nous traitons votre opération | Bitte warten, Ihr Vorgang wird bearbeitet |
| Retirez vos billets et (re)prenez votre carte | Bitte Geld und Kreditkarte entnehmen |
| Prenez votre ticket | Bitte Beleg entnehmen |
| Retrait impossible, veuillez retirer votre carte | Auszahlung nicht möglich, bitte Kreditkarte entnehmen |
| Vous avez annulé votre opération, prenez votre carte | Sie haben den Vorgang abgebrochen, entnehmen Sie bitte Ihre Kreditkarte |
| ANNULATION | Abbruch (rot) |
| CORRECTION | Korrektur (gelb) |
| VALIDATION | Bestätigung (grün) |

Sonntags können Sie leicht auf die Aufschrift *Hors service* (= Außer Betrieb) treffen. Wurde Ihre Karte eingezogen (z.B. bei dreifach falsch eingegebener Geheimzahl), erscheint die Aufschrift *Carte retenue / non-restituée. Veuillez contacter votre agence.* (= Ihre Karte wurde eingezogen. Bitte wenden Sie sich an Ihre / die Bank!).

## Überweisungen & andere Dienstleistungen

Wenn Sie sich aus dringenden Gründen Geld per Postbank-Minuten-Service haben schicken lassen und wissen wollen, ob das Geld schon angekommen ist, fragen Sie: *On m'a envoyé de l'argent. Est-ce déjà arrivé?* [ɔ̃ ma ɑ̃vwaje də larʒɑ̃ ɛs deʒa arive] (= Ich habe mir Geld schicken lassen. Ist es schon da?).

| | |
|---|---|
| **Ich möchte ... .** | **Je voudrais ... .** [ʒə vudrɛ] |
| Geld abheben | retirer de l'argent [rətire də larʒɑ̃] |
| Geld (auf mein Konto) einzahlen | verser de l'argent (sur mon compte) [vɛrse də larʒɑ̃ (syr mɔ̃ kɔ̃t)] |
| Geld überweisen | faire un virement [fɛr œ̃ virmɑ̃] |
| einen Scheck sperren | faire opposition à un chèque [fɛr‿ɔpozisjɔ̃ a œ̃ ʃɛk] |
| diese Rechnung bezahlen | payer cette facture [peje sɛt faktyr] |
| ein Konto eröffnen | ouvrir un compte [uvrir‿œ̃ kɔ̃t] |

| | |
|---|---|
| Bank | banque *f* [bɑ̃k] |
| Bankleitzahl | code de banque [kɔd də bɑ̃k] |
| Girokonto | compte (courant) [kɔ̃t (kurɑ̃)] |
| Postgiro | ~ chèque postal (CCP) [ʃɛk pɔstal (sesepe)] |
| Kontonummer | numéro de compte [nymero də kɔ̃t] |
| Kontoauszug | relevé de compte [rəlve də kɔ̃t] |
| Kontostand | solde [sɔld(ə)] |
| Scheck | chèque [ʃɛk] |

# Postdienste

Postämter (= *Bureau de poste* [byro də pɔst(ə)]) sind montags bis freitags von 8.00 - 19.00 Uhr und samstags bis 12.00 Uhr geöffnet. Nur kleinere Postämter machen eine Mittagspause von 12.00 - 14.00 Uhr und schließen am späten Nachmittag.

▶ Kap. 8, Banken & Geldverkehr S. 217

## Briefe, Päckchen & mehr

Tipp: Briefmarken für Briefsendungen und Postkarten erhalten Sie außer bei der Post auch in den Tabakläden. Dringende Postsendungen können Sie per Kurierdienst (= *Chronopost* [krɔnopɔst(ə)]) von den Hauptpostämtern verschicken.

**BOITE AUX LETTRES**
**BRIEFKASTEN**

Autres destinations
andere Bestimmungsorte

Horaires des levées
Leerung: Zeit

Bureau de poste le plus proche
nächstes Postamt

| | |
|---|---|
| **Wie viel kostet es, ... nach Deutschland zu schicken?** | **Combien coûte ... pour l'Allemagne?** [kɔ̃bjɛ̃ kut ... pur lalmaɲ] |
| diesen Brief | cette lettre [sɛt lɛtr(ə)] |
| eine Postkarte | une carte postale [yn kart(ə) pɔstal] |
| ein Päckchen | un paquet [œ̃ pakɛ] |
| Fünf Briefmarken zu ..., bitte! | Cinq timbres à ..., s'il vous plaît! [sɛ̃k tɛ̃br(ə) a ... sil vu plɛ] |
| **Geben Sie mir bitte Briefmarken für einen Brief ...!** | **Pourriez-vous me donner des timbres pour une lettre pour ...!** [purje vu mə dɔne de tɛ̃br(ə) pur‿yn lɛtr(ə) pur] |
| nach Deutschland | l'Allemagne [lalmaɲ] |
| nach Österreich | l'Autriche [lotriʃ] |
| in die Schweiz | la Suisse [la sɥis] |
| **Ich möchte ein/en ... . (Ist das hier möglich?)** | **Je voudrais envoyer ... . (Est-ce possible ici?)** [ʒə vudrɛ ɑ̃vwaje ... (ɛs pɔsibl(ə) isi)] |
| Brief in die Schweiz abschicken | une lettre pour la Suisse [yn lɛtr(ə) pur la sɥis] |
| Fax (eine Seite) (ver)schicken | un fax (d'une page) [œ̃ faks (dyn paʒ)] |
| Telegramm aufgeben | un télégramme [œ̃ telegram] |
| Ich möchte ein Päckchen abholen. | Je viens chercher un paquet. [ʒə vjɛ̃ ʃɛrʃe œ̃ pakɛ] |

8

**Apropos:** Anders als in Deutschland bieten vor allem Fotokopierläden einen Faxservice an. Wegen z.T. großer Preisunterschiede empfiehlt es sich, nach den Preisen zu fragen: *Combien coûte un fax pour l'Allemagne?* [kɔ̃bjɛ̃ kut œ̃ faks pur lalmaɲ] (= Wie teuer ist ein Fax nach Deutschland?).

## Glossar: Post

| | |
|---|---|
| Postamt | bureau de poste [byro də pɔst(ə)] |
| postlagernd (~e Sendung) | poste *f* restante [pɔst(ə) rɛstɑ̃t] |
| Postfach | boîte *f* postale (B.P.) [bwat pɔstal (bepe)] |
| Postleitzahl | code postal [kɔd pɔstal] |
| Briefkasten | boîte *f* aux lettres [bwat o lɛtr(ə)] |
| Briefmarke/n | timbre/s [tɛ̃br(ə)] |
| Brief | lettre *f* [lɛtr(ə)] |
| Absender | expéditeur (exp.) [ɛkspeditœr] |
| Empfänger | destinataire [dɛstinatɛr] |
| Postkarte | carte *f* postale [kart(ə) pɔstal] |
| Paket / Päckchen | paquet [pakɛ] |
| (per) Eilzustellung / Express | (par) express [(par) ɛksprɛs] |
| (per) Einschreiben (mit Rückschein) | (par) lettre recommandée (avec avis de réception] [(par) lɛtr(ə) r(ə)kɔmɑ̃de (avɛk avi də resɛpsjɔ̃)] |
| (Sendung) per Nachnahme | (envoi) contre remboursement [(ɑ̃vwa) kɔ̃tr(ə) rɑ̃bursəmɑ̃] |
| per Luftpost | par avion [par‿avjɔ̃] |

8

# Telefonieren

Die meisten Auslandsverbindungen sind direkt von den öffentlichen Telefonzellen aus möglich. Sie funktionieren fast ausschließlich mit Telefonkarten. Apropos: Der Billigtarif für Auslandsgespräche gilt von 22.30 bis 8.00 Uhr und am Wochenende von 14.00 bis 8.00 Uhr.

| | |
|---|---|
| Telefonzelle | cabine *f* téléphonique [kabin telefɔnik] |
| Münzfernsprecher | ~ à pièces [a pjɛs] |
| Kartentelefon | ~ à cartes [a kart(ə)] |
| Telefonkarte | carte *f* de téléphone [kart(ə) də telefɔn] |
| Telefonbuch | annuaire [anɥɛr] |
| Gelbe Seiten® | pages *f pl* jaunes [paʒ jon] |
| Auslands- / Ferngespräch | communication *f* internationale / interurbaine [kɔmynikɑsjɔ̃ ɛ̃tɛrnasjɔnal / ɛ̃tɛryrbɛn] |
| R-Gespräch | appel en PCV [apɛl ɑ̃ peseve] |
| Vorwahl | indicatif [ɛ̃dikatif] |

## Nützliche Telefonnummern

### Nationale Vorwahl

| | |
|---|---|
| 0049 | von Frankreich nach Deutschland |
| 0041 | von Frankreich in die Schweiz |
| 0043 | von Frankreich nach Österreich |
| 0033 | vom Ausland nach Frankreich |

### Innerhalb Frankreichs

8

Alle französischen Telefonnummmern sind zehnstellig und beginnen mit einer »0«. Nur bei Gesprächen aus dem Ausland nach Frankreich lässt man diese »0« weg.

### Telefonauskunft

| | |
|---|---|
| 12 | Inland |
| 3212 | Ausland (für deutsche Telefonnummern) |

### Deutschland Direkt

0800990049 zentrale Vermittlung von R-Gesprächen

▶ Kap. 9, Bei Geld- & Kartenverlust S. 239

## Münz- & Kartentelefone

Telefonkarten (= *carte de téléphone* [kart(ə) də telefɔn]) gibt es in zwei Größen: die kleine mit 50 und die große mit 120 Einheiten. Sie bekommen sie in den Läden der Telecom, in Postämtern, Tabakläden und an vielen Kiosken.

Könnten Sie mir 10 Euro (in Ein-/Zwei-Euro-Stücke) wechseln?

Pourriez-vous me faire de la monnaie sur dix euros (en pièces de un / deux euro/s)?
[purje vu mə fɛr də la mɔnɛ syr diz‿ørɔ (ɑ̃ pjɛs də ɑ̃n / døz‿ørɔ)]

Eine Telefonkarte mit 120 Einheiten, bitte!

Une carte de téléphone à cent vingt unités, s'il vous plaît!
[yn kart(ə) də telefɔn a sɑ̃ vɛ̃t‿ynite sil vu plɛ]

8

### Kartentelefon

| | |
|---|---|
| Décrochez | Hörer abnehmen |
| Insérez votre carte | Telefonkarte eingeben |
| Patientez | Bitte warten Sie |
| Numérotez | Die Nummer wählen |

## Am Telefon

Französische Telefongespräche beginnen generell mit *Allô?* [alo] (= Ja bitte? / Hallo?). Es ist nicht üblich, dass sich der Angerufene mit seinem Namen meldet. Der Anrufer wiederum bringt seinen Wunsch direkt vor, oft auch, ohne sich selbst vorzustellen. Eine kurze Rückfrage löst eventuelle Unklarheiten.

| | |
|---|---|
| • Allô? [alo] | Hallo? |
| • Qui est à l'appareil? [ki ɛt‿a laparɛj] | Wer spricht? |
| Es spricht … . | C'est … . [sɛ] |
| Ich möchte mit … sprechen. | Je voudrais parler à … . [ʒə vudrɛ parle a] |
| Verbinden Sie mich bitte mit …! | Passez-moi … s'il vous plaît! [pɑse mwa … sil vu plɛ] |
| • Vous vous êtes trompé de numéro! [vu vuz‿ɛt trɔ̃pe də nymero] | Sie haben sich verwählt! |
| • Un moment, s'il vous plaît. Je vous la / le passe! [œ̃ mɔmɑ̃ sil vu plɛ ʒə vu la / lə pɑs] | Einen Moment bitte, ich verbinde Sie! |
| • Je suis désolé/e. Il / Elle n'èst pas là / à la maison. [ʒə sɥi dezɔle il / ɛl nɛ pɑ la / a la mɛzɔ̃] | Tut mir leid. Er / Sie ist nicht da / zuhause. |
| Könnten Sie ihr / ihm ausrichten, dass ich angerufen habe. | Pourriez-vous lui dire que j'ai appellé? [purje vu lɥi dir kə ʒɛ aple] |
| Auf Wiederhören! / Bis bald! / Tschüs! | Au revoir! [o r(ə)vwar] / A bientôt! [a bjɛ̃to] / Salut! [saly] |

▶ Kap. 10, Telefonieren S. 259

# Beim Friseur

| | |
|---|---|
| Haben Sie morgen noch einen Termin frei? | Puis-je prendre rendez-vous pour demain? [pɥi‿ʒ(ə) prɑ̃dr(ə) rɑ̃devu pur d(ə)mɛ̃] |

## Was soll gemacht werden?

| | |
|---|---|
| • Qu'est-ce qu'on vous fait? [kɛs kɔ̃ vu fɛ] | Was soll bei Ihnen gemacht werden? |
| Ich möchte die Haare schneiden lassen. | Je voudrais me faire couper les cheveux. [ʒə vudrɛ mə fɛr kupe le ʃ(ə)vø] |
| **Nur ...! / ... und ...!** | **Seulement ...! / ... et ...!** [sœlmɑ̃ ... / ... e ...] |
| waschen | un shampooing [œ̃ ʃɑ̃pwɛ̃] |
| schneiden | une coupe [yn kup] |
| föhnen | sécher [seʃe] |
| färben | colorer [kɔlɔre] |
| frisieren | faire un brushing [fɛr‿œ̃ brœʃiŋ] |
| **Ich möchte einen ... .** | **Je voudrais une ... .** [ʒə vudrɛ yn] |
| neuen Haarschnitt | nouvelle coupe [nuvɛl kup] |
| Kurzhaarschnitt | coupe courte [kup kurt(ə)] |
| **Machen Sie mir bitte ...!** | **Pourriez-vous me faire ...?** [purje vu mə fɛr] |
| Strähnen | des mèches [de mɛʃ] |
| Kammsträhnen | un balayage [œ̃ balɛjaʒ] |
| eine Föhnwelle | une mise en pli [yn miz‿ɑ̃ pli] |
| eine (leichte) Dauerwelle | une permanente (légère) [yn pɛrmanɑ̃t (leʒɛr)] |

## Waschen, schneiden, föhnen

| | |
|---|---|
| • Est-ce que la température de l'eau vous convient? [ɛskə la tɑ̃peratyr də lo vu kɔ̃vjɛ̃] | Ist Ihnen die Wassertemperatur so recht? |
| Bitte etwas wärmer / kälter! | Un (petit) peu plus chaud / froid, s'il vous plaît! [œ̃ (p(ə)ti) pø ply ʃo / frwa sil vu plɛ] |
| • Combien voulez-vous que je coupe? [kɔ̃bjɛ̃ vule vu kə ʒə kup] | Wie viel soll abgeschnitten werden? |
| Etwa einen Zentimeter, bitte! | Environ un centimètre, s'il vous plaît! [ɑ̃virɔ̃ œ̃ sɑ̃timɛtr(ə) sil vu plɛ] |
| Nur die Spitzen. | Juste les pointes. [ʒyst(ə) le pwɛ̃t] |
| • Quelle coupe désirez-vous? [kɛl kup dezire vu] | Was für einen Schnitt wünschen Sie? |
| Ich hätte die Haare gern stufig geschnitten. | Je voudrais une coupe dégradée. [ʒə vudrɛ yn kup degrade] |
| Den Pony bitte fransig! | La frange effilée, s'il vous plaît! [la frɑ̃ʒ efile sil vu plɛ] |
| • Voulez-vous la raie à droite / à gauche / au milieu? [vule vu la rɛ a drwat / a goʃ / o miljø] | Den Scheitel rechts / links / in der Mitte? |
| • Quelle teinte désirez-vous? [kɛl tɛ̃t dezire vu] | Welche Farbe hätten Sie gern? |
| **Ich möchte sie… .** | **Je la voudrais … .** [ʒə la vudrɛ] |
| blond | blond [blɔ̃] |
| rot | roux [ru] |
| schwarz | noir [nwar] |

8

| | |
|---|---|
| • **Un peu de ...?** [œ̃ pø də] | **Etwas ...?** |
| mousse [mus] | Schaumfestiger |
| laque [lak] / gel [ʒɛl] | Haarspray / Gel |
| • Ça vous va comme ça? [sa vu va kɔm sa] | Ist es so recht? |
| So gefällt es mir! | Ça me plaît! [sa mə plɛ] |

## Reinigung

| | |
|---|---|
| **Ich möchte ... reinigen lassen.** | **Je voudrais faire nettoyer ... .** [ʒə vudrɛ fɛr netwaje] |
| diese Hose | ce pantalon [sə pɑ̃talɔ̃] |
| das hier | ceci [səsi] |
| Lässt sich dieser Fleck entfernen? | Pouvez-vous enlever cette tache? [puve vu ɑ̃ləve sɛt taʃ] |
| Wann ist es fertig? | Quand est-ce que ce sera fait? [kɑ̃t‿ɛskə sə səra fɛ] |

| | |
|---|---|
| Chemische Reinigung | nettoyage à sec [netwajaʒ a sɛk] |
| Wäscherei | laverie *f* [lavri] |
| waschen | laver [lave] |
| bügeln | repasser [r(ə)pɑse] |
| Fleck | tache *f* [taʃ] |

8

► Kap. 6, Glossar: Kleidungsstücke S. 173

# 9 FÜR ALLE FÄLLE

# Das Allernotwendigste

| | |
|---|---|
| Achtung! / Vorsicht! | Attention! [atɑ̃sjɔ̃] |
| Hilfe! | Au secours! [o s(ə)kur] |
| Helfen Sie mir bitte! | Aidez-moi, s'il vous plaît! [ede mwa sil vu plɛ] |
| Feuer! | Au feu! [o fø] |
| Ein Unfall! | Un accident! [œ̃n‿aksidɑ̃] |
| Haltet den Dieb! | Au voleur! [o vɔlœr] |
| **Bitte rufen Sie ...!** | **Appelez ..., s'il vous plaît!** [aple ... sil vu plɛ] |
| einen Arzt | un médecin [œ̃ medsɛ̃] |
| die Polizei | la police [la pɔlis] |
| die Feuerwehr | les pompiers [le pɔ̃pje] |
| **Wo ist die / das nächste ...?** | **Où se trouve ... le / la plus proche?** [u sə truv ... lə / la ply prɔʃ] |
| Krankenhaus | l'hôpital [lɔpital] |
| Polizeidienststelle | le commissariat de police [lə kɔmisarja də pɔlis] |
| Telefon | la cabine téléphonique [la kabin telefɔnik] |
| Bitte benachrichtigen Sie ...! | Prévenez ..., s'il vous plaît! [prevne ... sil vu plɛ] |

9

Die ersten drei der nachfolgend aufgeführten Notrufnummern gelten frankreichweit (ohne Vorwahl) und können von den meisten Telefonzellen aus ohne Telefonkarte und gebührenfrei angewählt werden; bei alten Apparaten ist Münzeinwurf erforderlich.

**Wichtige Telefonnummern**

| | | |
|---|---|---|
| 17 | Polizei | Police |
| 15 | Krankenwagen | SAMU (Service d'aide médicale d'urgence) |
| 18 | Feuerwehr | Pompiers |
| 112 | europäische Notrufnummer | |

| | |
|---|---|
| 0472171222 | ADAC Büro Lyon, deutschsprachig |
| 0153834500 | Deutsche Botschaft Paris |
| 0149556700 | Schweizer Botschaft Paris |
| 0140633063 | Österreichische Botschaft Paris |

# Bei Verkehrsunfällen

| | |
|---|---|
| Ist alles in Ordnung? | Tout va bien? [tu va bjɛ̃] |
| Sind Sie verletzt? | Etes-vous blessé/e? [ɛt vu blese] |
| Das war / war nicht meine Schuld. | C'est / Ce n'est pas moi qui suis responsable. [sɛ / sə nɛ pɑ mwa ki sɥi rɛspɔ̃sabl(ə)] |
| Sie haben die Vorfahrt nicht beachtet. | Vous n'avez pas respecté la priorité. [vu nave pɑ rɛspɛkte la prijɔrite] |
| Sie sind zu dicht aufgefahren. | Vous me suiviez de trop près. [vu mə sɥivje də tro prɛ] |
| Sie sind zu schnell gefahren. | Vous avez roulé trop vite. [vuz‿ave rule tro vit] |
| Ich rufe die Polizei. | J'appelle la police. [ʒapɛl la pɔlis] |
| Würden Sie als Zeuge / Zeugin für mich aussagen? | Pourriez-vous me servir de témoin? [purje vu mə sɛrvir də temwɛ̃] |

9

**NOTRUF 15**

| | |
|---|---|
| Ein Notfall! | C'est une urgence! [sɛt‿yn‿yrʒɑ̃s] |
| Ich heiße ... . | Je m'appelle ... . [ʒə mapɛl] |
| Ich rufe von ... an. | J'appelle de ... . [ʒapɛl də] |
| **Ein (Auto-) Unfall ... .** | **Un accident (de la route) ... .** [œ̃n‿aksidɑ̃ (də la rut)] |
| auf der Straße ... Richtung ... | sur la route de ... en direction de ... [syr la rut də ... ɑ̃ dirɛksjɔ̃ də] |
| auf der Autobahn | sur l'autoroute [syr lɔtɔrut] |
| in der Nähe von ... | près de ... [prɛ də] |
| Ein (Schwer-) Verletzter. | Une personne (gravement) blessée. [yn pɛrsɔn (gravmɑ̃) blese] |

▶ Kap. 3, Auf der Autobahn S. 65
▶ Kap. 9, Das Allernotwendigste S. 232, In der Autowerkstatt S. 235

| | |
|---|---|
| Unfall | accident [aksidɑ̃] |
| (Personen- / Sach)schaden | dommage (corporel / matériel) [dɔmaʒ (kɔrpɔrɛl / materjɛl)] |
| Abschleppdienst | service de dépannage [sɛrvis də depanaʒ] |
| (Verkehrs-) Polizei | police *f* (de la route) [pɔlis (də la rut)] |
| Protokoll | protocol [prɔtɔkɔl] |
| Anzeige (erstatten) | (porter) plainte *f* [(pɔrte) plɛ̃t] |
| Zeuge | témoin [temwɛ̃] |
| Versicherung | assurance *f* [asyrɑ̃s] |

9

# Autopanne

## Hilfe herbeiholen

Die Pannenhilfe des ADAC erreichen Sie ganzjährig rund um die Uhr unter der Nummer 72171222 (Vorwahl 16, von Paris aus).

| | |
|---|---|
| Ich habe eine Autopanne / kein Benzin mehr. | Je suis tombé/e en panne / en panne d'essence. [ʒə sɥi tɔ̃be ɑ̃ pan / ɑ̃ pan dɛsɑ̃s] |
| Mein Auto hat einen Platten. | J'ai crevé. [ʒɛ krəve] |
| **Haben Sie ein/en ... ?** | **Auriez-vous ...?** [ɔrje vu] |
| Abschleppseil | un câble de remorquage [œ̃ kɑbl(ə) də r(ə)mɔrkaʒ] |
| Starthilfekabel | des câbles de batterie [de kɑbl(ə) də batri] |
| Wagenheber | un crick [œ̃ krik] |
| **Könnten Sie mir helfen (, ...)?** | **Pourriez-vous m'aider (à ...)?** [purje vu mede (a)] |
| das Auto anzuschieben | pousser la voiture [puse la vwatyr] |
| den Reifen zu wechseln | changer la roue [ʃɑ̃ʒe la ru] |
| Wo gibt es hier eine Reparaturwerkstatt / Vertragswerkstatt von ... ? | Où y a-t-il un garage / concessionnaire de ... par ici? [u ja‿til œ̃ garaʒ / kɔ̃sɛsjɔnɛr də ... par isi] |

## In der Autowerkstatt

| | |
|---|---|
| **Der Wagen ... .** | **La voiture ... .** [la vwatyr ] |
| ist kaputt | est cassé/e [ɛ kase] |
| springt nicht an | ne démarre pas [nə demar pɑ] |

9

| | |
|---|---|
| Können Sie den Wagen reparieren? | Pourriez-vous réparer la voiture? [purje vu repare la vwatyr] |
| Wie lange wird die Reparatur dauern? | Combien de temps vous faut-il? [kɔ̃bjɛ̃ də tɑ̃ vu fot‿il] |
| Haben Sie das Ersatzteil da? | Auriez-vous les pièces détachées en stock? [ɔrje vu le pjɛs detaʃe ɑ̃ stɔk] |
| Wie viel wird es kosten? | Combien ça coûtera? [kɔ̃bjɛ̃ sa kutra] |
| Können Sie mir einen Kostenvoranschlag machen? | Pourriez-vous me faire un devis? [purje vu mə fɛr œ̃ d(ə)vi] |

▶ Kap. 3, Tankstelle: Serviceleistungen S. 68

**Reparaturanfällige Teile**

| | |
|---|---|
| Auspuff | pot d'échappement [po deʃapmɑ̃] |
| Batterie | batterie *f* [batri] |
| Bremse | frein [frɛ̃] |
| Blinker | clignotant [kliɲɔtɑ̃] |
| Licht | feu [fø] |
| Bremsleuchte | feu de stop [fø də stɔp] |
| Keilriemen | courroie *f* [kurwɑ] |
| Kupplung | embrayage [ɑ̃brɛjaʒ] |
| Kühler | radiateur [radjatœr] |
| Motor | moteur [mɔtœr] |
| Reifen | pneu [pnø] |
| Zündkerze | bougie *f* [buʒi] |
| Zündung | allumage [ɑlymaʒ] |

▶ Wörterbuch

9

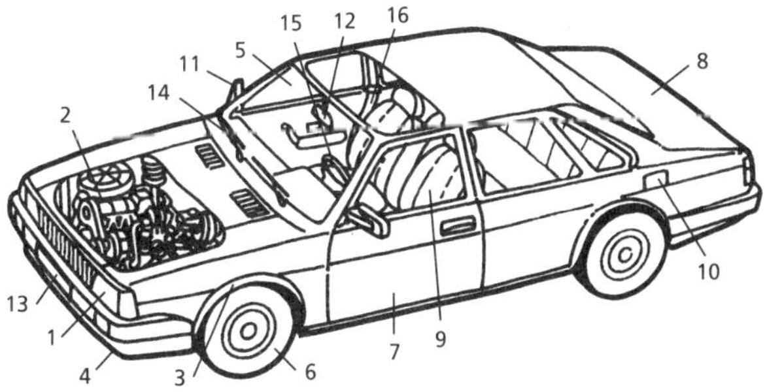


| | | |
|---|---|---|
| 1 | phare [far] | Scheinwerfer |
| 2 | moteur [mɔtœr] | Motor |
| 3 | aile *f* [ɛl] | Kotflügel |
| 4 | pare-chocs [parʃɔk] | Stoßstange |
| 5 | pare-brise [parbriz] | Windschutzscheibe |
| 6 | pneu [pnø] | Reifen |
| 7 | portière *f* [pɔrtjɛr] | (Wagen-) Tür |
| 8 | coffre [kɔfr(ə)] | Kofferraum |
| 9 | siège [sjɛʒ] | Sitz |
| 10 | réservoir d'essence [rezɛrvwar desɑ̃s] | Tank |
| 11 | rétroviseur extérieur [retrɔvizœr ɛksterjœr] | Außenspiegel |
| 12 | rétroviseur intérieur [retrɔvizœr ɛ̃tɛrjœr] | Rückspiegel |
| 13 | plaque *f* d'immatriculation [plak dimatrikylasjɔ̃] | Nummernschild |
| 14 | essuie-glace [ɛsɥiglas] | Scheibenwischer |
| 15 | volant [vɔlɑ̃] | Lenkrad |
| 16 | ceinture *f* de sécurité [sɛ̃tyr də sekyrite] | Sicherheitsgurt |

# Diebstahl & Verlust

## Allgemein

**Wo ist ...?** — **Où se trouve ...?** [u sə truv]

das Fundbüro — le bureau des objets trouvés [lə byro dez‿ɔbʒɛ truve]

die Polizei / eine Polizeidienststelle — le commissariat (de police) [lə kɔmisarja (də pɔlis)]

| | |
|---|---|
| **Mir wurde … gestohlen.** | **On m'a volé … .** [ɔ̃ ma vɔle] |
| meine Brieftasche | mon portefeuille [mɔ̃ pɔrtəfœj] |
| mein Portemonnaie | mon porte-monnaie [mɔ̃ pɔrtmɔnɛ] |
| meine Handtasche | mon sac à main [mɔ̃ sak‿a mɛ̃] |
| **Ich kann meine/n … nicht mehr finden.** | **Je ne trouve plus … .** [ʒə nə truv ply] |
| Schlüssel | mes clés [me kle] |
| Führerschein | mon permis de conduire [mɔ̃ pɛrmi də kɔ̃dɥir] |
| **Ich habe meine/n … verloren.** | **J'ai perdu … .** [ʒɛ pɛrdy] |
| Papiere | mes papiers [me papje] |
| Pass | mon passeport [mɔ̃ paspɔr] |
| Ich habe meinen Mantel vergessen / hier liegen lassen. | J'ai oublié mon manteau ici. [ʒe ublije mɔ̃ mɑ̃to isi] |
| Ist hier vielleicht ein/e … abgegeben worden? | Est-ce que quelqu'un vous a rapporté …? [ɛskə kɛlkœ̃ vuz‿a rapɔrte] |

## Anzeige erstatten

| | |
|---|---|
| **Ich möchte eine/n … anzeigen.** | **Je voudrais déclarer … .** [ʒə vudrɛ deklare] |
| Verlust | une perte [yn pɛrt(ə)] |
| Diebstahl | un vol [œ̃ vɔl] |
| Überfall | une agression [yn‿agrɛsjɔ̃] |
| **Mir wurde mein/e…. gestohlen.** | **On m'a volé … .** [ɔ̃ ma vɔle] |
| Reisegepäck | mes bagages [me bagaʒ] |
| (Hand-) Tasche | mon sac à main [mɔ̃ sak‿a mɛ̃] |
| Geld | mon argent [mɔ̃n‿arʒɑ̃] |

| | |
|---|---|
| Mein Auto ist aufgebrochen worden. | Quelqu'un a pénétré par effraction dans ma voiture. [kɛlkœ̃ a penetre par‿efraksjɔ̃ dɑ̃ ma vwatyr] |
| • Où / Quand est-ce arrivé? [u / kɑ̃t‿ɛs arive] | Wo / Wann ist es passiert? |
| • Décrivez les objets volés et leur valeur! [dekrive lez‿ɔbʒɛ vɔle e lœr valœr] | Beschreiben Sie die Art der Gegenstände und ihren Wert! |

▶ Kap. 2, Glossar: Personalien S. 42
▶ Wörterbuch

## Bei Geld- & Kartenverlust

Wenn Sie dringend Geld benötigen, können Sie es sich entweder als Postbank-Minuten-Service oder per Swift-Überweisung der Bank (= *virement SWIFT* [virmɑ̃ svift]) schicken lassen. Die deutschen Auslandsvertretungen können Ihnen erklären, wie Sie binnen weniger Stunden aus Deutschland Geld transferieren können.

| | |
|---|---|
| Wo ist die Hauptpost? | Où se trouve la poste principale? [u sə truv la pɔst(ə) prɛ̃sipal] |
| **Ich erwarte eine ... .**<br>Postanweisung<br>SWIFT - Überweisung von ... | **J'attends un ... .** [ʒatɑ̃ œ̃]<br>mandat postal [mɑ̃da pɔstal]<br>virement SWIFT de ... [virmɑ̃ svift də] |
| Ist das Geld schon angekommen? | Est-ce que l'argent est déjà arrivé? [ɛskə larʒɑ̃ ɛ deʒa arive] |

9

### Verlustmeldung von Karten

| | |
|---|---|
| 0049 1805 021021 | EC-Karten |
| 001 314 2756690 | Mastercard |
| 001 410 5813836 | Visa |
| 0049 69 66166123 | Diners Club |
| 0049 69 9791000 | American Express |
| 0049 116116 | zentrale Notrufnummer zum Sperren von EC-Karten, Kreditkarten und Handys |

▶ Kap. 8, Nützliche Telefonnummern S. 225

# In der Apotheke

**Apropos:** Apotheken erkennt man in Frankreich an einem grünem Kreuz, das in der Regel während der Öffnungszeiten aufleuchtet.

## Medikamente kaufen

| | |
|---|---|
| **Ich hätte gern (ein/e) ...** | **Je voudrais / désire ... .** [ʒə vudrɛ / dezir] |
| Schmerzmittel | un analgésique [œ̃n‿analʒezik] |
| Beruhigungsmittel | un calmant [œ̃ kalmɑ̃] |
| Schlafmittel | un somnifère [œ̃ sɔmnifɛr] |
| Abführmittel | un laxatif [œ̃ laksatif] |
| Packung Präservative | une boîte de préservatifs [yn bwat də prezɛrvatif] |
| Pflaster | du sparadrap / tricostéril [dy sparadra / trikɔsteril] |

9

| | |
|---|---|
| • Ce médicament n'est délivré que sur ordonnance. [sə medikamɑ̃ nɛ delivre kə syr ɔrdɔnɑ̃s] | Dieses Medikament ist verschreibungspflichtig. |

| | |
|---|---|
| **Bitte etwas gegen ...!** | **Donnez-moi quelque chose contre ..., s'il vous plaît!** [dɔne mwa kɛlkə ʃoz kɔ̃tr ... sil vu plɛ] |
| Durchfall | la diarrhée [la djare] |
| Verstopfung | la constipation [la kɔ̃stipasjɔ̃] |
| Sonnenbrand | les coups de soleil [le ku də sɔlɛj] |
| Mücken- / Insektenstiche | les piqûres de moustiques / d'insectes [le pikyr də mustik / dɛ̃sɛkt(ə)] |

**Darreichungsformen**

| | |
|---|---|
| Kapseln | gélule *f* [ʒelyl] |
| Saft / Sirup | sirop [siro] |
| Salbe | pommade *f* [pɔmad] |
| Tablette | comprimé [kɔ̃prime] |
| Lutsch~ | pastille *f* à sucer [pastij a syse] |
| Tropfen | gouttes *f pl* [gut] |
| Zäpfchen | suppositoire [sypozitwar] |

► Wörterbuch (Krankheiten)
► Kap. 9, Beschwerden benennen S. 244
► Kap. 6, Glossar: Körperpflegeartikel S. 177

## Glossar: Packungsbeilage

**Apropos:** Die Gebrauchsinformationen zu Medikamenten sind normalerweise nur in französischer Sprache abgefasst. Achten Sie auf Gegenanzeigen (= *contre-indications* [kɔ̃tr(ə) ɛ̃dikasjɔ̃]) und mögliche Nebenwirkungen (= *effets indésirables (possibles)* [efɛ ɛ̃dezirabl(ə) (pɔsibl(ə))].

9

| **Posologie & Mode d'administration** | **Dosierung & Anwendung** |
|---|---|
| adultes | Erwachsene |
| enfants au-dessous de 5 ans | Kinder unter 5 Jahren |
| 10 gouttes / comprimés | 10 Tropfen / Tabletten |
| une cuillère à café | 1 Teelöffel |
| toutes les 4 heures | alle 4 Stunden |
| 3 fois par jour | 3x täglich |
| avant / après / pendant les repas | vor / nach / zu den Mahlzeiten |
| le matin / soir | morgens / abends |
| à jeûn | auf nüchternen Magen |
| voie orale | oral |
| avaler | unzerkaut herunterschlucken |
| faire dissoudre dans un verre d'eau | in Wasser auflösen |
| avec beaucoup d'eau | mit viel Flüssigkeit |
| voie rectale | rektal |
| pour l'usage externe | zur äußeren Anwendung |

# Arztbesuch & Krankenhausaufenthalt

9

Wenn Sie im Urlaub erkranken, sollten Sie zunächst einen niedergelassenen Arzt (= *médecin conventionné* [medsɛ̃ kɔ̃vɑ̃sjɔne]) aufsuchen, da hier die Wartezeiten kürzer sind und die spätere Kostenerstattung meist problemloser erfolgt. Stellen Sie sich darauf ein, dass Sie die Behandlungskosten direkt vor Ort zahlen müssen. Ihre Auslagen (inkl. Arzneikosten) werden jedoch von den meisten Krankenkassen gegen Nachweis ganz oder teilweise erstattet. Vor einer umfangreicheren Behandlung und bei längerer Aufenthaltsdauer sollten Sie in jedem Falle Rücksprache mit Ihrer Krankenkasse halten. Versicherte der gesetzlichen Krankenkassen sollten vor Antritt der Reise bei Ihrer Kasse die europäische Krankenversicherungskarte beantragen.

## Orientierung

| | |
|---|---|
| **Wo ist der / die / das nächste ...?** | **Où se trouve ... le / les plus proche/s?** [u sə truv ... lə / le ply prɔʃ] |
| Arzt | le médecin [lə medsɛ̃] |
| Krankenhaus | l'hôpital [lɔpital] |
| Notfallstation | les urgences [lez‿yrʒɑ̃s] |
| Gibt es hier einen Arzt, der Deutsch spricht? | Y a-t-il un médecin ici qui parle allemand? [ja‿til œ̃ medsɛ̃ isi ki parl almɑ̃] |
| Können Sie mir eine/n gute/n ... empfehlen? | Pourriez-vous me recommander un bon / une bonne ...? [purje vu mə r(ə)kɔmɑ̃de œ̃ bɔ̃ / yn bɔn] |

| | |
|---|---|
| Augenarzt/ärztin | ophtalmologiste [ɔftalmɔlɔʒist(ə)] |
| Chirurg/in | chirurgien [ʃiryrʒjɛ̃] |
| Frauenarzt/ärztin | gynécologue [ʒinekɔlɔg] |
| Hals-Nasen-Ohrenarzt/ärztin | oto-rhino (-laryngologiste) [ɔtɔrinɔ (larɛ̃gɔlɔʒist(ə))] |
| Hautarzt/ärztin | dermatologue [dɛrmatɔlɔg] |
| Internist/in | spécialiste des maladies internes [spesjalist(ə) de maladi ɛ̃tɛrn] |
| Kinderarzt/ärztin | pédiatre [pedjatr(ə)] |
| Praktische/r Arzt/Ärztin | généraliste [ʒeneralist(ə)] |

**Apropos:** Viele niedergelassene Ärzte haben keine Sprechstundenhilfe. Sie können sich direkt ins Wartezimmer setzen und warten, bis Sie aufgerufen werden: *Le suivant, s'il vous plaît!* [lə sɥivɑ̃ sil vu plɛ] (= Der Nächste, bitte!).

▶ Wörterbuch (Fachärzte)

## Beschwerden benennen

| | |
|---|---|
| **Ich habe … .** | **J'ai … .** [ʒɛ] |
| Bauch- / Magenschmerzen | mal au ventre / à l'estomac [mal‿o vɑ̃tr(ə) / a lɛstɔma] |
| Kopfschmerzen | mal à la tête [mal‿a la tɛt] |
| eine Erkältung | un rhume [œ̃ rym] |
| Husten | une toux [yn tu] |
| Fieber | de la fièvre [də la fjɛvr(ə)] |
| **Ich fühle mich … .** | **Je me sens … .** [ʒə mə sɑ̃] |
| schlecht | mal [mal] |
| schwach | affaibli/e [afɛbli] |
| Mir ist schwindelig / schlecht. | J'ai des vertiges / nausées. [ʒɛ de vɛrtiʒ / noze] |
| Er / Sie ist ohnmächtig geworden. | Il / Elle a perdu connaissance. [il / ɛl‿a pɛrdy kɔnɛsɑ̃s] |
| Mir tut / tun die rechte Schulter / Beine weh. | J'ai mal à l'épaule droite / aux jambes. [ʒɛ mal a lepol drwat / o ʒɑ̃b] |
| **Ich habe mich … .** | **Je me suis … .** [ʒə mə sɥi] |
| verletzt | blessé/e [blese] |
| geschnitten | coupé/e [kupe] |
| verbrannt | brûlé/e [bryle] |

| | |
|---|---|
| Ich bin gefallen. | Je suis tombé/e. [ʒə sɥi tɔ̃be] |
| Ich kann meinen Fuß nicht bewegen. | Je ne peux plus bouger mon pied. [ʒə nə pø ply buʒe mɔ̃ pje] |
| Ich habe mir den Knöchel verstaucht / verrenkt. | Je me suis fait une entorse / luxation. [ʒə mə sɥi fɛ yn ‿ɑ̃tɔrs / lyksasjɔ̃] |
| Ich bin gestochen / gebissen worden. | On me suis fais piquer / mordre. [ɔ̃ mə sɥi fɛ pike / mɔrdr(ə)] |
| Ich habe krampfartige Schmerzen. | J'ai des crampes. [ʒɛ de krɑ̃p] |

▶ Wörterbuch (Krankheiten, Körperteile, Organe)

## Ärztliche Untersuchung

| | |
|---|---|
| • Où avez-vous mal? [u ave vu mal] | Wo tut es Ihnen weh? |
| Es tut mir (hier) weh. | J'ai mal (ici). [ʒɛ mal (isi)] |
| • Ça vous fait mal? [sa vu fɛ mal] | Tut Ihnen das weh? |
| • Depuis quand souffrez-vous? [dəpɥi kɑ̃ sufre vu] | Seit wann haben Sie diese Schmerzen? |
| • Déshabillez-vous (juste le haut), s'il vous plaît! [dezabije vu (ʒyst(ə) lə 'o) sil vu plɛ] | Bitte machen Sie sich (oben) frei! |
| • Allongez-vous sur le ventre / dos / coté, s'il vous plaît. [alɔ̃ʒe vu syr lə vɑ̃tr(ə) / do / kote sil vu plɛ] | Legen Sie sich bitte auf den/die Bauch / Rücken / Seite! |
| • Inspirez / Expirez fortement! [ɛ̃spire / ɛkspire fɔrtəmɑ̃] | Tief einatmen / ausatmen, bitte! |

| | |
|---|---|
| • Retenez votre respiration! [rətne vɔtr(ə) rɛspirasjɔ̃] | Halten Sie bitte den Atem an! |
| • Pouvez-vous bouger le / la / les ...? [puve vu buʒe lə / la / le] | Können Sie den / das / die ... bewegen? |
| • Comment sont les selles? [kɔmɑ̃ sɔ̃ le sɛl] | Wie ist der Stuhlgang? |
| • Avez-vous de la fièvre? [ave vu də la fjɛvr(ə)] | Haben Sie Fieber? |
| • Avez-vous eu des maladies graves? [ave vu y də maladi grav] | Haben Sie besondere Krankheiten gehabt? |
| **Ich habe (einen) ... .** | **J'ai ... .** [ʒɛ] |
| AIDS | le Sida [lə sida] |
| Diabetis | du diabète [dy djabɛt] |
| Herzschrittmacher | un pace maker [œ̃ pɛsmɛkœr] |
| Bypass | un by-pass [œ̃ bajpas] |
| **Ich hatte einen ... .** | **J'ai eu ... .** [ʒɛ y] |
| Herzinfarkt | un infarctus [œ̃n‿ɛ̃farktys] |
| Schlaganfall | une attaque d'apoplexie [yn‿atak dapɔplɛksi] |
| • Prenez-vous des médicaments? [prəne vu de medikamɑ̃] | Nehmen Sie Medikamente? |
| • Est-ce que vous fumer? [ɛske vu fyme] | Rauchen Sie? |
| • Etes-vous vacciné/e contre le tétanos? [ɛt vu vaksine kɔ̃tr(ə) lə tetanos] | Sind Sie gegen Tetanus geimpft? |
| • Etes-vous allergique (à la / au ...)? [ɛt vu alɛrʒik (a la / o)] | Sind Sie allergisch (gegen ...)? |

| | |
|---|---|
| • Quand avez-vous eu vos dernières règles? [kɑ̃t‿ave vu y vo dɛrnjɛr rɛgl(ə)] | Wann war Ihre letzte Regelblutung? |
| **Ich nehme / habe / benutze … .** | **Je prends / J'ai / J'utilise … .** [ʒə prɑ̃ / ʒɛ / ʒytiliz] |
| die Pille | la pilule [la pilyl] |
| ein Diaphragma | un diaphragme [œ̃ djafragm(ə)] |
| Präservative | des préservatifs [de prezɛrvatif] |
| Ich bin schwanger. | Je suis enceinte. [ʒə sɥiz‿ɑ̃sɛ̃t] |

## Diagnose & Therapie

| | |
|---|---|
| • Ce n'est rien de grave. [sə nɛ rjɛ̃ də grav] | Es ist nichts Ernstes. |
| • **Il faut faire faire … .** [il fo fɛr fɛr] | **Wir müssen eine … machen lassen.** |
| un bilan sanguin / urinaire [œ̃ bilɑ̃ sɑ̃gɛ̃ / yrinɛr] | Blut- / Urinuntersuchung |
| une radio [yn radjɔ] | Röntgenaufnahme |
| une échographie [yn‿ekografi] | Ultraschalluntersuchung |
| • **Il faut le / la … .** [il fo lə / la] | **Das muss … werden.** |
| désinfecter [dezɛ̃fɛkte] | desinfiziert |
| suturer [sytyre] | genäht |
| opérer [ɔpere] | operiert |
| • **Je vous fait / Il vous faut … .** [ʒə vu fɛ / il vu fo] | **Sie bekommen / brauchen ein/e/n …** |
| une piqûre (contre …) [yn pikyr (kɔ̃tr(ə))] | Spritze (gegen …) |
| une anesthésie locale [yn‿anɛstezi lɔkal] | örtliche Betäubung |
| un plâtre [œ̃ platr(ə)] | Gipsverband |

| | |
|---|---|
| • Votre tension artérielle est trop élévée. [vɔtr(ə) tɑ̃sjɔ̃ arterjɛl ɛ trɔp‿ɛlve] | Ihr Blutdruck ist zu hoch. |
| • **C'est … .** [sɛ] | **Das ist eine … .** |
| une intoxication (alimentaire) [yn‿ɛ̃tɔksikasjɔ̃ (alimɑ̃tɛr)] | (Lebensmittel-) Vergiftung |
| une infection [yn‿ɛ̃fɛksjɔ̃] | Infektion |
| une inflammation [yn‿ɛ̃flamasjɔ̃] | Entzündung |
| • C'est enflé / une fracture. [sɛ ɑ̃fle / yn fraktyr] | Es ist geschwollen / gebrochen. |
| • Prenez ces comprimés trois fois par jour! [prəne se kɔ̃prime trwa fwa par ʒur] | Nehmen Sie diese Tabletten 3x täglich! |
| • Restez au lit / Reposez vous pendant quelques jours. [rɛste o li / r(ə)poze vu pɑ̃dɑ̃ kɛlkə ʒur] | Bleiben Sie die nächsten Tage im Bett. |
| • Il ne faut plus bouger le / la / les … . [il nə fo ply buʒe lə / la / le] | Sie dürfen den / die / das … nicht bewegen. |
| • Ne prenez pas appui sur le pied! [nə prəne pɑ apɥi syr lə pje] | Den Fuß nicht belasten! |
| • Faites un régime / une diète! [fɛt œ̃ reʒim / yn djɛt] | Halten Sie Diät! |
| • Je vous conseille un spécialiste. [ʒə vu kɔ̃sɛj œ̃ spesjalist(ə)] | Ich überweise Sie zu einem Spezialisten. |
| • On va vous transférer à l'hôpital. [ɔ̃ va vu trɑ̃sfere a lɔpital] | Sie werden ins Krankenhaus überwiesen. |
| • Revenez … . [rəvne] | Kommen Sie am … noch einmal! |



▶ Kap. 9, In der Apotheke S. 240 ▶ Wörterbuch

## Glossar: Körperteile & Organe

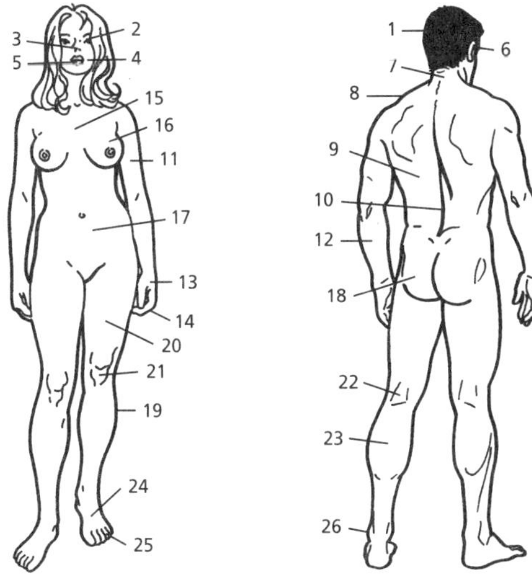


| | | | | | |
|---|---|---|---|---|---|
| 1 | tête *f* [tɛt] | Kopf | 15 | poitrine *f* [pwatrin] | Brust |
| 2 | œil [œj] / yeux [jø] | Auge/n | 16 | sein [sɛ̃] | Busen |
| 3 | nez [ne] | Nase | 17 | ventre [vɑ̃tr(ə)] | Bauch |
| 4 | bouche *f* [buʃ] | Mund | 18 | postérieur [pɔsterjœr] | Gesäß |
| 5 | lèvre *f* [lɛvr(ə)] | Lippe | 19 | jambe *f* [ʒɑ̃b] | Bein |
| 6 | oreille *f* [ɔrɛj] | Ohr | 20 | cuisse *f* [kɥis] | Oberschenkel |
| 7 | cou [ku] / nuque [nyk] | Hals / Nacken | 21 | genou [ʒənu] | Knie |
| 8 | épaule *f* [epol] | Schulter | 22 | articulation *f* [artikylasjɔ̃] | Gelenk |
| 9 | dos [do] | Rücken | 23 | mollet [mɔlɛ] | Wade |
| 10 | colonne *f* vertébrale [kɔlɔn vɛrtebral] | Wirbelsäule | 24 | pied [pje] | Fuß |
| 11 | bras [bra] | Arm | 25 | doigt/s de pied [dwa də pje] | Zeh/en |
| 12 | avant-bras [avɑ̃ bra] | Unterarm | 26 | cheville *f* [ʃ(ə)vij] | Knöchel |
| 13 | main *f* [mɛ̃] | Hand | | | |
| 14 | doigt/s [dwa] | Finger | | | |

| | |
|---|---|
| cœur [kœr] | Herz |
| foie [fwa] | Leber |
| poumon [pumɔ̃] | Lunge |
| rein [rɛ̃] | Niere |
| estomac [ɛstɔma] | Magen |
| intestin [ɛ̃tɛstɛ̃] | Darm |
| appendice [apɛ̃dis] | Blinddarm |
| thyroïde *f* [tirɔid] | Schilddrüse |
| vessie *f* [vesi] | Harnblase |
| vésicule *f* biliaire [vezikyl biljɛr] | Gallenblase |

► Wörterbuch

## Im Krankenhaus

Bei einer Einweisung ins Krankenhaus erkundigen Sie sich am besten nach einer möglicherweise geforderten Eigenbeteiligung oder Anzahlung: *Dois-je payer une participation personelle / un acompte?* [dwa‿ʒ(ə) peje yn partisipɑsjɔ̃ pɛrsɔnɛl / œ̃n‿akɔ̃t].

| | |
|---|---|
| Chirurgie *f* [ʃiryrʒi] | Chirurgie |
| Gynécologie *f* [ʒinekɔlɔʒi] | Gynäkologie |
| Médecine *f* interne [medsin ɛ̃tɛrn] | Innere Medizin |
| Orthopédie *f* [ɔrtɔpedi] | Orthopädie |
| Pédiatrie *f* [pedjatri] | Kinderstation |
| Urgences *f pl* [yrʒɑ̃s] | Unfallstation |
| Radiologie *f* [radjɔlɔʒi] | Röntgenabteilung |

9

| URGENCES | BUREAU DES ENTRÉES |
| --- | --- |
| Notfallstation | Aufnahme |

| | |
| --- | --- |
| **Wo ist ...?** | **Où se trouve ...?** [u sə truv] |
| die Abteilung für ... | le service de ... [lə sɛrvis də] |
| Zimmer Nr. ... | la chambre numéro ... [la ʃɑ̃br(ə) nymero] |
| der/die Krankenpfleger/in | l'infirmier/ière [lɛ̃firmje/jɛr] |
| Wo finde ich Herrn / Frau ...? | Où puis-je trouver monsieur / madame ...? [u pɥi‿ʒ(ə) truve məsjø / madam] |
| **Wann ist ...?** | **Quelles sont les heures de ...?** [kɛl sɔ̃ lez‿œr də] |
| Arztvisite | visite médicale [vizit medikal] |
| Besuchszeit | visites [vizit] |
| Essenszeit | repas [r(ə)pɑ] |
| Ich habe Schmerzen / Durst. | J'ai mal / soif. [ʒɛ mal / swaf] |
| **Ich möchte ... .** | **Je voudrais ... .** [ʒə vudrɛ] |
| ein Schmerzmittel | un analgésique [œ̃n‿analʒezik] |
| ein Schlafmittel | un somnifère [œ̃ sɔmnifɛr] |
| auf die Toilette gehen | aller aux toilettes [ale o twalɛt] |
| Wie lange muss ich hier bleiben? | Combien de temps dois-je rester ici? [kɔ̃bjɛ̃ də tɑ̃ dwa‿ʒ(ə) rɛste isi] |
| Ich brauche eine Bescheinigung über den Krankenhausaufenthalt. | J'ai besoin d'un justificatif de mon séjour à l'hôpital. [ʒɛ bəzwɛ̃ dœ̃ ʒystifikatif də mɔ̃ seʒur a lɔpital] |

▶ Kap. 9, Medikamente kaufen S. 240

9

# Beim Zahnarzt

| | |
|---|---|
| Können Sie mir einen Zahnarzt empfehlen? | Pourriez-vous me recommander un dentiste? [purje vu mə r(ə)kɔmɑ̃de œ̃ dɑ̃tist(ə)] |
| Ich habe Zahnschmerzen. | J'ai mal aux dents. [ʒɛ mal‿o dɑ̃] |
| **Dieser (Zahn) hier … .**<br>oben / unten<br>vorn / hinten<br>links / rechts | **Cette dent … .**[sɛt dɑ̃]<br>en-haut [ɑ̃ 'o] / en-bas [ɑ̃ bɑ]<br>devant [d(ə)vɑ̃] / derrière [dɛrjɛr]<br>à gauche / droite [a goʃ / drwat] |
| Mir ist eine Füllung herausgefallen. | J'ai perdu un plombage. [ʒɛ pɛrdy œ̃ plɔ̃baʒ] |
| Das Zahnfleisch ist entzündet / blutet. | La gencive est enflammée / saigne. [la ʒɑ̃siv ɛ ɑ̃flame / sɛɲ] |
| • Ouvrez la bouche, s'il vous plaît! [uvre la buʃ sil vu plɛ] | Machen Sie bitte den Mund auf! |
| • Je vous prescris un calmant / anti-inflammatoire. [ʒə vu prɛskri œ̃ kalmɑ̃ / œ̃n‿ɑ̃ti ɛ̃flamatwar] | Ich verschreibe Ihnen ein Schmerz- / entzündungshemmendes Mittel. |
| • Ne rien manger / pas fumer pendant deux heures, s'il vous plaît. [nə rijɛ̃ mɑ̃ʒe / pa fyme pɑ̃dɑ̃ døz‿œr sil vu plɛ] | Bitte zwei Stunden nichts essen / nicht rauchen. |

▶ Kap. 9, Ärztliche Untersuchung S. 245, Diagnose & Therapie S. 247

# 10 DIENSTLICH UNTERWEGS

# Kontaktaufnahme

Informationen und mögliche Kontaktadressen erhalten Sie ggf. über die Deutsch-Französische Handelskammer in Paris (Chambre de commerce franco-allemande, 18, Rue Balard, 75015 Paris, Tel. 00 33/1/40 58 35 35) oder über die Bundesagentur für Außenwirtschaft (BfAI) in Köln (Tel. 02 21/20 57-0, Fax 02 21/2 05 72 12).

▶ Kap. 2, Begrüßung & Verabschiedung S. 38
▶ Kap. 10, Messen & Ausstellungen S. 267

## Sich vorstellen

Bei international agierenden Geschäftspartnern können Englischkenntnisse vorausgesetzt werden; im Nordosten Frankreichs treffen Sie häufiger auch auf deutschsprechende Kollegen. Grundsätzlich aber werden Sie mit möglicherweise auch nur rudimentären Französischkenntnissen in Sachen „Business" eher Erfolg haben.

| | |
|---|---|
| Ich bin Verkaufsleiter von / bei … . | Je suis directeur de vente de / chez … . [ʒə sɥi dirɛktœr də vɑ̃t də / ʃe] |
| Ich bin / Wir sind in der Automobilbranche tätig. | Je travaille / Nous travaillons dans la branche / l'industrie automobile. [ʒə travaj / nu travajɔ̃ dɑ̃ la brɑ̃ʃ / lɛ̃dystri ɔtɔmɔbil] |
| Ich arbeite bei / für … . | Je travaille chez / pour … . [ʒə travaj ʃe / pur] |
| Hier ist meine Karte. | Voici, ma carte (de visite). [vwasi ma kart(ə) (də vizit)] |

| | |
|---|---|
| **Wir ... (qualitativ hochwertige/n) Weine/n.** | **Nous .... (des) vins (haute de gamme).** [nu ... (de) vɛ̃ ('o d(ə)gam)] |
| exportieren | exportons [ɛkspɔrtɔ̃] |
| importieren | importons [ɛ̃pɔrtɔ̃] |
| handeln mit | sommes négociants en [sɔm negɔsjɑ̃ ɑ̃] |
| stellen ... her | produisons [prɔdɥizɔ̃] |
| **Wir sind ein ... Unternehmen.** | **Nous sommes une ... .** [nu sɔmz‿yn] |
| kleines / großes | petite / grande entreprise [p(ə)tit / grɑ̃d ɑ̃trəpriz] |
| mittelständisches | entreprise moyenne [ɑ̃trəpriz mwajɛn] |
| internationales / multinationales | entreprise internationale / multinationale [ɑ̃trəpriz ɛ̃tɛrnasjɔnal / myltinasjɔnal] |
| führendes | entreprise de pointe [ɑ̃trəpriz də pwɛ̃t] |

▶ Kap. 10, Glossar: Positionen & Hierarchien im Unternehmen S. 256
▶ Wörterbuch (Berufe, Branchen)
▶ Kap. 2, Sich vorstellen S. 39

| | |
|---|---|
| Ich möchte zu Herrn / Frau ... . | Je désire voir Monsieur / Madame ..., s'il vous plaît! [ʒə dezir vwar məsjø / madam ... sil vu plɛ] |
| Ich suche den / die Verantwortliche/n für ... . | Je cherche le / la responsable de ... . [ʒə ʃɛrʃ lə / la rɛspɔ̃sabl(ə) də] |

| | |
|---|---|
| Ich möchte mit dem Leiter der / des ... sprechen. | Je voudrais parler avec le directeur / chef de la / du / des .... [ʒə vudrɛ parle avɛk lə dirɛktœr / ʃɛf də la / dy / de] |
| **Könnte ich bitte mit jemandem vom ... sprechen?** | **Pourrais-je parler à quelqu'un ..., s'il vous plaît?** [purɛ‿ʒ(ə) parle a kɛlkœ̃ ... sil vu plɛ] |
| Verkauf | des ventes [de vɑ̃t] |
| Vertrieb | de la distribution [də la distribysjɔ̃] |
| **Sind Sie ... von Herrn / Frau Dupond?** | **Etes-vous ... de monsieur / madame Dupond?** [ɛt vu ... də məsjø / madam dypɔ̃] |
| die Sekretärin | la secrétaire [la s(ə)kretɛr] |
| der/die Assistent/in | l'assistant/e [lasistɑ̃/t] |
| ein/e Mitarbeiter/in | un/une collaborateur/trice [œ̃ / yn kɔlabɔratœr/tris] |
| ein/e Kollege / Kollegin | un/une collègue [œ̃ / yn kɔlɛg] |

▶ Kap. 10, Glossar: Abteilungen im Unternehmen S. 257
▶ Wörterbuch (Berufe, Branchen)

## Glossar: Positionen & Hierarchien im Unternehmen

Führungskräfte heißen je nach Geschäftssparte *président* [prezidɑ̃] (= Vorsitzender), *directeur* [dirɛktœr] (= Direktor / Geschäftsführer), *dirigeant* [diriʒɑ̃] (= Leiter) oder *chef de ...* [ʃɛf də] (= Chef von/des/der ...). Die Zusätze *sous-* [su], *vice-* [vis] oder *adjoint* [adʒwɛ̃] geben jeweils die zweite Position an. Verantwortungsbereiche werden als *secteur* [sɛktœr] (= Sektor), *domaine* [dɔmɛn] / *ressort* [rəsɔr] (= Bereich) oder als *département* [departmɑ̃] / service [sɛrvis] / *rayon* [rɛjɔ̃] / *division* [divizjɔ̃] (= Abteilung) bezeichnet.

10

| | |
|---|---|
| P.-D.G. (Président-Directeur général) [pedeʒe (prezidɑ̃ dirɛktœr ʒeneral)] | (General-) Direktor, Manager, Vorstandsvorsitzender |
| gérant/e [ʒerɑ̃/t] / gestionnaire [ʒɛstjɔnɛr] | Geschäftsführer/in |
| directeur/trice [dirɛktœr/tris] | Direktor/in, verantwortliche/r Leiter/in |
| ~ adjoint/e [adʒwɛ̃/t] | stellvertretende/r ~ |
| cadre supérieur [kadr(ə) syperjœr] | leitende/r Angestellte/r |
| chef de service [ʃɛf də sɛrvis] | Abteilungsleiter |
| propriétaire [prɔprijetɛr] | Inhaber/in |

## Glossar: Abteilungen im Unternehmen

| | |
|---|---|
| Buchhaltung | comptabilité *f* [kɔ̃tabilite] |
| Einkauf | service des achats [sɛrvis dez‿aʃa] |
| Geschäftsführung | direction *f* [dirɛksjɔ̃] |
| Marketing | marketing [markətiŋ] |
| Personalabteilung | service du personnel [sɛrvis dy pɛrsɔnɛl] |
| PR-Abteilung / Öffentlichkeitsarbeit | relations *f pl* publiques [r(ə)lɑsjɔ̃ pyblik] |
| Produktion / Herstellung | production *f* [prɔdyksjɔ̃] |
| Sekretariat | secrétariat [s(ə)kretarja] |
| Kundendienst | service après-vente [sɛrvis aprɛ vɑ̃t] |
| Verkauf | service des ventes [sɛrvis de vɑ̃t] |
| Vertrieb | secteur de la distribution [sɛktœr də la distribysjɔ̃] |

10

## Glossar: Unternehmensformen

Außer den international geläufigen Firmenbezeichnungen *Consortium* [kɔ̃sɔrsjɔm], Groupe [grup], *Holding* ['ɔldiŋ] finden Sie im Französischen häufig auch folgende Bezeichnungen:

| | |
|---|---|
| établissement [etablismɑ̃] | Betrieb |
| entreprise *f* [ɑ̃trəpriz] | Firma, Unternehmen |
| société *f* (Sté) [sɔsjete] | Gesellschaft |
| ~ à responsabilité limitée (SARL) [a rɛspɔ̃sabilite limite] | ~ mit beschränkter Haftung (GmbH) |
| ~ anonyme (S.A.) [anɔnim] | Aktien~ (AG) |
| ~ d'économie mixte (SEM) [dekɔnɔmi mikst(ə)] | gemischt wirtschaftliche ~ |
| ~ en nom collectif [ɑ̃ nɔ̃ kɔlɛktif] | Offene Handels~ (OHG) |
| ~ en commandite simple [ɑ̃ kɔmɑ̃dit(ə) sɛ̃pl(ə)] | Kommandit~ (KG) |
| ~ coopérative *f* [kɔɔperativ] | Genossenschaft |

## Termine vereinbaren

| | |
|---|---|
| **Wir sollten einen Termin ausmachen / vereinbaren, um ... .** | **Nous devrions prendre rendez-vous / fixer une date pour ...** [nu dəvrijɔ̃ prɑ̃dr(ə) rɑ̃devu / fikse yn dat pur] |
| über das Angebot zu sprechen | parler de l'offre [parle de lɔfr(ə)] |
| das weitere Vorgehen abzustimmen | décider de la procédure ultérieure [deside də la prɔsedyr ylterjœr] |
| weitere Details zu besprechen / auszuhandeln | discuter / négocier les détails [diskyte / negɔsje le detaj] |

Wann hätten Sie Zeit?
Quand seriez-vous disponible?
[kɑ̃ sərje vu dispɔnibl(ə)]

Mir würde es am 3. Mai um 10.00 Uhr passen.
Je suis disponible le trois mai à dix heures. [ʒə sɥi dispɔnibl(ə) lə trwa mɛ a diz‿œr]

Wie wäre es mit Dienstag um 15.00 Uhr?
Que pensez-vous de mardi à quinze heures?
[kə pɑ̃se vu də mardi a kɛ̃z‿œr]

Un instant, je dois vérifier.
[œ̃n‿ɛ̃stɑ̃ ʒə dwa verifje]
Ich muss erst nachschauen.

Parfait. [parfɛ]
Ausgezeichnet.

Désolé/e, je suis déjà pris/e.
[dezɔle ʒə sɥi deʒa pri/z]
Es geht leider nicht.

| | |
|---|---|
| Wo treffen wir uns? | Où se donne-t-on rendez-vous?<br>[u sə dɔn tɔ̃ rɑ̃devu] |

▶ Kap. 1, Zeiten S. 22, Datum S. 29
▶ Kap. 2, Sich verabreden S. 48

## Telefonieren

| | |
|---|---|
| **Könnte ich mit ... sprechen?** | **Pourrais-je parler à / avec ..., s'il vous plaît?**<br>[purɛ‿ʒ(ə) parle a / avɛk ... sil vu plɛ] |
| Herrn Godard | monsieur Godard [məsjø gɔdar] |
| der/dem Zuständigen für ... | le/la responsable de la / du ...<br>[lə/la rɛspɔ̃sabl(ə) də la / dy] |

| | |
|---|---|
| • Qui est à l'appareil? [ki ɛt‿a laparɛj] | Mit wem spreche ich? |
| (Ich bin) ... von ... . | (C'est) Monsieur / Madame ... de ... . [(sɛ) məsjø / madam ... də] |
| • Un moment / instant, s'il vous plaît! [œ̃ mɔmɑ̃ / ɛ̃stɑ̃ sil vu plɛ] | Einen Moment, bitte! |
| • Restez en ligne, s'il vous plaît! [rɛste ɑ̃ liɲ sil vu plɛ] | Bleiben Sie bitte am Apparat! |
| • Je vous passe monsieur / madame ... . [ʒə vu pas məsjø / madam] | Ich verbinde Sie mit Herrn / Frau ... . |
| • **Désolé/e, mais ... .** [dezɔle mɛ] | **Bedaure, aber ... .** |
| personne ne répond [pɛrsɔn nə repɔ̃] | es meldet sich niemand |
| il/elle est en réunion [il /ɛl‿ɛt‿ɑ̃ reynjɔ̃] | er/sie ist zur Zeit in einer Besprechung |
| • Voulez-vous qu'il / qu'elle vous rappelle? [vule vu kil / kɛl vu rapɛl] | Soll er/sie zurückrufen? |
| • Voulez-vous laisser un message? [vule vu lese œ̃ mesaʒ] | Möchten Sie eine Nachricht hinterlassen? |
| **Richten Sie ihm / ihr bitte aus, dass ...!** | **Dites lui que ..., s'il vous plaît!** [dit lɥi kə ... sil vu plɛ] |
| ich angerufen habe | j'ai appelé [ʒɛ aple] |
| ich seinen / ihren Anruf erwarte | j'attends son coup de fil [ʒatɑ̃ sɔ̃ ku də fil] |
| Wie lautet seine Durchwahlnummer? | Quel est son numéro direct? [kɛl‿ɛ sɔ̃ nymero dirɛkt] |

▶ Kap. 8, Telefonieren S. 224, insbes. Am Telefon S. 227

## Schriftverkehr: Anrede & Grußklauseln

**Apropos:** Die Anrede in französischen Geschäftsbriefen beschränkt sich auf ein kurzes *Monsieur* oder *Madame*. Falls Sie Ihren Adressaten bereits kennen gelernt haben, können Sie ein *Cher* oder gar *Très cher* davorsetzen; bei weniger formellen Briefen ist auch ein *Cher / Chère Ami/e* angebracht.

| | |
|---|---|
| objet | Betreff |
| p.j. (pièce/s jointe/s) | Anlage |
| **Anrede** | |
| Madame / Monsieur | Sehr geehrte/r Frau / Herr ... |
| à l'attention ... | z.Hd. ... |
| de Monsieur Delmas | Herrn Delmas |
| de Monsieur le Directeur / Président | des Herrn Direktors / Präsidenten |
| **Abschiedsklauseln** | |
| Veuillez agréer, Madame / Monsieur, mes salutations distinguées | Mit freundlichen Grüßen |
| par ordre / au nom de | i.A. (im Auftrag) |

# In der Firma

## Sekretariat & Empfang

Ich bin mit ... für 10.00 Uhr verabredet.
J'ai rendez-vous avec ... à dix heures. [ʒɛ rɑ̃devu avɛk ... a diz‿œr]

• Vous êtes Monsieur / Madame ...? [vuz‿ɛt məsjø / madam]
Sie sind Herr / Frau ...?

- Monsieur ... arrive tout de suite. [məsjø ... ariv tu d(ə) sɥit] — Herr ... kommt sofort.
- Venez, s'il vous plaît! Monsieur / Madame ... vous attend. [vəne sil vu plɛ məsjø / madam ... vuz‿atɑ̃] — Kommen Sie bitte! Herr / Frau ... erwartet Sie.
- Je vous accompagne. [ʒə vuz‿akɔ̃paɲ] — Ich begleite Sie.
- Bureau deux cent onze, au deuxième étage à droite. [byro dø sɑ̃ ɔ̃z o døzjɛm‿etaʒ a drwat] — Raum 211, im 2. Stock rechts.

► Kap. 3, Wegbeschreibungen S. 56
► Kap. 4, Orientierung: Wo ist ...? S. 104

## Small Talk

Verspätungen werden in Frankreich wie in Deutschland registriert, aber eher hingenommen. Eine entschuldigende Bemerkung wie *Veuillez excuser mon retard!* [vœje ɛkskyze mɔ̃ r(ə)tar] (= Entschuldigen Sie bitte die Verspätung!) wird man ohne weiteres annehmen, zumal, wenn Sie den Verkehr (= *le trafic* [lə trafik]) als Grund angeben.

- Asseyez-vous! [asɛje vu] — Nehmen Sie Platz!
- **Puis-je vous offrir ...?** [pɥi‿ʒ(ə) vuz‿ɔfrir] — **Kann ich Ihnen ... anbieten?**
  quelque chose (à boire) [kɛlkə ʃoz (a bwar)] — etwas (zu trinken)
  un café [œ̃ kafe] — einen Kaffee

Darf ich rauchen? — Puis-je fumer? [pɥi‿ʒ(ə) fyme]



► Kap. 2, Sich begrüßen S. 38, Small Talk S. 52

## Verhandlungen führen

| | |
|---|---|
| Wir sind sehr interessiert an / daran, … . | Nous sommes très intéressés par … . [nu sɔm trɛz‿ɛ̃teresɘ par] |
| **Wir benötigen (zunächst) … .** | **(Avant tout) Il nous faudra … .** [(avɑ̃ tu) il nu fodra] |
| Ihr Angebot | votre offre [vɔtr(ə) ɔfr(ə)] |
| eine Preisliste | les prix courants [le pri kurɑ̃] |
| einen Kostenvoranschlag | un devis [œ̃ d(ə)vi] |
| ein Muster | un échantillon / specimen [œ̃ eʃɑ̃tijɔ̃ / spesimɛn] |
| Wie sind Ihre Lieferbedingungen? | Quelles sont vos conditions de livraison? [kɛl sɔ̃ vo kɔ̃disjɔ̃ də livrɛzɔ̃] |
| Bis wann könnten Sie (die Waren) liefern? | A quelle date pourriez-vous nous livrer (les marchandises)? [a kɛl dat purje vu nu livre (le marʃɑ̃diz)] |
| Sie müssten uns im Preis noch etwas entgegenkommen. | Il faudrait encore faire un effort sur le prix. [il fodrɛt‿ɑ̃kɔr fɛr‿œ̃n‿efɔr syr lə pri] |
| Die Transportkosten gehen zu Ihren / unseren Lasten. | Les frais de transport sont à votre / notre charge. [le frɛ də trɑ̃spɔr sɔ̃t‿a vɔtr(ə) / nɔtr(ə) ʃarʒ(ə)] |
| Wir werden die Sache überdenken. | Nous allons y réfléchir. [nuz‿alɔ̃ i refleʃir] |
| Wir kommen wieder auf Sie zu. | Nous allons vous recontacter. [nuz‿alɔ̃ vu r(ə)kɔ̃takte] |

► Kap. 2, Meinungen äußern S. 52

## Etwas erbitten

| | |
|---|---|
| Könnte ich Sie um einen Gefallen bitten? | Puis-je vous demander un service? [pɥi‿ʒ(ə) vu dəmɑ̃de œ̃ sɛrvis] |
| **Ich müsste ... .** | **Je devrais ... .** [ʒə d(ə)vrɛ] |
| kurz telefonieren | passer un bref coup de fil [pɑse œ̃ brɛf ku də fil] |
| in Hamburg anrufen | appeler à Hambourg [aple a 'ɑ̃bur] |
| dieses Schreiben an ... faxen | faxer cette lettre à ... [fakse sɛt lɛtr(ə) a] |
| Könnte ich Ihr Telefon / Ihr Fax benutzen? | Puis-je utiliser votre téléphone / fax? [pui‿ʒ(ə) ytilize vɔtr(ə) telefɔn / faks] |
| Könnten Sie mir bitte erklären, wie das funktioniert? | Pourriez-vous m'expliquer comment ça marche? [purje vu mɛksplike kɔmɑ̃ sa marʃ] |
| Ich brauche 10 Kopien von diesen Unterlagen. | J'aurais besoin de dix photocopies de cette documentation. [ʒɔrɛ b(ə)zwɛ̃ də di fɔtɔkɔpi də sɛt dɔkymɑ̃tɑsjɔ̃] |
| Tausend Dank! | Merci beaucoup! [mɛrsi boku] |

## Bürobedarf & PC

| | |
|---|---|
| **Steht ein ... zu meiner Verfügung?** | **Y a-t-il ... à ma disposition?** [ja‿til ... a ma dispozisjɔ̃] |
| Beamer | un vidéoprojecteur [œ̃ videoprɔʒɛktœr] |
| Faxgerät | un fax [œ̃ faks] |

10

| | |
|---|---|
| **Präsentation** | |
| Overheadprojektor | rétroprojecteur [retrɔprɔʒɛktœr] |
| Folie | transparent [trɑ̃sparɑ̃] |
| Schreibtafel (*Filzstifte*) | tableau blanc [tablo blɑ̃] |
| Videorekorder | magnétoscope [maɲetɔskɔp] |
| Mikrofon | micro(phone) [mikrɔ(fɔn)] |
| **Büroausstattung** | |
| Telefon | téléphone [telefɔn] |
| Fax(gerät) | fax [faks] |
| Fotokopierer | photocopieur [fɔtɔkɔpjœr] |
| Taschenrechner | calculatrice *f* [kalkylatris] |
| Papier | papier [papje] |
| Kugelschreiber | stylo à bille [stilɔ a bij] |
| Schere | ciseaux *pl* [sizo] |
| Stempel | timbre [tɛ̃br(ə)] |
| Klebstoff | colle *f* [kɔl] |

▶ Wörterbuch

| | |
|---|---|
| Haben Sie einen E-Mail-Anschluss? | Avez-vous une adresse e-mail? [ave vuz‿yn‿adrɛs imɛl] |
| Welche Software benutzen Sie? | Quel logiciel utilisez-vous? [kɛl lɔʒisjɛl ytilize vu] |
| Wie kann man den Text speichern? | Comment faut-il faire pour mémoriser ce texte? [kɔmɑ̃ fot‿il fɛr pur memɔrize sə tɛkst(ə)] |
| **Drücken Sie die ...-Taste!** | **Appuyez sur la touche ...!** [apɥije syr la tuʃ] |
| Enter | entrée [ɑ̃tre] |
| Escape | échappement [eʃapmɑ̃] |
| Alt (und ...) | alt (et ...) [alt (ə)] |

| | |
|---|---|
| **PC & Zubehör** | |
| Rechner / Computer | ordinateur [ɔrdinatœr] |
| Festplatte | disque dur [disk dyr] |
| Laptop / Notebook | portable [pɔrtabl(ə)] |
| Bildschirm | écran [ekrɑ̃] |
| Tastatur | clavier [klavje] |
| Maus | souris *f* [suri] |
| Drucker | imprimante *f* [ɛ̃primɑ̃t] |
| Diskette | disquette *f* [diskɛt] |
| Laufwerk | Lecteur [lɛktœr] |
| CD-ROM- ~ | ~ de CD-ROM [də sede rɔm] |
| Handbuch | manuel [manɥɛl] |
| Speicherkapazität | capacité *f* de mémoire [kapasite də memwar] |
| Arbeitsspeicher (RAM) | RAM [ram] / mémoire *f* vive [memwar viv] |
| Prozessor | processeur [prɔsesœr] |
| **Datenverarbeitung** | |
| Hardware | matériel [materjɛl] |
| Software | logiciels *pl* [lɔʒisjɛl] |
| Betriebssystem | système d'exploitation [sistɛm dɛksplwatɑsjɔ̃] |
| Programm | logiciel [lɔʒisjɛl] |
| Dokument | document [dɔkymɑ̃] |
| Datei | fichier [fiʃje] |
| ~name | nom du ~ [nɔ̃ dy] |
| Daten | données *f pl* [dɔne] |
| ~austausch | transfert de ~ [trɑ̃sfɛr də] |
| ~bank | banque *f* de ~ [bɑ̃k də] |
| Zugriff | accès [aksɛ] |
| Password | mot de passe [mɔ də pɑs] |

| | |
|---|---|
| **Befehl** | **comande** *f* [kɔmɑ̃d] |
| abbrechen/rückgängig machen | annuler [anyle] |
| (eine Datei) öffnen / schließen | ouvrir / fermer (un fichier) [uvrir / fɛrme (œ̃ fiʃje)] |
| löschen | supprimer [syprime] |
| beenden | quitter [kite] |
| kopieren | copier [kɔpje] |
| Fehler / fehlerhaft | erreur *f* [ɛrœr] |
| speichern (unter) | enregistrer (sous) [ɑ̃rʒistre (su)] |
| OK / bestätigen | OK [ɔkɛ] / confirmer [kɔ̃firme] |
| (aus)wählen | sélectionner [selɛktsjɔne] |
| drucken | imprimer [ɛ̃prime] |

▶ Wörterbuch

# Messen & Ausstellungen

| **ENTRÉE** | **SORTIE** |
|---|---|
| Eingang | Ausgang |

| | |
|---|---|
| **Wo ist ...?** | **Où se trouve ...?** [u sə truv] |
| der Ausgang | la sortie [la sɔrti] |
| das Ausstellungszentrum | le parc des expositions [lə park dez‿ɛkspozisjɔ̃] |
| der Stand der Firma / von ... . | le stand de l'entreprise / du / des ... . [lə stɑ̃d də lɑ̃trəpriz / dy / de] |

10

| | |
|---|---|
| • C'est le stand cinquante-cinq (dans le hall A).<br>[sɛ lə stɑ̃d sɛ̃kɑ̃tsɛ̃k (dɑ̃ lə 'ol a)] | Stand Nummer 55 (in Halle A). |
| **Geben Sie mir bitte ein/en ...!** | **Pourrais-je avoir un catalogue ... !**<br>[purɛ‿ʒ(ə) avwar œ̃ katalɔg] |
| Ausstellerverzeichnis | des exposants [dez‿ɛkspozɑ̃] |
| Austellungskatalog | de l'exposition [de lɛkspozisjɔ̃] |
| Haben Sie auch Informationsmaterial auf Deutsch? | Auriez-vous des informations en allemand?<br>[ɔrje vu dez‿ɛ̃fɔrmɑsjɔ̃ ɑ̃n‿almɑ̃] |

**Glossar: Messe**

| | |
|---|---|
| foire *f* [fwar] | Messe |
| ~ commerciale [kɔmɛrsjal] | Handels~ |
| ~ spécialisée [spesjalize] | Fach~ |
| ~ industrielle [ɛ̃dystrijɛl] | Industrie~ |
| ~ internationale [ɛ̃tɛrnasjɔnal] | internationale ~ |
| salon [salɔ̃] | Messe |
| ~ professionnel [prɔfɛsjɔnɛl] | Fach~ |
| exposant [ɛkspozɑ̃] | Aussteller |
| visiteur [vizitœr] | Besucher |
| stand [stɑ̃d] | Stand |

► Kap. 10, Kontaktaufnahme S. 254, Verhandlungen führen S. 263

# KURZGRAMMATIK

# Wortstellung

Leidige Konstruktionen wie im Deutschen, bei denen man lange auf das Hauptverb wartet, von dem aus sich dann die Bedeutung des Satzes erschließt, sind im Französischen unbekannt: Die normale Wortstellung im Haupt- wie im Nebensatz heißt: **Subjekt – Verb/Prädikat – Objekt:**

| **Subjekt** | **Verb** | **direktes Objekt** | **indirektes Objekt** | |
|---|---|---|---|---|
| Pierre | a mangé | une glace. | | |
| *Pierre* | *hat* | *ein Eis* | | *gegessen.* |
| Il | écrit | une carte postale | à ses amis. | |
| *Er* | *schreibt* | *seinen Freunden* | *eine Postkarte.* | |

Eine Besonderheit stellt die Hervorhebung einzelner Elemente des Satzes (Subjekt, Objekt) mittels *c'est ... qui / que* bzw. *il y a ... qui / que* dar:

| | |
|---|---|
| **C'est** moi **qui** l'ai dit. | Ich *(betont)* habe es gesagt.<br>(*wörtlich:* Ich bin es, die es gesagt hat.) |
| **Il y a** ta mère **qui** te demande. | Deine Mutter *(betont)* fragt nach dir.<br>(*wörtlich:* Es ist deine Mutter,die nach dir fragt.) |
| **C'est** lui **que** j'attends. | Auf ihn *(betont)* warte ich.<br>(*wörtlich:* Er ist es, auf den ich warte.) |

# Fragen & Fragewörter

Sachfragen sind stets durch Fragewörter wie *quand* (= wann) oder *qui* (= wer) eingeleitet. Entscheidungsfragen hingegen, auf die man mit *oui* (= ja) oder *non* (= nein) antwortet, werden je nach Sprachebene und Sprecherintention unterschiedlich gebildet: mit *est-ce que*, durch Inversion, mittels veränderter Intonation oder als absolute Frage.

**Sachfragen**

| | |
|---|---|
| **Qui** est venu? | **Wer** ist gekommen? |
| **A qui** écris-tu? | **An wen / Wem** schreibst du? |
| **De qui** parles-tu? | **Von wem** sprichst du? |
| **Qu'est-ce qui** s'est passé? | **Was** ist passiert? |
| **Qu'est-ce que** tu prends? / **Que** prends-tu? | **Was** nimmst du? |
| **Quel** est ton pantalon? | **Welche** ist deine Hose? |
| **Quelle** est ta voiture? | **Welches** ist dein Auto? |
| **Comment** allez-vous? | **Wie** geht es Ihnen? |
| **Où** se trouve la gare? | **Wo** ist der Bahnhof? |
| **Où** vas-tu? | **Wohin** gehst du? |
| **D'où** viens-tu? | **Woher** kommst du? |
| **Quand** est-ce que le train part? | **Wann** fährt der Zug ab? |
| **A quelle heure** arrive le train? | **Um wie viel Uhr** kommt der Zug an? |
| **Combien** ça coûte? | **Wie viel** kostet das? |
| **Pourquoi** êtes-vous partis? | **Warum** seid ihr abgefahren? |

**Entscheidungsfragen**

| | | |
|---|---|---|
| Intonationsfrage | Vous partez demain?<br>*Ihr fahrt morgen ab?* | nur in der gesprochenen Sprache |
| Frage mit *est-ce que* | Est-ce que vous partez demain?<br>*Fahrt ihr morgen ab?* | Umgangssprache |
| Inversion | Partez-vous demain?<br>*Fahrt ihr morgen ab?* | gehobene Sprachebene |
| absolute Frage | Cette personne va-t-elle partir?<br>*Diese Person, - fährt sie ab?* | Hervorhebung, gehobene Sprachebene |

# Verneinung

Das deutsche »nein« wird im Französischen durch *non*, die Negationen »nicht« und »kein« dagegen durch *ne ... pas* wiedergegeben.

| **Einfache Verneinung** | |
|---|---|
| **Non**, merci. | **Nein**, danke. |
| Ce **n'**est **pas** possible. | Das ist **nicht** möglich. |
| Je **ne** le sais **pas**. | Ich weiß es **nicht**. |
| Marie **ne** parle **pas** allemand. | Marie spricht **kein** Deutsch. |
| Je **n'**ai **pas** d'argent. | Ich habe kein Geld. |
| **Personne n'**a demandé. | **Keiner** hat gefragt. |
| Il **ne** connaît **personne**. | Er kennt **niemanden**. |
| Je **ne** dis **rien**. | Ich sage **nichts**. |
| Elle **ne** fume **jamais**. | Sie raucht **nie**. |
| Elle **ne** fume **plus**. | Sie raucht **nicht mehr**. |

# Konjunktionen

Die wichtigsten Konjunktionen sind:

| | |
|---|---|
| et [e] | und |
| ou [u] | oder |
| mais [mɛ] | aber, sondern |
| que [kə] | dass |
| si [si] | wenn, ob |
| parce que [parsk(ə)] | weil, da |
| donc [dɔ̃k] | also |
| quand [kɑ̃] | wenn, als |
| après que [aprɛ kə] | nachdem |
| ni ... ni [ni ... ni] | weder ... noch |

# Artikel & Substantive

## Bestimmter & unbestimmter Artikel

Der Gebrauch der Artikel im Französischen unterscheidet sich kaum von dem im Deutschen. Auch die Zusammenziehung von Präposition + Artikel (z.B. von dem = vom) hat im Französischen eine Entsprechung (z.B. de + le = du). Anders als im Deutschen werden die Artikel nicht nach dem Kasus dekliniert.

| | | |
|---|---|---|
| **Bestimmter Artikel** | | |
| | männlich | weiblich |
| Singular | **le, l'*** | **la, l'*** |
| | le tableau | la femme |
| | l'homme | l'avenue |
| Plural | **les** | **les** |
| | les tableaux | les femmes |
| **Unbestimmter Artikel** | | |
| | männlich | weiblich |
| Singular | **un** | **une** |
| | un tableau | une femme |
| | un homme | une avenue |
| Plural | **des**** | **des**** |
| | des hommes | des femmes |

* vor Substantiven mit Vokal (a, e, i, o, u, y) oder mit stummem *h*

** *des* wird bei vorangestelltem Adjektiv zu *de*, also z.B.: *des femmes* (= Frauen) vs. *de belles femmes* (= schöne Frauen); dies jedoch nicht, wenn das Adjektiv mit dem Substantiv eine Sinneinheit bildet: *des petits pains* (= Brötchen).

### Zusammenziehung von Präposition + Artikel

| | **à +** | **de +** |
|---|---|---|
| **le** | au | du |
| **la** | à la | de la |
| **l'** | à l' | de l' |
| **les** | aux | des |

Apropos: Der Dativ wird mit Hilfe von *à* + bestimmtem Artikel zum Ausdruck gebracht; dem Genitiv entspricht im Französischen *de* + bestimmter Artikel: *Elle écrit* aux enfants. (= Sie schreibt den Kindern.) bzw. *la lettre* du père. (= der Brief des Vaters.)

### Teilungsartikel

Der Teilungsartikel *de* + bestimmter Artikel steht bei unbestimmten Stoffmengen (z.B. *Wasser*) oder Abstrakta (z.B. *Glück*), bei denen im Deutschen gewöhnlich kein Artikel verwendet wird. Nach Mengenangaben wie *peu, beaucoup, un litre* steht *de* ohne Artikel: *beaucoup de fruits* (= viele Früchte).

| männlich | weiblich |
|---|---|
| du vin | de la chance |
| de l'air | de l'eau |

## Substantiv

Im Französischen werden zwei Geschlechter unterschieden: männlich und weiblich. Im Gegensatz zum Deutschen wird das Substantiv nicht dekliniert. Nominativ und Akkusativ unterscheiden sich durch ihre Stellung im Satz, der Genitiv wird mit Hilfe der Präposition »de«, der Dativ mit der Präposition »à« gebildet.

| **Nominativ** | **Genitiv** | **Dativ** | **Akkusativ** |
|---|---|---|---|
| le garçon<br>der Junge | du garçon<br>des Jungen | au garçon<br>dem Jungen | le garçon<br>den Jungen |
| un garçon<br>ein Junge | d'un garçon<br>eines Jungen | à un garçon<br>einem Jungen | un garçon<br>einen Jungen |

| **Endung auf** | **männlich** | **Endung auf** | **weiblich** |
|---|---|---|---|
| -age [aʒ] | l'ouvrage | -ade [ad] | la balade |
| -ail [aj] | le travail | -ance [ɑ̃s] | la chance |
| -al [al] | le métal | -aison [ɛzɔ̃] | la maison |
| -eau [o] | le manteau | -elle [ɛl] | la ficelle |
| -ège [ɛʒ] | le manège | -esse [ɛs] | la sagesse |
| -ier [je] | l'écolier | -ette [ɛt] | la chaussette |
| -isme [ism(ə)] | le séisme | -ise [iz] | la cerise |
| -oir [war] | le comptoir | -rie [ri] | la pâtisserie |
| -ment [mɑ̃] | le document | -tion [sjɔ̃] | la nation |
| | | -té [te] | la bonté |

Die regelmäßige Pluralbildung erfolgt durch das Anhängen eines *-s* an das Substantiv. Substantive auf *-au, -eu, -eau* bilden den Plural häufig durch Anhängen eines *-x*, Substantive auf *-al* durch *-aux*. Substantive, die im Singular auf *-s, -x, -z* enden, sind im Plural unveränderlich:

| **Singular** | **Plural** |
|---|---|
| le garçon | les garçons |
| la fille | les filles |
| le manteau | les manteaux |
| le feu | les feux |
| le journal | les journaux |
| le nez | les nez |

# Verbkonjugation

## Gegenwart

Das französische *présent* wird wie das deutsche Präsens gebraucht. Es wird folgendermaßen gebildet:

### Regelmäßige Verben

| | | I.<br>parl**er**<br>*sprechen* | II.<br>fin**ir**<br>*beenden* | III.<br>attend**re**<br>*warten* |
|---|---|---|---|---|
| ich | je | parl**e** | fin**is** | attend**s** |
| du | tu | parl**es** | fin**is** | attend**s** |
| er/sie | il/elle | parl**e** | fin**it** | attend**d** |
| wir | nous | parl**ons** | fini**ssons** | attend**ons** |
| ihr/Sie | vous | parl**ez** | fini**ssez** | attend**ez** |
| sie | ils/elles | parl**ent** | fini**ssent** | attend**ent** |

### Hilfs- und Modalverben

| | **être**<br>*sein* | **avoir**<br>*haben* | **vouloir**<br>*wollen* | **pouvoir**<br>*können* | **devoir**<br>*müssen* |
|---|---|---|---|---|---|
| je/j'* | suis | ai | veux | peux | dois |
| tu | es | as | veux | peux | dois |
| il/elle | est | a | veut | peut | doit |
| nous | sommes | avons | voulons | pouvons | devons |
| vous | êtes | avez | voulez | pouvez | devez |
| ils | sont | ont | veulent | peuvent | doivent |

* vor Verben mit Vokal (a, e, i, o, u, y) und stummem *h*, z.B.: j'habite - *ich wohne*.

**Unregelmäßige Verben**

| | **aller** *gehen* | **venir** *kommen* | **faire** *machen* | **savoir** *wissen* |
|---|---|---|---|---|
| je | vais | viens | fais | sais |
| tu | vas | viens | fais | sais |
| il/elle | va | vient | fait | sait |
| nous | allons | venons | faisons | savons |
| vous | allez | venez | faites | savez |
| ils/elles | vont | viennent | font | savent |

| | **boire** *trinken* | **dire** *sagen* | **mettre** *setzen* | **prendre** *nehmen* |
|---|---|---|---|---|
| je | bois | dis | mets | prends |
| tu | bois | dis | mets | prends |
| il/elle | boit | dit | met | prend |
| nous | buvons | disons | mettons | prenons |
| vous | buvez | dites | mettez | prenez |
| ils/elles | boivent | disent | mettent | prennent |

## Zukunft

| **Infinitiv** | **Futurstamm** | **Endung** | |
|---|---|---|---|
| parler | parl**e**- | **-rai** | je |
| finir / partir | fin**i**- / part**i**- | **-ras** | tu |
| prendre / venir | prend- / viend- | **-ra** | il/elle |
| avoir | au- | **-rons** | nous |
| être / faire | se- / fe- | **-rez** | vous |
| aller | ir- | **-ront** | ils/elles |

In der Umgangssprache verwendet man häufig das *futur composé*, das mit dem Verb *aller* + Infinitiv gebildet wird, z.B.: *Je vais venir.* (= Ich werde kommen.)

## Vergangenheit

Die beiden wichtigsten Vergangenheitsformen sind das *passé composé* und das *imparfait*. Sie entsprechen im Wesentlichen dem deutschen Perfekt und Imperfekt. Das *passé simple*, für das es im Deutschen keine Entsprechung gibt, wird in der gesprochenen Sprache kaum verwendet.

### Perfekt

Das Perfekt wird im allgemeinen mit dem Hilfsverb *avoir* + Partizip Perfekt gebildet. Seltener ist die Bildung mit *être* + Partizip Perfekt. In Verbindung mit *avoir* bleibt die Partizipialendung **-é, -i, -u** in der Regel unverändert. Reflexive Verben (z.B. *se laver* – sich waschen) und die Verben *aller, arriver, descendre, entrer, monter, partir, rester, sortir, tomber* und *venir* bilden das Perfekt mit *être*. In diesem Fall richtet sich die Partizipialendung nach dem Geschlecht (männlich / weiblich) und Numerus des Bezugswortes.

| ***avoir* + Partizip** | **Perfekt** |
|---|---|
| j'ai parlé | ich habe gesprochen |

| ***être* + Partizip Perfekt** | |
|---|---|
| Jean est arrivé. | Hans ist angekommen. |
| Marie est arrivé**e**. | Marie ist angekommen. |
| Les fils sont arrivé**s**. | Die Söhne sind angekommen. |
| Les filles sont arrivé**es**. | Die Töchter sind angekommen. |
| Jean et Marie sont arrivé**s**. | Hans und Maria sind angekommen. |

### Regelmäßige Bildung des Partizip Perfekt

| Infinitiv | Infinitiv-endung | Verbstamm | Partizipial-endung | Übersetzung |
|---|---|---|---|---|
| manger | -er | mang- | -é/e | gegessen |
| finir | -ir | fin- | -i/e | beendet |
| vendre | -re | vend- | -u/e | verkauft |
| partir | -ir | part- | -i/e | abgefahren |

### Unregelmäßige Partizipialformen

| Infinitiv | Partizip Perfekt | Übersetzung |
|---|---|---|
| avoir | eu/e | gehabt |
| boire | bu/e | getrunken |
| connaître | connu/e | gekannt |
| croire | cru/e | geglaubt |
| devoir | dû/due | gemusst |
| écrire | écrit/e | geschrieben |
| être | été | gewesen |
| faire | fait/e | gemacht |
| lire | lu/e | gelesen |
| mettre | mis/e | gelegt, gesetzt, gestellt |
| ouvrir | ouvert/e | geöffnet |
| pouvoir | pu/e | gekonnt |

### Imperfekt

Das französische *imparfait* ist mit Ausnahme von *être* (= sein) regelmäßig. Die Bildung erfolgt durch Anhängen der folgenden Endungen an den Verbstamm:

| Infinitiv | Person | Verbstamm | Endung | Übersetzung |
|---|---|---|---|---|
| pay**er** | je | pay- | **-ais** | ich bezahlte |
| attend**re** | tu | attend- | **-ais** | du wartetest |
| part**ir** | il/elle | part- | **-ait** | er/sie/es fuhr ab |
| fin**ir** | nous | finiss- | **-ions** | wir beendeten |
| faire / dire | vous | fais-/dis- | **-iez** | ihr machtet/sagtet |
| avoir | ils | av- | **-aient** | sie hatten |

| **être** | | | |
|---|---|---|---|
| j'étais | ich war | nous étions | wir waren |
| tu étais | du warst | vous étiez | ihr wart |
| il/elle était | er/sie/es war | ils/elles étaient | sie waren |

## Befehlsform

Die Befehlsform dient außer zur Aufforderung auch dazu, Bitten oder Einladungen auszusprechen: Wie im Deutschen wird die 1.Person Plural auch imperativisch gebraucht: *Allons y!* (= Gehen wir!).

### Regelmäßige Bildung der Befehlsform

| | I.<br>parl**er**<br>*sprechen* | II.<br>fin**ir**<br>*beenden* | III.<br>attend**re**<br>*warten* |
|---|---|---|---|
| Singular (du) | Parl**e**!<br>*Sprich!* | Fini**s**!<br>*Hör auf!* | Attend**s**!<br>*Warte!* |
| Plural (ihr, Sie) | Parl**ez**!<br>*Sprecht!*<br>*Sprechen Sie!* | Finiss**ez**!<br>*Hört auf!*<br>*Hören Sie auf!* | Attend**ez**!<br>*Wartet!*<br>*Warten Sie!* |

### Unregelmäßige Befehlsformen

| | **Singular** (du) | **Plural** (ihr, Sie) |
|---|---|---|
| aller | Va! | Allez! |
| avoir | Aie! | Ayez! |
| dire | Dis! | Dites! |
| être | Sois! | Soyez! |
| faire | Fais! | Faites! |
| prendre | Prends! | Prenez! |
| venir | Viens! | Venez! |

Negiert wird mit Hilfe von *ne ... pas: Ne parle pas!* (= Sprich nicht!)

## Konditional

Das *conditionnel* findet man in höflichen Wendungen und Wünschen, die im Deutschen im Konjunktiv II stehen. Auch Hypothetisches oder Zweifel werden mit Hilfe des *conditionnel* zum Ausdruck gebracht:

| | |
|---|---|
| Pourrais-je avoir ...? | Könnte ich ... haben? |
| Je voudrais ... | Ich möchte / hätte gern ... . |
| Nous pourrions aller au cinéma. | Wir könnten ins Kino gehen. |
| Si je gagnais au loto, je voyagerais. | Wenn ich im Lotto gewinnen würde, würde ich verreisen. |

| | | | |
|---|---|---|---|
| parler | je | parl**e**- | **-rais** |
| finir | tu | fin**i**- | **-rais** |
| attendre | il/elle | attend- | **-rait** |
| être / faire / avoir | nous | se- / fe- / au- | **-rions** |
| venir / tenir | vous | viend- / tiend- | **-riez** |
| mettre / pouvoir | ils/elles | mett- / pour- | **-raient** |

# Pronomen

## Personalpronomen

Man unterscheidet verbundene und unverbundene Personalpronomen. Die **unverbundenen Formen** stehen nach Präpositionen und dienen ansonsten der Hervorhebung: *Viens-tu avec moi*? (= Kommst du mit mir?), *C'est moi!* (= Ich *(betont)* bin's!).

| **Singular** | | **Plural** | |
|---|---|---|---|
| moi | ich | nous | wir |
| toi | du | vous | ihr |
| lui/elle | er/sie | eux/elles | sie |

Die **verbundenen Dativ- und Akkusativpronomen** stehen im Aussagesatz unmittelbar vor dem konjugierten Verb: *Je lui ai écrit.* (= Ich habe ihm geschrieben.). Beim bejahten Imperativ stehen die fraglichen Pronomen nach, beim verneinten Imperativ vor dem konjugierten Verb. In Kombination mit einer Infinitivkonstruktion werden sie in der Regel dem Infinitiv vorangestellt: *Ecris-lui une lettre!* (= Schreib ihr einen Brief!), *Ne lui écris pas de lettre!* (= Schreib ihr keinen Brief!), *Je dois lui téléphoner.* (= Ich muss ihn anrufen.)

| | **Nominativ** | | **Dativ** | | **Akkusativ** | |
|---|---|---|---|---|---|---|
| **Singular** | je | ich | me | mir | me | mich |
| | tu | du | te | dir | te | dich |
| | il/elle | er/sie | lui | ihm/ihr | le/la | ihn/sie/es |
| | | | se | sich | se | sich |
| **Plural** | nous | wir | nous | uns | nous | uns |
| | vous | ihr/Sie | vous | euch/Sie | vous | euch/Sie |
| | ils/elles | sie | leur | ihnen | les | sie |
| | | | se | sich | se | sich |

**Apropos:** Die unpersönliche deutsche Form »man« wird im Französischen meist mit *on* ausgedrückt: *On ne sait pas où ...* (= Man weiß nicht, wo ...). In Sätzen mit mehreren Pronomen gilt:

| | | | | | | |
|---|---|---|---|---|---|---|
| **me, te, se** **nous, vous** | stehen vor | **le, la, les** | stehen vor | **lui** **leur** | stehen vor | **y, en** |

## Pronominaladverbien

Die Pronominaladverbien *y* (= da, dort, dorthin, daran) und *en* (= davon, darüber) werden wie Personalpronomen gebraucht und stehen grundsätzlich hinter allen anderen Pronomen direkt vor dem Verb: *J'habite à Paris.* → *J'y habite.* (= Ich wohne dort.) bzw. *Tu veux du vin?* → *Oui, j'en veux.* (= Ja, bitte, ich möchte davon.)

## Possessivpronomen

Die Possessivpronomen richten sich nach dem Geschlecht (männlich / weiblich) und Numerus des substantivischen Beziehungswortes. Nur vor weiblichen Substantiven, die im Singular mit einem Vokal oder einem stummen *h* beginnen, stehen statt der weiblichen die männlichen Formen: *Ton amie est là.* (= Deine Freundin ist da.)

| | **frère** *Bruder* | **sœur** *Schwester* | **frères / sœurs** *Brüder / Schwestern* |
|---|---|---|---|
| mein/e | mon | ma | mes |
| dein/e | ton | ta | tes |
| sein/e / ihr/e | son | sa | ses |
| unser/e | notre | notre | nos |
| euer/eure / Ihr/e | votre | votre | vos |
| ihr/e | leur | leur | leurs |

| | |
|---|---|
| Où se trouve **mon** livre? | Wo ist mein Buch? |
| Où se trouve **ma** voiture? | Wo ist mein Auto? |
| Où sont **mes** livres? | Wo sind meine Bücher? |
| Où sont **mes** chaussures? | Wo sind meine Schuhe? |

## Demonstrativpronomen

Das Demonstrativpronomen *ce* (= dieser, jener) richtet sich nach dem Geschlecht (männlich / weiblich) und Numerus des Bezugswortes:

| **Singular** männlich | weiblich | **Plural** männlich / weiblich |
|---|---|---|
| ce manteau<br>*dieser Mantel* | cette jupe<br>*dieser Rock* | ces manteaux / jupes<br>*diese Mäntel / Röcke* |

Die Form *cet* steht vor männlichen Substantiven, die mit Vokal (a, e, i, o, u, y) oder stummem *h* beginnen: *cet homme* (= dieser Mann), *cet ami* (= dieser Freund).

## Reflexivpronomen

| **Singular** | | **Plural** | |
|---|---|---|---|
| me | mich | nous | uns |
| te | dich | vous | euch |
| se | sich | se | sich |

Reflexivkonstruktionen ersetzen im Französischen häufig das Passiv: *La glace se vend en été.* (= Eis wird im Sommer verkauft.)

## Relativpronomen

| | |
|---|---|
| Voilà mon frère qui est malade. | Hier also mein Bruder, der krank ist. |
| Mon frère, que tu as vu, est malade. | Mein Bruder, den du gesehen hast, ist krank. |
| J'ai lu le livre dont tu m'as parlé. | Ich habe das Buch gelesen, von dem du mir erzählt hast. |
| Il se souvient du village dans lequel il est né. | Er erinnert sich an das Dorf, in dem er geboren ist. |
| Tu sais ce que tu vois. | Du weißt (das), was du siehst. |

# Adjektive & Adverbien

## Adjektivdeklination

Die Endung der Adjektive richtet sich nach dem Geschlecht (männlich / weiblich) und Numerus des Bezugswortes. Adjektive auf -*e* unterscheiden nur Singular (*roug***e**) und Plural (*rouge***s**). Bei vielen weiblichen Adjektiven verdoppelt sich der Endkonsonant: *gros – grosse, bon – bonne* etc. Folgende Kombinationen sind möglich:

| **Singular** | | | **Plural** | | |
|---|---|---|---|---|---|
| Le film | est | intéressant.<br>rud**e**. | Les films | sont | intéressant**s**.<br>rude**s**. |
| Le chien | est | gro**s**. | Les chiens | sont | gro**s**. |
| La cuisine | est | grand**e**.<br>bon**ne**. | Les cuisines | sont | grande**s**.<br>bonne**s**. |

Als Attribut wird das Adjektiv meist nachgestellt: *un chocolat chaud* (= eine heiße Schokolade).

**Unregelmäßige Formen**

| männlich | weiblich |
|---|---|
| beau / bel* | belle |
| fou / fol* | folle |
| nouveau / nouvel* | nouvelle |
| vieux / vieil* | vieille |

* vor Substantiven mit Vokal oder stummem *h*

## Steigerung

| Grundstufe | | Komparativ | Superlativ |
|---|---|---|---|
| grand | groß | plus grand/e | le/la/les plus grand/e/s |
| | | moins grand/e | le/la/les moins grand/e/s |
| **Ausnahmen** | | | |
| bon | gut | meilleur/e | le/la/les meilleur/e/s |
| mauvais | schlimm | pire | le/la/les pire/s |
| petit | gering | moindre | le/la/les moindre/s |

## Adverbien

Die von Adjektiven abgeleiteten Adverbien erhalten die Endung *-ment*. Unregelmäßige Adverbien sind z.B. *bien* (= gut), *mal* (= schlecht) und *beaucoup* (= viel).

| | |
|---|---|
| heureux/**se** | heureu**se**ment |
| doux/**ce** | dou**ce**ment |
| vra**i**/e | vra**i**ment |
| décid**é**/e | décid**é**ment |

# WÖRTERBUCH

# Wörterbuch Deutsch–Französisch

## A

**abbiegen** tourner [turne] 57; **rechts/links ~** tourner à droite/gauche [turne a drwat / goʃ]
**abbrechen** annuler [anyle] 220
**Abend** soir [swar] 28, 48, 212; **~essen** dîner [dine] 50, 105, 116; **~garderobe** tenue *f* de soirée [təny də sware] 213
**aber** mais [mɛ] 272
**abfahren** partir [partir] 97, 277ff; **Abfahrt** *(Zug)* départ [depar] 74
**Abfall** déchets *pl* [deʃɛ], ordures *f pl*
**Abflug** départ [depar] 81
**Abführmittel** laxatif [laksatif] 240
**abheben** *(Geld)* retirer [rətire] 221; *(Flugzeug)* décoller [dekɔle] 81
**abholen** aller chercher [ale ʃɛrʃe] 49, 109, 223
**Abkürzungen** abréviations *f pl* [abrevjasjɔ̃] → 14
**abmachen** *(vereinbaren)* convenir de [kɔ̃vnir də]; **abgemacht!** *(einverstanden)* d'accord! [dakɔr] **Abmachung** accord [akɔr]
**Abreise** départ [depar] 107; **~tag** jour de départ [ʒur də depar] 96; **abreisen** partir [partir] 97, 107
**absagen** annuler [anyle] 208
**Absatz** talon [talɔ̃] 176
**abschicken** envoyer [ɑ̃vwaje] 223
**Abschleppdienst** service de dépannage [sɛrvis de depanaʒ]; **abschleppen** *(Auto)* remorquer [rəmɔrke]; **Abschleppseil** cable de remorquage [kabl(ə) də rəmɔrkaʒ] 235
**abschließen** *(Türe)* fermer à clé [fɛrme a kle]; *(Vertrag)* conclure [kɔ̃klyr]
**Absender** expéditeur [ɛkspeditœr] 224
**abstellen** *(Gas, Wasser)* fermer [fɛrme] 112; *(Motor)* arrêter [arɛte]
**Achtung** attention *f* [atɑ̃sjɔ̃] 232
**Adresse** adresse *f* [adrɛs] 42
**Aftersun** après-soleil [aprɛ sɔlɛj]
**Alarmanlage** système d'alarme [sistɛm dalarm]
**Alkohol** alcool [alkɔl]; **alkoholfrei** sans alcool [sɑ̃z‿alkɔl]; **alkoholisch** alcoolisé/e [alkɔlize]
**alle(r, s)** tous/toutes [tu / tut] 94, 161; **alles in Ordnung?** tout va bien? [tu va bjɛ̃] 233
**allein** seul/e [sœl] 54
**Allergie** allergie *f* [alɛrʒi]; **allergisch** allergique [alɛrʒik] 246
**als** *(zeitlich)* quand [kɑ̃] 272; *(in der Eigenschaft)* comme [kɔm]
**also** donc [dɔ̃k] 272, par conséquent [par kɔ̃sekɑ̃]
**alt** vieux [vjø], vieil [vjɛj], vieille [vjɛj]; **Alter** âge [ɑʒ] 42; **Altstadt** centre historique [sɑ̃tr(ə) istɔrik] 204
**Altar** autel [ɔtɛl]
**Alufolie** papier d'alu(minium) [papje daly(minjɔm)]
**Ampel** feu (tricolore) [fø (trikɔlɔr)] 57, 58
**an wen?** à qui? [a ki] 271
**Ananas** ananas [anana(s)]
**anbieten** proposer [prɔpoze] 51, offrir [ɔfrir] 262
**Andenken** souvenir [suvnir] 183
**andere(r, s)** autre [otr(ə)]
**ändern** changer [ʃɑ̃ʒe], modifier [mɔdifje]
**Anfang** début [deby] 27; **Anfänger/in** débutant/e [debytɑ̃/t] 192

**Angel** canne *f* à pêche [kan a pɛʃ] 196; **angeln** pêcher [peʃe] 193f
**angenehm** agréable [agreabl(ə)] 39, 40, 45; **~!** enchanté/e! [ɑ̃ʃɑ̃te]
**Angestellte/r** employé/e [ɑ̃plwaje] 43; **leitende/r ~** cadre supérieur [kadr(ə) syperjœr] 257
**Angst** peur *f* [pœr]
**Anhänger** *(Auto)* remorque *f* [rəmɔrk]
**Anis** anis [ani(s)]
**Ankauf** achat [aʃa]
**ankommen** arriver [arive] 73, 97, 109, 239; **Ankunft** arrivée *f* [arive] 74
**Anlage** *(Brief)* pièce/s jointe/s (p.c.) [pjɛs ʒwɛ̃t] 261
**Anlasser** démarreur [demarœr]
**anlaufen** faire escale à [fɛr ɛskal a]
**anlegen** accoster [akɔste]
**Anmeldung** inscription *f* [ɛ̃skripsjɔ̃] 113; **anmelden** *(Kurs)* inscrire [ɛ̃skrir] 192
**anprobieren** essayer [eseje] 172
**Anrufbeantworter** répondeur [repɔ̃dœr]
**anschnallen** mettre la ceinture de sécurité [mɛtr(ə) la sɛ̃tyr də sekyrite]
**ansehen** *(Zimmer)* voir [vwar] 102; *(besichtigen)* visiter [vizite] 206
**ansteckend** contagieux/euse [kɔ̃taʒjø/z]
**anstrengend** fatigant [fatigɑ̃] 39
**Antibabypille** pilule *f* [pilyl] 247; **Antibiotikum** antibiotique [ɑ̃tibjɔtik]
**Antiquitäten** antiquités *f pl* [ɑ̃tikite] 156, 183
**antworten** répondre [repɔ̃dr(ə)] 260
**Anwalt / Anwältin** avocat/e [avɔka/t]
**Anweisungen** instructions *f pl* [ɛ̃stryksjɔ̃]
**Anzahlung** arrhes *f pl* [ar] 102, acompte [akɔ̃t]
**Anzeige erstatten** porter plainte [pɔrte plɛ̃t] 234, 238f
**Anzug** costume [kɔstym] 174
**Apartment** appartement apartmɑ̃] 92, 108f
**Apfel** pomme *f* [pɔm] 171; **~saft** jus de pomme [ʒy də pɔm] 120; **~sine** orange *f* [ɔrɑ̃ʒ] 171
**Apotheke** pharmacie *f* [farmasi] 24, 178, 240f; **Apotheker/in** pharmacien/ne [farmasjɛ̃/ɛn]
**Appetit** appétit [apeti]; **Guten ~!** Bon appétit! [bɔn‿apeti] 51
**Aprikose** abricot [abriko] 171
**April** avril [avril]
**Arbeit** travail [travaj]; *(Beruf)* profession *f* [prɔfɛsjɔ̃] 42f; **arbeiten** travailler [travaje] 44, 254; **Arbeiter/in** ouvrier/ière [uvrije/jɛr] 43
**Archäologie** archéologie *f* [arkeɔlɔʒi] 204
**Architekt/in** architecte [arʃitɛkt(ə)]; **Architektur** architecture *f* [arʃitɛktyr] 44, 204
**Arie** aria *f* [arja]
**Arkade** arcade *f* [arkad]
**Armee** armée *f* [arme]
**arm** pauvre [povr(ə)]
**Arm** bras [bra] 249; **~band** bracelet [braslɛ]; **Ärmel** manche *f* 174
**Artischocke** artichaut [artiʃo] 141
**Arzneimittel** médicament [medikamɑ̃] 240; **Arzt** médecin [medsɛ̃] 242f
**Aschenbecher** cendrier [sɑ̃drije] 148
**Asthma** asthme [asm(ə)]
**Atem** respiration *f* [rɛspirɑsjɔ̃] 246; **Atemnot** dyspnée *f* [dispne]
**Aubergine** aubergine *f* [obɛrʒin] 141
**auch** aussi [osi]
**auf** sur [syr] 58; **Auf Wiedersehen!** Au revoir! [o r(ə)vwar] 40

**aufbrechen** *(mit Gewalt)* pénétrer par effraction [penetre par‿efraksjɔ̃] 239; forcer [fɔrse]
**Aufenthalt** séjour [seʒur] 96, 97
**aufgeben** *(Gepäck)* faire enregistrer [fɛr ɑ̃rʒistre] 82; *(Postsendung)* envoyer [ɑ̃vwaje] 223
**Aufnahme** *(Krankenhaus)* bureau des entrées [byro dez‿ɑ̃tre] 251; **aufnehmen** *(Musik)* enregistrer [ɑ̃rʒistre]
**Aufnehmer** serpillière *f* [sɛrpijɛr]
**aufpassen** *(aufmerksam sein)* faire attention (à) [fɛr atɑ̃sjɔ̃ (a)]; **~ auf** surveiller [syrveje] 188
**Aufzug** ascenseur [asɑ̃sœr] 97
**Auge** œil [œj], yeux *pl* [jø] 249; **~narzt** ophtalmologiste [ɔftalmɔlɔʒist(ə)] 243
**August** août [ut; u]
**aus** de [də]
**Ausfahrt** sortie *f* [sɔrti] 64, 65
**Ausflug** excursion *f* [ɛkskyrsjɔ̃] 200, 206
**Ausfuhr** exportation *f* [ɛkspɔrtɑsjɔ̃]
**Ausgang** sortie *f* [sɔrti] 87, 267
**ausgebucht** complet/ète [kɔ̃plɛ/ɛt] 92, 94
**ausgehen** sortir [sɔrtir] 212
**ausgezeichnet** excellent/e [ɛksɛlɑ̃/t] 51; **~!** parfait! [parfɛ] 259
**aushandeln** négocier [negɔsje]
**Auskunft** information *f* [ɛ̃fɔrmasjɔ̃]; *(Telefon)* renseignements *pl* [rɑ̃sɛɲmɑ̃] 225
**Ausland** étranger [etrɑ̃ʒe]; **Ausländer** étranger/ère [etrɑ̃ʒe/ɛr]; **ausländisch** étranger/ère [etrɑ̃ʒe/ɛr] 217; **Auslandsgespräch** communication *f* internationale [kɔmynikɑsjɔ̃ ɛ̃tɛrnasjɔnal] 225
**Auspuff** pot d'échappement [po deʃapmɑ̃] 236
**Ausrüstung** équipement [ekipmɑ̃]
**aussprechen** prononcer [prɔnɔ̃se] 37
**aussteigen** descendre [desɑ̃dr(ə)] 58, 88
**ausstellen** exposer [ɛkspoze]; **Aussteller** exposant [ɛkspozɑ̃] 268; **Ausstellung** exposition *f* [ɛkspozisjɔ̃] 200; **~skatalog** catalogue de l'exposition [katalɔg də lɛkspozisjɔ̃] 268; **~szentrum** parc des expositions [park dez‿ɛkspozisjɔ̃] 267
**Austern** huîtres *f pl* [ɥitr(ə)] 136
**Ausverkauf** soldes *f pl* [sɔld] 161
**Ausweis** pièce *f* d'identité [pjɛs didɑ̃tite]; *(Personal~)* carte *f* d'identité [kart(ə) didɑ̃tite] 43, 60
**Außer Betrieb!** Hors service! ['ɔr sɛrvis] 220
**Auto** voiture *f* [vwatyr], véhicule (de tourisme) [veikyl də turism(ə)] 56, 62ff, 101; **~bahn** autoroute *f* [ɔtɔrut] 65f; **~bus** (auto)bus [(ɔtɔ)bys], car [kar] 56, 87f; **~panne** panne *f* [pan] 235; **~teile** → 237; **~verleih** location *f* de voitures [lɔkɑsjɔ̃ də vwatyr] 70, 71; **~werkstatt** garage [garaʒ] 68, 235f, *(Vertrags~)* concessionnaire (de) [kɔ̃sɛsjɔnɛr (də)] 235
**Avocado** avocat [avɔka] 133

## B

**Baby** bébé [bebe], nouveau-né [nuvo ne]; **~artikel** → 178; **~creme** crème *f* pour bébé [krɛm pur bebe] 179; **~fläschchen** biberon [bibrɔ̃] 179; **~nahrung** petits pots / alimentation *f* pour bébé [p(ə)ti po / alimɑ̃tasjɔ̃ pur bebe] 179; **~sitter** baby-sitter [bebisitœr]; **~wäsche** layette *f* [lɛjɛt] 179

**Backbord** bâbord [babɔr]
**Bäckerei** boulangerie *f* [bulɑ̃ʒri] 126, 157; **Backofen** four [fur]
**Bad** salle *f* de bain [sal də bɛ̃] 94, 100, 110; **~eanzug/~ehose** maillot de bain [majo de bɛ̃] 190, **~ekappe** bonnet de bain [bɔnɛ də bɛ̃] 190; **~emantel** peignoir [pɛɲwar] 173, 190; **baden** se baigner [sə beɲe] 186ff; **~etuch** drap de bain [dra də bɛ̃] 190; **~eurlaub** 189; **~ewanne** baignoire *f* [bɛɲwar]
**Bahnhof** gare *f* [gar] 56, 77f; **Bahnsteig** quai [ke] 78
**bald** bientôt [bjɛ̃to] 27, 40
**Ball** balle *f* [bal], ballon [balɔ̃]
**Ballett** ballet [balɛ] 210
**Banane** banane *f* [banan] 171
**Band** *(Anatomie)* ligament [ligamɑ̃]; *(Buch)* volume [vɔlym]; *(Musikgruppe)* groupe [grup]
**Bank** *(Geldinstitut)* banque *f* [bɑ̃k] 24, 25, 217ff; **~leitzahl** code de banque [kɔd də bɑ̃k] 221
**Bar** café [kafe], bar [bar] 213
**bar** en espèces [ɑ̃n‿ɛspɛs]; **Bargeld** argent liquide [arʒɑ̃ likid] 218
**Basilikum** basilic [bazilik] 131
**Basketball** basket-ball [baskɛtbol] 194
**Batterie** *(Auto)* batterie *f* [batri] 68, 236; pile *f* [pil] 180, 184
**Bauch** ventre [vɑ̃tr(ə)] 249; **~schmerzen** mal de ventre [mal də vɑ̃tr(ə)] 244
**Bauernhof** ferme *f* [fɛrm]
**Baum** arbre [arbr(ə)]; **~wolle** coton [kɔtɔ̃] 174
**Bauwerk** édifice [edifis]
**beabsichtigen** avoir l'intention de [avwar lɛ̃tɑ̃sjɔ̃ də]
**Beamter/in** fonctionnaire [fɔ̃ksjɔnɛr] 43
**Beanstandung** réclamation [reklamasjɔ̃] 98, 148
**beantworten** répondre à [repɔ̃dr(ə) a]
**bedanken, sich** remercier [r(ə)mɛrsje] 46
**Bedienung** service [sɛrvis]; *(Kellner/in)* serveur/euse [sɛrvœr/øz]; **~sanleitung** mode d'emploi [mɔd dɑ̃plwa] 109
**Bedingung** condition *f* [kɔ̃disjɔ̃]
**beenden** finir [finir] 276ff
**befinden, sich** se trouver [sə truve] 104, 203
**begegnen, sich** se rencontrer [sə rɑ̃kɔ̃tre]
**beginnen** commencer [kɔmɑ̃se] 207
**begleiten** accompagner [akɔ̃paɲe] 262
**begrüßen** saluer [salɥe] 38
**behandeln** traiter [trete]; *(Patient)* soigner [swaɲe]
**Behinderte/r** handicapé/e ['ɑ̃dikape] 99, 201
**bei** chez [ʃe], dans [dɑ̃], à [a]; *(+ Städtename)* près de [prɛ də]
**Beilage** garniture *f* [garnityr] 140
**Bein** jambe *f* [ʒɑ̃b] 244, 249
**bekommen** *(Zug)* avoir [avwar] 79; *(erhalten)* recevoir [rəsəvwar]
**Beleg** *(Quittung)* reçu [r(ə)sy] 21; *(Geldautomat)* ticket [tikɛ] 220
**benachrichtigen** prévenir [prevnir] 232
**benutzen** utiliser [ytilize] 264
**Benzin** essence *f* [esɑ̃s] 66, 235; **~kanister** bidon d'essence [bidɔ̃ desɑ̃s]
**Beratung** conseil [kɔ̃sɛj]
**bereits** déjà [deʒa]
**Bereitschaftsdienst** permanence *f* médicale [pɛrmanɑ̃s medikal]
**Berg** montagne *f* [mɔ̃taɲe], mont [mɔ̃] 97; **~spitze** sommet [sɔmɛ]; **~steigen** alpinisme [alpinism(ə)] 195

**Beruf** profession *f* [prɔfɛsjɔ̃] 42f
**Beruhigungsmittel** calmant [kalmɑ̃] 240
**berühren** toucher [tuʃe]
**Besatzung** équipage [ekipaʒ]
**beschreiben** décrire [dekrir] 239
**Beschwerden** *(körperlich)* troubles *pl* [trubl(ə)]
**besetzt** occupé/e [ɔkype] 78
**besichtigen** visiter [vizite] 200, 206; **Besichtigung** visite *f* [vizit] 206
**besprechen** discuter [diskyte]; **Besprechung** réunion *f* [reynjɔ̃] 260
**besser** mieux [mjø]
**bestätigen** confirmer [kɔ̃firme] 101; *(Geldautomat)* valider [valide] 220; **Bestätigung** confirmation *f* [kɔ̃firmasjɔ̃]
**Besteck** couvert [kuvɛr] 111
**bestellen** *(Tisch)*; réserver [rezɛrve] 129; *(Waren, Essen)* commander [kɔmɑ̃de] 123, 145f, 161; **Bestellung** commande *f* [kɔmɑ̃d]
**Bestimmungsort** destination *f* [dɛstinasjɔ̃], localité *f* [lɔkalite]
**besuchen** rendre visite à [rɑ̃dr(ə) vizit a]; **Besucher** visiteur [vizitœr]
**Betrag** somme *f* [sɔm]
**Betrieb** entreprise *f* [ɑ̃trəpriz] 255
**Bett** lit [li] 99, 110, 248; **zu ~ gehen** aller au lit [ale o li]; **~bezug** drap de lit [dra də li] 111; **~laken** drap [dra] 111
**bevor** avant que/de[avɑ̃ kə/də]
**bewegen** bouger [buʒe] 245, 248
**bezahlen** payer [peje], régler [regle] 20, 63, 124f, 149f, 280
**BH** soutien-gorge [sutjɛ̃ gɔrʒ]
**Biene** abeille *f* [abɛj]
**Bier** bière *f* [bjɛr] 121
**Bikini** maillot deux pièces [majo dø pjɛs], bikini [bikini] 190
**Bild** tableau [tablo] 202; **~erbuch** livre d'images [livr(ə) dimaʒ]; **~hauer/in** sculpteur [skyltœr]; **~schirm** écran [ekrɑ̃] 266
**Billard** billard [bijar]
**billig** bon marché [bɔ̃ marʃe]
**Binden** *(Hygiene)* serviettes *f pl* hygiéniques [sɛrvjɛt iʒjenik] 178
**Biologie** biologie *f* [biɔlɔʒi]
**bis** *(~zu/an)* jusqu'à/au [ʒyska/o] 57; **~ bald** à bientôt! [a bjɛ̃to] 40, 227; **~ wann?** jusqu'à quand? [ʒyska kɑ̃]; **bisher** jusqu'à présent [ʒyska prezɑ̃]
**Biss, ~wunde** morsure *f* [mɔrsyr]
**bisschen** peu [pø]; **ein ~** un ~ [œ̃]
**Bischof** évêque [evɛk]
**bitte** s'il vous plaît [sil vu plɛ] 37, 46; **wie ~?** pardon? [pardɔ̃], comment? [kɔmɑ̃] 37; **~ sehr** de rien [də rjɛ̃], je vous en prie [ʒə vuz‿ɑ̃ pri] 46; **bitten** *(um etwas)* demander [dəmɑ̃de], *(jemanden)* prier (quelqu'un) [prije (kɛlkœ̃)]
**bitter** amer/ère [amɛr]
**Blähungen** flatulences *f pl* [flatylɑ̃s]
**blass** pâle [pɑl]
**Blatt** feuille *f* [fœj]
**Blätterteig** pâte *f* feuilletée [pɑt fœjte] 133, 150
**blau** bleu/e [blø] 34
**Blechschaden** dommage matériel [dɔmaʒ materjɛl] 234
**bleiben** rester [rɛste] 50, 54
**bleifrei** sans plomb [sɑ̃ plɔ̃] 66
**blind** aveugle [avœgl(ə)]
**Blinddarm** appendice[apɛ̃dis]; **~entzündung** appendicite *f* [apɛ̃disit]
**Blitzlicht** flash [flaʃ] 179
**blond** blond/e [blɔ̃/d] 229
**Blume** fleur *f* [flœr] 156; **~nkohl** chou-fleur [ʃuflœr] 141
**Bluse** chemisier [ʃ(ə)mizje] 173

**Blut** sang [sɑ̃]; **~druck** tension *f* artérielle [tɑ̃sjɔ̃ arterjɛl] 248; **bluten** saigner [seɲe]; **Blutung** hémorragie *f* [emɔraʒi]; **Blutvergiftung** septicémie *f* [sɛptisemi]
**Boden** *(Fuß-)* sol [sɔl]
**Bogen** arc [ark]
**Bohne** haricot ['ariko] 141
**Boot** bateau [bato], barque *f* [bark] 56, 84, 190, 196f; **~sverleih** location *f* de bateaux [lɔkɑsjɔ̃ də bato] 190
**Bordkarte** carte *f* d'embarquement [kart(ə) dɑ̃barkmɑ̃] 83
**Botschaft** ambassade *f* [ɑ̃basad], consulat [kɔ̃syla] 233
**Boule** boules *f pl* [bul], pétanque *f* [petɑ̃k] 194, 195
**Brand** incendie [ɛ̃sɑ̃di]; **~wunde** brûlure *f* [brylyr]
**braten** *(Ofen)* rôtir [rotir]; *(Pfanne)* frire [frir]
**brauchen** avoir besoin de [avwar bəzwɛ̃ də] 159
**breit** large [larʒ]
**braun** marron [marɔ̃], *(Haare)* châtain [ʃatɛ̃], *(gebräunt)* bronzé/e [brɔ̃ze]
**Bremse** frein [frɛ̃] 86, 236; **~sflüssigkeit** liquide pour les freins [likid pur le frɛ̃]; **bremsen** freiner [frene]
**Brief** lettre *f* [lɛtr(ə)] 223, 224; **~kasten** boîte *f* aux lettres [bwat o lɛtr(ə)] 216, 222, 224; **~marke** timbre [tɛ̃br(ə)] 156, 181, 216, 222ff; **~tasche** portefeuille [pɔrtəfœj] 176, 238; **~umschlag** enveloppe *f* [ɑ̃vlɔp] 182
**Brille** lunettes *f pl* [lynɛt] 184; **~netui** étui à lunettes [etɥi a lynɛt]
**bringen** apporter [apɔrte] 106
**Brokkoli** brocoli [brɔkɔli] 141
**Bronchitis** bronchite *f* [brɔ̃ʃit]
**Brombeere** mûre *f* [myr]
**Brot** pain [pɛ̃] 125, 141, 164; **Brötchen** petit pain [p(ə)ti pɛ̃] 125
**Bruch** *(Knochen)* fracture *f* [fraktyr]
**Brücke** pont [pɔ̃]
**Bruder** frère [frɛr]
**Brühe** bouillon [bujɔ̃] 134
**Brunnen** fontaine *f* [fɔ̃tɛn]
**Brust** poitrine *f* [pwatrin] 249
**brutto** brut/e [bryt]
**Buch** livre [livr(ə)] 181f; **buchen** réserver [rezɛrve] 82
**Buchhalter/in** comptable [kɔ̃tabl(ə)]; **~haltung** comptabilité *f* [kɔ̃tabilite] 257; **~händler/in** libraire [librɛr]
**Buchstabe** lettre *f* [lɛtr(ə)]; **buchstabieren** épeler [eple] 101
**Bucht** baie *f* [bɛ]
**Bügeleisen** fer à repasser [fɛr‿a r(ə)pɑse]; **bügeln** repasser [r(ə)pɑse] 230
**bunt** coloré/e [kɔlɔre]
**Burg** château fort [ʃato fɔr]
**Bürgersteig** trottoir [trɔtwar]
**Büro** bureau [byro] 44, 264ff; **~klammer** trombone [trɔ̃bɔn]
**Bürste** brosse *f* [brɔs]
**Bus** bus [bys], car [kar] 56, 59, 206 87; **~haltestelle** arrêt de bus [arɛ də bys] 57, 87, 88; **~fahrkarte** billet [bijɛ] 89
**Butter** beurre [bœr] 125, 165

## C

**Café** café [kafe], bar [bar] 117
**campen** faire du camping [fɛr dy kɑ̃piŋ] 112
**Campingplatz** camping [kɑ̃piŋ] 92, 93, 112
**CD** disque lazer [disk lazɛr] 158, 182
**Cello** violoncelle [vjɔlɔ̃sɛl]

**Champagner** champagne [ʃɑ̃paɲ]
**Charterflugzeug** charter [ʃartɛr]
**Chef** chef [ʃɛf] 256; **~arzt** médecin-chef [medsɛ̃ ʃɛf]
**Chemie** chimie *f* [ʃimi]
**Chicoree** endive *f* [ɑ̃div] 141
**Chips** *(Kartoffel~)* chips *pl* [ʃips]
**Chirurg** chirugien [ʃiryrʃjɛ̃]
**Christus** Jésus-Christ [ʒezykri(st)]
**circa** environ [ɑ̃virɔ̃]
**Computer** ordinateur [ɔrdinatœr] 264ff
**Cornflakes** céréales *f pl* [sereal] 125
**Cousin/e** cousin/e [kuzɛ̃/in]
**Creme** crème [krɛm] 177

## D

**da** *(dort)* là(-bas) [laba], *(hier)* ici [isi]; **~hin** là(-bas) [laba]; **~neben** à côté [a kote] 58
**Dampfbad** bain turc [bɛ̃ tyrk]
**Dame** dame *f* [dam]
**danke** merci [mɛrsi] 46, 264; **danken** remercier [r(ə)mɛrsje] 46
**dann** alors [alɔr], ensuite [ɑ̃sɥit]
**darin** là-dedans [ladədɑ̃], y [i] 283
**Darm** intestin [ɛ̃tɛstɛ̃]
**das** *(Artikel)* le [lə], la [la] 273
**Datei** *(Computer)* fichier [fiʃje] 266; **Daten** données *f pl* [dɔne] 266
**Dattel** datte *f* [dat]
**Datum** date *f* [dat] 29
**dauern** durer [dyre] 59
**Dauerwelle** permanente *f* [pɛrmanɑ̃t] 228
**davon** de cela [dəsəla], de là [dəla], en [ɑ̃] 283
**Debatte** débat [deba]
**Deck** pont [pɔ̃]
**Decke** *(Bett)* couverture *f* [kuvɛrtyr] 110
**Deckel** couvercle [kuvɛrkl(ə)]
**dein/e** ton [tɔ̃], ta [ta], tes [te] 283
**Delikatessen** *(Geschäft)* épicerie *f* fine [episri fin]
**denken** penser [pɑ̃se] 52
**Denkmal** monument [mɔnymɑ̃] 204
**denn** *(da, weil)* car [kar]
**Deo(dorant)** déo(dorant) [deɔ(dɔrɑ̃)]177
**der** *(Artikel)* le [lə], la [la] 273
**desinfizieren** désinfecter [dezɛ̃fɛkte] 247
**Detail** détail [detaj] 258
**deutsch** allemand/e [almɑ̃/d] 36, 181, 200, 243, 268; **Deutsche/r** allmand/e [almɑ̃/d] 41; **Deutschland** Allemagne *f* [almaɲ]
**Dezember** décembre [desɑ̃br(ə)] 29
**Diabetis** diabète [djabɛt] 246
**Diafilm** film inversible [film ɛ̃vɛrsibl(ə)] 179
**Diagnose** diagnostique [djagnɔstik] 247
**Diät** régime [reʒim] 248
**dich** te [tə], toi [twa] 284
**Dichter/in** poète [pɔɛt]
**dick** *(Mensch, Tier)* gros/se [gro/s], *(Aufschnitt)* épais/se [epɛ/s]
**die** la [la], le [lə], *(Plural)* les [le] 273
**Dieb** voleur [vɔlœr] 232; **~stahl** vol [vɔl] 238, 237
**Dienstag** mardi [mardi]
**diese/r/s** ce [sə], cette [sɛt] 284
**Diesel** gazole [gazɔl], gas-oil [gazwal] 66
**dir** te [tə], toi [twa] 282
**Dirigent** chef d'orchestre [ʃɛf dɔrkɛstr(ə)]; **dirigieren** diriger [diriʒe] 210
**Diskette** disquette *f* [diskɛt] 266
**Diskothek** discothèque *f* [diskɔtɛk], boîte *f* [bwat] 213
**Dolmetscher/in** interprète [ɛ̃tɛrprɛt] 37
**Dom** cathédrale *f* [katedral] 204

**Donnerstag** jeudi [ʒødi]
**Doppelbett** lits *pl* jumeaux [li ʒymo] 99; **Doppelzimmer** chambre *f* double [ʃɑ̃br(ə) dubl(ə)] 94, 99
**Dorf** village [vilaʒ]
**dort** là-bas [laba]
**Dose** boîte *f* [bwat]; **~nöffner** ouvre-boîte [uvr(ə)bwat]
**Dosierung** dosage [dɔzaʒ]; *(Medikament)* posologie *f* [pɔzɔlɔʒi] 242f
**draußen** à l'extérieur [a lɛksterjœr], *(Restaurant)* en terrasse *f* [ɑ̃ tɛras]
**dreckig** sale [sal] 98
**dringend** urgent/e [yrʒɑ̃/t]
**drinnen** à l'intérieur [a lɛ̃terjœr], *(Restaurant)* en salle [ɑ̃ sal]
**Drogerie** droguerie *f* [drɔgri] 157
**drucken** imprimer [ɛ̃prime] 267; **Drucker** imprimante *f* [ɛ̃primɑ̃t] 266
**drücken** serrer [sere], faire mal [fɛr mal] 175, *(Knopf)* appuyer sur [apɥije syr] 265
**du** tu [ty], toi [twa] 282
**Duft** odeur *f* [ɔdœr]
**Düne** dune *f* [dyn]
**dunkel** foncé/e [fɔ̃se], sombre [sɔ̃br(ə)]
**dünn** *(schlank)* mince [mɛ̃s], *(Aufschnitt)* fin/e [fɛ̃/in]
**Durchfahrt** passage [pasaʒ]; **~ bitte freihalten** sortie *f* de voitures [sɔrti də vwatyr]
**Durchfall** diarrhée *f* [djare] 241
**durchgebraten** bien cuit/e [bjɛ̃ kɥi/t] 146
**dürfen** pouvoir [puvwar] 276, avoir le droit de [avwar lə drwa də]
**Durst** soif *f* [swaf]
**Dusche** douche *f* [duʃ] 94, 100, 110, 113, 187, 190; **duschen** se doucher [sə duʃe], prendre une douche [prɑ̃dr(ə) yn duʃ] 191
**duzen, sich** se tutoyer [sə tytwaje]
**D-Zug** Corail [kɔraj]

## E

**Ebbe** marée *f* basse [mare bɑs] 187
**Ebene** plaine *f* [plɛn]
**echt** vrai/e [vrɛ], authentique [ɔtɑ̃tik] 183; véritable [veriʌ tabl(ə)] 176
**Edelstein** pierre *f* précieuse [pjɛr presjøz]
**Ehefrau** épouse *f* [epuz], femme *f* [fam]
**Ehemann** mari [mari], époux [epu]
**Ei, Eier** œuf [œf], œufs [ø] 126, 127, 142ff; **~kuchen** quiche *f* [kiʃ] 127; **~speisen** → 142
**Eilbrief** lettre *f* par express [lɛtr(ə) par‿ɛksprɛs] 224
**ein/e** *(Artikel)* un/e [œ̃/yn] 273
**eins** un [œ̃] → **Zahlen** 16
**einatmen** inspirer [ɛ̃spire] 245
**Einbahnstraße** sens unique [sɑ̃s ynik]
**Einbettzimmer** chambre *f* pour une personne [ʃɑ̃br(ə) pur‿yn pɛrsɔn] 99
**Einbruch** effraction *f* [efraksjɔ̃] 239
**einchecken** enregistrer [ɑ̃rʒistre]
**Eindruck** impression *f* [ɛ̃prɛsjɔ̃]
**einfach** simple [sɛ̃pl(ə)] 97; *(Fahrkarte)* aller simple [ale sɛ̃pl(ə)] 76
**Einfahrt** entrée *f* [ɑ̃tre]
**einfarbig** uni/e [yni] 174
**Einfuhr** importation *f* [ɛ̃pɔrtɑsjɔ̃]
**Eingang** entrée *f* [ɑ̃tre] 267
**Einheit** unité *f* [ynite], *(Telefon)* unité *f* Télécom [ynite telekɔm] 226
**Einkauf** achat [aʃa]; **einkaufen** faire des courses [fɛr de kurs] 156ff; **Einkaufszentrum** centre commercial [sɑ̃tr(ə) kɔmɛrsjal]

**einladen** inviter [ɛ̃vite] 50; *(Möbel, Waren)* charger [farʒe]
**Einladung** invitation *f* [ɛ̃vitasjɔ̃] 48f, 214
**einlösen** *(Scheck)* encaisser [ɑ̃kɛse] 218
**einmal** une fois [yn fwa]
**einpacken** emballer [ɑ̃bale], faire un paquet cadeau [fɛr œ̃ pakɛ kado] 159
**Einreise** entrée *f* [ɑ̃tre]
**Einrichtung** →100, 110
**einschalten** allumer [alyme]
**einschlafen** s'endormir [sɑ̃dɔrmir]
**Einschreiben** lettre *f* recommandée [lɛtr(ə) r(ə)kɔmɑ̃de] 224
**einsteigen** monter [mɔ̃te] 58
**Eintopf** potée [pɔte] 134
**Eintritt** entrée *f* [ɑ̃tre], place *f* [plas] 201, 202, 212; **~ frei** entrée *f* libre [ɑ̃tre libr(ə)] 201 **~skarte** entrée *f* [ɑ̃tre] 201, 213
**einverstanden sein** être d'accord [ɛtr(ə) dakɔr] 49
**einwerfen** *(Brief)* poster [pɔste]; *(Geld)* insérer [ɛ̃sere] 70
**Einzahlung** versement [vɛrsəmɑ̃]; **einzahlen** verser [vɛrse] 221
**Einzelzimmer** chambre *f* pour une personne [ʃɑ̃br(ə) pur‿yn pɛrsɔn] 99
**Eis** glace *f* [glas] 144, 151ff; **~diele** glacier [glasje] 151ff; **~hockey** hockey sur glace ['ɔkɛ syr glas] 198; **~kaffee** café liégeois [kafe ljeʒwa] 144; **~stadion** patinoire *f* [patinwar] 199; **~würfel** glaçon [glasɔ̃]
**Eisen** fer [fɛr]
**Eiter** pus [py]; **eitern** suppurer [sypyre]
**Elektriker** électricien [elɛktrisjɛ̃]; **Elektrogeschäft** magasin d'électroménager [magazɛ̃ delɛktrɔmenaʒe] 156
**Eltern** parents *pl* [parɑ̃]
**Empfänger** destinataire [dɛstinatɛr] 224
**empfehlen** recommander [r(ə)kɔmɑ̃de] 145, 213, 243, conseiller [kɔ̃sɛje]
**empfindlich** sensible [sɑ̃sibl(ə)]
**Ende** fin *f* [fɛ̃] 27; **enden** finir [finir], s'arrêter [sarete]; **endlich** finalement [finalmɑ̃]
**Endhaltestelle** terminus [tɛrminys] 87
**eng** serré/e [sɛre] 172, *(Schuhe)* étroit/e [etrwa/t] 175; **~er machen** rétrécir [retresir]
**englisch** anglais/e [ɑ̃glɛ/z] 36
**Enkel/in** petit-fils [p(ə)tifis], petite-fille [p(ə)tit fij]
**Ente** canard [kanar] 139; **~enbrust** magret de canard [magrɛ də kanar] 139
**Entfernung** distance *f* [distɑ̃s] 59
**enthaaren** épiler [epile]
**enthalten** contenir [kɔ̃tnir]
**entnehmen** *(Geldautomat)* retirer [r(ə)tire] 220
**entrahmt** écrémé/e [ekreme]
**entscheiden** décider [deside]
**entschuldigen, sich** s'excuser [sɛkskyze] 37, 47f; **Entschuldigung!** Pardon! [pardɔ̃] 37, 98; **Entschuldigen Sie!** Excusez-moi! [ɛkskyze mwa] 37
**entwickeln** *(Film)* développer [devlɔpe] 180
**Entzündung** inflammation *f* [ɛ̃flamasjɔ̃] 248
**Epoche** époque *f* [epɔk] 203
**er** il [il], elle [ɛl], lui [lɥi] 282
**Erbrechen** vomissement [vɔmismɑ̃]
**Erbsen** pois *pl* [pwa] 170
**Erdbeere** fraise *f* [frɛz] 151, 171
**erfrischen, sich** se rafraîchir [sə rafrɛʃir]

**erfüllen** *(Bedingungen)* remplir [rɑ̃plir]
**erholen, sich** se reposer [sə r(ə)poze]
**erinnern, sich** se souvenir (de) [sə suvnir (də)]
**erkälten, sich** prendre froid [prɑ̃dr(ə) frwa]; **Erkältung** rhume [rym] 244
**erklären** expliquer [ɛksplike] 264
**erkundigen, sich** s'informer [sɛ̃fɔrme] *(de* nach)
**erlaubt** permis/e [pɛrmi/z]
**ermäßigt** réduit/e [redɥi/t] 201; **Ermäßigung** réduction *f* [redyksjɔ̃] 75, 95, 201
**Ernährung** alimentation *f* [alimɑ̃tasjɔ̃]
**ernst** *(Mensch)* sérieux/se [serjø/z], *(Krankheit)* grave [grav] 247
**eröffnen** *(Konto)* ouvrir [uvrir] 221; **Eröffnung** ouverture *f* [uvɛrtyr], *(Ausstellung)* vernissage [vɛrnisaʒ]
**errichtet** construit/e [kɔ̃strɥi/t] 203
**Ersatzrad** roue *f* de secours [ru də s(ə)kur]; **Ersatzteil** pièce *f* détachée [pjɛs detaʃe] 236
**erstatten** *(Kosten)* rembourser [rɑ̃burse]
**erste/r** premier/ière [prəmje/jɛr] 17, 29, 59 → **Ordinalzahlen** 17; **erste Hilfe** secourisme [s(ə)kurism(ə)]
**ertrinken** se noyer [sə nwaje]
**Erwachsener** adulte [adylt] 242
**erwarten** attendre [atɑ̃dr(ə)] 49, 239
**essen** manger [mɑ̃ʒe] 118, 252; **Essenszeiten** → 116
**Estragon** estragon [ɛstragɔ̃]
**Etage** étage [etaʒ]
**etwas** quelque chose [kɛlkə ʃoz] 48, 49; ~ **anderes** autre chose [otr(ə) ʃoz] 124, 147
**euch** vous [vu] 282, 284
**euer/eure** votre [vɔtr(ə)], *(Plural)* vos [vo] 283
**Euro** euro [ørɔ] 20, 219; **Euroscheckkarte** carte *f* euro chèque [kart(ə) ørɔʃɛk] 219
**evangelisch** protestant/e [prɔtɛstɑ̃/t] 205
**eventuell** éventuellement [evɑ̃tɥɛlmɑ̃]
**exportieren** exporter [ɛkspɔrte] 255

## F

**Fabrik** usine *f* [yzin]
**Facharzt** spécialiste [spesjalist] 243f, 248
**Fähre** ferry(-boat) [fɛri(bot)] 59, 83ff
**fahren** *(Auto)* conduire [kɔ̃dɥir], *(Zug)* partir [partir] 59, 72, 83; **Fahrer/in** conducteur/rice [kɔ̃dyktœr/ris] 63; **Fahrkarte** billet [bijɛ] 75ff, 89; **~nschalter** guichet [giʃɛ] 76, 87, 89; **Fahrplan** horaire [ɔrɛr] 74
**Fahrrad** vélo [velo], bicyclette *f* [bisiklɛt] 56, 74, 80, 156, 85ff; **~verleih** location *f* de vélos [lɔkasjɔ̃ də velo] 85
**Fahrzeug** véhicule [veikyl] 62; **~schein** carte *f* grise [kart(ə) griz]
**fallen** tomber [tɔ̃be] 245
**falls** au cas où [o ka u], si [si]
**Fallschirm** parachute [paraʃyt]
**falsch** mauvais/e [movɛ/z], *(Aussage)* faux/fausse [fo/s]
**Familie** famille *f* [famij]; **~nstand** état civil [eta sivil] 43
**Farbe** couleur *f* [kulœr] 34, 174; **färben** colorer [kɔlɔre] 228; **Farbfilm** pellicule *f* couleur [pelikyl kulœr] 179; **farbig** coloré/e [kɔlɔre]
**Fassade** façade *f* [fasad]
**fast** presque [prɛskə]
**faul** paresseux/se [parɛsø/z], *(Essen)* pourri/e [puri]

**Fax(gerät)** fax [faks] 101, 105, 223, 264; **faxen** faxer [fakse] 264
**Februar** février [fevrije] 29
**Federung** *(Auto)* suspension *f* [syspɑ̃sjɔ̃]
**fehlen** manquer [mɑ̃ke] 148; **Fehler** faute *f* [fot], erreur *f* [ɛrœr]
**Feier** fête *f* [fɛt]; **~tag** jour férié [ʒur ferje] 29; **feiern** fêter [fete], célébrer [selebre] 29
**Felge** jante *f* [ʒɑ̃t] 86,
**Fels** roc [rok], rocher [rɔʃe]
**Fenchel** fenouil [fənuj] 170
**Fenster** fenêtre *f* [f(ə)nɛtr(ə)] 77, 83
**Ferien** vacances *f pl* [vakɑ̃s]; **~dorf** village de vacances [vilaʒ də vakɑ̃s]; **~wohnung** appartement (de vacances) [apartmɑ̃ də vakɑ̃s] 108ff
**fern** loin [lwɛ̃]; **Ferngespräch** communication *f* interurbaine [kɔmynikasjɔ̃ ɛ̃tɛryrbɛn] 106, 225; **Fernglas** jumelles *f pl* [ʒymɛl] 184; **Fernmeldeamt** bureau de Télecom *f* [byro də telekɔm]
**fernsehen** regarder la télévision [r(ə)garde la televizjɔ̃]; **Fernseher** télévision *f* [televizjɔ̃] 100
**Ferse** talon [talɔ̃]
**fertig** prêt/e [prɛ/t] 103
**fest** dur/e [dyr]
**Fest** fête *f* [fɛt] 212
**Festung** château-fort [ʃatofɔr]
**fett** gras/se [grɑ/s], *(Mensch)* gros/se [gro/s]
**feucht** humide [ymid] 33
**Feuer** feu [fø] 232; **~wehr** pompiers *pl* [pɔ̃pje] 232; **~werk** feu d'artifice [fø dartifis]; **~zeug** briquet [brikɛ] 181
**Fieber** fièvre *f* [fjɛvr(ə)] 244; **~thermometer** thermomètre (médical) [tɛrmɔmɛtr(ə) (medikal)]
**Film** film [film] 179
**Filter** filtre[filtr(ə)]
**finden** trouver [truve] 56, 156, 159
**Finger** doigt [dwa] 249
**Firma** entreprise *f* [ɑ̃trəpriz] 255, 258
**Fisch** poisson [pwasɔ̃] 130, 133ff, 157, 169; **fischen** pêcher [peʃe] 193; **Fischgeschäft** poissonnerie *f* [pwasɔnri] 157; **Fischsuppe** soupe *f* de poisson [sup də pwasɔ̃] 134
**fit** en forme [ɑ̃ fɔrm(ə)]; **Fitnessraum** salle *f* de musculation [sal də myskylasjɔ̃]
**flambiert** flambé/e [flɑ̃be] 132, 142
**Flanell** flanelle *f* [flanɛl]
**Flasche** bouteille *f* [butɛj] 118, 152; **~nöffner** ouvre-bouteille [uvr(ə)butɛj] 111; **Fläschchen** biberon [bibrɔ̃] 179
**Fleck** tache *f* [taʃ] 230; **~entferner** détachant [detaʃɑ̃]
**Fleisch** viande *f* [vjɑ̃d] 130, 133, 138, 146, 157, 164, 168f
**Fliege** mouche *f* [muʃ]; **fliegen** voler [vɔle], prendre l'avion [prɑ̃dr(ə) lavjɔ̃] 56, 80
**Flohmarkt** marché aux puces [marʃe o pys]
**Flöte** flûte *f* [flyt] 22
**Flug** vol [vɔl] 81f; **~gesellschaft** compagnie *f* aérienne [kɔ̃paɲi aerjɛn] 81; **~hafen** aéroport [aerɔpɔr] 56, 80, 81; **~steig** porte *f* d'embarquement [pɔrt(ə) dɑ̃barkmɑ̃]; **~ticket** billet d'avion [bijɛ davjɔ̃] 81, 82; **~zeug** avion [avjɔ̃] 81
**flüssig** liquide [likid]; **Flüssigkeit** liquide [likid]
**Fluss** rivière *f* [rivjɛr], fleuve [flœv] 205
**Flut** marée *f* haute [mare 'ot] 187
**folgen** (pour)suivre [(pur)sɥivr(ə)] 58
**Föhn** sèche-cheveux [sɛʃ ʃ(ə)vø]; **föhnen** sécher [seʃe] 228
**Forelle** truite *f* [trɥit] 137

**Form** forme *f* [fɔrm] 160; **Format** format [fɔrma]
**Formular** formulaire [fɔrmylɛr], imprimé [ɛ̃prime]
**Fortgeschrittene/r** confirmé/e [kɔ̃firme], avancé/e [avɑ̃se] 192, 199
**Foto** photo *f* [fɔto] 179; **~apparat** appareil-photo [aparɛjfɔto]; **Fotografie** photographie *f* [fɔtografi]; **Fotografieren verboten!** Interdiction de photographier! [ɛ̃tɛrdiksjɔ̃ də fɔtografje] 201
**Frage** question *f* [kɛstjɔ̃] 46; **fragen** demander [dəmɑ̃de]
**Franken** *(Währung)* franc [frɑ̃] 217
**frankieren** affranchir [afrɑ̃ʃir]
**Frankreich** France *f* [frɑ̃s] 53; **französisch** français/e [frɑ̃sɛ/z] 36
**Frau** madame *f* [madam] 39, 261; **Fräulein** mademoiselle *f* [madmwazɛl] 36
**frei** libre [libr(ə)] 78, 94
**Freibad** piscine en plein air [pisin ɑ̃ plɛ̃ air]
**Freitag** vendredi [vɑ̃drədi]
**Freizeit** temps libre [tɑ̃ libr(ə)]
**fremd** étranger/ère [etrɑ̃ʒe/ɛr]; **Fremdenverkehrsamt** office du tourisme [ɔfis dy turism(ə)] 200
**Freund** ami/e [ami] 40; **freundlich** gentil/le [ʒɑ̃ti/j], aimable [ɛmabl(ə)] 50
**Friedhof** cimetière [simtjɛr]
**frieren** geler [ʒəle]
**frisch** frais/fraîche [frɛ/frɛʃ] 32, 169; **Frischhaltefolie** cellophane® *f* [selɔfan]
**Friseur/in** coiffeur/euse [kwafœr/øz] 216, 228ff; **frisieren** coiffer [kwafe], faire un brushing [fɛr œ̃ brœʃiŋ] 228
**froh** heureux/euse [œrø/z], content/e [kɔ̃tɑ̃/t]
**Frost** gel [ʒɛl]; **~schutzmittel** antigel [ɑ̃tiʒɛl]
**Frucht** fruit [frɥi] 171; **~saft** jus de fruit [ʒy də frɥi] 120; *(frisch gepresst)* (fruit) pressé [prese] 120
**früh** tôt [to]; **früher** plus tôt [ply to]; **frühestens** au plus tôt [o ply to]
**Frühling** printemps [prɛ̃tɑ̃] 32
**Frühstück** petit déjeuner [p(ə)ti deʒœne] 95, 116, 123f
**fühlen** sentir [sɑ̃tir] 244
**führen** guider [gide]
**Führerschein** permis de conduire [pɛrmi də kɔ̃dɥir] 71
**Führung** *(Museum)* visite *f* guidée [vizit gide] 202, 206; *(Tour)* excursion *f* guidée [ɛkskyrsjɔ̃ gide] 206
**Füller** stylo-plume [stilɔplym]
**Füllung** *(Zahn)* plombage [plɔ̃baʒ] 252
**Fundbüro** bureau des objets trouvés [byro dez‿ɔbʒɛ truve] 237
**für** pour [pur]; **~ wann?** pour quand? [pur kɑ̃] 96
**Fuß** pied [pje] 246, 249; **~boden** sol [sɔl]; **~gängerzone** zone *f* piétonne [zon pjetɔn]
**Fußball** *(Ball)* ballon de foot [balɔ̃ də fut] 197; *(Sport)* football [futbol] 194; **~platz** terrain de foot(ball) [tɛrɛ̃ də fut(bol)]196

## G

**Gabel** fourchette *f* [furʃɛt] 111, 148
**Galerie** galerie *f* [galri] 203
**Galle** vésicule *f* biliaire [vezikyl biljɛr] 250
**Gang** *(Essen)* plat [pla]; *(Auto)* vitesse *f* [vitɛs]; **~schaltung** *(Fahrrad)* dérailleur [derajœr] 86
**Gans** oie *f* [wa] 139; **Gänseleber(pastete)** foie gras d'oie [fwa gra dwa] 133, 139
**ganz** entier/ière [ɑ̃tje/jɛr]

**gar** cuit/e [kɥi/t]
**Garage** garage [garaʒ]
**Garderobe** vestiaire [vɛstjɛr] 189, 209
**Garnele** crevette *f* (grise) [krəvɛt (griz)] 136
**Garten** jardin [ʒardɛ̃] 205
**Gas** gaz [gaz]; **~flasche** bouteille *f* de gaz [butɛj də gaz] 114; **~herd** gazinière *f* [gazinjɛr]; **~kartusche** cartouche *f* de gaz [kartuʃ də gaz] 114; **~kocher** réchaud à gaz [reʃo a gaz], camping-gaz [kɑ̃piŋ gaz] 114; **~pedal** accélérateur [akseleratœr]
**Gast** hôte [ot]; **~haus** auberge *f* [obɛrʒ] 117; **Gästezimmer** chambres *f pl* d'hôte [ʃɑ̃br(ə) dot] 92
**Gebäck** pâtisserie *f* [pɑtisri] 150ff
**geben** donner [dɔne] 159
**Gebirge** montagne *f* [mɔ̃taɲ] 204
**gebissen** mordu/e [mɔrdy] 245; **Gebiss** *(künstlich)* appareil dentaire [aparɛj dɑ̃tɛr] 177
**geblümt** fleuri/e [flœri]
**geboren** né/e [ne] 42
**gebrauchen** utiliser [ytilize]; **Gebrauchsanweisung** mode d'emploi [mɔd dɑ̃plwa] 109
**Gebühren** *(Geldwechsel)* commission *f* [kɔmisjɔ̃] 218
**Geburt** naissance *f* [nɛsɑ̃s] 42; **~sdatum** date *f* de naissance [dat də nɛsɑ̃s] 42; **~shaus** maison *f* natale [mɛzɔ̃ natal] 203; **~sort** lieu de naissance [ljø də nɛsɑ̃s] 42; **~stag** anniversaire [anivɛrsɛr]
**Gedeck** couvert [kuvɛr] 111
**Gefahr** danger [dɑ̃ʒe]; **gefährlich** dangereux/se [dɑ̃ʒrø/z] 112, 187ff
**Gefallen** faveur *f* [favœr] 264; **gefallen** plaire [plɛr], aimer [eme] 53, 161, 230
**Geflügel** volaille *f* [vɔlaj] 127, 130, 133, 139; **~leber** foie de volaille [fwa də vɔlaj] 139
**Gefühl** sentiment [sɑ̃timɑ̃]
**gegen** contre [kɔ̃tr(ə)]; **~über** en face (de) [ɑ̃ fas (də)] 58
**Gegend** région *f* [reʒjɔ̃] 183
**Gegenstand** objet [ɔbʒɛ] 239
**Geheimzahl** code (confidentiel) [kɔd (kɔ̃fidɑ̃sjɛl)] 220f
**gehen** aller [ale], marcher [marʃe] 56, 277f; **es geht!** ça va! [sa va] 39
**Gehirn** cerveau [sɛrvo]; **~erschütterung** commotion *f* cérébrale [kɔmɔsjɔ̃ serebral]
**gehören** appartenir [apartənir]
**Geige** violon [vjɔlɔ̃]
**gekocht** *(gar)* cuit/e [kɥi/t] 146; *(in Wasser)* bouilli/e [buji] 131
**Gel** gel [ʒɛl]
**gelähmt** paralysé/e [paralize]
**gelb** jaune [ʒon]
**Geld** argent [arʒɑ̃] 19, 107, 217ff, 221; **~ abheben** retirer de l'argent [r(ə)tire də larʒɑ̃] 221f; **~ wechseln** changer de l'argent [ʃɑ̃ʒe də larʒɑ̃] 217f; **~automat** distributeur automatique [distribytœr ɔtɔmatik] 219f; **~schein** billet [bijɛ] 19, 218; **~wechsel** change [ʃɑ̃ʒ] 217f
**Gelenk** articulation *f* [artikylasjɔ̃]
**Gemälde** tableau [tablo], peinture [pɛ̃tyr] 202
**Gemüse** légume [legym] 133, 141, 170; **~stand** *(Markt)* primeurs [primœr] 157
**genau** exactement [ɛgzaktəmɑ̃], précisément [presizemɑ̃] 52
**genesen** guérir [gerir]
**Genick** nuque *f* [nyk]
**Geografie** géographie *f* [ʒeɔgrafi]
**Gepäck** bagages *pl* [bagaʒ] 79, 103, 238; *(Koffer)* valise *f* [valiz]; **~aufbewahrung** consigne *f* [kɔ̃siɲ] 79

**gerade** *(Richtung)* tout droit [tu drwa]; *(Zeit)* juste [ʒyst]
**geräuchert** fumé/e [fyme] 132
**Geräusch** bruit [brɥi]
**Gerbsäure** tannin [tanɛ̃]
**Gericht** plat [pla]; *(Jura)* tribunal [tribynal]
**gern** volontiers [vɔlɔ̃tje], avec plaisir [avɛk plezir] 50
**Gesang** chant [ʃɑ̃]
**Geschäft** magasin [magazɛ̃] 156ff; **~sführung** direction *f* [dirɛksjɔ̃] 257; **~sreise** voyage d'affaires [vwajaʒ dafɛr]
**Geschenk** cadeau [kado] 157, 159; **~papier** papier-cadeau [papje kado]
**Geschichte** histoire *f* [istwar]
**Geschirr** vaisselle *f* [vɛsɛl] 111; **~spülmittel** liquide-vaisselle [likidvɛsɛl]; **~tuch** torchon [tɔrʃɔ̃]
**Geschlecht** sexe [sɛks(ə)] 42
**Geschmack** goût [gu]
**geschnitten** coupé/e [kupe]
**Geschwindigkeit** vitesse *f* [vitɛs]; **~sbegrenzung** limitation *f* de vitesse [limitasjɔ̃ də vitɛs]
**Geschwister** frères et sœurs [frɛr e sœr]
**geschwollen** enflé/e [ɑ̃fle]
**Gesellschaft** *(Unternehmen)* société *f* [sɔsjete] 258
**Gesicht** visage [vizaʒ]
**Gestell** *(Brille)* monture *f* [mɔ̃tyr]
**gestern** hier [jɛr] 26
**gestochen** piqué/e [pike] 245
**gestreift** rayé/e [reje]
**Gesundheit** santé *f* [sɑ̃te]; **~!** A vos souhaits! [a vo swɛ]
**Getränke** boissons *pl* [bwasɔ̃] 157, 118ff
**Gewicht** poids [pwa]
**Gewinn** gain [gɛ̃], bénéfice [benefis]; **gewinnen** gagner [gaɲe]
**Gewitter** orage [ɔraʒ]
**Gewölbe** voûte *f* [vut]; **Kreuz~** voûte *f* d'arête [vut darɛt]
**Gewürz** épice *f* [epis]
**giftig** toxique [tɔksik]
**Gipsverband** plâtre [plɑtr(ə)] 247
**Girokonto** compte [kɔ̃t] 221
**Gitarre** guitare *f* [gitar]
**Glas** verre [vɛr] 111, 118, 152; **Gläser** *(Brille)* verres correcteurs [vɛr kɔrɛktœr]
**Glatteis** verglas [vɛrgla] 33
**glauben** croire [krwar] 51f, 279
**gleich** tout de suite [tu də sɥit] 27
**Gleis** voie *f* [vwa] 77, 78
**Gleitschirmfliegen** parapente [parapɑ̃t]
**Gletscher** glacier [glasje]
**Gliederschmerzen** douleurs *f pl* articulaires [dulœrz‿artikylɛr]
**Glück** chance *f* [ʃɑ̃s] 47; **~wünsche** vœux [vø] →48
**Glühbirne** ampoule *f* [ɑ̃pul]
**Gold** or [ɔr] 184
**Goldbarsch** daurade *f* [dɔrad] 136
**Golf (spielen)** (jouer au) golf [(ʒwe o) gɔlf] 194; **~platz** terrain de golf [tɛrɛ̃ də gɔlf] 196
**gotisch** gothique [gɔtik] 203
**Gott** dieu [djø]; **~esdienst** messe *f* [mɛs] 205f
**Grab** tombe *f* [tɔ̃b] 203;
**Grad** degré [dəgre]
**Gramm** gramme [gram]
**Grapefruit** pamplemousse [pɑ̃pləmus] 171
**Gräte** arête *f* [arɛt] 169
**grau** gris/e [gri/z] 34
**Grenze** frontière *f* [frɔ̃tjɛr] 60
**Grieß** semoule *f* [s(ə)mul]
**Grill** gril [gril]; **grillen** griller [grije]
**Grippe** grippe *f* [grip]
**groß** large [larʒ] 172; **Größe** *(Kleidung)* taille *f* [taj]; *(Schuhe)* pointure *f* [pwɛ̃tyr] 175

**Großmutter** grand-mère *f* [grɑ̃mɛr], mamie *f* [mami]; **Großvater** grand-père [grɑ̃pɛr], papi [papi]
**Grotte** grotte *f* [grɔt] 204
**grün** vert/e [vɛr/t]
**Gruppe** groupe [grup]
**Gruß** salutations *f pl* [salytasjɔ̃]; **herzliche Grüße** amitiés *f pl* [amitje]; **grüßen** saluer [salɥe] 38ff
**gültig** *(Pass)* valide [valid] 43; *(geltend)* valable [valabl(ə)]
**günstig** bon marché [bɔ̃ marʃe] 156
**Gummiband** élastique [elastik]
**Gurke** concombre [kɔ̃kɔ̃br(ə)] 141
**Gürtel** ceinture *f* [sɛ̃tyr] 176; **~tasche** banane *f* [banan]
**gut** bon/bonne [bɔ̃/bɔn] 40, 51, 149, 285f; bien [bjɛ̃] 38, 45, 49; **Gute Nacht!** Bonne nuit! [bɔn nɥi] 40; **Guten Abend!** Bonsoir! [bɔ̃swar] 38, 129; **Guten Tag!** Bonjour! [bɔ̃ʒur] 38; **~ gelaunt** de bonne humeur [də bɔn‿ymœr]
**Guthaben** crédit [kredi]
**Gymnasium** *(Oberstufe)* lycée [lise]

## H

**Haar** cheveu [ʃ(ə)vø] 228f; **~ band** bandeau [bɑ̃do]; **~bürste** brosse *f* [brɔs]; **~schnitt** coupe *f* (de cheveux) [kup (də ʃ(ə)vø)] 228; **~shampoo** shampooing [ʃɑ̃pwɛ̃] 177; **~spray** laque *f* [lak]; **~trockner** sèche-cheveux [sɛʃ ʃ(ə)vø]
**haben** avoir [avwar] 276ff
**Hafen** port [pɔr]; **Fischerei~** port de pêche [pɔr də pɛʃ] 83, 84
**Haferflocken** flocons *pl* d'avoine [flɔkɔ̃ davwan]
**Haftung** responsabilité *f* [rɛspɔ̃sabilite]
**Hähnchen** poulet [pulɛ] 127, 140
**Halbedelstein** pierre *f* semi-précieuse [pjɛr s(ə)mi presjøz]
**halb** demi/e [d(ə)mi] 23; **Halbpension** demi-pension *f* [d(ə)mi pɑ̃sjɔ̃] 95; **halbtrocken** demi-sec [d(ə)mi sɛk]; **Hälfte** moitié *f* [mwatje] 163
**Hallenbad** piscine *f* couverte [pisin kuvɛrt]
**hallo!** *(Begrüßung)* salut! [saly] 38; *(Telefon)* allô! [alo] 227
**Hals** cou [ku] 249; **~schmerzen** mal à la gorge [mal a la gɔrʒ]
**haltbar bis** date-limite *f* de consommation [dat limit də kɔ̃sɔmasjɔ̃]
**halten** arrêter [arɛte]; **Haltestelle** arrêt [arɛ] 57, 88; **Haltewunsch** arrêt demandé [arɛ dəmɑ̃de] 88
**Hand** main *f* [mɛ̃] 249; **~ball** handball ['ɑ̃dbal] 194; **~bremse** frein à main [frɛ̃ a mɛ̃]; **~buch** manuel [manɥɛl] 266; **~gelenk** poignet [pwaɲɛ]; **h~gemacht** fait (à la) main [fɛ (a la) mɛ̃]; **~gepäck** bagage à main [bagaʒ a mɛ̃] 83; **~schuhe** gants *pl* [gɑ̃] 173, 176; **~tasche** sac à main [sak‿a‿mɛ̃] 176, 238; **~tuch** serviette *f* [sɛrvjɛt] 105, 111, 190; **~werker/in** artisan [artizɑ̃]
**Handel** commerce [kɔmɛrs]; **handeln** agir [aʒir]; *(mit Waren)* faire le commerce [fɛr lə kɔmɛrs] 255; **Handelsvertreter/in** représentant/e [r(ə)prezɑ̃tɑ̃/t]
**hart** dur/e [dyr] 143
**Hase** lièvre [ljɛvr(ə)] 139
**hässlich** laid/e [lɛ/d]
**häufig** fréquemment [frekamɑ̃]
**Hauptbahnhof** gare *f* centrale [gar sɑ̃tral]; **Hauptpost** poste *f* principale [pɔst(ə) prɛ̃sipal] 216, 222f; **Hauptrolle** rôle principal [rol prɛ̃sipal], rôle de titre [rol də

titr(ə)] 211; **Hauptsaison** haute saison *f* ['ot sɛzɔ̃] 95; **Hauptsitz** siège principal [sjɛʒ prɛ̃sipal]; **Hauptspeise** plat principal [pla prɛ̃sipal]; **Hauptstadt** capitale *f* [kapital]
**Haus** maison *f* [mɛzɔ̃] 50, 93; **h~gemacht** fait maison [fɛ mɛzɔ̃]; **~frau** femme *f* au foyer [fam o fwaje] 43; **~haltswaren** articles *pl* ménagers [artikl(ə) menaʒe] 157; **~meister** concierge [kɔ̃sjɛrʒ]; **~tier** animal domestique [animal dɔmɛstik]
**Haut** peau *f* [po]; **~arzt** dermatologue [dɛrmatɔlɔg] 243; **~ausschlag** éruption *f* cutanée [erypsjɔ̃ kytane]
**Hefe** levure *f* [l(ə)vyr]
**Heft** cahier [kaje] 182; **~klammer** agrafe *f* [agraf]; **~pflaster** sparadrap® [sparadra] 240
**Heidelbeere** myrtille *f* [mirtij]
**heilen** guérir [gerir]
**Heilige/r** Saint/e [sɛ̃/t] 206
**Heimat** patrie *f* [patri]
**Heirat** marriage [marjaʒ]
**heiß** chaud/e [ʃo/d] 33f
**heißen** s'appeler [saple] 41
**heiter** *(Wetter)* beau [bo]
**Heizung** chauffage [ʃofaʒ]
**helfen** aider [ede] 46, 158
**hell** clair/e [klɛr]
**Helm** casque [kask]
**Hemd** chemise *f* [ʃ(ə)miz] 174
**Herberge** auberge *f* [obɛrʒ]
**Herbst** automne [ɔtɔn] 32
**Herd** cuisinière *f* [kɥizinjɛr] 110
**hereinkommen** entrer [ɑ̃tre] 51
**Herr** monsieur [məsjø] 39
**herstellen** produire [prɔdɥir] 255
**Herz** cœur [kœr]; **~infarkt** infarctus [ɛ̃farktys] 246; **Herzlichen Glückwunsch!** Félicitations! *f pl* [felisitasjɔ̃] 48
**Heuschnupfen** rhume des foins [rym de fwɛ̃]
**heute** aujourd'hui [oʒurdɥi] 26f
**Hilfe** aide *f* [ɛd]; **Hilfe!** Au secours! [o s(ə)kur] 232
**Himbeere** framboise *f* [frɑ̃bwaz]
**Himmel** ciel [sjɛl] 33
**hin und zurück** aller-retour [ale r(ə)tur] 76
**hinausgehen** sortir [sɔrtir]
**Hinfahrt** aller [ale]
**hinlegen, sich** s'allonger [salɔ̃ʒe] 245
**hinter** derrière [dɛrjɛr]
**Hitze** chaleur *f* [ʃalœr] 33
**hoch** haut/e ['o/t]; *(Miete)* élevé/e [eləve]
**höchstens** au maximum [o maksimɔm]; **Höchstbetrag** *(Scheck)* plafond [plafɔ̃] 218
**Hochzeit** mariage [marjaʒ]
**hoffen** espérer [ɛspere]
**höflich** poli/e [pɔli]; gentil/le [ʒɑ̃ti/j]
**Höhe** hauteur *f* ['otœr]
**holen** aller chercher [ale ʃɛrʃe]
**Holz** bois [bwa] 132, 160
**Honig** miel [mjɛl] 126; **~melone** melon d'hiver/d'Antibes [məlɔ̃ divɛr/dɑ̃tib]
**hören** entendre [ɑ̃tɑ̃dr(ə)]; *(Konzert)* écouter [ekute]
**Hörnchen** *(Eis)* cornet [kɔrnɛ] 151; *(Frühstück)* croissant [krwasɑ̃] 125
**Hose** pantalon [pɑ̃talɔ̃] 173
**Hotel** hôtel [otɛl] 93, 100; **~reservierung** →99; **Hotelier** hôtelier/ière [otəlje/jɛr]
**hübsch** mignon/ne [miɲɔ̃/ɔn] 45
**Huhn** poule [pul] 127, 140
**Hülsenfrüchte** légumineuses *f pl* [legyminøz] →170
**Hunger** faim *f* [fɛ̃]
**Hummer** homard ['ɔmar] 136; *(Languste)* langouste *f* [lɑ̃gust] 136

**Hund** chien [ʃjɛ̃]
**Hupe** klaxon [klaksɔ̃]
**Husten** toux *f* [tu] 244
**Hütte** gîte [ʒit], refuge [r(ə)fyʒ] 93

## I

**ich** je [ʒə], moi [mwa] 282f; **ihm** lui [lɥi] 282; **ihn** le [lə],lui [lɥi] 282; **ihnen** leur [lœr] 282, eux [ø]; **Ihnen** vous [vu]; **ihr** *(nom pl)* vous [vu] 282; *(dat sg)* lui [lɥi] 282; *(nach Präposition)* elle; *(possessiv)* son/sa [sɔ̃/sa] 282
**immer** toujours [tuʒur]
**importieren** importer [ɛ̃pɔrte] 255
**impfen** vacciner [vaksine]
**in** dans [dɑ̃]
**inbegriffen** inclus/e [ɛ̃kly/z]; compris/e [kɔ̃pri/z] 95
**Industrie** industrie *f* [ɛ̃dystri]
**Infektion** infection *f* [ɛ̃fɛksjɔ̃]
**Informatik** informatique *f* [ɛ̃fɔrmatik]
**Ingenieur/in** ingénieur [ɛ̃ʒenjœr]
**Ingwer** gingembre [ʒɛ̃ʒɑ̃br(ə)]
**Inhalt** contenu [kɔ̃tny]
**inklusive** inclus/e [ɛ̃kly/z]; compris/e [kɔ̃pri/z] 95, 128
**innerhalb** *(zeitlich)* en [ɑ̃], dans [dɑ̃]
**Innereien** abats *pl* [aba]
**Insekt** insecte [ɛ̃sɛkt(ə)]; **~enstich** piqûre *f* d'insecte [pikyr dɛ̃sɛkt(ə)] 241
**Insel** île *f* [il]
**insgesamt** en tout [ɑ̃ tu], au total [o tɔtal]
**Instrument** instrument [ɛ̃strymɑ̃]
**interessant** intéressant/e [ɛ̃terɛsɑ̃/t] 53
**international** international/e [ɛ̃tɛrnasjɔnal] 255
**inzwischen** entretemps [ɑ̃trətɑ̃]
**irgendwo** quelque part [kɛlkə par]
**irren, sich** se tromper [sə trɔ̃pe]

## J

**ja** oui [wi] 52
**Jacht** yacht [jɔt]
**Jacke** veste *f* [vɛst(ə)] 173; **Jackett** veste *f* [vɛst(ə)] 174
**Jagd** chasse *f* [ʃas] 195
**Jahr** an [ɑ̃], année *f* [ane]; **Gutes neues ~!** Bonne année! [bɔn ane]; **~eskarte** abonnement annuel [abɔnmɑ̃ anɥɛl] 201; **~eszeit** saison [sɛzɔ̃]; **~gang** *(Wein)* millésime [milezim] 153; **~hundert** siècle [sjɛkl(ə)] 203; **jährlich** annuel/le [anɥɛl]
**Jakobsmuschel** coquille *f* St. Jacques [kɔkij sɛ̃ ʒak] 135
**Januar** janvier [ʒɑ̃vje] 29
**Jazz** jazz [dʒaz] 210
**je** *(jemals)* jamais [ʒamɛ]; *(pro)* par [par]
**jede/r/s** chacun/chacune [ʃakœ̃/ʃakyn]
**jedoch** cependant [səpɑ̃dɑ̃], pourtant [purtɑ̃]
**jemand** quelqu'un [kɛlkœ̃]
**jene/r/s** ce/cette [sə/sɛt], *(pl)* ces [se] 284
**joggen** faire un footing [fɛr‿œ̃ futiŋ], courir [kurir] 195; **Jogginganzug** survêtement [syrvɛtmɑ̃] 173
**Joghurt** yaourt [jaur(t)], yoghourt [jɔgur(t)] 126
**Johannisbeeren** *(rot)* groseille *f* [grɔzɛj], *(schwarz)* cassis [kasis]
**Journalist** journaliste [ʒurnalist(ə)]
**jucken** gratter [grate]
**Jugendherberge** auberge *f* de jeunesse [obɛrʒ(ə) də ʒœnɛs] 93
**Jugendstil** Belle Epoque [bɛl‿epɔk]
**Juli** juillet [ʒɥijɛ] 29
**jung** jeune [ʒœn]; **Junge** garçon [garsɔ̃]
**Juni** juin [ʒɥɛ̃] 29
**Jura** droit [drwa]
**Juwelier** bijoutier [biʒutje]

## K

**Kabel** câble [kɑbl(ə)]
**Kabeljau** cabillaud [kabijo] 136
**Kabine** cabine *f* [kabin] 85
**Kaffee** café [kafe] 118, 164; **~kanne** cafetière *f* [kaftjɛr]; **~maschine** cafetière *f* électrique [kaftjɛr elɛktrik]
**Kaiser** empereur [ɑ̃prœr]
**Kakao** *(Pulver)* cacao [kakao]; *(Getränk)* chocolat [ʃɔkɔla] 119
**Kalb** veau [vo] 140, 168; **~sbraten** rôti de veau [roti də vo]
**Kalender** calendrier [kalɑ̃drije]; *(Taschen~)* agenda [aʒɛ̃da]
**kalt, Kälte** froid/e [frwa/d] 32f
**Kamillentee** infusion *f* de camomille [ɛ̃fyzjɔ̃ də kamɔmij] 119
**Kamm** peigne [pɛɲ] 177
**Kaninchen** lapin [lapɛ̃], lapereau [lapro] 139
**Kanu** canoë [kanɔe]
**Kapern** câpres *pl* [kɑpr(ə)]
**Kapitän** capitaine [kapitɛn]
**Kapsel** capsule *f* [kapsyl]
**kaputt** cassé/e [kase] 85, 98, 112, 162, 235
**Karaffe** carafe *f* [karaf], pichet [piʃɛ] 118
**kariert** à carreaux [a karo] 174
**Karies** carie *f* [kari]
**Karneval** carnaval [karnaval] 31
**Karosserie** carrosserie *f* [karɔsri]
**Karotte** carotte *f* [karɔt] 170
**Karte** *(Eintritts~)* entrée *f* [ɑ̃tre] 201, 208; *(Fahr~)* billet [bijɛ] 75f, 89; *(Post~)* carte *f* postale [kart(ə) pɔstal] 181, 224; **~nverkauf** vente *f* de billets/des entrées [vɑ̃t də bijɛ / dez‿ɑ̃tre] 208
**Kartoffel** pomme *f* de terre [pɔm də tɛr] 140
**Kasino** casino [kazino]
**Käse** fromage [frɔmaʒ] 126f, 130, 142f; **~sorten** → 165f
**Kasse** caisse *f* [kɛs]; *(Theater)* billetterie *f* [bijɛtri]; **~nbon** ticket de caisse [tikɛ d(ə) kɛs] 20
**Kastanie** châtaigne *f* [ʃatɛɲ]
**Katalog** catalogue [katalɔg] 202, 268
**Katalysator** *(Auto)* pot catalytique [po katalitik]
**Kathedrale** cathédrale *f* [katedral] 204
**katholisch** catholique [katɔlik]
**Katze** chat [ʃa]
**kauen** mâcher [mɑʃe]
**kaufen** acheter [aʃte] 156; **Kaufhaus** grand magasin [grɑ̃ magazɛ̃]; *(Einkaufszentrum)* grande surface *f* [grɑ̃d syrfas]; **Kaufmann/-frau** commerçant/e [kɔmɛrsɑ̃/t]
**Kaution** caution *f* [kosjɔ̃]
**Keilriemen** courroie *f* [kurwa]
**kein, keine(r, s)** personne [pɛrsɔn]; ne ... pas (de) [nə ... pɑ (də)] 272
**Keller** cave *f* [kav]
**Kellner/in** serveur/euse [sɛrvœr/øz]
**kennen** connaître [kɔnɛtr(ə)] 277; **~lernen** faire la connaissance de [fɛr la kɔnɛsɑ̃s də] 39
**Kennzeichen** *(Auto)* plaque *f* d'immatriculation [plak dimatrikylasjɔ̃]
**Keramik** céramique *f* [seramik]
**Kerze** bougie *f* [buʒi]
**Kette** *(Fahrrad)* chaîne *f* [ʃɛn] 86; *(Schmuck)* collier [kɔlje] 184
**Keuchhusten** coqueluche *f* [kɔklyʃ]
**Kilo(gramm)** kilo [kilɔ] 19, 163
**Kind** enfant [ɑ̃fɑ̃] 201; **~erarzt** pédiatre [pedjatr(ə)] 243; **~erbett** lit d'enfant [li dɑ̃fɑ̃]; **~erkrankheiten** maladies *f pl* infantiles [maladi ɛ̃fɑ̃til]; **~ermädchen** baby-sitter [bebisitœr]; **~ermenü** menu enfant [məny ɑ̃fɑ̃] 147; **~ersitz** *(Auto)* siège-bébé [sjɛʒbebe] 70; *(Essen)*

siège pour enfant [sjɛʒ pur‿ɑ̃fɑ̃] 179; **~erspielplatz** aire *f* de jeux [ɛr də ʒø]; **~erspielzeug** jouet [ʒwɛ]; **~erwagen** landau [lɑ̃do]; *(Buggy)* poussette *f* [pusɛt]
**Kinn** menton [mɑ̃tɔ̃]
**Kino** cinéma [sinema] 49, 207, 211f
**Kiosk** kiosque [kjɔsk(ə)]
**Kirche** église *f* [egliz] 24, 205; **~nfenster** vitrail [vitraj]; **~nschiff** nef *f* [nɛf]; **Kirchturm** clocher [klɔʃe]
**Kirsche** cerise *f* [s(ə)riz] 171
**Kissen** *(Kopf~)* oreiller [ɔreje] 110
**Kiwi** kiwi [kiwi] 171
**klassisch** classique [klasik] 210
**Klavier** piano [pjano]
**Kleid** robe *f* [rɔb] 173; **Kleidung** vêtements *pl* [vɛtmɑ̃] 156, 173f
**klein** petit/e [p(ə)ti/t] 255; **Kleingeld** monnaie *f* [mɔnɛ] 218, 226
**Klempner/in** plombier [plɔ̃bje]
**Klima** climat [klima] 31; **~anlage** climatisation *f* [klimatizasjɔ̃] 70, 100
**klingeln** sonner [sɔne]
**Klippe** récif [resif]
**Kloster** cloître [klwatr(ə)]; monastère [mɔnastɛr]; couvent [kuvɑ̃]
**klug** intelligent/e [ɛ̃teliʒɑ̃/t]
**Knäckebrot** pain suédois [pɛ̃ sɥedwa]
**Kneipe** bar [bar], bistrot [bistrɔ], café [kafe], pub [pœb] 117f
**Knie** genou [ʒənu] 249; **~strümpfe** chaussettes *f pl* [ʃosɛt] 174; mi-bas [miba] 173
**Knoblauch** ail [aj] 131
**Knopf** bouton [butɔ̃]
**Koch, Köchin** cuisinier/ière [kɥizinje / jɛr]; **kochen** cuisiner [kɥizine]
**koffeinfrei** décaféiné/e [dekafeine]; *(Kaffee)* déca [deka] 119
**Koffer** valise *f* [valiz] 80, 176; **~raum** coffre [kɔfr(ə)] 237
**Kohl** chou [ʃu] 141; **~sorten** → 141
**kohlensäurehaltig** gazeux/euse [gazø/z] 120; pétillant/e [petijɑ̃/t] 152
**Kolik** colique *f* [kɔlik]
**Kollege** collègue [kɔlɛg] 256
**komfortabel** confortable [kɔ̃fɔrtabl(ə)]
**kommen** venir [v(ə)nir] 277
**Komödie** comédie *f* [kɔmedi] 210, 211
**Kompass** boussole *f* [busɔl] 184
**komplett** complet/ète [kɔ̃plɛ/t] 94, 208
**Komponist** compositeur [kɔ̃pɔzitœr]
**Kompott** compote *f* [kɔ̃pɔt] 144
**Kondensmilch** lait condensé [lɛ kɔ̃dɑ̃se]
**Konditorei** pâtisserie *f* [patisri] 126, 149f
**Kondom** préservatif [prezɛrvatif] 240
**Konferenz** conférence *f* [kɔ̃ferɑ̃s]; réunion *f* [reynjɔ̃] 260
**Konfitüre** confiture *f* [kɔ̃fityr] 126
**Kongress** congrès [kɔ̃grɛ]
**König/in** roi [rwa], reine *f* [rɛn]
**Konkurrenz** concurrence *f* [kɔ̃kyrɑ̃s]
**können** pouvoir [puvwar] 276
**Konsulat** consulat [kɔ̃syla]
**Konto** compte [kɔ̃t]; **~auszug** relevé de compte [rəl(ə)ve də kɔ̃t] 221; **~nummer** numéro de compte [nymero də kɔ̃t] 221
**Kontrabass** contrebasse *f* [kɔ̃tr(ə)bas]
**kontrollieren** contrôler [kɔ̃trole] 68
**Konturenstift** crayon à lèvres [krɛjɔ̃ a lɛvr(ə)]
**Konzert** concert [kɔ̃sɛr] 207ff; **~saal** salle *f* de concert [sal də kɔ̃sɛr]
**Kopf** tête *f* [tɛt] 249; **~hörer** casque [kask(ə)] 182; **~kissen** oreiller [ɔreje]; **~schmerzen** mal à la tête [mal‿a la tɛt] 244
**Kopie** copie *f* [kɔpi] 264
**Koralle** corail [kɔraj]
**Kork** liège [ljɛʒ]; **~enzieher** tire-bouchon [tirbuʃɔ̃] 111

**Körper** corps [kɔr]; **~pflege** →177; **~teile** →249
**Korrespondenz** correspondance *f* [kɔrɛspɔ̃dɑ̃s] 261
**Kosmetik** produits *pl* de beauté [prɔdɥi də bote] 157, 177
**kostbar** *(wertvoll)* précieux/euse [presjø/z]; **kosten** coûter [kute] 20, 162, 232; **kostenlos** gratuit/e [gratɥi/t]; **Kostenvoranschlag** devis [d(ə)vi] 236, 263
**Kostüm** tailleur [tajœr] 173
**Kotelett** côtelette *f* [kotlɛt] 139, 169
**Kotflügel** aile *f* [ɛl] 237
**Krabben** crabes *pl* [krab] 135
**kräftig** fort/e [fɔr/t]
**Krampf** crampe *f* [krɑ̃p]
**krank** malade [malad]; **Krankenhaus** hôpital [ɔpital] 44, 223, 242ff; **Krankenpfleger/in** infirmier/ière [ɛ̃firmje/jɛr] 251; **Krankenversicherung** assurance-maladie *f* [asyrɑ̃s maladi], mutuelle *f* [mytɥɛl]; **Krankenwagen** ambulance *f* [ɑ̃bylɑ̃s]; **Krankheit** maladie *f* [maladi] 246
**Kräuter** herbes *f pl* [ɛrb(ə)] 131; **~tee** infusion *f* [ɛ̃fyzjɔ̃], tisane *f* [tizan] 119
**Krawatte** cravate *f* [kravat] 174
**Krebs** *(Tier)* écrevisse *f* [ekrəvis]; *(Medizin)* cancer [kɑ̃sɛr]
**Kredit** crédit [kredi]; **~karte** carte *f* de crédit [kart(ə) də kredi] 21, 218
**Kreislaufstörungen** troubles *pl* circulatoires [trubl(ə) sirkylatwar]
**Kreisverkehr** rond point [rɔ̃ pwɛ̃]
**Kreuz** croix *f* [krwa]; **~fahrt** croisière *f* [krwazjɛr]; **~gang** cloître [klwatr(ə)]; **Kreuzung** *(Verkehr)* carrefour [karfur] 57, 58
**Krone** couronne *f* [kurɔn]
**Küche** cuisine *f* [kɥizin] 110
**Kuchen** gâteau [gato] 145, 149f
**Kugelschreiber** stylo à bille [stilo a bij] 182
**Kuh** vache *f* [vaʃ]
**kühl** frais/fraîche [frɛ/frɛʃ]; **Kühler** radiateur [radjatœr] 236; **Kühlschrank** réfrigérateur [refriʒeratœr], frigo [frigo] 110; **Kühltasche** glacière *f* [glasjɛr]; **Kühlwasser** liquide de refroidissement [likid də r(ə)frwadismɑ̃] 68
**Kultur** culture *f* [kyltyr] 207ff
**Kümmel** cumin [kymɛ̃]
**kümmern, sich (um etwas)** s'occuper (de) [sɔkype (də)] 99, 103
**Kunde/in** client/e [klijɑ̃/t]
**kündigen** résilier [rezilje]; annuler [anyle]
**Kunst** art [ar] 183, 200ff; **~geschichte** histoire *f* de l'art [istwar də lar]; **Künstler/in** artiste [artist(ə)]
**Kupfer** cuivre [kɥivr(ə)]
**Kupplung** embrayage [ɑ̃brɛjaʒ] 236
**Kurier** *(Post)* chronoposte *f* [krɔnɔpɔst(ə)]
**Kurs** *(Richtung)* direction *f* [dirɛksjɔ̃]; *(Unterricht)* cours [kur]
**Kurve** virage [viraʒ]
**kurz** court/e [kur/t] 172, 228; **Kurzschluss** court-circuit [kursirkɥi]; **Kurzwaren** mercerie *f* [mɛrsəri] 157
**Kusine** cousine *f* [kuzin]
**Kuss** bise *f* [biz]; bisou [bizu]
**Küste** côte *f* [kot]

## L

**Laborant/in** laborantin/e [labɔrɑ̃tɛ̃/in]
**lachen** rigoler [rigɔle]
**Lachs** saumon [somɔ̃] 137
**Lamm** agneau [aɲo] 138, 168; **~keule** gigot d'agneau [ʒigo daɲo] 138
**Lampe** lampe *f* [lɑ̃p]

**Land** *(Nation)* pays [pei]; *(Gebiet)* région *f* [reʒjɔ̃]; **~karte** carte *f* [kart(ə)]; **~schaft** paysage [peizaʒ] 204; ~**wirt/in** agriculteur/ trice [agrikyltœr/tris]; **landen** atterrir [aterir] 81

**lang** long/longue [lɔ̃/lɔ̃g] 172; **lange** *(temporal)* longtemps [lɔ̃tɑ̃]

**langsam** lentement [lɑ̃tmɑ̃] 37

**Languste** langouste *f* [lɑ̃gust] 136

**Lappen** chiffon [ʃifɔ̃]

**Lärm** bruit [brɥi]

**lassen** laisser [lese]

**Lätzchen** bavette *f* [bavɛt] 179

**Lauf** course *f* [kurs]; **laufen** courir [kurir] 195

**laut** fort/e [fɔr/t]

**lauwarm** tiède [tjɛd]

**Lawine** avalanche *f* [avalɑ̃ʃ]; **~ngefahr** danger d'avalanche [dɑ̃ʒe davalɑ̃ʃ] 198

**leben** vivre [vivr(ə)]; **Lebensmittel** produits *pl* alimentaires [prɔdɥi alimɑ̃tɛr] → 162ff; **~geschäft** épicerie *f* [episri]; supermarché [sypɛrmarʃe] 157

**Leber** foie [fwa]

**Leder** cuir [kɥir] 158, 175f; **~waren** articles *pl* de maroquinerie [artikl(ə) də marɔkinri] → 157

**ledig** célibataire [selibatɛr] 43

**leer** vide [vid]; **Leerlauf** point mort [pwɛ̃ mɔr]

**legal** légal/e [legal]

**legen** mettre [mɛtr(ə)] 277

**Lehrer/in** enseignant/e [ɑ̃sɛɲɑ̃/t]; professeur [prɔfɛsœr] 43

**Lehre** apprentissage [aprɑ̃tisaʒ]

**leicht** *(nicht schwierig)* facile [fasil]; *(Gewicht, nicht fett)* léger/ère [leʒe/ɛr] 147

**Leid tun** être désolé/e [ɛtr(ə) dezɔle] 47, 94

**leiden** souffrir [sufrir]

**leider** malheureusement [malœrøzmɑ̃] 36

**leihen** prêter [prete]; **sich etwas ~** emprunter [ɑ̃prɛ̃te] 189; **Leihwagen** voiture *f* de location [vwatyr də lɔkasjɔ̃] 70f

**Leine** corde *f* [kɔrd]

**Leinen** lin [lɛ̃] 174

**Leiste** *(Medizin)* aine *f* [ɛn]

**Leiter** *(mit Sprossen)* échelle *f* [eʃɛl]; *(Chef)* directeur [dirɛktœr], chef [ʃɛf] 256; *(Reise~)* responsable [rɛspɔ̃sabl]

**Leitung** *(Telefon)* ligne *f* [liɲ]; **~swasser** eau *f* de robinet [o də rɔbinɛ]

**Lende** *(Kreuz)* reins *pl* [rɛ̃]; *(Kalb)* longe *f* [lɔ̃ʒ]; *(Schwein)* filet [filɛ] 169; *(Rind)* aloyau [alwajo] 169

**lenken** *(Fahrzeug)* conduire [kɔ̃dɥir]

**lesen** lire [lir]

**lernen** apprendre [aprɑ̃dr(ə)]

**letzte(r, s)** dernier/ière [dɛrnje/jɛr]

**Leute** gens *pl* [ʒɑ̃]

**Licht** lumière *f* [lymjɛr]; *(Auto, Fahrrad)* phare [far] 86, 237

**Lidschatten** fard à paupières [far a popjɛr] 178

**Liebe** amour [amur]; **liebe/r** cher/ chère [ʃɛr] 261; **lieben** aimer [eme] 53

**Lied** chanson *f* [ʃɑ̃sɔ̃]

**Lieferbedingungen** conditions *f pl* de livraison [kɔ̃disjɔ̃ də livrɛzɔ̃] 263; **liefern** livrer [livre] 263

**Liege** *(Sofa)* canapé [kanape]; **~stuhl** transat [trɑ̃zat] 187, 189; ~**wagen** couchette *f* [kuʃɛt] 74, 76

**liegen lassen** *(vergessen)* oublier [ublije] 238

**Lift** ascenseur [asɑ̃sœr] 104, 199

**Likör** liqueur [likœr] 122; **~wein** vin liquoreux [vɛ̃ likɔrø] 152ff

**lila** mauve [mov]

**Limonade** limonade *f* [limɔnad]

**Linie** *(Bus, U-Bahn)* ligne *f* [liɲ] 88
**liniert** à lignes [a liɲ]
**links** à gauche [a goʃ] 57, 58
**Linse** lentille *f* [lɑ̃tij]; *(Kontakt~)* lentille *f* de contact [lɑ̃tij də kɔ̃takt]
**Lippenstift** rouge à lèvres [ruʒ a lɛvr(ə)] 178
**Liter** litre [litr(ə)] 19, 118
**Literatur** littérature *f* [literatyr]
**LKW** camion [kamjɔ̃] 62
**Löffel** cuillère *f* [kɥijɛr] 111
**Lorbeerblatt** feuille *f* de laurier [fœj də lɔrje] 131f
**Luft** air [ɛr]; **~matratze** matelas pneumatique [matla pnømatik] 190; **~post** poste *f* aérienne [pɔst(ə) aerjɛn]; **~pumpe** pompe *f* (à air) [pɔ̃p (a ɛr)] 86
**Lunge** poumon [pumɔ̃] 250; **~nentzündung** pneumonie *f* [pnømɔni]

## M

**machen** faire [fɛr] 277ff
**Mädchen** fille *f* [fij] 160
**Magen** estomac [ɛstɔma] 244, 250; **~schleimhautentzündung** gastrite *f* [gastrit]; **~schmerzen** mal à l'estomac [mal‿a lɛstɔma] 244
**mager** maigre [mɛgr(ə)]
**Mahlzeit** repas [r(ə)pa]; **~!** Bon appétit! [bɔn‿apeti] 51
**Mai** mai [mɛ] 29
**Mais** maïs [mais]
**Majoran** marjolaine *f* [marʒɔlɛn]
**Maler/in** peintre [pɛ̃tr(ə)]
**man** on [ɔ̃] 283
**Manager** P.D.G. [pedeʒe] 257
**manchmal** quelquefois [kɛlkəfwa]; parfois [parfwa]
**Mandarine** mandarine *f* [mɑ̃darin]
**Mandel** *(Nuss)* amande *f* [amɑ̃d]; **~entzündung** angine *f* [ɑ̃ʒin]
**Mango** mangue *f* [mɑ̃g]
**Mann** homme [ɔm]
**Mannschaft** équipe *f* [ekip]
**Mantel** manteau [mɑ̃to] 173, 238
**Markt** marché [marʃe] 161
**Marmelade** confiture *f* [kɔ̃fityr] 126
**Marmor** marbre [marbr(ə)]
**März** mars [mars] 29
**Maschine** machine *f* [maʃin]
**Masern** rougeole *f* [ruʒɔl]
**Massage** massage [masaʒ]
**Maße** mesures *f pl* [m(ə)zyr] → 18
**Material** matériel [materjɛl]
**Mathematik** mathématiques *f pl* [matematik]
**Matratze** matelas [matla] 98
**Mauer** mur [myr]
**Maus** souris *f* [suri] 266
**Mautstelle** péage [peaʒ] 65
**Mayonnaise** mayonnaise *f* [majɔnɛz]
**Mechaniker/in** mécanicien/ienne [mekanisjɛ̃/jɛn]
**Medikament** médicament [medikamɑ̃] 240ff; **Medizin** médecine *f* [medsin]
**Meer** mer *f* [mɛr] 97, 205; **~esfrüchte** fruits *f* de mer [frɥi də mɛr] 135f
**Mehl** farine *f* [farin] 164
**mehr** plus [ply(s)] 163, 286
**Mehrwertsteuer** TVA *f* [tevea] 128
**mein/e** mon [mɔ̃]; ma [ma]; *(Plural)* mes [me] 283f; **meine(r, s)** le/la mien/mienne [lə/la mjɛ̃/mjɛn]; *(Plural)* les miens/miennes [le mjɛ̃/mjɛn]
**meinen** penser [pɑ̃se], croire [krwar] 52; *(sagen)* dire [dir]; **Meinung** avis [avi] 52; **meiner ~ nach** à mon avis [a mɔ̃n‿avi] 52
**meistens** la plupart du temps [la plypar dy tɑ̃]
**Melone** *(süß)* melon [m(ə)lɔ̃] 133; *(Wasser~)* pastèque *f* [pastɛk]
**Menge** quantité *f* [kɑ̃tite] 18, 170
**Mensch** homme [ɔm]

**Menstruation** menstruation *f* [mɑ̃stryasjɔ̃]; règles *f pl* [rɛgl(ə)]
**Menü** menu [məny] 129ff
**Messe** *(Gottesdienst)* messe *f* [mɛs] 205; *(Buch~)* foire *f* [fwar] 267f
**Messer** couteau [kuto] 111, 148
**Metall** métal [metal]
**Meter** mètre [mɛtr(ə)] 18
**Metzgerei** *(Fleisch)* boucherie *f* [buʃri] 157; *(Aufschnitt)* charcuterie *f* [ʃarkytri] 168
**mich** me [mə]; moi [mwa] 284
**Miesmuscheln** moules *f pl* [mul] 136
**Miete** location *f* [lɔkɑsjɔ̃] 188; *(Wohnung)* loyer [lwaje]; **mieten** louer [lwe] 70, 108ff, 187
**Migräne** migraine *f* [migrɛn]
**Milch** lait [lɛ] 119, 126, 157, 164; **~geschäft** *(auch Käse)* crémerie *f* [krɛmri], fromagerie *f* [frɔmaʒri] 157; **~kaffee** café au lait [kafe o lɛ] 118, 119; **~produkte** → 165ff
**mild** doux/douce [du/dus]
**Militär** armée *f* [arme]
**Millimeter** millimètre [milimɛtr(ə)] 18
**Mineralwasser** eau *f* minérale [o mineral] 120
**Minimum** minimum [minimɔm]
**Minute** minute *f* [minyt] 23
**mir** me [mə], moi [mwa] 82
**Missverständins** malentendu [malɑ̃tɑ̃dy] 47
**mit** avec [avɛk]
**mitbringen** *(Geschenk)* apporter [apɔrte]; *(Gast)* amener [amne]
**Mitglied** membre [mɑ̃br(ə)]
**mitkommen** accompagner [akɔ̃paɲe] 188
**Mittag** midi [midi] 28; **~essen** déjeuner [deʒœne] 50, 105, 116
**Mitte** milieu [miljø] 209; mi- [mi] 27; **mittelalterlich** médiéval/e [medjeval]
**Mittel** moyen [mwajɛ̃]; *(Medizin)* remède [r(ə)mɛd]
**Mittelmeer** Méditerranée *f* [meditɛrane]
**Mitternacht** minuit [minɥi] 28
**Mittwoch** mercredi [mɛrkrədi] 28
**Möbel** mobilier [mɔbilje]
**Mode** mode *f* [mɔd]
**modern** moderne [mɔdɛrn]
**Mofa** mobylette *f* [mɔbilɛt]; cyclomoteur [siklɔmɔtœr]
**mögen** (bien) aimer [(bjɛ̃) eme]
**möglich** possible [pɔsibl(ə)]; **Möglichkeit** possibilité *f* [pɔsibilite] 73
**Möhre** carotte *f* [karɔt] 170
**Moment** moment [mɔmɑ̃] 260
**Monat** mois [mwa] 29, 109
**Mond** lune *f* [lyn]
**Montag** lundi [lœ̃di] 28
**Morgen** matin [matɛ̃] 28; **morgen** demain [d(ə)mɛ̃] 26, 96, 100, 228
**Moschee** mosquée *f* [mɔske]
**Motor** moteur [mɔtœr] 236, 237; **~boot** bateau à moteur [bato a mɔtœr] 196; **~rad** moto *f* [mɔtɔ] 56
**Mücke** moustique [mustik] 105, 241
**müde** fatigué/e [fatige]
**Müll** ordures *f pl* [ɔrdyr]; **~beutel** sac (de) poubelle [sak (də) pubɛl]; **~eimer** poubelle *f* [pubɛl]
**Mumps** oreillons *pl* [ɔrɛjɔ̃]
**Mund** bouche *f* [buʃ] 249
**Münze** pièce *f* de monnaie [pjɛs də mɔnɛ]; **Münzfernsprecher** cabine *f* téléphonique à pièces [kabin telefɔnik a pjɛs] 225
**Muscheln** *(Herz~)* coque *f* [kɔk] 135; *(Venus~)* palourde *f* [palurd], clovisse *f* [klɔvis] 136; *(Mies~)* moules *f pl* [mul] 136
**Museum** musée [myze] 57, 200ff
**Musik** musique *f* [myzik] 182, 209; **klassische ~** musique *f* classique [myzik klasik] 210

**Muskat(nuss)** muscade *f* [myskad]
**Muskel** muscle [myskl(ə)]; ~**zerrung** claquage [klakaʒ]
**Müsli** muesli [my(ə)sli] 126
**müssen** devoir [d(ə)vwar] 276ff
**Mutter** mère *f* [mɛr]

## N

**nach** *(Richtung)* à [a], en [ɑ̃], vers [vɛr], *(vor Ländernamen)* en [ɑ̃], au [o]; *(temporal)* après [aprɛ] 242
**Nachbar/in** voisin/e [vwazɛ̃/in]
**nachdenken** réfléchir [refleʃir]
**nachdem** après que [aprɛ kə] 272
**nachfragen** s'informer [sɛ̃fɔrme]
**Nachmittag** après-midi [aprɛmidi] 28
**Nachname** nom de famille [nɔ̃ də famij] 42
**Nachricht** message [mesaʒ] 104, 260
**Nachsaison** arrière-saison *f* [arjɛr sɛzɔ̃]
**nächste(r, s)** prochain/e [prɔʃɛ̃/ɛn] 27, 72
**Nacht** nuit *f* [nɥi] 94, 96, 100; ~**hemd** chemise *f* de nuit [ʃ(ə)miz də nɥi] 173; ~**zug** train de nuit [trɛ̃ də nɥi] 72
**Nachtisch** dessert [desɛr] 130, 143ff
**Nadel** aiguille *f* [egɥij]
**Nagel** clou [klu]; *(Finger~, Fuß~)* ongle [ɔ̃gl(ə)]; ~**bürste** brosse *f* à ongles [brɔs a ɔ̃gl(ə)]; ~**feile** lime *f* à ongles [lim‿a ɔ̃gl(ə)] 177
**nah** proche [prɔʃ] 58
**nähen** coudre [kudr(ə)]; **Nähgarn** fil à coudre [fil‿a kudr(ə)]; **Nähnadel** aiguille *f* (à coudre) [egɥij a kudr(ə)]
**Nahrungsmittel** aliments *pl* [alimɑ̃] 162ff
**Name** *(Nachname)* nom [nɔ̃] 42, 100f, 129; *(Vorname)* prénom [prenɔ̃] 42
**Narbe** cicatrice *f* [sikatris]
**Narkose** anesthésie *f* [anɛstezi]
**Nase** nez [ne] 249; ~**nbluten** saignement de nez [sɛɲmɑ̃ də ne]
**nass** humide [ymid] 33; *(durchnäßt)* trempé/e [trɑ̃pe]
**Nationalpark** parc national [park nasjɔnal] 205
**Natur** nature *f* [natyr] 204; **natürlich** naturellement [natyrɛlmɑ̃]
**Nebel** brouillard [brujar] 32, 33, 64
**neben** à côté de [a kote də], près de [prɛ də] 58; **Nebenkosten** charges *f pl* [ʃarʒ]; **Nebenwirkungen** effets *pl* indésirables [efɛ ɛ̃dezirabl(ə)] 241
**Neffe** neveu [nəvø]
**nehmen** prendre [prɑ̃dr(ə)] 277ff
**nein** non [nɔ̃] 52, 272
**Nektarine** nectarine *f* [nɛktarin]; brugnon [bryɲɔ̃]
**nennen** nommer [nɔme]; appeler [aple]
**Nerv** nerf [nɛr]
**netto** net [nɛt]
**Netz** filet de pêche [filɛ də pɛʃ] 196
**neu** nouveau [nuvo], nouvel, nouvelle [nuvɛl] 286; **Neujahr** Nouvel An [nuvɛl‿ɑ̃] 30
**nicht** ne ... pas [nə ... pɑ]; non [nɔ̃], pas [pɑ] 272; ~ **mehr** ne ... plus [nə ... ply] 272
**Nichte** nièce *f* [njɛs]
**Nichtraucher** non-fumeur [nɔ̃ fymœr] 77
**nichts** rien [rjɛ̃]; *(beim Verb)* ne ... rien [nə ... rjɛ̃] 272
**nie** (ne ...) jamais [(nə ...) ʒamɛ] 272
**Niederschlag** précipitations *f pl* [presipitasjɔ̃]
**niedrig** bas/basse [bɑ/bɑs]
**niemand** personne [pɛrsɔn]; *(beim Verb)* ne ... personne [nə ... pɛrsɔn] 272

**Nierchen** *(Speise)* rognons *pl* [rɔɲɔ̃] 140; **Niere** rein [rɛ̃] 250; **~nstein** calcul rénal [kalkyl renal]
**noch** encore [ɑ̃kɔr] 79
**Norden** nord [nɔr] 34
**normal** normal/e [nɔrmal]
**Notar** notaire [nɔtɛr]
**Notarztwagen** ambulance *f* [ɑ̃bylɑ̃s]; SAMU [samy] 233; **Notausgang** sortie *f* de secours [sɔrti də s(ə)kur]; **Notfall** urgence *f* [yrʒɑ̃s] 234, 232; **~station** urgences *f pl* [yrʒɑ̃s] 251
**nötig** nécessaire [nesesɛr]
**November** novembre [nɔvɑ̃br(ə)] 29
**nüchtern** *(ohne Alkohol)* sobre [sɔbr(ə)]; *(ohne Essen)* à jeun [a ʒœ̃]
**Nudeln** pâtes *f pl* [pɑt] 140
**null** zéro [zero] 16
**Nummer** numéro [nymero] 42; *(Größe)* pointure *f* [pwɛ̃tyr]; **~nschild** plaque *f* d'immatriculation [plak dimatrikulasjɔ̃] 237
**nun** *(jetzt)* maintenant [mɛ̃tnɑ̃]
**nur** seulement [sœlmɑ̃] 228
**Nuss** noix *f* [nwa] 150, 151
**Nylon** nylon [nilɔ̃]

## O

**ob** si [si] 272
**oben** en haut [ɑ̃ 'o] 252
**Ober** garçon [garsɔ̃]
**Obst** fruits *pl* [frɥi] 143ff; **~salat** salade *f* de fruits [salad də frɥi] 145ff
**oder** ou [u] 272
**Ofen** four [fur] 132
**offen** ouvert/e [uvɛr/t] 26
**öffentlicher Dienst** fonction *f* publique [fɔ̃ksjɔ̃ pyblik]
**öffnen** ouvrir [uvrir] 98, 267, 279; **Öffnungszeiten** heures *f pl* d'ouverture [œr duvɛrtyr] 23ff
**ohne** sans
**Ohr** oreille *f* [ɔrɛj] 249; **~enschmerzen** mal aux oreilles [mal‿oz‿ɔrɛj]
**Oktober** octobre [ɔktɔbr(ə)] 29
**Öl** *(Auto, Speise~)* huile *f* [ɥil] 66, 131
**Olive** olive *f* [ɔliv]; **~nöl** huile *f* d'olive [ɥil dɔliv] 131
**Omelett** omelette *f* [ɔmlɛt] 143
**Onkel** oncle [ɔ̃kl(ə)]
**Opa** grand-père [grɑ̃ pɛr]
**Oper** opéra [ɔpera] 207, 209f; **~nglas** jumelles *f pl* de théâtre [ʒymɛl də teatr(ə)]
**Operation** opération *f* [ɔperasjɔ̃]
**Operette** opérette *f* [ɔperɛt]; comédie *f* musicale [kɔmedi myzikal] 210
**Optiker/in** opticien/ienne [ɔptisjɛ̃/jɛn]
**orange** orange [ɔrɑ̃ʒ]; **Orange** orange *f* [ɔrɑ̃ʒ] 171; **~nsaft** jus d'orange [ʒy dɔrɑ̃ʒ] 120; *(frisch)* orange *f* pressée [ɔrɑ̃ʒ prese]
**Orchester** orchestre [ɔrkɛstr(ə)]
**Ordinalzahlen** → 17
**Organe** organes *pl* [ɔrgan] → 250
**Organisation** organisation *f* [ɔrganizasjɔ̃]
**Orgel** orgue [ɔrg]; **~konzert** concert pour orgue [kɔ̃sɛr pur‿ɔrg]
**original** original/e [ɔriʒinal]
**Ortsgespräch** communication *f* urbaine/locale [kɔmynikasjɔ̃ yrbɛn/lɔkal]
**Osten** est [ɛst] 34
**Ostern** pâques *f pl* [pɑk] 30
**Österreich** Autriche *f* [otriʃ] 223; **Österreicher/in** autrichien/ienne [otriʃjɛ̃/jɛn] 41
**oval** oval/e [ɔval]

## P

**Paar** paire *f* [pɛr]
**Packung** paquet [pakɛ] 163; **Paket** paquet [pakɛ] 159, 223f

**Pampelmuse** pamplemousse [pɑ̃pləmus] 171
**Panne** *(Auto)* panne *f* [pan] 235ff
**Papier** papier [papje] 182, 265; **~taschentuch** mouchoir en papier [muʃwar ɑ̃ papje]
**Paprikaschote** poivron [pwavrɔ̃] 133, 141, 170
**Papst** pape [pap]
**Parfum** parfum [parfœ̃] 178
**Park** parc [park] 205
**parken** garer [gare] 69f, 103; **Parkplatz** parking [parkiŋ] 69, 97; **Parkscheinautomat** horodateur [ɔrɔdatœr] 69, 70
**Party** fête *f* [fɛt]
**Pass** *(Papiere)* passeport [pɑspɔr] 60; *(Gebirge)* col [kɔl]; **~bild** photo *f* d'identité [fɔto didɑ̃tite] 180; **~kontrolle** → 60
**Passagier** passager [pasaʒe]
**passen** aller bien [ale bjɛ̃]
**passieren** *(geschehen)* arriver [arive]; se produire [sə prodɥir]
**Pastete** pâté [pɑte]; terrine *f* [tɛrin] 133, 139, 168
**Patient/in** patient/e [pasjɑ̃/t]
**Pauschale** forfait [fɔrfɛ]
**Pause** pause *f* [poz]; entracte [ɑ̃trakt(ə)] 209
**Pedal** pédale *f* [pedal]
**Pelz** pelage [pəlaʒ]
**Pension** pension *f* [pɑ̃sjɔ̃]; **Halb~** demi-pension [d(ə)mipɑ̃sjɔ̃] 95; **Voll~** pension *f* complète [pɑ̃sjɔ̃ kɔ̃plɛt]
**per** par [par]
**Perle** perle *f* [pɛrl]
**Person** personne *f* [pɛrsɔn] 95; **Personalausweis** carte *f* d'identité [kart(ə) didɑ̃tite]; **Personalien** → 42f
**Petersilie** persil [pɛrsi]
**Pfanne** poêle *f* [pwal] 111
**Pfannkuchen** crêpe *f* [krɛp] 142; **~restaurant** crêperie *f* [krɛpri] 117
**Pfarrer** curé [kyre]; pasteur [pastœr]
**Pfeffer** poivre [pwavr(ə)]; **~minze** menthe *f* [mɑ̃t]
**Pfeife** pipe *f* [pip] 181
**Pferd** cheval [ʃ(ə)val]; **~erennen** course *f* de chevaux [kurs də ʃ(ə)vo]
**Pfingsten** Pentecôte *f* [pɑ̃tkot] 31
**Pfirsich** pêche *f* [pɛʃ] 145, 171
**Pflanze** plante *f* [plɑ̃t]
**Pflaster** pansement [pɑ̃smɑ̃]; sparadrap® [sparadra] 240
**Pflaume** prune *f* [pryn] 171
**Pfund** *(Währung, Gewicht)* livre *f* [livr(ə)] 19, 163;
**Philosophie** philosophie *f* [filosɔfi]
**Photo** photo *f* [fɔto] 179f
**Physik** physique *f* [fizik]
**Picknick** pique-nique [piknik]
**pikant** épicé/e [epise]; relevé/e [r(ə)ləve]
**Pille** pilule *f* [pilyl] 247
**Pilz** champignon [ʃɑ̃piɲɔ̃] 141, 170
**Pinzette** pince *f* [pɛ̃s]
**Piste** piste *f* [pist(ə)] 199
**Pizza** pizza *f* [pidza]; **Pizzeria** pizzeria *f* [pidzerja]
**Plastik** plastique [plastik] 159; **~geschirr** vaisselle *f* en plastique [vɛsɛl ɑ̃ plastik]; **~tüte** sac en plastique [sak ɑ̃ plastik]; sachet plastique [saʃɛ plastik] 159
**Platten** *(Reifen)* pneu crevé [pnø krəve]
**Platz** *(Raum, Platzierung)* place *f* [plas] 78, 94, 113, 204, 208f; **~karte** *(Zug)* réservation *f* [rezɛrvɑsjɔ̃] 77; **~ nehmen** s'asseoir [saswar] 51, 262; **~wunde** plaie *f* [plɛ]
**Plätzchen** petit gâteau sec [p(ə)ti gɑto sɛk] 163; biscuit [biskɥi]
**platzen** éclater [eklate]

**Plombe** plombage [plɔ̃baʒ] 252
**plötzlich** soudain/e [sudɛ̃/ɛn]; tout à coup [tut‿a ku]
**Politik** politique *f* [pɔlitik]
**Polizei** police *f* [pɔlis]; **~dienststelle** commissariat de police [kɔmisarja də pɔlis] 232, 237; gendarmerie *f* [ʒɑ̃darməri]; **Polizist** policier [pɔlisje]
**Pommes frites** frites *f pl* [frit] 140
**Porree** poireau [pwaro]
**Portemonnaie** porte-monnaie [pɔrtmɔnɛ] 176
**Portion** portion *f* [pɔrsjɔ̃]
**Porto** port [pɔr]; affranchissement [afrɑ̃ʃismɑ̃]
**Porzellan** porcelaine *f* [pɔrsəlɛn] 157, 183
**Position** position *f* [pɔzisjɔ̃]
**Post** poste *f* [pɔst(ə)] 44, 216, 222ff; **~amt** bureau de poste [byro də pɔst(ə)] 222; **~anweisung** mandat en poste restante [mɑ̃da ɑ̃ pɔst(ə) rɛstɑ̃t] 221, 239; mandat postal [mɑ̃da pɔstal] 224; **~bote** facteur [faktœr]; **~karte** carte *f* postale [kart(ə) pɔstal] 181, 223f; **~leitzahl** code postal [kɔd pɔstal] 224
**Poster** poster [postɛr] 202
**Praline** praline *f* [pralin], chocolat fin [ʃɔkola fɛ̃] 149
**Präservativ** préservatif [prezɛrvatif] 240
**Präsident** président [prezidɑ̃] 256f
**Preis** prix [pri] 95, 128; **~aufschlag** majoration *f* [maʒɔrasjɔ̃] 95; **preisgünstig** bon marché [bɔ̃ marʃe]; **Preisnachlass** rabais [rabɛ]; **~reduktion** réduction *f* [redyksjɔ̃] 95
**Preiselbeeren** airelle *f* (rouge) [ɛrɛl (ruʒ)]
**Priester** prêtre [prɛtr(ə)]
**privat** privé/e [prive]
**probieren** essayer [eseje] 172; *(Essen)* goûter [gute]
**Problem** problème [prɔblɛm]
**Produkt** produit [prɔdɥi]
**Professor/in** professeur [prɔfɛsœr]
**Programm** programme [prɔgram] 207; *(PC)* logiciel [lɔʒisjɛl] 266
**Prospekt** prospectus [prɔspɛktys]; *(Faltblatt)* dépliant [deplijɑ̃] 72, 202
**Prozent** pour cent [pur sɑ̃]
**Psychologie** psychologie *f* [psikɔlɔʒi]
**Publikum** public [pyblik] 213
**Pudding** crème *f* [krɛm]; flan [flɑ̃] 144
**Pullover** pull-over [pylɔvɛr] 173
**Puls** pouls [pu]
**Pulver** poudre *f* [pudr(ə)]
**pünktlich** à l'heure [a lœr]
**Puppe** poupée *f* [pupe]
**Pute/r** dinde *f* [dɛ̃d]; *(junger ~)* dindonneau [dɛ̃dɔno] 139
**putzen** nettoyer [netwaje]; **Nase ~** se moucher [sə muʃe]; *(Gemüse)* laver [lave]; **Putzmittel** détergent [detɛrʒɑ̃]

## Q

**quadratisch** carré/e [kare] 160
**Qualität** qualité *f* [kalite]
**Qualle** méduse *f* [medyz] 187
**Qualm** fumée *f* [fyme]
**Quantität** quantité *f* [kɑ̃tite]
**Quark** fromage blanc [frɔmaʒ blɑ̃] 165
**Quittung** *(Kasse)* reçu [r(ə)sy] 21; *(für das Finanzamt)* facture *f* [faktyr]

## R

**Rabatt** rabais [rabɛ]
**Rachen** gorge *f* [gɔrʒ]
**Rad** vélo [velo]; bicyclette *f* [bisiklɛt] 85; **~ fahren** faire du vélo [fɛr dy velo] 195

**Radierung** gravure *f* à l'eau forte [gravyr a lo fɔrt]
**Radieschen** radis [radi]
**Radio** radio *f* [radjo] 182
**Rang** *(Theater)* balcon [balkɔ̃] 209
**Rasierapparat** rasoir (électrique) [razwar (elɛktrik)]178; **rasieren, sich** se raser [sə raze]
**Rastplatz** aire *f* de repos [ɛr də r(ə)po] 65; **Raststätte** aire *f* de services [ɛr də sɛrvis] 65
**Rathaus** mairie *f* [mɛri]
**rauchen** fumer [fyme]; **Raucher** fumeur [fymœr]
**Rebsorte** cépage [sepaʒ] 153
**Rechnung** *(Quittung)* facture *f* [faktyr]; *(Hotel)* note *f* [nɔt] 107; *(Restaurant)* addition *f* [adisjɔ̃] 149
**Recht haben** avoir raison [avwar rɛzɔ̃] 52
**rechts** à droite [a drwat] 57, 58
**Rechtsanwalt/Rechtsanwältin** avocat/e [avɔka/t]
**Regal** étagère *f* [etaʒɛr] 111
**Regen** pluie *f* [plɥi] 33; ~**schirm** parapluie [paraplɥi]; **regnen** pleuvoir [pløvwar] 32
**Region** région *f* [reʒjɔ̃]
**Reh** chevreuil [ʃ(ə)vrœj] 139
**Reibe** râpe *f* [rɑp]
**reich** riche [riʃ]
**reichen** *(genügen)* suffire [syfir]; *(geben)* tendre [tɑ̃dr(ə)]
**reif** *(Obst, Mensch)* mûr/e [myr]
**Reifen** *(Fahrrad, Auto)* pneu [pnø] 68, 86, 237
**reinigen** nettoyer [netwaje] 106, 230; **Reinigung** nettoyage [netwajaʒ] 230; ~**smilch** lait démaquillant [lɛ demakijɑ̃]
**Reis** riz [ri] 140, 164
**Reise** voyage [vwajaʒ]; ~**büro** agence *f* de voyage [aʒɑ̃s də vwajaʒ] 25; ~**führer** *(Person, Buch)* guide [gid] 207; ~**scheck** traveller's chèque [travlœr(s) ʃɛk] 21, 218; **reisen** voyager [vwajaʒe]
**reiten** monter à cheval [mɔ̃te a ʃ(ə)val] 195
**reklamieren** réclamer [reklame] 98
**Renaissance** renaissance *f* [r(ə)nɛsɑ̃s] 203
**Rennbahn** *(Pferde~)* hippodrome [ipɔdrɔm]
**Reparatur** réparation *f* [reparɑsjɔ̃] 236; ~**werkstatt** garage [garaʒ] 235f; **reparieren** réparer [repare] 85, 236
**reservieren** réserver [rezɛrve] 96ff, 129, 208
**Restaurant** restaurant [rɛstɔrɑ̃] 117ff
**restauriert** restauré/e [rɛstɔre]
**retten** sauver [sove]; **Rettungsring** bouée *f* de sauvetage [bwe də sovtaʒ]
**Rezept** ordonnance *f* [ɔrdɔnɑ̃s] 240
**Rezeption** réception *f* [resɛpsjɔ̃] 104
**R-Gespräch** appel en PCV [apɛl ɑ̃ peseve] 225
**Rheuma** rhumatisme [rymatism(ə)]
**richtig** juste [ʒyst(ə)]; bon/bonne [bɔ̃/bɔn] 57
**Richtung** direction *f* [dirɛksjɔ̃]
**Rindfleisch** bœuf [bœf] 138, 168
**Ring** *(Schmuck)* bague *f* [bag] 184
**Rippe** côte *f* [kot]; **Rippenstück** entrecôte *f* [ɑ̃trəkot] 169
**Rock** jupe *f* [ʒyp] 173
**roh** cru/e [kry] 132
**Rollschuhe** patins *pl* à roulettes [patɛ̃ a rulɛt]
**Rollstuhl** fauteuil roulant [fotœj rulɑ̃]
**romanisch** *(Sprache)* latin/e [latɛ̃/in]; *(Kunst)* roman/e [rɔmɑ̃/an]; **Romanistik** étude *f* des langues latines [etud de lɑ̃g latin]; **Romantik** romantisme [rɔmɑ̃tism(ə)]
**römisch** romain/e [rɔmɛ̃/ɛn] 203

**Rose** rose *f* [roz]
**Roséwein** rosé [roze] 152
**Rosenkohl** choux *pl* de Bruxelles [ʃu də bryksɛl] 141
**Rosinen** raisins *pl* secs [rɛzɛ̃ sɛk]
**Rosmarin** romarin [rɔmarɛ̃]
**rot** rouge [ruʒ] 34; *(Haar)* roux [ru] 229; **Rotwein** vin rouge [vɛ̃ ruʒ]
**Rücken** dos [do] 249; **~schmerzen** mal au dos [mal‿o do]
**Rückgeld** monnaie *f* [mɔnɛ] 20
**Rückkehr** retour [r(ə)tur]
**Rücklicht** feu arrière [fø arjɛr] 86
**Rucksack** sac à dos [sak‿a do] 80, 176
**Rückwärtsgang** marche *f* arrière [marʃ arjɛr]
**Ruderboot** bateau à rames [bato a ram] 196; **rudern** ramer [rame] 193
**Ruhe** silence [silɑ̃s]; **ruhig** silencieux/euse [silɑ̃sjø/øz]; **Ruhetag** jour de repos [ʒur də r(ə)po]
**rund** rond/e [rɔ̃/d] 160; **Rundfahrt** circuit touristique [sirkɥi turistik]

## S

**Sache** *(Gegenstand)* chose *f* [ʃoz]; objet [ɔbʒɛ]; *(Angelegenheit)* affaire *f* [afɛr] 188
**Safe** coffre-fort [kɔfr(ə) fɔr] 103
**Safran** safran [safrɑ̃] 131, 134
**Saft** *(Medikament)* sirop [siro] 241; *(Obst)* jus [ʒy] 120
**sagen** dire [dir] 277ff
**Sahne** crème *f* [krɛm] 165; *(Schlag~)* chantilly *f* [ʃɑ̃tiji] 144
**Saison** saison *f* [sɛzɔ̃] 210
**Salami** saucisse *f* sèche [sosis sɛʃ] 140, 168; saucisson [sosisɔ̃] 168
**Salat** salade *f* [salad] 128, 135, 170; **~schüssel** saladier [saladje] 111; **~soße** vinaigrette *f* [vinɛgrɛt]
**Salbe** pommade *f* [pɔmad] 241
**Salbei** sauge *f* [soʒ]
**Salz** sel [sɛl] 132, 164; **salzig** salé/e [sale]; **Salzstreuer** salière *f* [saljɛr] 148
**Sammlung** collection *f* [kɔlɛksjɔ̃]
**Samstag** samedi [samdi] 28
**Samt** velours [v(ə)lur]
**Sand** sable [sabl(ə)]
**Sandale** sandale *f* [sɑ̃dal]
**Sänger/in** chanteur/euse [ʃɑ̃tœr/øz] 182
**Sardine** sardine *f* [sardin] 137
**Satin** satin [satɛ̃]
**satt** rassasié/e [rasazje]
**Sattel** selle *f* [sɛl] 197
**sauber** propre [prɔpr(ə)] 187
**Sauce** sauce *f* [sos] 132
**sauer** (Zitrone) acide [asid]; *(Wein)* aigre [ɛgr(ə)]; **Sauerkirsche** griotte *f* [grijɔt]
**Sauerstoff** oxygène [ɔksiʒɛn]
**Säule** colonne *f* [kɔlɔn]
**Sauna** sauna [sona] 189
**Schaden** dommage [dɔmaʒ] 234
**Schaf** mouton [mutɔ̃]; brebis *f* [brəbi]; **~skäse** brebis [brəbi] 166
**schaffen** créer [kree] 203
**Schal** écharpe *f* [eʃarp(ə)] 173
**Schalter** guichet [giʃɛ] 76, 81, 218; *(Kasse)* billetterie *f* [bijɛtri]
**scharf** épicé/e [epise]
**Schatten** ombre *f* [ɔ̃br(ə)] 113
**schätzen** *(Wert)* estimer [ɛstime]
**Schaufenster** vitrine *f* [vitrin] 159
**Schauspiel** *(Theater)* pièce *f* [pjɛs] 211; **Schauspieler/in** acteur/actrice [aktœr/aktris]
**Scheck** chèque [ʃɛk] 21, 218ff; **~karte** carte *f* chèque [kart(ə) ʃɛk]
**Scheibe** *(Aufschnitt)* tranche *f* [trɑ̃ʃ] 163; **~nwischer** essuie-glace [esɥiglas] 237
**Schein** *(Banknote)* billet [bijɛ] 218
**Scheinwerfer** phare [far] 237

**Schellfisch** aiglefin [ɛgləfɛ̃] 137
**schenken** offrir [ɔfrir]
**Schenkel** cuisse *f* [kɥis]
**Schere** ciseaux *pl* [sizo] 265
**schicken** envoyer [ɑ̃vwaje] 223
**Schiff** bateau [bato] 56, 83ff
**Schinken** jambon [ʒɑ̃bɔ̃] 126, 127, 142, 168
**Schirm** *(Regen~)* parapluie [paraplɥi]; *(Sonnen~)* parasol [parasɔl]
**schlafen** dormir [dɔrmir]; **Schlafsack** sac de couchage [sak də kuʃaʒ] 114; **Schlafstörungen** insomnies *f pl* [ɛ̃sɔmni]; **Schlafwagen** wagon-lit [vagɔ̃li] 74; **Schlafzimmer** chambre *f* [ʃɑ̃br(ə)] 110
**Schlaganfall** attaque *f* d'apoplexie [atak dapɔplɛksi] 246
**Schlagsahne** chantilly *f* [ʃɑ̃tiji] 144
**Schlagzeug** batterie *f* [batri]
**schlank** mince [mɛ̃s]
**schlecht** mal/e [mal] 244, 286; *(Wetter)* mauvais/e [movɛ/z] 286
**schließen** fermer [fɛrme] 25f; **Schließfach** *(Bahnhof)* consigne *f* automatique [kɔ̃siɲ ɔtɔmatik] 79; *(Schwimmbad)* casier [kazje] 189
**schlimm** grave [grav] 47, 247
**Schlitten** luge *f* [lyʒ] 199; **Schlittschuhe** patins *pl* à glace [patɛ̃ a glas] 199
**Schloss** *(Gebäude)* château [ʃɑto] 204; *(Fahrrad)* cadenas [kadna] 86
**Schlucht** ravin [ravɛ̃]
**schlucken** avaler [avale]
**Schlüssel** clé *f* [kle] 103, 107, 109
**schmal** étroit/e [etrwa/t] 175
**schmecken** être bon [ɛtr(ə) bɔ̃] 149
**Schmerzen** douleurs *f pl* [dulœr] 244ff; **Schmerzmittel** analgésique [analʒezik] 240, 251
**Schmuck** bijoux *pl* [biʒu] 158, 184
**schmutzig** sale [sal] 98, 162, 187
**Schnaps** eau-de-vie *f* [odəvi]
**Schnecken** escargots *pl* [ɛskargo]
**Schnee** neige *f* [nɛʒ] 33; **~ketten** chaînes *f pl* (pour la neige) [ʃɛn (pur la nɛʒ)] 65
**schneiden** couper [kupe] 228f; **Schneider/in** tailleur [tajœr]; couturière *f* [kutyrjɛr]
**schneien** neiger [neʒe] 33
**schnell** rapide [rapid] 233; **Schnellkochtopf** cocotte *f* minute [kɔkɔt minyt]
**Schnittlauch** ciboulette *f* [sibulɛt]
**Schnittwunde** coupure *f* [kupyr]; entaille *f* [ɑ̃taj]
**Schnitzel** escalope *f* [ɛskalɔp] 169
**Schnorchel** tuba [tyba] 191
**Schnuller** tétine *f* [tetin]
**Schnupfen** rhume [rym]
**Schock** choc [ʃok]
**Schokolade** chocolat [ʃɔkɔla] 126ff
**Scholle** *(Fisch)* plie [pli] 137
**schon** déjà [deʒa]
**schön** beau [bo], bel / belle [bɛl] 32, 45, 53, 286
**Schrank** armoire *f* [armwar] 110
**schrecklich** terrible [tɛribl(ə)]
**schreiben** écrire [ekrir] 279; **Schreibwaren** → 181
**schreien** crier [krije]
**Schriftsteller/in** écrivain [ekrivɛ̃]
**Schuhcreme** cirage [siraʒ]
**Schuhe** chaussures *f pl* [ʃosyr] 158, 175f; **Schuhgeschäft** magasin de chaussures [magazɛ̃ də ʃosyr] 158; **Schuhsohle** semelle *f* [s(ə)mɛl]
**Schuld** faute *f* [fot] 47
**Schulden** *(Bank)* débit [debi]
**Schule** école *f* [ekɔl] 44, 199
**Schulter** épaule *f* [epol] 244, 249
**Schüssel** terrine *f* [tɛrin]
**Schuster** cordonnier [kɔrdɔnje]
**Schutz** *(Hilfe)* protection *f* [prɔtɛksjɔ̃]; *(Unterschlupf)* refuge [r(ə)fyʒ]

**schwach** *(körperlich)* faible [fɛbl(ə)]; affaibli/e [afɛbli] 244
**Schwager/Schwägerin** beau-frère [bofrɛr]/ belle-sœur [bɛlsœr]
**Schwamm** éponge *f* [epɔ̃ʒ]
**schwanger** enceinte [ɑ̃sɛ̃t] 247; **Schwangerschaft** grossesse *f* [grɔsɛs]
**schwarz** noir/e [nwar] 34, 229
**Schwein** porc [pɔr] 139, 168
**Schweiß** sueur *f* [sɥœr]
**Schweiz** Suisse *f* [sɥis] 223; **Schweizer/in** suisse [sɥis] 41
**schwer** lourd/e [lur/d]; *(schwierig)* difficile [difisil]
**Schwiegereltern** beaux-parents [bo parɑ̃]
**schwierig** difficile [difisil] 193
**Schwimmbad** piscine *f* [pisin] 186, , 188f; **schwimmen** nager [naʒe] 191; **Schwimmring** bouée *f* de natation [bwe də natɑsjɔ̃] 191
**Schwindelgefühl** vertige [vɛrtiʒ]
**See** lac [lak] 97, 186; *(Meer)* mer *f* [mɛr] 97, 189, 205; **s~krank** mal de mer [mal də mɛr]; **~teufel** lotte *f* (de mer) [lɔt (də mɛr)]; baudroie *f* [bodrwa] 137; **~zunge** sole *f* [sɔl] 137
**Segel** voile *f* [vwal]; **~boot** voilier [vwalje] 190; **~kurs** stage de voile [staʒ də vwal] 192; **segeln** faire de la voile [fɛr də la vwal] 193; **Segelschule** école *f* de voile [ekɔl də vwal]
**sehen** voir [vwar]
**Sehne** tendon [tɑ̃dɔ̃]
**sehr gut** très bien [trɛ bjɛ̃]; *(Essen)* très bon [trɛ bɔ̃] 149
**Seide** soie *f* [swa] 174
**Seife** savon [savɔ̃] 177
**Seil** corde *f* [kɔrd]; **~bahn** télécabine *f* [telekabin] 199
**sein** *(Verb)* être [ɛtr(ə)] 276ff
**sein** *(Pronomen)* son [sɔ̃], sa [sa], *(Plural)* ses [se] 283
**seit** depuis [dəpɥi] 27; **~ wann?** depuis quand? [dəpɥi kɑ̃] 27
**Seite** *(Körper)* côté [kote] 245; *(Buch)* page *f* [paʒ]
**Sekretärin** secrétaire [s(ə)kretɛr] 256
**Sekt** vin mousseux [vɛ̃ musø] 122, 152f
**Sekunde** seconde *f* [s(ə)gɔ̃d] 23
**Selbstbedienung** self-service [sɛlf sɛrvis] 117
**Sellerie** céleri [sɛlri]
**selten** rare [rar]
**Senf** moutarde *f* [mutard]
**September** septembre [sɛptɑ̃br(ə)] 29
**servieren** servir [sɛrvir]
**Serviette** serviette *f* de table [sɛrvjɛt də tabl(ə)]148
**Sessel** fauteuil [fotœj] 111; **~lift** télésiège [telesjɛʒ] 199
**setzen** mettre [mɛtr(ə)] 277f; **sich ~** s'asseoir [saswar]
**Shorts** short [ʃɔrt] 173
**sich** se [sə], soi [swa] 284
**sicher** sûr/e [syr]; certain/e [sɛrtɛ̃/ɛn]; **S~heitsgurt** ceinture *f* de sécurité [sɛ̃tyr də sekyrite]
**Sicherung** *(Elektrizität)* fusible [fyzibl(ə)]
**sie** *(Singular)* elle [ɛl]; *(Objekt)* la [la], l' [l]; lui [lɥi]; *(Plural)* ils [il], elles [ɛl]; *(betont)* eux [ø], elles [ɛl]; *(Akkusativ)* les [le]; *(betont)* eux [ø], elles [ɛl]; **Sie** vous [vu] 282
**Sieb** passoire *f* [pɑswar] 111
**siegen** gagner [gaɲe]
**Signal** signal [siɲal]
**Silber** argent [arʒɑ̃] 184
**Silvester** Saint-Sylvestre *f* [sɛ̃ silvɛstr(ə)]
**singen** chanter [ʃɑ̃te] 210
**Sirup** sirop [siro] 120, 121
**Situation** situation *f* [sitɥɑsjɔ̃]

**Skier** skis *pl* [ski] 192; **Ski fahren** skier [skije] → 198f; **Skipiste** piste *f* [pist(ə)] 199
**Skulptur** sculpture *f* [skyltyr] 204
**Slipeinlagen** protège-slip [prɔtɛʒslip]
**Snacks** → 127ff
**Snowboard** surf de neige [sœrf də nɛʒ] 198
**so** ainsi [ɛ̃si]; comme cela [kɔm s(ə)la]
**Socken** chaussettes *f pl* [ʃosɛt] 174
**Sodbrennen** brûlures *f pl* d'estomac [brylyr dɛstɔma]
**sofort** tout de suite [tu d(ə) sɥit] 262
**Sohle** semelle *f* [s(ə)mɛl]
**Sohn** fils [fis]
**Soja** soja [sɔʒa]
**Soldat** soldat [sɔlda]
**Solist/in** soliste [sɔlist(ə)]
**sollen** devoir [d(ə)vwar] 276
**Sommer** été [ete] 32
**Sonderangebot** offre *f* spéciale [ɔfr(ə) spesjal] 161
**sondern** mais [mɛ] 272
**Sonne** soleil [sɔlɛj] 32f; **sonnen, sich** prendre un bain de soleil [prɑ̃dr(ə) œ̃ bɛ̃ də sɔlɛj] 191; **Sonnenbrand** coup de soleil [ku də sɔlɛj] 241; **Sonnenbrille** lunettes *f pl* de soleil [lynɛt də sɔlɛj] 184, 190; **Sonnencreme** crème *f* solaire [krɛm sɔlɛr] 177, 190; **Sonnenmilch** lait solaire [lɛ sɔlɛr] 177; **Sonnenöl** huile *f* solaire [ɥil sɔlɛr] 177; **Sonnenschirm** parasol [parasɔl] 190
**Sonntag** dimanche [dimɑ̃ʃ] 28
**Sopran** soprano [sɔprano]
**Souvenir** souvenir [suvnir]
**Sozialarbeiter/in** assistant/e social/e [asistɑ̃/t sɔsjal]
**Soziologie** sociologie *f* [sɔsjɔlɔʒi]
**spanisch** espagnol [ɛspaɲɔl] 36
**Sparbuch** livret d'épargne [livrɛ deparɲ(ə)]; **Post~** livret de caisse d'épargne postale [livrɛ də kɛs deparɲ(ə) pɔstəl]
**Spargel** asperge *f* [aspɛrʒ] 141
**spät** tard [tar] 27, 40
**Spaziergang** promenade *f* [prɔmnad]
**speichern** *(Computer)* enregistrer [ɑ̃rʒistre] 267
**Speisekarte** carte *f* [kart(ə)] 130ff, 145; **Speisesaal** salle à manger *f* [sal‿a mɑ̃ʒe] 104; **Speisewagen** voiture-restaurant *f* [vwatyr rɛstorɑ̃] 74
**sperren** *(Scheck)* faire opposition à [fɛr ɔpɔsisjɔ̃ a] 221
**Spiegel** miroir [mirwar]
**Spiel** jeu [jø]; **~casino** casino [kazino]; **spielen** jouer [ʒwe] 191, 194; **Spielwaren** jouets *pl* [ʒwɛ] 158
**Spinat** épinards *pl* [epinar] 141
**Spitze** pointe *f* [pwɛ̃t]; *(Stoff)* dentelle *f* [dɑ̃tɛl]
**Sport** sport [spɔr] 191ff; **~arten** → 193ff; **~ausrüstung** → 196ff; **~platz** terrain de sport [tɛrɛ̃ də spɔr]
**Sprache** langage [lɑ̃gaʒ]; *(Deutsch, Französisch)* langue *f* [lɑ̃g] 44, 206; **sprechen** parler [parle] 36f, 227, 276ff
**Sprechstunde** *(Arzt)* heures *f pl* de consultation [œr də kɔ̃syltɑsjɔ̃]
**Spritze** piqûre *f* [pikyr] 247; *Instrument)* seringue *f* [s(ə)rɛ̃g]
**Spülbecken** évier [evje]; **Spülmaschine** lave-vaisselle *f* [lav vɛsɛl]
**Staat** Etat [eta]
**Stachelbeere** groseille *f* à maquereaux [grɔzɛj a makro]
**Stadion** stade [stad]
**Stadt** ville *f* [vil]; **~besichtigung** visite *f* guidée de la ville [vizit gide də la vil] 206; **~plan** plan de ville [plɑ̃ də vil] 181; **~viertel** quartier [kartje]
**Stahl** acier [asje]

**Stand** *(Messe)* stand [stɑ̃d] 267f
**Standbild** statue [staty]
**starten** *(aufbrechen)* partir [partir]; *(Flugzeug)* décoller [dekɔle]
**Stau** embouteillage [ɑ̃butɛjaʒ]; bouchon [buʃɔ̃] 64
**Staub** poussière *f* [pusjɛr]; **~sauger** aspirateur [aspiratœr]
**Steckdose** prise *f* de courant [priz də kurɑ̃]; **Stecker** fiche *f* de prise (de courant) [fiʃ də priz (də kurɑ̃)]
**stehen** *(sein)* être [ɛtr(ə)] 276
**stehlen** voler [vɔle] 238
**Stein** pierre *f* [pjɛr]; **~butt** barbue *f* [barby] 137; **~zeit** âge de pierre [ɑʒ də pjɛr]
**Stelle** *(Arbeits~, Lehr~)* emploi [ɑ̃plwa]; poste [pɔst(ə)]
**stellen** mettre [mɛtr(ə)] 277; placer [plase]
**sterben** mourir [murir]
**Steuer** *(Auto)* volant [vɔlɑ̃]
**Steward/ess** steward [stjuward]; hôtesse *f* de l'air [otɛs də lɛr] 81
**Stich** piqûre *f* [pikyr]
**Stiefel** bottes *f pl* [bɔt] 176
**Stil** style [stil]
**stillen** allaiter [alɛte]
**Stirn** front [frɔ̃]
**Stock(werk)** étage [etaʒ]
**Stoff** tissu [tisy]; étoffe *f* [etɔf]
**stören** déranger [derɑ̃ʒe]
**stornieren** annuler [anyle] 82
**Stoßdämpfer** amortisseur [amɔrtisœr]
**Strafe** *(Verkehr)* procès-verbal [prosɛvɛrbal]; contravention *f* [kɔ̃travɑ̃sjɔ̃] 63
**Strand** plage *f* [plaʒ] 97, 186ff
**Straße** rue *f* [ry] 42, 62; **~nbahn** tramway [tramwɛ]; **~nbauarbeiten** travaux *pl* [travo] 64
**Streichhölzer** allumettes *f pl* [alymɛt] 181
**Streik** grève *f* [grɛv]
**streiten** disputer [dispyte]
**Stress** stress [strɛs]
**Strom** courant [kurɑ̃] 110; **Strömung** courant [kurɑ̃] 187
**Strümpfe** (mi-)bas [(mi-)bɑ] 173
**Stück** pièce *f* [pjɛs] 211, 226
**Student/in** étudiant/e [etydjɑ̃/t] 44; **studieren** étudier [etydje]
**Stuhl** chaise *f* [ʃɛz] 111, 148
**Stunde** heure *f* [œr] 23, 187, 261
**Sturm** tempête *f* [tɑ̃pɛt]
**suchen** chercher [ʃɛrʃe] 56, 255
**Süden** sud [syd] 34
**Supermarkt** supermarché [sypɛrmarʃe] 113
**Suppe** soupe *f* [sup] 134
**Surfbrett** planche *f* à voile [plɑ̃ʃ a vwal] 187ff; **surfen** faire de la planche à voile [fɛr də la plɑ̃ʃ a vwal] 193
**süß** sucré/e [sykre] 142f, 149ff; *(lieblich)* doux/douce [du/dus] 152
**Süßwasserfisch** poisson d'eau douce [pwasɔ̃ do dus] 169
**Swimmingpool** piscine *f* [pisin] 104

## T

**Tabak** tabac [taba] 180; **~waren** → 158, 180f
**Tablette** comprimé [kɔ̃prime] 241ff
**Tachometer** compteur de vitesse [kɔ̃tœr də vitɛs]
**Tag** jour [ʒur] 30, 38, 96, 188; **~eskarte** menu du jour [məny dy ʒur]; *(Skipass)* forfait-journée [fɔrfɛ ʒurne] 199; **~eszeiten** → 28; **täglich** *(Adjektiv)* quotidien/enne [kɔtidjɛ̃/ ɛn]; *(Adverb)* quotidiennement [kɔtidjɛnmɑ̃]
**Tampon** tampon [tɑ̃pɔ̃] 178; *(Marke)* Tampax® [tampaks]; nett® [nɛt] 178

**Tank** réservoir d'essence [rezɛrvwar desɑ̃s] 237; **~automat** →67; **tanken** prendre de l'essence [prɑ̃dr(ə) də lɛsɑ̃s] 66; **Tankstelle** station-service *f* [stasjɔ̃ sɛrvis] 65f
**Tante** tante *f* [tɑ̃t]
**tanzen** danser [dɑ̃se] 213
**Tasche** sac [sak] 80, 176; **~ndiebstahl** vol à la tire [vɔl‿a la tir]; **~nlampe** lampe *f* de poche [lɑ̃p də pɔʃ] 114; **~nmesser** couteau de poche [kuto də pɔʃ]; canif [kanif]; **~nrechner** calculatrice *f* [kalkylatris] 265; **~ntuch** mouchoir [muʃwar]
**Tasse** tasse *f* [tɑs] 111, 118
**tauchen** plonger [plɔ̃ʒe] 191, 193; **Taucheranzug** combinaison *f* de plongée [kɔ̃binɛzɔ̃ də plɔ̃ʒe] 197; **Taucherbrille** masque [mask] 197
**tauschen** échanger [eʃɑ̃ʒe] 162; *(aus~)* changer [ʃɑ̃ʒe]
**Taxi** taxi [taksi] 87, 90, 106
**Tee** thé [te] 119, 164; **~löffel** cuillère *f* à café [kɥijɛr a kafe] 242
**Teilchen** pâtisserie *f* [pɑtisri] 123, 150
**teilnehmen** participer [partisipe]
**Telefon** téléphone [telefɔn] 106, 224ff, 259f; **~buch** annuaire [anɥɛr] 225; **telefonieren** téléphoner [telefɔne] 224ff, 259f; **Telefonkarte** carte *f* de téléphone [kart(ə) də telefɔn] 181, 225; télécarte *f* [telekart(ə)]; **Telefonnummer** numéro de téléphone [nymero də telefɔn] 101, →225f; **Telefonzelle** cabine *f* téléphonique [kabin telefɔnik] 225
**Telegramm** télégramme [telegram] 223
**Teller** assiette *f* [asjɛt] 111
**Temperatur** température *f* [tɑ̃peratyr] 33
**Tempo** vitesse *f* [vitɛs]
**Tennis (spielen)** (jouer au) tennis [(ʒwe o) tenis] 194; **~platz** terrain de tennis [tɛrɛ̃ də tenis] 192, 196
**Tenor** ténor [tenɔr]
**Teppich** tapis [tapi]
**Termin** rendez-vous [rɑ̃de vu] 228, 258; **~kalender** agenda [aʒɛ̃da]
**Terrasse** terrasse *f* [tɛrɑs] 212
**Tetanus** tétanos [tetanɔs]
**teuer** cher/chère [ʃɛr]; coûteux/euse [kutø/z] 160
**Teufel** diable [djɑbl(ə)]
**Theater** théâtre [teɑtr(ə)] 207, 211
**Theke** *(Bar)* comptoir [kɔ̃twar]; **an der ~** au comptoir [o kɔ̃twar]
**Theologie** théologie *f* [teɔlɔʒi]
**Thermometer** thermomètre [tɛrmɔmɛtr(ə)]
**Thermosflasche** thermos [tɛrmɔs]
**Thunfisch** thon [tɔ̃] 137
**Thymian** thym [tɛ̃]
**Ticket** ticket [tikɛ]; *(Flug~)* billet [bijɛ]
**tief** profond/e [prɔfɔ̃/d]
**Tier** animal [animal]; **~arzt/ärztin** vétérinaire [veterinɛr]
**Tintenfisch** seiche *f* [sɛʃ] 137
**Tisch** table *f* [tabl(ə)] 37, 111, 129, 148; **~decke** nappe *f* [nap] 148; **~gedeck** →148; **~tennis** tennis de table [tenis də tabl(ə)]
**Toastbrot** *(ungeröstet)* pain de mie [pɛ̃ də mi]; *(geröstet)* pain grillé [pɛ̃ grije] 125; **Toaster** grille-pain [grijpɛ̃]
**Tochter** fille *f* [fij]
**Tod** mort *f* [mɔr]
**Toilette** toilettes *f pl* [twalɛt]; WC *pl* [vese] 94, 98ff, 110ff; **~npapier** papier hygiénique [papje iʒjenik]
**Tollwut** rage *f* [raʒ]
**Tomate** tomate *f* [tɔmat] 128, 134f, 141, 170
**Topf** casserole *f* [kasrɔl] 111; **Töpferei** poterie *f* [pɔtri]

**Tor** *(Tür, Einfahrt)* porte *f* [pɔrt(ə)], portail [pɔrtaj]; *(Sport)* but [byt]
**Torte** gâteau [gato]; tarte *f* [tart] 149
**Tourist** touriste [turist]
**tragen** porter [pɔrte] 172
**trampen** faire de l'auto-stop [fɛr də lɔtɔstɔp] 56
**traurig** triste [trist]
**treffen** rencontrer [rɑ̃kɔ̃tre]; **sich ~** se rencontrer [sə rɑ̃kɔ̃tre]; se voir [sə vwar] 48f
**Treppe** escalier [ɛskalje] 110
**Tresor** coffre-fort [kɔfr(ə) fɔr] 103
**Tretboot** pédalo [pedalo] 187, 190
**trinken** boire [bwar] 277ff; **Trinkwasser** eau *f* potable [o pɔtabl(ə)]
**trocken** sec/sèche [sɛk/sɛʃ] 152; *(Wein)* brut [bryt] 152
**Tropfen** gouttes *f pl* [gut] 241
**trotz(dem)** malgré (cela) [malgre (səla)]
**Trüffel** truffe *f* [tryf]
**Truthahn** dinde [dɛ̃d] 139
**tun** faire [fɛr] 277
**Tunnel** tunnel [tynɛl]
**Tür** porte *f* [pɔrt(ə)] 110
**türkis** turquoise [tyrkwaz] 34
**Turm** tour *f* [tur] 204
**Tüte** sachet [saʃɛ] 159

## U

**U-Bahn** métro [metrɔ] 87
**Übelkeit** nausée *f* [noze]
**über** au-dessus (de) [o d(ə)sy (də)] 58
**Überfahrt** traversée *f* [travɛrse]
**Überfall** agression *f* [agrɛsjɔ̃] 238
**überholen** doubler [duble]; **Überholverbot** interdiction de doubler [ɛ̃tɛrdiksjɔ̃ də duble]
**überlegen** réfléchir [refleʃir] 263
**übermorgen** après-demain [aprɛdmɛ̃] 26
**Übernachtung** nuit *f* [nɥi] 94
**überprüfen** contrôler [kɔ̃trole] 68
**Übersetzer** traducteur/trice [tradyktœr/tris] 37
**überzeugen** convaincre [kɔ̃vɛ̃kr(ə)]
**Ufer** rive *f* [riv]
**Uhr** montre *f* [mɔ̃tr(ə)] 158, 184; **um wie viel ~?** à quelle heure? [a kɛl‿œr]; quand? [kɑ̃]; **~engeschäft** horlogerie *f* [ɔrlɔʒri] 158; **~zeiten** heures *f pl* [œr] → 22
**umdrehen** *(umkehren)* faire demi-tour [fɛr d(ə)mi tur]
**Umgebung** environs *pl* [ɑ̃virɔ̃]; milieu [miljø]
**Umkleidekabine** vestiaire [vɛstjɛr] 187, 189
**umschauen, sich** regarder [r(ə)garde] 159
**umsteigen** *(Zug)* changer [ʃɑ̃ʒe] 73
**Umtausch** *(Waren)* échange [eʃɑ̃ʒ]; **umtauschen** *(Kleidung)* échanger [eʃɑ̃ʒe] 162; *(Geld)* changer [ʃɑ̃ʒe] 217; **Umtauschgebühren** commission *f* [kɔmisjɔ̃] 218
**Umwelt** environnement [ɑ̃virɔnmɑ̃]
**unbedingt** absolu/e [absɔly]
**und** et [e] 272
**Unfall** accident [aksidɑ̃] 232ff
**Universität** université *f* [ynivɛrsite]
**uns** nous [nu] 282, 284; **unser/e** notre [nɔtr(ə)], *(Plural)* nos [no] 283
**unten** en bas [ɑ̃ ba] 252
**unter** sous [su] 58; **~halb** en-dessous [ɑ̃ d(ə)su]
**Unterhaltung** entretien [ɑ̃trətjɛ̃]
**Unterhemd** tricot de corps [triko də kɔr] 174; **Unterhose** culotte *f* [kylɔt] 173, 174
**Unterkunft** hébergement [ebɛrʒəmɑ̃] 92ff
**Unternehmen** entreprise *f* [ɑ̃trəpriz] 255, 258
**Unterricht** cours [kur]

**Unterschied** différence *f* [diferɑ̃s]
**unterschreiben** signer [siɲe] 21, 71, 218
**Unterwäsche** sous-vêtements *pl* [su vɛtmɑ̃] 173f
**Urin** urine *f* [yrin]
**Urlaub** vacances *f pl* [vakɑ̃s]
**Ursache** cause *f* [koz]; raison *f* [rɛzɔ̃]

## V

**vakuumverpackt** emballé/e sous vide [ɑ̃bale su vid]
**Vanille** vanille *f* [vanij] 150
**Vase** vase [vaz]
**Vater** père [pɛr]
**vegetarisch** végétarien/ienne [veʒetarjɛ̃/ɛn] 147
**verabreden, sich** donner rendez-vous [dɔne rɑ̃devu] 49; **Verabredung** rendez-vous [rɑ̃devu]
**Veranstaltung** manifestation *f* [manifɛstasjɔ̃]; **Abend~** spectacle [spɛktakl(ə)]
**Verantwortlicher** responsable [rɛspɔ̃sabl(ə)] 255
**Verband** bandage [bɑ̃daʒ]; pansement [pɑ̃smɑ̃]
**verbinden** *(Telefon)* passer [pase] 227, 260
**Verbot** interdiction *f* [ɛ̃tɛrdiksjɔ̃]; **verboten** interdit/e [ɛ̃tɛrdi/t] 186ff
**verbrannt** brûlé/e [bryle] 244
**verbrauchen** *(Energie, Lebensmittel)* consommer [kɔ̃sɔme]; *( Kräfte)* dépenser [depɑ̃se]
**Verdauung** digestion *f* [diʒɛstjɔ̃]; **~sstörungen** indigestion *f* [ɛ̃diʒɛstjɔ̃]
**verdorben** *(Lebensmittel)* avarié/e [avarje]
**verfahren, sich** s'égarer [segare]; se perdre [sə pɛrdr(ə)]
**vergessen** oublier [ublije] 238
**Vergiftung** intoxication *f* [ɛ̃tɔksikasjɔ̃] 248
**verhandeln** négocier [negɔsje] 263
**verheiratet** marié/e [marje] 43
**verkaufen** vendre [vɑ̃dr(ə)], **Verkäufer/in** vendeur/euse [vɑ̃dœr/øz]
**Verkehr** trafic [trafik] 262; **~shinweise** → 63ff; **~sunfall** accident de la route [aksdɑ̃ də la rut] 233f
**verlangen** demander [d(ə)mɑ̃de]; exiger [ɛgziʒe]
**verlängern** *(Aufenthalt)* prolonger [prɔlɔ̃ʒe] 97; **verlängert bis** prolongé/e jusqu'à [prɔlɔ̃ʒe ʒyska]; **Verlängerung** prolongation *f* [prɔlɔ̃gasjɔ̃]; **~sschnur** rallonge *f* [ralɔ̃ʒ]
**verlassen** quitter [kite]
**Verleih** location *f* [lɔkasjɔ̃] 70, 85, 190
**verletzt** blessé/e [bles/e] 234, 244
**verlieben, sich** tomber amoureux/euse [tɔ̃be amurø/z]
**verlieren** perdre [pɛrdr(ə)] 238; **Verlustmeldung von Karten** → 239f
**vermieten** louer [lwe] 94, 108, 187
**Versicherung** assurance *f* [asyrɑ̃s] 234
**Verspätung** retard [r(ə)tar] 78, 262
**versprechen** promettre [prɔmɛtr(ə)]
**Verstauchung** entorse *f* [ɑ̃tɔrs] 245
**verstehen** comprendre [kɔ̃prɑ̃dr(ə)] 36
**Verstopfung** *(Medizin)* constipa tion *f* [kɔ̃stipasjɔ̃] 241
**versuchen** essayer [eseje]
**Vertrag** contrat [kɔ̃tra]
**Vertreter/in** représentant/e [r(ə)prezɑ̃tɑ̃/t]
**Vertrieb** secteur de la distribution [sɛktœr də la distribysjɔ̃] 257
**verursachen** causer [koze]
**verwählen, sich** se tromper de numéro [sə trɔ̃pe də nymero] 227

**Verwaltung** administration *f* [administrasjɔ̃]
**Verwandte/r** parent/e [parɑ̃/t]
**Videokamera** caméscope [kameskɔp]; **Videokassette** vidéocassette *f* [videokasɛt]; **Videorekorder** magnétoscope [maɲetɔskɔp]
**viel** beaucoup [boku] 286; **Vielen Dank!** Merci beaucoup! [mɛrsi boku] 46, 108
**vielleicht** peut-être [pøtɛtr(ə)] 49, 52
**Virus** virus [virys]
**Visitenkarte** carte *f* (de visite) [kart(ə) (də vizit(ə))] 254
**Visum** visa [viza]
**Vitamin** vitamine *f* [vitamin]
**Vogel** oiseau [wazo]
**Volk** peuple [pœpl]
**Volleyball (spielen)** (jouer au) volley-ball [(ʒwe o) vɔlɛbol] 194
**voll** plain/e [plɛ̃/ɛn]; **Vollkornbrot** pain complet [pɛ̃ kɔ̃plɛ] 125; **Vollmilch** lait entier [lɛ ɑ̃tje] 165; **Vollpension** pension *f* complète [pɑ̃sjɔ̃ kɔ̃plɛt] 95
**vom ... bis** du ... au [dy ... o] 100
**vor** *(temporal)* avant [avɑ̃]; *(räumlich)* devant [d(ə)vɑ̃] 58
**Vorfahrt** priorité *f* [prijɔrite] 233
**vorgeschichtlich** préhistorique [preistɔrik] 203
**Vormittag** matinée *f* [matine] 28
**vorn** devant [d(ə)vɑ̃] 209
**Vorname** prénom [prenɔ̃] 42
**vorschlagen** proposer [prɔpoze]
**Vorsicht** attention *f* [atɑ̃sjɔ̃] 232
**Vorspeise** entrée *f* [ɑ̃tre]; hors d'œuvre ['ɔr dœvr(ə)] 133ff
**vorstellen, sich** se présenter [sə prezɑ̃te] →39, 254f
**Vorverkauf** location *f* des places [lɔkasjɔ̃ de plas]
**Vorwahl** *(Telefon)* indicatif [ɛ̃dikatif] 225

## W

**Waage** balance *f* [balɑ̃s]
**Waffe** arme *f* [arm]
**Wagen** voiture *f* [vwatyr] 69, 103; *(Zug)* wagon [wagɔ̃] 74, 77
**wählen** choisir [ʃwazir]; *(Telefon)* composer [kɔ̃poze] 106; numéroter [nymerɔte] 226
**wahr** vrai/e [vrɛ] 52; *(Freund)* véritable [veritabl(ə)]; **Wahrheit** vérité *f* [verite]; **wahrscheinlich** probablement [prɔbabləmɑ̃]
**während** pendant [pɑ̃dɑ̃] 242
**Währung** monnaie *f* [mɔnɛ] 217, 219
**Wald** forêt *f* [forɛ]
**Walkman** baladeur [baladœr] 182
**wandern** faire de la randonnée [fɛr də la rɑ̃dɔne] 195, →192, 198
**Wandmalerei** peinture *f* murale [pɛ̃tyr myral]
**wann?** quand? [kɑ̃], à quelle heure? [a kɛl‿œr] 25, 271
**Ware** marchandise *f* [marʃɑ̃diz] 160, 263
**warm** chaud/e [ʃo/d] 187
**warten** attendre [atɑ̃dr(ə)]; **Wartesaal** salle *f* d'attente [sal datɑ̃t] 77
**warum** pourquoi [purkwa] 271
**was?** qu'est-ce qui? [kɛski]; *(Akkusativ)* qu'est-ce que? [kɛskə]; *(allein u. betont)* quoi? [kwa] 271
**Wäsche** linge [lɛ̃ʒ] 111; **~ waschen** faire la lessive [fɛr la lɛsiv] 113; **~klammern** pince *f* à linge [pɛ̃s‿a lɛ̃ʒ]; **~leine** corde *f* à linge [kɔrd‿a lɛ̃ʒ]
**waschen** laver [lave] 228; **Waschbecken** lavabo [lavabo] 100, 110; **Waschmaschine** machine *f* à laver [maʃin a lave] 109; **Waschmittel** lessive *f* [lɛsiv]; **Waschraum** salle *f* d'eau [sal do] 113

**Wasser** eau *f* [o] 68, 112, 187, 205; **~hahn** robinet [rɔbinɛ] 110; **~fall** cascade *f* [kaskad] 205; **~leitung** conduite *f* d'eau [kɔ̃dɥit do]; **~sport** →193
**Wassermelone** pastèque *f* [pastɛk] 171
**Watte** coton [kɔtɔ̃]
**WC** WC *pl* [vese] 94, 98ff
**Wechsel** *(Geld)* change [ʃɑ̃ʒ] 217; **~kurs** taux de change [to də ʃɑ̃ʒ] 218; **wechseln** changer [ʃɑ̃ʒe] 105, 217, 235
**wecken** réveiller [revɛje] 106
**weder ... noch** ni ... ni [ni ... ni] 272
**Weg** chemin [ʃ(ə)mɛ̃]; *(Pfad)* sentier [sɑ̃tje]; **~beschreibungen** →56ff
**wegfahren** partir [partir]
**weh tun** avoir mal [avwar mal] 244
**weich** mou/molle [mu/mol]
**Weihnachten** Noël [nɔɛl] 31
**weil** parce que [parskə] 272
**Wein** vin [vɛ̃] 152ff; **~probe** dégustation *f* [degystasjɔ̃] 154; **~traube** raisin [rɛzɛ̃] 171
**weiß** blanc/blanche [blɑ̃/blɑ̃ʃ] 34; **Weißwein** vin blanc [vɛ̃ blɑ̃] 152
**weit** *(entfernt)* loin [lwɛ̃] 59; *(breit)* large [larʒ] 172
**welche(r, s)** qui [ki] 284; **~?** quel/le? [kɛl]
**Welle** vague *f* [vag]
**Welt** monde [mɔ̃d]
**wem?** à qui? [a ki] 271; **von ~?** de qui? [də ki] 271
**wenig** peu (de) [pø (də)]; **weniger** moins [mwɛ̃] 285
**wenn** *(konditional)* si [si] 272; *(temporal)* quand [kɑ̃] 272
**wer?** qui? [ki] 271
**Werbung** publicité *f* [pyblisite]
**Werk** œuvre *f* [œvr(ə)]; **~statt** garage [garaʒ]; *(Vertrags~)* concessionnaire [kɔ̃sɛsjɔnɛr] 235
**Wert** valeur *f* [valœr]; **~sachen** objets *pl* de valeur [ɔbʒɛ də valœr] 103, 105
**Westen** ouest [wɛst] 34
**Wetter** temps [tɑ̃] 31f; *(Klima)* climat [klima] 31ff
**wie** *(Vergleich)* comme [kɔm]; que [kə] 45; **~ lange?** combien de temps? [kɔ̃bjɛ̃ də tɑ̃] 60, 251; **~ oft?** combien de fois? [kɔ̃bjɛ̃ də fwa]
**wiederholen** répéter [repete] 37
**wie viel?** combien? [kɔ̃bjɛ̃] 271; **um ~ Uhr?** à quelle heure? [a kɛl‿œr] 25
**wild** sauvage [sovaʒ]; **Wild** gibier [ʒibje] 138; **~schwein** sanglier [sɑ̃glije] 140
**Wind** vent [vɑ̃] 33; **~schutzscheibe** pare-brise *f* [parbriz] 237; **windsurfen** faire de la planche à voile [fɛr də la plɑ̃ʃ a vwal] 187ff
**Windbeutel** éclair [eklɛr] 150
**Windel** couche *f* [kuʃ]
**Windpocken** varicelle *f* [varisɛl]
**Winter** hiver [ivɛr] 32; **~sport** sport d'hiver [spɔr divɛr] →198f
**Winzer** viticulteur [vitikyltœr] 153
**wir** nous [nu] 282
**Wirbelsäule** colonne *f* vertébrale [kɔlɔn vɛrtebral] 249
**Wirkung** effet [efɛ]
**wissen** savoir [savwar]
**wo** où [u] 271
**Woche** semaine *f* [s(ə)mɛn] 96; **~nende** week-end [wikɛnd] 28, 40; **~ntage** →28
**woher** d'où [du] 271; de quel côté? [də kɛl kote]
**wohin** où [u] 271
**wohnen** habiter [abite] 41; **wohnhaft in** demeurant à [demœrɑ̃ a] **Wohnwagen** caravane *f* [karavan] 62, 112ff; **Wohnzimmer** salon [salɔ̃] 111

**Wolke** nuage [nɥaʒ]
**Wolle** laine *f* [lɛn] 174
**wollen** vouloir [vulwar] 276
**Wort** parole *f* [parɔl]; 11; **Wörterbuch** dictionnaire [diksjɔnɛr]
**Wunde** plaie *f* [plɛ]
**wunderbar** merveilleux/euse [mɛrvɛjø/z]; fantastique [fɑ̃tastik]; sublime [syblim] 45
**wünschen** souhaiter [swete]
**Wurst** saucisse *f* [sosis]; saucisson [sosisɔ̃] 127, 140, 157, 168 ; **~waren** → 168

## Z

**zäh** *(Fleisch)* coriace [kɔrjas]
**Zahlen** chiffre [ʃifr(ə)]; numéro [nymero] → 16f
**Zahn** dent *f* [dɑ̃] 252; **~arzt** dentiste [dɑ̃tist(ə)] 252; **~bürste** brosse *f* à dents [brɔs a dɑ̃] 177; **~fleisch** gencive *f* [ʒɑ̃siv] 252; **~pasta** dentifrice [dɑ̃tifris] 177; **~schmerzen** mal aux dents [mal o dɑ̃] 252; **~stocher** cure-dent [kyrdɑ̃] 148
**Zäpfchen** suppositoire [sypɔzitwar] 241
**zart** *(Fleisch)* tendre [tɑ̃dr(ə)]
**Zeh** doigt de pied [dwa də pje] 249; orteil [ɔrtɛj]
**Zeit** temps [tɑ̃]; *(Dauer)* période *f* [perjɔd] 26; **Zeitschrift** magazine [magazin] 181; **Zeitung** journal [ʒurnal] 181
**Zelt** tente *f* [tɑ̃t] 114
**Zentimeter** centimètre [sɑ̃timɛtr(ə)] 18
**zentral** au centre [o sɑ̃tr(ə)]; **Zentrum** *(Stadt)* centre ville [sɑ̃tr(ə) vil] 93, 97
**zerbrechen** casser [kase]
**Zeuge** témoin [temwɛ̃] 233, 234
**Ziege** chèvre *f* [ʃɛvr(ə)]; **Ziegenkäse** chèvre [ʃɛvr(ə)] 165
**ziehen** tirer [tire]
**Ziel** *(Absicht)* objectif [ɔbʒɛktif]
**Zigarre** cigare [sigar] 181; **Zigarette** cigarette *f* [sigarɛt] 180f
**Zimmer** chambre *f* [ʃɑ̃br(ə)] 94ff, 251
**Zimt** cannelle *f* [kanɛl]
**Zinsen** intérêts *pl* [ɛ̃terɛ]
**Zitrone** citron [sitrɔ̃]; **~nlimonade** limonade *f* [limɔnad] 120
**Zoll** douane *f* [dwan] 60; **~abfertigung** formalités de douane [fɔrmalite də dwan]; **~gebühren** droits *pl* de douane [drwa də dwan]; **~kontrolle** contrôle de douane [kɔ̃trol də dwan] 61
**Zoo** zoo [zo] 205
**zu** à [a]; en [ɑ̃]; **~ Fuß** à pied [a pje] 56; **~ Lasten** à la charge de [a la ʃarʒ də] 263; **~ viel** trop [tro]
**Zubereitungsarten** → 131f
**Zucker** sucre [sykr(ə)] 126, 164
**Zug** train [trɛ̃] 56, 59, 71ff; **~abteil** compartiment [kɔ̃partimɑ̃]
**zuhören** écouter [ekute]
**Zündung** allumage [alymaʒ] 236
**Zunge** langue *f* [lɑ̃g]
**zurück** en arrière [ɑ̃n‿arjɛr]; **~kommen** revenir [r(ə)vnir]; **~legen** mettre de côté [mɛtr(ə) də kote] 161
**zusammen** ensemble [ɑ̃sɑ̃bl(ə)]; **Zusammenarbeit** collaboration *f* [kɔlabɔrasjɔ̃]
**Zusammenstoß** collision *f* [kɔlizjɔ̃]
**Zuschauer** spectateur [spɛktatœr]
**Zuschlag** *(Zug)* supplément [syplemɑ̃]
**Zutaten** ingrédients *pl* [ɛ̃gredjɑ̃]
**Zwiebel** oignon [ɔɲɔ̃] 141
**zwischen** entre [ɑ̃tr(ə)] 25, 58
**Zylinderkopfdichtung** joint de culasse [ʒwɛ̃ də kylas]
**Zyste** kyste [kist]

# Wörterbuch Französisch–Deutsch

## A

**à, au, aux** in, auf, an, nach, von, zu 274; **à bientôt**! bis bald! 40, 227; **à côté (de)** daneben, neben 58; **à droite/gauche** rechts/links 57f; **à l'heure** pünktlich; **à pied** zu Fuß 56
**abats** *pl* Innereien
**abbaye** *f* Abtei
**abeille** *f* Biene
**abréviations** *f pl* Abkürzungen → 14
**abricot** Aprikose 171
**absolument** *adv* unbedingt, absolut
**accélérateur** Gaspedal
**accident** Unfall 232ff
**accompagner** begleiten 262; mitkommen 188
**acompte** Anzahlung
**accord** Abmachung; **d'accord!** einverstanden!, abgemacht!
**accueil** Empfang
**achat** *(Tätigkeit)* Einkauf, *(Objekt)* Kauf; **acheter** kaufen 156
**acide** sauer, säuerlich
**acteur/actrice** Schauspieler/in
**addition** *f (Restaurant)* Rechnung 149
**administration** *f* Verwaltung
**adresse** *f* Adresse 42
**adulte** Erwachsene/r 242
**aéroport** Flughafen 56, 80, 81
**affaire** f Angelegenheit; **avoir ~ à qn** mit jd-m zu tun haben
**affranchir** frankieren
**âge** Alter 42; **quel ~ avez-vous?** wie alt sind Sie? 41
**agence** *f* **de voyage** Reisebüro 25
**agir** handeln; **de quoi s'agit-il?** *(unpers)* worum handelt es sich?; **il s'agit de** es handelt sich um
**agneau** Lamm 138, 168
**agréable** angenehm 39, 40, 45
**agression** *f* Überfall, Angriff 238
**ai, j'** ich habe 276ff
**aide** *f* Hilfe; **aider** helfen 46, 158
**aiglefin** Schellfisch
**aigre** *(Adjektiv)* sauer
**aiguille** *f* Nadel
**ail** Knoblauch 131
**aile** *f (Auto)* Kotflügel 237; *(Vogel)* Flügel
**ailleurs** woanders; **d'~** übrigens
**aimable** liebenswert, nett 50; **aimer** gern haben, mögen, lieben 53
**ainsi** so
**air** Luft; *(Anschein)* Aussehen
**aire** *f* Fläche; **~ de repos** Rastplatz 65; **~ de services** Raststätte 65
**alcool** Alkohol; **alcoolisé/e** alkoholisch
**alentours** *pl* Umgebung; **aux ~ de** in der Nähe von
**aliments** *pl* Nahrungsmittel 162ff
**Allemagne** *f* Deutschland; **allemand/e** deutsch 36, 181, 200, 243, 268 ; **Allemand/e** Deutsche/r 41
**aller** gehen; fahren 56, 277f; **aller-retour** hin und zurück 76; **s'en ~** weggehen
**allergie** *f* Allergie; **allergique** allergisch 246
**allonger** verlängern; *(Arm, Bein)* ausstrecken; **s'~** sich hinlegen
**allumage** Zündung 236; **allumer** einschalten
**allumette** *f* Streichholz 181
**alors** *(temporal)* dann, da, damals
**altitude** *f* Höhe
**amande** *f (Nuss)* Mandel

**ambassade** *f* Botschaft 233
**ambulance** *f* Krankenwagen 233
**amener** mitnehmen; führen
**amer/ère** *adj* bitter
**ami/e** Freund/in 40; **amical/e** *adj* freundschaftlich
**amitié** *f* Freundschaft; **faire ses ~s à qn** jd-m viele Grüße ausrichten
**amortisseur** *(Auto)* Stoßdämpfer
**amour** Liebe
**ampoule** *f (elektrisch)* Glühbirne; *(Medizin)* Blase
**an** Jahr; **avoir 40 ~s** 40 Jahre alt sein; **année** *f* Jahr
**ananas** Ananas
**anesthésie** *f* Narkose
**angine** *f* Mandelentzündung
**anglais/e** englisch 36
**animal** Tier; **~ domestique** Haustier
**anis** Anis
**anniversaire** Geburtstag
**annuaire** Telefonbuch 225
**annuler** *(Treffen)* absagen 208; *(Geldautomat)* abbrechen 220; *(Flug)* stornieren 82
**antibiotique** Antibiotikum
**antiquités** *f pl* Antiquitäten 156, 183; **Antiquité** f Antike
**août** August 29
**apercevoir** erblicken; wahrnehmen
**appareil** Apparat; Gerät; *(Flugzeug)* Maschine
**appartement** Apartment 92, 108f
**appartenir** gehören
**appel** Ruf; *(Telefon)* Anruf 225
**appendice** Blinddarm; **appendicite** *f* Blinddarmentzündung
**appétit** Appetit; **bon ~!** guten Appetit! 51
**apporter** bringen 106; mitbringen
**apprendre** lernen; *(Information)* erfahren; *(Unterricht)* lehren; unterrichten; **apprentissage** Lehre
**après** *(temporal)* nach 242; *(räumlich)* hinter, nach; **~ que** nachdem 272; **~-demain** übermorgen 26; **~-midi** Nachmittag 28
**arc** Bogen; **arcade** *f* Arkade
**architecture** *f* Architektur 44, 204
**arête** *f (Fisch)* Gräte 169
**argent** *(Metall)* Silber 184; Geld 19, 107, 217ff, 221; **~ liquide** Bargeld 218
**arme** *f* Waffe; **armistice** *f* Waffenstillstand
**armoire** *f* Schrank 110
**arrêt** Haltestelle 57, 88; **~ demandé** Haltewunsch 88; **arrêter** anhalten; einstellen
**arrhes** *f pl* Anzahlung 102
**arrière: à l'~** hinten; **arrière-saison** *f* Nachsaison
**arrivée** *f* Ankunft 74; *(Sport)* Ziel; **arriver** ankommen 73, 97, 109, 239; *(geschehen)* sich ereignen
**art** Kunst 183, 200ff
**artichaut** Artischocke 141
**articulation** *f* Gelenk
**artisan** Handwerker/in; **artisanal/e** handgemacht; aus eigener Produktion
**artiste** Künstler/in
**ascenseur** Aufzug, Lift 97, 104
**asperge** *f* Spargel 141
**assiette** *f* Teller 111
**assurance** *f* Versicherung 234
**asthme** Asthma
**attaque** *f* Angriff, Überfall; **~ d'apoplexie** Schlaganfall 246
**atteindre** erreichen, erlangen
**attendre** warten auf; erwarten 49
**attention** *f* Vorsicht, Achtung 232; **faire ~ à** aufpassen auf
**atterrir** landen 81
**auberge** *f* Herberge; Gasthaus 117; **~ de jeunesse** Jugendherberge 93

**au-dessous** unten; **~ de** unter, unterhalb von; **au-dessus** über 58; **~ de** oberhalb von, über
**aujourd'hui** heute 26f
**aussi** auch, ebenfalls; **aussitôt** sofort, sogleich
**automne** Herbst 32
**autoroute** *f* Autobahn 65f
**autre** andere(r, s); **~ chose** etwas anderes 124, 147; **d'~ part** andererseits
**Autriche** *f* Österreich 223; **autrichien/ienne** Österreicher/in 41
**avalanche** *f* Lawine
**avaler** hinunterschlucken
**avant** *(temporal)* vor; *(räumlich)* vor 58; **~-hier** vorgestern 26
**avec** mit, zu
**avion** Flugzeug 81
**avis** Meinung, Ansicht 52
**avocat** Avocado 133
**avocat/e** Rechtsanwalt/-anwältin
**avoir** haben 276ff; *(Zug)* bekommen 79; **~ besoin de** brauchen 159
**avril** April 29

## B

**bagage** Gepäck 79, 103, 238; **~ à main** Handgepäck 83
**bague** *f (Schmuck)* Ring 184
**baguette** *f* Stangenweißbrot
**baie** *f* Bucht
**baigner, se** schwimmen, baden 186ff, 191; **baignoire** *f* Badewanne
**bain** Bad; **salle** *f* **de ~** Bad(ezimmer) 94, 100, 110
**balade** *f* Spaziergang
**baladeur** Walkman 182
**balance** *f* Waage
**balle** *f* Ball; **ballon** *(Fußball)* Ball
**banc** *(Sitzplatz)* Bank
**bancaire** Bank-; **banque** *f (Geldinstitut)* Bank 24, 25, 217ff
**banquette** *f (Auto)* Rücksitz
**bar** Kneipe 117f; Theke
**barbue** *f* Steinbutt 137
**bas/basse** niedrig
**bas** Strumpf 173
**basilic** Basilikum 131
**bateau** Boot 56, 84, 190, 196f; Schiff 56, 83ff
**batterie** *f (Auto)* Batterie 68, 236
**beau, bel, belle** schön 32ff, 286
**beaucoup** viel, sehr 286
**beau-frère** Schwager; **beau- père** Schwiegervater; **beaux-parents** Schwiegereltern
**bébé** Baby
**belle-mère** Schwiegermutter; **belle-sœur** Schwägerin
**béret** Mütze; **~ basque** Baskenmütze
**besoin** Bedürfnis *(de* nach); Notwendigkeit; Verlangen
**beurre** Butter 125, 165
**biberon** Babyfläschchen 179
**bicyclette** *f* Fahrrad
**bien** *(Adverb)* gut 38, 45, 49; **~ cuit/e** durchgebraten 146; **~ sûr** natürlich; **bien-être** Wohlbefinden
**bientôt** bald 27, 40
**bière** *f* Bier 121; **~ blonde** helles Bier
**bijou** Schmuck 158, 184; **bijoutier** Juwelier
**bilan sanguin** Blutuntersuchung
**billet** *(Geld)* Schein 19, 218; *(Bus, Zug)* Fahrkarte 75ff, 89; **~ d'aller** einfache Fahrkarte
**biscuits** *pl* Plätzchen
**bise** *f* Kuss
**bisque** Krebssuppe 134
**bistrot** Kneipe, Lokal 117f; **~ à vin** Weinlokal 152

**blanc, blanche** weiß 34
**blessé/e** verletzt 234, 244
**blette** *f* Mangold
**bleu/e** blau 34
**blond/e** blond 229; *(Bier)* hell
**bœuf** Rindfleisch 138, 168
**boire** trinken 277ff; **boisson** *f* Getränk 157, 118ff
**boîte** *f* Dose; Disco; ~ **aux lettres** Briefkasten 216, 222, 224
**bon/bonne** gut, richtig 40, 51, 149, 285f; ~ **marché** billig, günstig 156; **Bonjour!** Guten Tag! 38; **Bonne nuit!** Gute Nacht! 40; **Bonsoir!** Guten Abend! 38, 129
**bonnet** Mütze; ~ **de bain** Badekappe 190
**bord** Rand, Ufer
**borne** *f* Grenzmarkierung; ~ **d'arrêt d'urgence** Notrufsäule 65
**bouche** *f* Mund 249; **bouché/e** *(Ausguss)* verstopft 98
**boucherie** *f (Fleisch)* Metzgerei 157
**bouchon** Stöpsel, Korken, Verschluß; Verkehrsstau 64
**bouger** bewegen 245, 248
**bouillon** Brühe 134
**boulangerie** *f* Bäckerei 126, 157;
**bourgeois/e** bürgerlich, spießig; Bürger/in
**bourgogne** *(Wein)* Burgunder; **bourguignon/ne** burgundisch;
**bouteille** *f* Flasche 118, 152
**bracelet** Armband; **bras** Arm 249
**brasserie** *f* Bierlokal; größeres Esslokal 117
**brebis** Schafskäse 166
**brioche** *f* Milchteigbrötchen 125
**brochette** *f (Gastronomie)* Spieß
**brocoli** Brokkoli 141
**bronchite** *f* Bronchitis
**brosse** *f* Bürste 177; ~ **à dents** Zahnbürste 177; ~ **à ongles** Nagelbürste
**brugnon** Nektarine
**bruit** Geräusch, Lärm
**brûlé/e** verbrannt 244; **brûlure** *f* Brandwunde; **~s** *pl* **d'estomac** Sodbrennen
**brun/e** braun; *(Bier)* dunkel
**brut/e** brutto; *(Wein)* trocken 152
**buffet** Anrichte; Büfett; ~ **de la gare** Bahnhofsgaststätte
**bureau** Büro 44, 264ff; Schreibtisch; ~ **de change** Wechselstube; ~ **de poste** Postamt 222; ~ **des entrées** *(Krankenhaus)* Aufnahme 251; ~ **des objets trouvés** Fundbüro 237
**bus** Bus 56, 59, 87f, 206

## C

**ça va?** wie geht's? 39
**cabillaud** Kabeljau 136
**cabine** *f* Kabine 85; ~ **téléphonique** Telefonzelle 225
**cacahuète** *f* Erdnuss
**cadeau** Geschenk 157, 159
**café** *(Getränk)* Kaffee 118ff, 164; *(Kneipe)* Café, Bar 117, 213; ~ **liégeois** Eiskaffe 144; **cafetière** *f* Kaffeekanne
**caisse** *f* Kasse; ~ **d'assurance-maladie** *f* Krankenkasse
**calculatrice** *f* Taschenrechner 265
**calendrier** Kalender; Zeitplan
**calmant** Beruhigungsmittel 240
**cal(a)mar** Kalmare 136
**camion** LKW 62
**camping** Campingplatz 92f, 112
**canard** Ente 139
**cancer** *(Medizin)* Krebs
**cannelle** *f* Zimt
**capacité** *f* Fähigkeit, Kapazität
**capitale** *f* Hauptstadt
**capot** Kühlerhaube

**capote** *f* **anglaise** Präservativ
**câpres** *f pl* Kapern
**car** Bus 56, 59, 87f, 206; *(Konjunktion)* weil; **caravane** *f* Wohnwagen 62, 112ff
**carotte** *f* Karotte, Möhre 170
**carpe** *f* Karpfen
**carré/e** quadratisch 160
**carrefour** *(Verkehr)* Kreuzung 57, 58
**carrosserie** *f* Karosserie
**carte** *f* Karte; Speisekarte 130ff, 145; ~ **de crédit** Kreditkarte 21, 218; ~ **d'embarquement** Bordkarte 83; ~ **eurochèque** Euroscheckkarte 219; ~ **d'identité** Personalausweis 42; ~ **de téléphone** Telefonkarte 181, 225; ~ **grise** Fahrzeugschein; ~ **postale** Postkarte 181, 223, 224
**cartouche** *f* **de gaz** Gaskartusche 114
**cascade** *f* Wasserfall 205
**casque** *f* Helm; Kopfhörer 182
**cassé/e** kaputt 85, 98, 112, 162, 235; **casser** zerbrechen, kaputtmachen
**cassette** *f* Kassette 182
**cassis** schwarze Johannisbeere
**catalogue** Katalog 202, 268
**cathédrale** *f* Dom, Kathedrale 204
**catholique** katholisch
**cause** *f* Grund; **à ~ de, pour ~ de** wegen; **causer** verursachen
**caution** *f* Kaution; **sous ~** gegen Kaution
**cave** *f* Keller; **caviste** Kellermeister 152
**ce, cet/cette , ces** diese(r, s) 284; **ce soir** heute Abend
**ceinture** *f* Gürtel 176; ~ **de sécurité** Sicherheitsgurt
**céleri** Sellerie
**célibataire** ledig 43
**celui/celle, ceux** der, die, das; **celui-ci/-là** dieser da/dort
**centimètre** Zentimeter 18
**centre** Zentrum; ~ **ville** Stadtzentrum 93, 97; **au ~** zentral; ~ **commercial** Einkaufszentrum; ~ **historique** Altstadt 204
**cépage** Rebsorte 153
**céréales** *f pl* Cornflakes 125
**cerise** *f* Kirsche 171
**certain/e** sicher, bestimmt
**cerveau** Gehirn
**chacun/e** jede(r, s)
**chaîne** *f* Kette 86; **~s** *pl* **(pour la neige)** Schneeketten 65
**chaise** *f* Stuhl 111, 148
**chaleur** *f* Hitze 33; **chaleureux/euse** herzlich, warmherzig
**chambre** *f* Zimmer 94ff, 251, 110; ~ **à louer** Zimmer zu vermieten; ~ **double** Doppelzimmer 94, 99; **~s** *pl* **d'hôte** Gästezimmer 92
**champagne** Champagner 152
**champignon** Pilz 141, 170
**chance** *f* Glück 47
**change** *(Geld)* Wechsel 217f; **bureau de ~** Wechselstube; **taux de ~** Wechselkurs 218; **changer** (aus)tauschen, (ver)ändern; **~ de l'argent** Geld wechseln 105, 217f, 235; ~ **de train** umsteigen 73; **se ~** sich umziehen
**chanter** singen 210; **chanteur/euse** Sänger/in 182
**chantilly** *f* Schlagsahne 144
**charcuterie** *f (Aufschnitt)* Metzgerei 168; Fleisch- und Wurstwaren
**charges** *f pl* Nebenkosten
**charmant/e** reizend, charmant
**châtaigne** *f* Kastanie
**château** *(Gebäude)* Burg, Schloss 204; ~ **fort** Festung
**chaud/e** warm 187; heiß 33f; **chauffage** Heizung; ~ **central** Zentralheizung

**chausser** anziehen; *(Ski)* anschnallen; **chaussettes** *f pl* Socken, (Knie)Strümpfe 174; **chausson** Pantoffel; **chaussures** *f pl* Schuhe 158, 175f
**chemin** Weg; **en** ~ unterwegs; ~ **de fer** Eisenbahn
**chemise** *f* Hemd 174; ~ **de nuit** Nachthemd 173; **chemisier** Bluse 173
**chèque** Scheck 21, 218ff; ~ **de voyage** Reisescheck; ~ **en blanc** Blankoscheck; **faire un** ~ Scheck ausstellen
**cher/chère** liebe/r 261; teuer 160; **pas** ~ billig
**chercher** suchen 56, 255; **aller** ~ **qn/qc** jd-n/etw holen
**chéri/e** geliebt
**cheval** Pferd
**cheveu** Haar 228f
**cheville** Knöchel 245, 249
**chèvre** *f* Ziege; *m* Ziegenkäse 165; **chevreau** Zicklein; **chevreuil** Reh; Rehfleisch 139
**chez** bei
**chicorée** *f* Endivien; *(Getränk)* Carokaffee
**chien/chienne** Hund/Hündin
**chocolat** Schokolade 126, 145, 150, 151; *(Getränk)* Kakao 119
**choisir** auswählen; wählen; **choix** Wahl; **au** ~ nach Wahl
**chose** *f* Sache; **autre** ~ etwas anderes; **la même** ~ dasselbe; **quelque** ~ etwas
**chou** Kohl 141; **chou-fleur** Blumenkohl 141; **choux** *pl* **de Bruxelles** Rosenkohl 141
**chouchou** Haarband
**chronoposte** *f (Post)* Kurier
**ciboulette** *f* Schnittlauch
**cicatrice** *f* Narbe
**ciel** Himmel 33
**cigare** Zigarre 181; **cigarette** *f* Zigarette 180f
**ci-joint/e** anbei, beiliegend
**cinéma** Kino 49, 207, 211f
**circuit** Rundfahrt; **circulation** *f* Verkehr; *(Medizin)* Kreislauf; **circuler** gehen; *(im Auto)* fahren; *(Flüssigkeit)* fließen
**ciseaux** *pl* Schere 265
**cité** *f* Stadt; **C~** Altstadt
**citron** Zitrone
**clair/e** klar, hell
**claquage** Muskelzerrung
**classique** klassisch 210
**clé, clef** *f* Schlüssel 103, 107, 109
**client/e** Kunde/in; Gast
**clignotant** *(Auto)* Blinker; **clignoter** blinken
**climat** Klima 31; **climatisation** *f* Klimaanlage 70, 100
**cloître** Kloster; Kreuzgang
**clovisse** *f* Venusmuschel 136
**code** Regeln; *(Jura)* Gesetzbuch; *(Auto)* Abblendlicht ~ **confidentiel** Geheimzahl 220f; ~ **de banque** Bankleitzahl 221; ~ **postal** Postleitzahl 224
**cœur** Herz
**coffre** *(Auto)* Kofferraum 237; *(Bank)* Schließfach; **coffre-fort** Safe, Tresor 103
**coiffer** frisieren, kämmen; **coiffeur/euse** Friseur/in 216, 228ff
**collection** *f* Sammlung
**collègue** Kollege, Kollegin 256
**collier** Kette 184
**collision** *f* Zusammenstoß
**colonne** *f* Säule; Kolonne; ~ **vertébrale** Wirbelsäule 249
**coloré/e** bunt, farbig; **colorer** färben 228
**combien** wie viel 271; ~ **ça coûte?** wie viel kostet das?; ~ **de fois?** wie oft?; ~ **de temps?** wie lange?

**comédie** *f* Komödie 210, 211; Theater; **comique** komisch, lustig
**commander** *(Waren, Essen)* bestellen 123, 145f, 161;
**comme** *(Vergleich)* wie; und; so wie; ~ **si** als ob; ~ **ça** so
**commencer** beginnen 207
**commerce** Handel; Geschäft
**commissariat de police** Polizeidienststelle 232, 237
**commission** *f* Nachricht; Umtauschgebühren 218
**commotion** *f* **cérébrale** Gehirnerschütterung
**communication** *f* Verbindung; *(Telefon)* Gespräch; ~ **internationale** Auslandsgespräch 225
**compagnie** *f* Gesellschaft; ~ **aérienne** Fluggesellschaft 81
**compartiment** Zugabteil
**complet/ète** ausgebucht, komplett 92, 94, 208
**comportement** Benehmen; **se comporter** sich benehmen
**composer** *(Telefonnummer)* wählen 106; **se ~ de** sich zusammensetzen aus
**composteur** Entwerter 75
**compote** *f* Kompott 144
**comprendre** verstehen 36; bestehen aus
**comprimé** Tablette 241ff
**compris/e** inklusive, inbegriffen 95
**comptabilité** *f* Buchhaltung 257; **compte** Konto; Girokonto 221; ~ **chèque postal** Postgiro 221; **se rendre ~** bemerken; **compter** zählen; (be)rechnen; **compteur** Zähler
**comptoir** *(Bar)* Theke
**concert** Konzert 207, 209f
**concessionnaire** *(Auto)* Vertragswerkstatt 235f
**concierge** Hausmeister
**concombre** Gurke 141
**condition** *f* Bedingung; **~s** *f pl* **de livraison** Lieferbedingungen 263; **~s** *f pl* **de paiement** Zahlungsbedingungen
**conducteur/rice** Fahrer/in 63; **conduire** (Auto) fahren
**conférence** *f* Konferenz
**confirmation** *f* Bestätigung; **confirmé/e** Fortgeschrittener 192, 199; **confirmer** bestätigen 101
**confiture** *f* Marmelade, Konfitüre 126
**confort** Komfort; **confortable** komfortabel
**congrès** Kongress
**connaissance** Kenntnis; Bekanntschaft; **perdre ~** das Bewusstsein verlieren
**connaître** kennen 277
**conscience** *f* Bewusstsein
**conseil** Rat, Beratung
**consigne** *f (Bahnhof)* Gepäckaufbewahrung; ~ **automatique** Schließfach 79
**consommer** verzehren; verbrauchen
**construit/e** errichtet 203
**consulat** Konsulat 233
**contagieux/euse** ansteckend
**contenir** enthalten; **contenu** Inhalt
**contraceptif** Verhütungsmittel
**contrat** Vertrag
**contravention** *f* Strafe 63
**contre** gegen; **par ~** andererseits
**contrôle** Überprüfung, Kontrolle; ~ **de douane** Zollkontrolle 61; **contrôler** kontrollieren 68
**convenir à** geeignet sein für; ~ **de** beschließen, vereinbaren
**copie** *f* Kopie 264
**coq** Hahn
**coque** *f* Schale; Herzmuschel 135
**coquillage** Muschel; **coquille** *f* **St. Jacques** Jakobsmuschel 135

**corail** Koralle
**Corail** D-Zug
**corde** *f* Seil; **~ à linge** Wäscheleine
**cordonnier** Schuster
**coriace** zäh
**cornet** *(Eis)* Hörnchen 151
**cornichon** saure Gurke
**corps** Körper
**costume** Anzug 174
**côte** *f (Anatomie)* Rippe; *(Gastronomie)* Kotelett; *(Landschaft)* Abhang; Küste; **~ à ~** Seite an Seite
**côté** Seite 245; **à ~ de** neben
**côtelette** *f* Kotelett 139, 169
**coton** Baumwolle 174; Watte
**cou** Hals 249
**couche** *f* Windel; **coucher** zu Bett bringen; legen; liegen; **couchette** *f* Liegewagen(platz) 74, 76
**coudre** nähen, annähen
**couleur** *f* Farbe 34, 174
**coupe** *f (Haare)* Schnitt 228; **couper** schneiden 228f; **coupure** *f* Schnittwunde
**courant** Strom 110; Strömung 187
**courge** *f* Kürbis
**courir** laufen 195
**courrier** Post
**courroie** *f* Keilriemen
**cours** Unterricht; Kurs
**course** *f* Lauf; **faire les courses** *f pl* einkaufen
**court/e** kurz 172, 228
**coussin** Kissen
**couteau** Messer 111, 148; **~ de poche** Taschenmesser
**coûter** kosten 20, 162, 232; **coûteux/euse** teuer 160
**couvercle** Deckel
**couvert** Besteck, Gedeck 111
**couverture** *f* Bettdecke 110
**crabes** *pl* Krabben 135
**crayon** Bleistift; **~ à lèvres** Konturstift
**crédit** Guthaben; Kredit
**créer** schaffen 203; *(Unternehmen)* gründen; *(Produkt)* herstellen
**crème** *f* Creme 177; Pudding 144; **crémerie** *f* Milchgeschäft 157; **crémeux/euse** sahnig
**crêpe** *f* Pfannkuchen 142; **crêperie** *f* Pfannkuchenrestaurant 117
**crevette** *f* (**grise**) Garnele 136
**crier** schreien
**crime** Verbrechen; Mord
**croire** glauben 51f, 279
**croissant** Blätterteighörnchen 125
**croix** *f* Kreuz
**cru/e** roh 132
**cuiller, cuillère** *f* Löffel 111; **~ à café** Kaffeelöffel, Teelöffel 242
**cuir** Leder 158, 175f
**cuisine** *f* Küche 110; **cuisiner** kochen; **cuisinière** *f* Herd 110
**cuisse** *f* Schenkel
**cuit/e** gar; gekocht 146
**culotte** *f* Unterhose 173, 174
**culture** *f* Kultur 207ff
**cumin** Kümmel
**curé** *(katholisch)* Pfarrer
**cycle** Kreislauf, Zyklus; **cycliste** Radfahrer/in
**cystite** *f* Blasenentzündung

## D

**dame** *f* Dame
**danger** Gefahr; **~ d'avalanche** Lawinengefahr 198; **dangereux/euse** gefährlich 112, 187, 193
**dans** in; **~ une semaine** in einer Woche; **~ le temps** früher
**danser** tanzen 213
**date** *f* Datum 29; **~ de naissance** Geburtsdatum 42
**datte** *f* Dattel
**daurade** *f* Goldbarsch 136

**de, du, des** von, aus 274; **de ... à** von ... nach/bis; **de qui?** von wem? 271; **un verre de vin** ein Glas Wein
**débarquer** *(Passagier)* von Bord gehen
**débit** *(Bank)* Schulden
**debout: être ~** stehen; auf sein
**début** Anfang 27; **au ~** am Anfang; **débutant/e** Anfänger/in 192
**décaféiné/e** koffeinfrei; **déca** koffeinfreier Kaffee 119
**décembre** Dezember 29
**déchet** Abfall
**décider** entscheiden; **décision** *f* Entscheidung; Entschlossenheit
**décoller** *(Flugzeug)* abheben
**décolleté** Ausschnitt 174
**décompte** Abrechnung
**décrire** beschreiben 239
**dedans** innen, drinnen; hinein
**dégustation** *f* Weinprobe 154
**dehors** draußen; **en ~** nach außen; **en ~ de** außer
**déjà** schon, bereits
**déjeuner** Mittagessen 50, 105, 116; **petit ~** Frühstück
**demain** morgen 26, 96, 100, 228
**demande** *f* Bitte; Antrag; **demander** fragen; bitten um; verlangen
**démarrer** *(Auto)* starten; **démarreur** Anlasser
**demeurant à** wohnhaft in
**demi/e** halb 23; Halbes; 0, 25l Bier vom Fass; **~ heure** halbe Stunde; **~-pension** *f* Halbpension 95; **~-sec** halbtrocken
**dent** *f* Zahn 252; **dentifrice** *f* Zahnpasta 177; **dentiste** Zahnarzt 252
**dépannage** Reparatur; **service de ~** Abschleppdienst
**départ** Abfahrt, Abflug, Abreise 74, 81, 107; **au ~** zu Beginn
**dépenser** *(Geld)* ausgeben; *(Kräfte)* verbrauchen
**depuis** seit 27
**déranger** stören; **Ne pas ~!** Bitte nicht stören!
**dermatologue** Hautarzt 243
**dernier/ière** letzte(r, s)
**derrière** hinter; *adv* hinten
**descendre** hinuntersteigen/-fahren; aussteigen 58, 88; absteigen; **descente** *f (Ski)* Abfahrt
**description** *f* Beschreibung; **décrire** beschreiben
**désir** Wunsch; Begierde
**dessert** Nachtisch 130, 143, 144f
**destinataire** Empfänger 224; **destination** *f* Bestimmungsort
**détail** Detail 258
**deux** zwei
**devant** vorn 209; voran; vor
**développer** entwickeln 180
**devise** *f* Währung; **~s** *f pl* **étrangères** Devisen
**devoir** schulden; *(mit Infinitiv)* sollen, müssen 276ff; **ne pas ~** nicht dürfen
**diagnostic** Diagnose 247
**diarrhée** *f* Durchfall 241
**dictionnaire** Wörterbuch
**dieu** Gott
**différence** *f* Unterschied
**difficile** schwierig 193; **difficulté** *f* Schwierigkeit
**digérer** verdauen; **digestion** *f* Verdauung
**dimanche** Sonntag 28
**dinde** *f* Truthahn 139; **dindonneau** junge/r Pute/r 139
**dîner** Abendessen 50,105,116
**dire** sagen 277ff
**direction** *f* Richtung; Geschäftsführung 257; **diriger** führen, leiten; dirigieren 210
**discuter** besprechen

**dispute** *f* Streit; **disputer, se** streiten
**disque** Scheibe; ~ **Laser** CD 158, 182; ~ **dur** *(Computer)* Festplatte; **disquette** *f* Diskette 266
**distance** *f* Entfernung 59; Strecke
**distributeur automatique** Geldautomat 219f
**doigt** Finger 249; ~ **de pied** Zehe 249
**dommage** Schaden 234; ~**!** schade!
**donc** daher, deshalb; also 272
**données** *f pl (PC)* Daten 266
**donner** geben 159; *(Theaterstück)* aufführen; halten
**dormir** schlafen
**dos** Rücken 249
**dosage** Dosierung 242f
**douane** *f* Zoll 60
**double** *adj* doppelt, Doppel-; **le ~** das Doppelte; **doubler** überholen
**douche** *f* Dusche 94, 100, 110, 113, 187, 190; **prendre une ~** sich duschen 191; **se doucher** duschen 191
**douleurs** *f pl* Schmerzen 244ff; ~ **articulaires** Gliederschmerzen; ~ **menstruelles** Menstruationsbeschwerden; **douloureux/euse** schmerzhaft; schmerzlich
**doux/douce** weich, zart, sanft, mild; *(Geschmack)* süß
**drap** Bettlaken 111; ~ **de bain** Badetuch 190; ~ **de lit** Bettbezug 111
**droit/e** gerade; vertikal; senkrecht; Recht; **à droite** rechts; ~**s** *pl* **de l'homme** Menschenrechte; ~**s** *pl* **de douane** Zollgebühren
**du** *siehe* **de**
**dur/e** hart, fest; schwer; *(Ei)* hartgekocht 143
**durer** dauern 59; andauern
**dyspnée** *f* Atemnot

## E

**eau** *f* Wasser 68, 112, 187, 205; ~ **de robinet** Leitungswasser; ~ **minérale gazeuse/plate** Mineralwasser/stilles Wasser 120; ~ **potable** Trinkwasser; **eau-de-vie** *f* Schnaps
**échalote** *f* Schalotte
**échanger** umtauschen 162
**écharpe** *f* Schal 173
**éclair** Blitz; Windbeutel 150
**école** Schule 44, 199
**écorchure** *f* Schürfwunde
**écouter** zuhören; hören auf
**écran** Bildschirm 266
**écrémé/e** entrahmt
**écrevisse** *f* Krebs
**écrire** schreiben 279; **écrivain** Schriftsteller/in
**édifice** Bauwerk
**effet** Wirkung; ~**s** *pl* **indésirables** Nebenwirkungen 241
**effraction** *f* Einbruch 239
**église** *f* Kirche 24, 205;
**électricité** *f* Strom
**elle** sie, er, es; *(nach Präposition)* sie, ihr, ihn, ihm, es; **elles** sie, ihnen 282ff
**emballer** einpacken 159
**embouteillage** Stau 64
**embrayage** Kupplung 236
**emploi** *(Arbeits~, Lehr~)* Stelle; **employé/e** Angestellte/r 43
**en** *(Präposition)* in, an, auf, nach; ~ **espèces** bar; ~ **tout** insgesamt; ~ **général** im allgemeinen
**en** *(Pronomen)* davon, darüber 283
**encaisser** *(Scheck)* einlösen 218
**enceinte** schwanger 247
**enchanté/e!** angenehm!
**encore** noch 79
**encornet** Kalmare 136
**endive** *f* Chicoree 141
**enfant** Kind 201

**enregistrer: faire ~** *(Gepäck)* aufgeben 82
**enseignant/e** Lehrer/in 43
**entendre** hören; **s'entendre** sich verstehen
**entier/ière** ganz
**entorse** *f* Verstauchung 245
**entracte** Pause 209
**entre** zwischen 25, 58; **entre-temps** inzwischen
**entrecôte** *f* Lendenstück 169
**entrée** *f* Eingang 267; Einfahrt; Einreise; Eintrittskarte 201ff; Vorspeise 133ff; **~ libre** Eintritt frei 201; **entrer** hereinkommen 51; **entrez!** herein!
**entreprise** *f* Betrieb, Firma, Unternehmen 255, 258
**enveloppe** *f* Briefumschlag 182
**envier** beneiden
**environnement** Umwelt
**envoyer** abschicken; schicken
**épais/se** *(Dimension)* dick; dicht
**épaule** *f* Schulter 244, 249;
**épeler** buchstabieren 101
**épice** *f* Gewürz; **épicé/e** scharf; pikant; **épicerie** *f* (kleines) Lebensmittelgeschäft 157
**épiler** enthaaren
**épinards** *pl* Spinat 141
**époque** *f* Zeit; Epoche 203
**épouse** *f* Ehefrau
**équipe** *f* Mannschaft; **équipement** Ausrüstung
**éruption** *f* **cutanée** Hautausschlag
**escalier** Treppe 110
**escalope** *f* Schnitzel 169
**escargots** *pl* Schnecken
**espagnol/e** spanisch 36
**espérer** hoffen
**esprit** Geist
**essayer** versuchen; probieren 172
**essence** *f* Benzin 66, 235; **prendre de l'~** tanken 66
**est** Osten 34
**estimer** *(Wert)* schätzen
**estomac** Magen 244, 250; ~
**estragon** Estragon
**et** und 272
**étage** Etage; Stock(werk)
**état** Staat; **~ civil** Familienstand 43
**été** Sommer 32
**étranger/ère** Ausländer; *adj* fremd; ausländisch 217
**être** sein 276ff; **~ d'accord** einverstanden sein 49
**études** *f pl* Studium; **étudiant/e** Student/in 44;
**eurochèque** Euroscheck 20, 219;
**éventuellement** eventuell
**exactement** genau 52
**examen** Untersuchung 247
**excellent/e** ausgezeichnet 51
**Excusez-moi!** Entschuldigen Sie! 37
**expéditeur** Absender 224
**expliquer** erklären 264
**exportation** *f* Ausfuhr; **exporter** exportieren 255
**exposition** *f* Ausstellung 200

## F

**façade** *f* Fassade
**facile** *(nicht schwierig)* leicht 147
**facture** *f (Quittung)* Rechnung
**faible** schwach
**faim** *f* Hunger
**faire** machen 277ff; *(Tätigkeit)* ausüben; *(mit Infinitiv)* lassen; **~ de l'auto-stop** trampen 56; **~ les courses** einkaufen 156ff
**famille** *f* Familie
**farine** *f* Mehl 164
**fatigant** anstrengend 39; **fatigué/e** müde

**faute** *f* Fehler, Schuld 47
**fauteuil** Sessel 111
**fax** Fax(gerät) ; **faxer** faxen 264
**femme** *f* Frau; Ehefrau; **~ au foyer** Hausfrau 43
**fenêtre** *f* Fenster 77, 83
**fenouil** Fenchel 170
**ferme** *f* Bauernhof
**fermer** schließen 25f; *(Gas, Wasser)* abstellen 112
**ferry** (-**boat**) Fähre 59, 83ff
**fêter** feiern 29
**feu** Feuer 232; **~ arrière** Rücklicht 86; **~ d'artifice** Feuerwerk; **~ tricolore** Ampel 57, 58
**feuille** *f* Blatt; **~ de laurie** Lorbeerblatt 131f
**février** Februar 29
**fichier** *(Computer)* Datei 266
**fièvre** *f* Fieber 244
**fille** *f* Mädchen 160; Tochter
**film** Film 179; **~ inversible** Diafilm 179
**fils** Sohn
**filtre** Filter
**fin** *f* Ende 27; **finalement** endlich; **finir** beenden 276ff
**fixation** *f* Skibindung 199
**flambé/e** flambiert 132, 142
**flan** Pudding 144
**flash** Blitzlicht 179
**flatulences** *f pl* Blähungen
**fleur** *f* Blume 156
**flocons** *pl* **d'avoine** Haferflocken
**foie** Leber; **~ de volaille** Geflügelleber 139; **~ gras d'oie** Gänseleber 133, 139
**foncé/e** dunkel
**fontaine** *f* Brunnen
**forêt** *f* Wald
**forfait** Pauschale; Skipass 199
**forme** *f* Form 160; **formulaire** Formular
**fort/e** kräftig; laut
**four** Backofen; Ofen 132
**fourchette** *f* Gabel 111, 148
**fracture** *f (Knochen)* Bruch
**frais/fraîche** kühl; frisch 32, 169
**fraise** *f* Erdbeere 151, 171
**framboise** *f* Himbeere
**franc** *(Währung)* Franken 217
**français/e** französisch 36; **France** *f* Frankreich 53
**frein** Bremse 86, 236; **~ à main** Handbremse; **freiner** bremsen
**frère** Bruder
**frigo** Kühlschrank 110
**frites** *f pl* Pommes frites 140
**froid/e** kalt, Kälte 32f, 187, 229
**fromage** Käse 126f, 130, 142f; **fromagerie** *f* Käsegeschäft 157
**front** Stirn
**frontière** *f* Grenze 60
**fruit** Frucht 171; **fruits** *pl* Obst 143, 150ff, 171; **~ de mer** Meeresfrüchte 135f
**fumé/e** geräuchert 132; **fumer** rauchen; **fumeur** Raucher
**futur/e** zukünftig; Zukunft

## G

**gagner** gewinnen, siegen
**gants** *pl* Handschuhe 173, 176
**garage** Garage, Reparaturwerkstatt 68, 235f
**garçon** Junge; **~!** Ober!
**gare** *f* Bahnhof 56, 77f
**garer** parken 69f, 103
**garniture** *f* Beilage 140
**gastrite** *f* Magenschleimhautentzündung
**gâteau** Torte; Kuchen 145, 149f
**gaz** Gas; **gazeux/euse** kohlensäurehaltig 120
**gazole**, **gas-oil** Diesel 66
**gel** *(Haar)* Gel; *(Meteorologie)* Frost

**gendarmerie** *f* Polizeidienststelle
**genou** Knie 249
**gens** *pl* Leute
**gentil/le** nett, höflich, freundlich
**gésier** Geflügelmagen
**gibier** Wild 138
**gigot** *(Gastronomie)* Keule
**gilet** Jacke
**gingembre** Ingwer
**gîte** Hütte 93
**glace** *f* Eis 144, 151ff
**gorge** *f* Rachen
**goût** Geschmack; **goûter** *(Essen)* kosten; genießen
**gouttes** *f pl* Tropfen 241
**grand/e** groß; weit; ~ **surface** *f* Einkaufszentrum; ~**-mère** *f* Großmutter; ~**-père** Großvater
**gras/se** dick; fettig
**gratuit/e** kostenlos
**grave** ernst; *(Stimme)* tief
**grève** *f* Streik
**gril** Grill; **grillade** Grillbraten; **griller** toasten, grillen, rösten
**griotte** *f* Sauerkirsche
**grippe** *f* Grippe
**gris/e** grau 34
**gros/se** *(Mensch, Tier)* dick; stark; fett; groß; gewichtig
**groseille** *f* rote Johannisbeere
**grossesse** *f* Schwangerschaft
**groupe** Gruppe
**guérir** genesen; heilen
**guichet** Schalter 76, 81, 218; Fahrkartenschalter 76, 87, 89
**guide** Reiseführer 207
**gynécologue** Gynäkologe/gin

## H

**habiter** wohnen 41
**handicapé/e** Behinderte/r 99, 201
**hareng** Hering
**haricot** Bohnen 141
**haut/e** hohe(r, s); hoch; **haute saison** *f* Hauptsaison 95
**hébergement** Unterkunft 92ff
**hémorragie** *f* Blutung
**herbes** *f pl* Kräuter 131
**heure** *f* Stunde 23, 187, 261; **~s** *f pl* Uhrzeiten →22; **~s** *f pl* **d'ouverture** Öffnungszeiten →23ff; **~s** *f pl* **de consultation** Sprechstunde
**hier** gestern 26
**histoire** Geschichte
**hiver** Winter 32
**homard** Hummer 136
**homme** Mensch; Mann
**hôpital** Krankenhaus 44, 223, 242ff
**horaire** Stunden-, stündlich; Fahrplan 74
**horodateur** Parkscheinautomat 69f
**hors de** außerhalb; außer; **hors service!** Außer Betrieb! 220; **hors d'œuvre** Vorspeise 133ff
**hôte** Gast; **hôtel** Hotel 93, 100
**huile** *f (Auto, Speise~)* Öl 66, 131
**huîtres** *f pl* Austern 136
**humide** feucht; nass 33
**humain** menschlich
**hypermarché** Großmarkt
**hypertension** *f* Bluthochdruck

## I

**ici** hier; hierher; **par** ~ hierdurch; hierher
**identité** *f* Identität; **pièce** *f* **d'~** Ausweis
**il** er, sie, es 282; **ils** sie
**île** *f* Insel
**immatriculation** *f* Einschreibung; **plaque** *f* **d'~** Nummernschild; **immatriculer** *(Auto)* zulassen; *(Student)* einschreiben
**immigration** *f* Einwanderung

**importation** *f* Einfuhr; Import; **importer** importieren 255
**imprimante** *f* Drucker 266; **imprimé** Formular, Vordruck
**incendie** Brand
**incertain/e** unbestimmt; unsicher
**inclus/e** inklusive 95, 128
**incolore** farblos
**inconscient/e** bewusstlos; unbewusst; leichtsinnig
**inconvénient** Nachteil
**indicatif** *(Telefon)* Vorwahl 225; **indication** *f* Hinweis; Anweisung
**indigestion** *f* Verdauungsstörungen
**indiqué/e** vereinbart
**indiquer** zeigen; empfehlen; Auskunft geben über
**industrie** *f* Industrie
**infarctus** Herzinfarkt 246
**infection** *f* Infektion
**infirmier/ière** Krankenpfleger/in 251
**inflammation** *f* Entzündung 248
**information** *f* Auskunft; **informer, s'** sich erkundigen
**infusion** *f* Kräutertee 119; ~ **de camomille** Kamillentee 119
**ingrédients** *pl* Zutaten
**inscription** *f* Anmeldung 113; **inscrire** *(Kurs)* anmelden 192
**insecte** Insekt
**insérer** einfügen
**insomnies** *f pl* Schlafstörungen
**inspirer** einatmen 245
**instructions** *f pl* Anweisungen
**instrument** Instrument
**intelligent/e** klug
**interdiction** *f* Verbot; ~ **de doubler** Überholverbot; ~ **de photographier!** Fotografieren verboten! 201; **interdit/e** verboten 186, 188
**intéressant/e** interessant 53
**intérêts** *pl* Zinsen
**international/e** international 255
**interprète** Dolmetscher/in
**intoxication** *f* Vergiftung 248
**invitation** *f* Einladung 48f, 214; **inviter** einladen 50
**irresponsable** unverantwortlich
**itinéraire** Route; ~ **bis** empfohlene Umleitung

## J

**jamais** nie, niemals 272; ~ **plus** nie wieder
**jambe** *f* Bein 244, 249; **jambon** Schinken 126f, 142, 168
**jante** *f* Felge 86
**janvier** Januar 29
**jardin** Garten 205
**jaune** gelb
**je** ich 282f
**jeu** Spiel
**jeudi** Donnerstag
**jeune** jung
**joint** Dichtung; ~ **de culasse** Zylinderkopfdichtung
**jouer** spielen 191, 194; **jouets** *pl* Spielwaren 158
**jour** Tag 30, 38, 96, 188; ~ **de départ** Abreisetag 96; ~ **férié** Feiertag 29; ~ **de repos** Ruhetag
**journal** Zeitung 181; **journaliste** Journalist
**juillet** Juli 29
**juin** Juni 29
**jumelles** *f pl* Fernglas 184; ~ **de théâtre** Opernglas
**jupe** *f* Rock 173
**jus** Saft; ~ **de fruit** Fruchtsaft 120; ~ **d'orange** Orangensaft 120; ~ **de pomme** Apfelsaft 120
**jusque** bis
**juste** gerecht; genau richtig 57; ~ **à côté** direkt daneben
**justice** *f* Gerechtigkeit; Justiz

## K

**kilo(gramme)** Kilo(gramm) 19, 163; **un ~ de pommes** ein Kilo Äpfel
**kiwi** Kiwi 171
**klaxon** Hupe
**kyste** Zyste

## L

**la** siehe **le** 273
**là** (örtlich) dort, dorthin, da, hier; *(temporal)* dann; **là-bas** dort, dorthin
**lac** See 97, 186
**laine** *f* Wolle 174
**laisser** lassen; **~ un message** eine Nachricht hinterlassen 104, 260
**lait** Milch 119, 126, 157, 164; **~ condensé** Kondensmilch; **~ entier** Vollmilch 165; ~ **solaire** Sonnenmilch 177; **laitier/ière** Milch-
**laitue** *f* Kopfsalat
**lampe** *f* Lampe; **~ de poche** Taschenlampe 114
**langage** Sprache; **langue** *f* Zunge; Sprache 44, 206;
**langouste** *f* Languste 136
**lapin**, **lapereau** Kaninchen 139
**large** breit; weit; groß 172
**lavabo** Waschbecken 100, 110; **laver** waschen 228
**laxatif** Abführmittel 240
**le** der, die, das 273; ihn, sie, es 282
**léger/ère** leicht 147
**légume** Gemüse 133, 141, 170; **légumineuses** *f pl* Hülsenfrüchte 170
**lentement** langsam 37
**lentille** *f* Linse; **~ de contact** Kontaktlinse
**lettre** *f* Buchstabe; Brief 223f; **~ par express** Eilbrief 224
**leur** ihr, ihre, ihr; ihnen 282
**libre** frei 78, 94
**lieu** Ort, Stelle; ~ **de naissance** Geburtsort 42
**lièvre** Hase 139
**ligament** *(Anatomie)* Band
**ligne** *f* Linie; Buslinie, U-Bahn-Linie 88; *(Telefon)* Leitung
**limitation** *f* **de vitesse** Geschwindigkeitsbegrenzung; **limite** *f* Grenze
**limonade** *f* (Zitronen-)Limonade 120
**lin** Leinen 174
**liqueur** *f* Likör 122
**liquide** *(Adjektiv)* flüssig; Flüssigkeit; Bargeld 218; **~ de refroidissement** Kühlwasser 68; **~ pour les freins** Bremsflüssigkeit
**lire** lesen
**lit** Bett 99, 110, 248; **~s** *pl* **jumeaux** Doppelbett 99
**litre** Liter 19, 118
**livre** Buch 181f
**livre** *f (Währung, Gewicht)* Pfund 19, 163
**livrer** liefern 263
**localité** *f (Dorf)* Ort
**location** *f* Verleih 70, 85, 188, 190; **~ de bateaux** Bootsverleih 190; **~ de vélos** Fahrradverleih 85; **~ de voitures** Autoverleih 70f
**loin** weit; fern 59
**long/longue** lang 172; **longtemps** *(temporal)* lange
**lotte** *f* (**de mer**) Seeteufel 137
**louer** mieten 70, 108ff, 187; vermieten 94, 108, 187
**lourd/e** schwer; *(Wetter)* drückend
**loyer** Miete
**lui** *(Subjekt)* er; *(Objekt)* ihm, ihr 282; ihn; *(nach Präposition)* ihn, sie, es, ihm, ihr
**lumière** *f* Licht
**lundi** Montag 28

**lune** *f* Mond
**lunettes** *f pl* Brille 184; ~ **de soleil** Sonnenbrille 184, 190
**lycée** *(Oberstufe)* Gymnasium

## M

**mâcher** kauen
**machine** *f* Maschine; ~ **à laver** Waschmaschine 109
**madame** *f* Frau 39, 261; **mademoiselle** *f* Fräulein 36
**magasin** Geschäft 156ff
**magret de canard** Entenbrust 139
**mai** Mai 29
**maigre** mager, dürr
**maillot de bain** Badeanzug/-hose 190
**main** *f* Hand 249
**maintenant** jetzt, nun
**mais** aber, sondern 272
**maison** *f* Haus 50, 93; ~ **natale** Geburtshaus 203
**majoration** *f* Preisaufschlag 95
**mal** Schmerz; schlecht 244, 286
**malade** krank 246
**malentendu** Missverständnis 47
**malheur** Unglück; **malheureusement** leider 36
**mandat postal** Postanweisung 221ff
**manger** essen 118, 252
**mangue** *f* Mango
**manquer** fehlen 148
**manteau** Mantel 173, 238
**maquereau** Makrele 137
**marbre** Marmor
**marchandise** *f* Ware 160, 263
**marché** Markt 161; ~ **aux puces** Flohmarkt
**mardi** Dienstag
**marée** *f* Gezeiten; ~ **basse** Ebbe 187; ~ **haute** Flut 187
**mari** Ehemann; **mariage** Hochzeit; **marié/e** verheiratet 43
**marjolaine** *f (Gewürz)* Majoran
**marron** Esskastanie; braun
**mars** März 29
**matelas** Matratze 98, 190
**matériel** Material 157, 179f
**matin** Morgen 28; **matinée** *f* Vormittag 28
**mauvais/e** falsch; *(Wetter)* schlecht 286
**me** mich; mir; für mich 282, 284
**médecin** Arzt 242f; **médicament** Medikament 240ff
**médiéval/e** mittelalterlich
**Méditerranée** *f* Mittelmeer
**méduse** *f* Qualle 187
**meilleur/e** *siehe* **bon** besser 286; **meilleurs vœux!** Glückwünsche! 48
**melon** Melone 133
**membre** Mitglied
**menthe** *f* Pfefferminze
**menton** Kinn
**menu** Menü 129ff; ~ **du jour** Tageskarte
**mer** *f* Meer 97, 189, 205
**merci** danke 46, 264; ~ **beaucoup!** Vielen Dank! 46, 108
**mercredi** Mittwoch 28
**mère** *f* Mutter
**merveilleux/euse** wunderbar 45
**message** Nachricht 104, 260
**messe** *f* Messe 205, 267f
**mesures** *f pl* Maße → 18
**mètre** Meter
**métro** U-Bahn 87
**mettre** legen, setzen, stellen 277f
**midi** Mittag 28
**miel** Honig 126
**mieux** *siehe* **bien** besser
**milieu** Umgebung; Mitte 209
**mi-** Mitte 27
**millésime** *(Wein)* Jahrgang 153
**millimètre** Millimeter 18
**mince** schlank, dünn

**minuit** Mitternacht 28
**minute** *f* Minute 23
**mode** *f* Mode; ~ *m* **d'emploi** Gebrauchsanweisung 109
**mois** Monat →29, 109
**moitié** *f* Hälfte 163
**monastère** Mönchskloster
**mon, ma, mes** mein, meine 283f
**monde** Welt
**monnaie** *f* Währung 217, 219; Kleingeld 218, 226; Rückgeld 20
**monsieur** Herr 39
**mont** Berg 97; **montagne** *f* Gebirge 204
**monter** steigen; auf-/einsteigen 58
**montre** *f* Uhr 158, 184
**monument** Denkmal 204
**mort** *f* Tod
**moteur** Motor 236, 237
**moto** *f* Motorrad 56
**mouchoir** Taschentuch
**moules** *f pl* Miesmuscheln 136
**mousse** *f* Schaum
**moutarde** *f* Senf
**mouton** Schaf; Hammelfleisch
**moyen-âge** Mittelalter
**mur** Mauer, Wand
**mûr/e** *(Obst, Mensch)* reif
**mûre** *f* Brombeere
**muscade** *f* Muskat(nuss)
**muscle** Muskel
**musée** Museum 57, 200ff
**musique** *f* Musik 182, 209
**myrtille** *f* Heidelbeere

## N

**nager** schwimmen 191
**naissance** *f* Geburt 42
**nature** *f* Natur 204; **naturellement** natürlich
**nausée** *f* Übelkeit
**navette** *f* Pendelbus/-zug
**ne** nicht; ~ **... pas** nicht, kein 272; ~ **... plus** nicht mehr 272
**né/e** geboren 42
**nécessaire** nötig; notwendig
**nef** *f* Kirchenschiff
**négocier** aus-/verhandeln 263
**neige** *f* Schnee 33; **neiger** schneien
**nerf** Nerv
**net/te** netto
**nettoyage** Reinigung 230
**neveu** Neffe
**nez** Nase 249
**ni ... ni** weder ... noch 272
**nièce** *f* Nichte
**Noël** Weihnachten 31
**noir/e** schwarz 34, 229
**noix** *f* Nuss 150, 151
**nom** Name 42, 100, 101, 129; **se nommer** heißen
**non** nein 52, 272
**nord** Norden 34
**note** *f (Hotel)* Rechnung 107
**notre, nos** unser 283
**nouilles** *f pl* Nudeln
**nous** wir 282; uns 282, 284
**nouveau, nouvel/nouvelle** neu 286
**novembre** November
**nuage** Wolke
**nudisme** Freikörperkultur (FKK)
**nuit** *f* Nacht 94, 96, 100;
**numéro** Nummer 42; ~ **de compte** Kontonummer 221; ~ **de téléphone** Telefonnummer
**nuque** *f* Genick

## O

**objet** Gegenstand, Sache 239; **~s** *pl* **de valeur** Wertsachen 103, 105
**occupé/e** besetzt 78; **occuper** einnehmen; (be-)wohnen; **s'~ de** sich kümmern um 99, 103

**octobre** Oktober 29
**odeur** *f* Duft
**œil, yeux** *pl* Auge 249
**œuf, œufs** Ei, Eier 126, 127, 142ff; **~s brouillés** Rührei; **~ à la coque** weich gekochtes Ei; **~ sur le plat** Spiegelei
**office** Amt; **~ du tourisme** Fremdenverkehrsamt 200
**offre** *f* **spéciale** Sonderangebot 161; **offrir** schenken; anbieten 262
**oie** *f* Gans 139
**oignon** Zwiebel 141
**oiseau** Vogel
**ombre** *f* Schatten 113
**on** man 283; es; wir
**oncle** Onkel
**ongle** Fingernagel; Fußnagel
**opéra** Oper 207, 209f
**opération** *f* Operation; Vorgang 220; **opérer** operieren
**ophtalmologiste** Augenarzt 243
**opticien/ienne** Optiker/in
**or** Gold 184
**orage** Gewitter
**orange** *f* Apfelsine; *(Adjektiv)* orange
**ordinateur** Computer 264ff
**ordonnance** *f* Rezept
**ordures** *f pl* Müll
**oreille** *f* Ohr 249; **oreiller** Kopfkissen 110; **oreillons** *pl* Mumps
**organisation** *f* Organisation
**origan** *(Gewürz)* Oregano
**orteil** Zehe 249
**os** Knochen
**ou** oder 272
**où** wohin, wo 271; **d'~?** woher?
**oublier** vergessen; liegen lassen 238
**ouest** Westen 34
**oui** ja 52
**ouvert/e** offen 26; **jour ouvrable** Werktag; **ouvre-boîtes** Dosenöffner; **ouvre-bouteilles** Flaschenöffner
**ouvrir** öffnen 98, 267ff; *(Konto)* eröffnen 221; aufschließen; aufmachen
**ovale** oval
**oxygène** Sauerstoff

## P

**paiement** Zahlung
**pain** Brot 125, 141, 164; **~ complet** Vollkornbrot 125
**pair/e** *(Anzahl)* gerade
**paire** *f* Paar; **~ de lunettes** Brille
**palais** Palast
**pâle** bleich, blass
**palourde** *f* Venusmuschel 136
**pamplemousse** Grapefruit 171
**panaché/e** gemischt; **un ~** Bier mit Limonade
**panne** *f* Panne; **tomber en ~** *(Auto)* eine Panne haben 235ff
**pansement** Pflaster 240
**pantalon** Hose 173
**pape** Papst
**papeterie** *f* Schreibwarengeschäft 158; **papier** Papier 182, 265; **~ hygiénique** Toilettenpapier
**Pâques** Ostern 30
**paquet** Packung 163; Paket 159, 223f; Päckchen
**par** durch; über; per, pro
**paralysé/e** gelähmt
**parapluie** Regenschirm
**parasol** Sonnenschirm 190
**parc** Park 205
**parce que** weil 272
**Pardon!** Entschuldigung! 37, 98; **pardon?** wie bitte? 37
**pare-brise** Windschutzscheibe 237
**parent/e** Verwandte/r; **~s** *pl* Eltern
**parfait/e** perfekt; **~!** ausgezeichnet! 259
**parfois** manchmal

**parfum** Parfum; *(Eis)* Geschmack 178
**parking** Parkplatz 69, 97
**parler** sprechen 36f, 227, 276ff; ~ **allemand** Deutsch sprechen
**parole** *f* Sprache; Wort, Rede
**part** *f (Portion)* Stück; Teil; **à** ~ getrennt; **à** ~ **moi** außer mir
**participer à** teilnehmen an
**partir** weggehen, wegfahren 59, 72, 83; abfahren 97, 277ff; abreisen 97, 107; *(Flugzeug)* starten
**pas** Schritt; nicht, kein/e 272; ~ **encore** noch nicht
**passage** Durchfahrt; ~ **interdit!** Durchfahrt verboten!
**passager/ère** Passagier; Fahrgast
**passeport** Reisepass 60
**passé/e** *(Zeit)* vergangen
**passer** vorbeigehen/-fahren/-kommen; vorübergehen; *(Ferien)* verbringen; *(Telefon)* verbinden 227, 260
**pastèque** *f* Wassermelone 171
**pasteur** *(evangelisch)* Pastor
**pâté** Pastete 133, 139, 168; **pâte** *f* Teig; ~**s** *f pl* Nudeln 140
**patient/e** Patient/in
**patiner** Schlittschuh laufen
**pâtisserie** *f* Kuchenteilchen; Gebäck 123, 150ff; Konditorei 126, 149f
**patrie** *f* Heimat
**pauvre** arm
**payer** bezahlen 20, 63, 124f, 149f
**pays** Land; **paysage** Landschaft 204
**péage** Mautstelle 65
**peau** *f* Haut
**pêche** *f* Pfirsich 145, 171; Fischen; **pêcher** fischen 193f; ~ **à la ligne** angeln
**pédale** *f* Pedal
**pédalo** Tretboot 187, 190
**pédiatre** Kinderarzt 243
**peignoir** Bademantel 173, 190
**peinture** *f* Farbe; Gemälde
**pellicule** *f* **couleur** Farbfilm 179
**pelouse** *f* Liegewiese
**pendant** während 242
**pénétrer** eindringen; durchdringen
**penser** denken, meinen 52
**pension** *f* Pension; ~ **complète** Vollpension 95
**Pentecôte** *f* Pfingsten 31
**perdre** verlieren 238; **se** ~ sich verirren; ~ **connaissance** ohnmächtig werden 244
**père** Vater
**permanence** *f* **médicale** Bereitschaftsdienst 24
**permis** Genehmigung; ~ **de conduire** Führerschein 71; ~ **de séjour** Aufenthaltsgenehmigung; **permis/e** erlaubt
**persil** Petersilie
**personne** *f* Person 95; jemand
**perte** *f* Verlust 238
**pétanque** *f* Boule 194, 195
**pétillant/e** kohlensäurehaltig 152
**petit/e** klein 255, gering; *(Dauer)* kurz; *(Intensität)* schwach; ~ **pois** Erbse; ~ **déjeuner** Frühstück 95, 116, 123f; **petit-fils** Enkel; **petite-fille** Enkelin; **petits-enfants** Enkel
**peu** wenig; **à** ~ **près** ungefähr
**peuple** Volk
**peur** *f* Angst
**peut-être** vielleicht 49, 52
**phare** Scheinwerfer 237
**pharmacie** *f* Apotheke 178, 240f
**photo** *f* Foto 179f; ~ **d'identité** Paßbild 180
**pièce** *f* Theaterstück 211; ~ **d'identité** Personalausweis 43, 60; ~ **détachée** Ersatzteil 236
**pichet** Karaffe 118
**pied** Fuß 246, 249
**pierre** *f* Stein; ~ **précieuse** Edelstein

**pile** *f* Batterie 180, 184
**pilule** *f* Pille, Antibabypille 247
**pipe** *f* Pfeife 181
**pique-nique** Picknick
**piqué/e** gestochen 245; **piqûre** *f* Stich; Spritze 241, 247
**piscine** *f* Schwimmbad 104, 186, , 188f; ~ **couverte** Hallenbad
**piste** *f* Piste 199
**place** *f* Stelle; Platz 78, 94, 113, 204ff
**plafond** Dach; *(Scheck)* Höchstbetrag 218
**plage** *f* Strand 97, 186ff
**plaie** *f* Platzwunde, Wunde
**plaine** *f* Ebene
**plaire** gefallen 53, 161, 230
**plan de ville** Stadtplan 181
**planche** *f* **à voile** Windsurfbrett 187, 190ff, 197
**plante** *f* Pflanze
**plaque** *f* **d'immatriculation** *(Auto)* Nummernschild 237
**plat** *(Essen)* Gang; Gericht; ~ **du jour** Tagesgericht 130
**plateau** Platte; ~ **de fromage** Käseplatte 144
**plâtre** Gipsverband 247
**pleuvoir** regnen 32
**plonger** tauchen 191, 193
**pluie** *f* Regen 33
**plus** mehr 286
**plutôt** eher, vielmehr
**pneu** Reifen 68, 86, 237
**pneumonie** *f* Lungenentzündung
**poids** Gewicht
**poignet** Handgelenk
**point** Punkt; **à** ~ *(Steak)* durchgebraten; ~ **de vue** Aussichtspunkt; Gesichtspunkt
**poireau** Porree
**pois** Erbse; **petits** ~ Erbsen 170; ~ **chiche** Kichererbse
**poisson** Fisch 130ff, 157, 169
**poitrine** *f* Brust 249
**poivre** Pfeffer; **poivron** Paprikaschote 133, 141, 170
**police** *f* Polizei 232, 237
**pommade** *f* Salbe 241
**pomme** *f* Apfel 171; ~ **de terre** Kartoffel 140
**pompe** *f* (**à air**) Luftpumpe 86; **pompiers** *pl* Feuerwehr 232
**pont** Brücke; Deck; ~ **arrière/avant** *(Auto)* Hinter-/Vorderachse
**porc** Schwein 139, 168
**porcelaine** *f* Porzellan 157, 183
**port** Hafen 83f, 157, 183, 196
**port** Porto; **franc de** ~ portofrei
**portail** Tor; **porte** *f* Tür 110; ~ **d'embarquement** Flugsteig
**porte-monnaie** Portemonnaie 176; **portefeuille** Brieftasche 176, 238
**porter** tragen 172; bringen
**portion** *f* Portion
**position** *f* Position
**posologie** *f* Dosierung 242f
**possible** möglich
**poste** *f* Post 44, 216, 222ff; ~ **aérienne** Luftpost; ~ **principale** Hauptpost 216, 222f
**pot catalytique** *(Auto)* Katalysator; **pot d'échappement** Auspuff 236
**potage** Suppe 134
**potiron** Kürbis
**poubelle** *f* Abfalleimer
**poudre** *f* Pulver; **poudreuse** *f* Tiefschnee 199
**poulet** Huhn, Hähnchen 127, 140
**pouls** Puls
**poumon** Lunge 250
**pour** für; ~ **cent** Prozent
**pourboire** Trinkgeld
**pourquoi** warum 271
**poussière** *f* Staub
**pouvoir** dürfen, können 276
**précipitations** *f pl* Niederschlag
**préhistorique** vorgeschichtlich 203

**premier/ière** erste(r, s) 17, 29, 59
**prendre** nehmen 73, 109, 146, 161, 277ff; ~ **de l'essence** tanken 66; ~ **froid** sich erkälten
**prénom** Vorname 42
**près** nahe, nahebei; ~ **de** in der Nähe von , bei
**prescription** *f* Rezept
**présenter** vorstellen 39, 254f
**préservatif** Präservativ 240
**président** Präsident 256, 257
**presque** fast
**prêt/e** fertig, bereit 103; Darlehen
**prêter** (aus)leihen 189
**prêtre** Priester
**prévenir** warnen, benachrichtigen 232
**prévision** *f* **météorologique** Wettervorhersage
**primeur** *(Markt)* Gemüsestand 157; **~s** Frühgemüse, Frühobst
**printemps** Frühling 32
**priorité** *f* Vorfahrt 233
**privé/e** privat
**prix** Preis 95, 128
**probablement** wahrscheinlich
**problème** Problem
**prochain/e** nächste(r, s) 27, 72
**proche** nah 58
**production** *f* Produktion; **produire** herstellen; **produit** Produkt
**profession** *f* Beruf 42f
**profond/e** tief
**prolongé/e** verlängert; **prolonger** *(Aufenthalt)* verlängern 97
**promenade** *f* Spaziergang
**promettre** versprechen
**proposer** vorschlagen, anbieten 51
**propre** sauber 187
**protection** *f* Schutz
**prune** *f* Pflaume 171
**publicité** *f* Werbung; **public/que** öffentlich
**pus** Eiter

## Q

**quai** Kai; Bahnsteig 78
**qualité** *f* Eigenschaft, Qualität
**quand** wenn, als 272; **~?** wann? 271; ~ **même** dennoch, trotzdem
**quantité** *f* Quantität, Menge 18, 170
**quart** Viertel; **quartier** Stadtviertel
**que** dass; *(Komparativ)* als; wie 45; *(Pronomen)* den, die, das, welche(r, s) 284; was; **quel/quelle** welche(r, s); **quelque** einige(r, s); ungefähr; ~ **chose** etwas 48f; **~fois** manchmal; **~'un** jemand
**question** *f* Frage 46;
**qui** der, die, das 284; wer
**quiche** *f* Eierkuchen 127
**quittance** *f* Quittung
**quoi** was; **il n'y pas de ~!** keine Ursache!, bitte!
**quotidien/ienne** täglich; Tageszeitung; **quotidiennement** *(Adverb)* täglich

## R

**rabais** Rabatt, Preisnachlass
**raccourcir** kürzen
**radiateur** Heizkörper; *(Auto)* Kühler 236
**radis** Radieschen
**rafraîchir** abkühlen; erfrischen; **rafraîchissement** *(Getränk)* Erfrischung
**rage** *f* Tollwut
**raisin** Weintraube 171; **~s** *pl* **secs** Rosinen
**raison** *f* Verstand; Vernunft; Recht; Grund; **avoir** ~ Recht haben; **raisonnable** vernünftig; *(Preis)* angemessen
**randonnée** *f* Wanderung
**rapide** schnell 233

**raquette** *f* Schläger 198
**rare** selten
**raser** rasieren; **rasoir (électrique)** Rasierapparat 178
**rassasié/e** satt
**rayé/e** gestreift
**réception** *f* Rezeption 104
**récif** Klippe
**réclamation** *f* Reklamation 98, 148; **réclamer** reklamieren 98
**recommander** empfehlen 145, 213
**reçu** Quittung, Beleg 21
**réduction** *f* Ermäßigung 75, 95, 201; **réduit/e** verringert; *(Preis)* ermäßigt 201
**réfléchir** nachdenken, überlegen
**réfrigérateur** Kühlschrank 110
**refuge** Hütte 93
**regarder** betrachten; sich umschauen 159
**régime** Diät 248
**région** *f* Region, Gegend 183
**régler** bezahlen 20, 63, 124f, 149f
**rein** Niere 250
**reine** *f* Königin
**reins** *pl* Kreuz; **avoir mal aux ~** Rückenschmerzen haben
**relevé de compte** Kontoauszug 221
**remboursement** Rückerstattung; **rembourser** erstatten
**remède** *(Medizin)* Medikament
**remercier** sich bedanken 46
**remorque** *f (Auto)* Anhänger; **remorquer** *(Auto)* abschleppen
**remplir** *(Bedingungen)* erfüllen
**rencontrer** treffen; **se ~** sich begegnen, sich treffen
**rendez-vous** Verabredung; Termin 228, 258
**rendre visite à** besuchen
**renseignements** *pl* Telefonauskunft 225
**réparation** *f* Reparatur 236; **réparer** reparieren 85, 236
**repas** Mahlzeit
**répéter** wiederholen 37
**répondeur** Anrufbeantworter; **répondre** (be)antworten 260
**repos** Ruhe; **se reposer** sich ausruhen
**représentant/e** Vertreter/in
**représentation** *f* Darstellung; *(Theater)* Vorstellung 208
**réservation** *f* Reservation; *(Zug)* Platzkarte 77; **réserver** buchen, reservieren 96ff, 129, 208
**réservoir d'essence** Tank 237
**respiration** *f* Atem 246
**responsable** Verantwortliche/r 255; *(Reise)* Leiter
**restaurant** Restaurant 117ff
**restauré/e** restauriert
**rester** bleiben 50, 54
**retard** Verspätung 78, 262
**retour** Rückkehr
**réunion** *f* Treffen; Besprechung 260
**réveil** Wecker; **réveiller** wecken 106; **se ~** wach werden, aufwachen
**revenir** wiederkommen
**revenu** Einkommen
**revoir** wiedersehen; **Au ~!** Auf Wiedersehen! 40; **dire au ~ à qn** sich von jd-m verabschieden 40
**rez-de-chaussée** Parterre
**rhumatisme** Rheuma
**rhume** Erkältung 244; **~ des foins** Heuschnupfen
**riche** reich; prächtig; fruchtbar
**rien** nichts 272; **~ que** nur; **de ~**! bitte!, gern geschehen!
**rigoler** lachen
**rive** *f* Ufer; **rivière** *f* Fluss 205
**riz** Reis 140, 164
**robe** *f* Kleid 173
**robinet** Wasserhahn 110; **eau de ~** Leitungswasser
**roc** Fels; **rocher** Fels

**rognons** *pl (Speise)* Nierchen 140
**roi** König/in
**romain/e** römisch 203
**romarin** Rosmarin
**rond/e** rund 160; gerundet; dick; **rond-point** Kreisverkehr
**rosé** Roséwein 152
**rose** *f* Rose, *(Adjektiv)* rosa
**rôti** Braten; ~ **de veau** Kalbsbraten
**roue** *f* Rad ; ~ **de secours** Ersatzrad
**rouge** rot 34; ~ **à lèvres** Lippenstift
**rougeole** *f* Masern
**rue** *f* Straße 42, 62

## S

**sa, son, ses** sein(e), ihr(e)
**sable** Sand
**sac** Tasche 80, 176; ~ **à dos** Rucksack 80, 176; ~ **à main** Handtasche 176, 238; ~ **de couchage** Schlafsack 114; **sachet** Tüte 159
**saigner** bluten
**Saint/e** Heilige/r 206
**saison** *f* Saison 210
**salade** *f* Salat 128, 135, 170; ~ **de fruits** Obstsalat 145, 147
**sale** dreckig, schmutzig 98, 162, 187
**salé/e** salzig; **salière** *f* Salzstreuer 148
**salle** *f* Zimmer; ~ **à manger** Speisesaal 104; ~ **d'attente** Wartesaal 77; ~ **d'eau** Waschraum 77; ~ **de bain** Bad 94, 100, 110; **salon** Wohnzimmer
**saluer** grüßen, begrüßen 38ff; **salut!** hallo! 38
**samedi** Samstag 28
**SAMU** Notruf, Notarztwagen 233f
**sang** Blut
**sanglier** Wildschwein 140
**sans** ohne; ~ **alcool** alkoholfrei; ~ **plomb** bleifrei 66
**santé** *f* Gesundheit
**sauce** *f* Soße 132
**saucisse** *f* Wurst, Bratwurst 127, 140, 157, 168; ~ **sèche** Salami 140, 168; **saucisson** Salami 168
**sauge** *f* Salbei
**saumon** Lachs 137
**sauver** retten; **sauvetage** Rettung
**savoir** wissen; können
**sculpteur** Bildhauer/in; **sculpture** *f* Bildhauerei; Skulptur 204
**se** sich 284
**sec/sèche** trocken 152; **sèche-cheveux** Föhn; **sécher** trocknen 228
**seconde** *f* Sekunde 23
**secourisme** erste Hilfe
**secrétaire** Sekretärin 256
**seiche** *f* Tintenfisch 137
**séjour** Aufenthalt 96, 97
**sel** Salz 132, 164
**semaine** *f* Woche 96
**semelle** *f* **(en cuir)** (Leder-)Sohle
**semoule** *f* Grieß
**sens** Richtung; Sinn; ~ **giratoire** Kreisverkehr; ~ **unique** Einbahnstraße
**sensible** empfindlich
**sentier** Weg 192
**sentiment** Gefühl; **sentir** fühlen 244
**septembre** September 29
**septicémie** *f* Blutvergiftung
**sérieux/se** ernst; seriös; zuverlässig
**serré/e** eingeklemmt; eng 172; **serrer** drücken; **serrure** *f* Schloß
**serveur/euse** Kellner/in
**service** Dienst; Bedienung; ~ **de dépannage** Abschleppdienst
**serviette** *f* Handtuch 105, 111, 190; ~ **de table** Serviette 148
**servir** dienen; bedienen; nützen
**seul/e** allein 54; einsam; einzig; **seulement** nur 228

**sexe** Geschlecht 42
**shampooing** Haarshampoo 177
**si** wenn, falls, ob 272
**siècle** Jahrhundert 203
**siège** Sitz; **~-bébé** Kindersitz 70
**signer** unterschreiben 21, 71, 218
**silence** Stille; Pause; Schweigen; **silencieux/euse** ruhig
**simple** schlicht; einfach 97; **aller ~** einfache Fahrt 76
**sirop** Sirup 120, 121
**site** (schöne) Umgebung; **~ archéologique** Ausgrabungsstätte
**situation** *f* Situation
**ski** Ski; **~ nautique** Wasserski 190, 193, 196; **skier** Ski fahren 198f
**sobre** nüchtern
**société** *f* Gesellschaft 258
**soie** *f* Seide 174
**soif** *f* Durst
**soir** Abend 28, 48, 212; **le ~** abends; **soirée** *f* Abend
**sol** Boden
**solde** Saldo 220, 221; Sonderangebot; **en ~** Ausverkauf 161
**sole** *f* Seezunge 137
**soleil** Sonne 32f
**somme** *f* Betrag
**sommet** Bergspitze
**sortie** *f* Ausfahrt 64, 65; Ausgang 87, 267; **~ de secours** Notausgang; **sortir** hinausgehen; herauskommen; ausgehen 212
**sou** Groschen; **~s** *pl* Geld
**souffrir** leiden
**souhaiter** wünschen
**soupe** *f* Suppe 134
**sous** unter 58; **~-vêtements** *pl* Unterwäsche 173f
**soutien-gorge** BH
**spectacle** Abendveranstaltung
**sport** Sport 191ff; **~ d'hiver** Wintersport 198f
**stand** Stand 267, 268
**station** *f* Halt; Haltestelle; **~-service** *f* Tankstelle 65f; **stationner** parken
**statue** *f* Standbild
**stylo à bille** Kugelschreiber 182
**sucre** Zucker 126; **sucré/e** süß 149ff
**sud** Süden 34
**sueur** *f* Schweiß
**suisse** Schweizer/in 41; **Suisse** *f* Schweiz 223
**suivre** folgen 58
**supermarché** Supermarkt 113
**supplément** Zuschlag
**suppositoire** Zäpfchen 241
**sur** auf 58; über
**sûr/e** sicher
**surveiller** aufpassen auf 188
**suspension** *f* Federung
**syndicat** Gewerkschaft; **~ d'initiative** Fremdenverkehrsamt 200

## T

**tabac** Tabak 180
**table** *f* Tisch 37, 111, 129, 148
**tableau** Bild, Gemälde 202
**tache** *f* Fleck 230
**taille** *f (Kleidung)* Größe; **tailleur** Schneider/in; Kostüm 173
**talon** Ferse; Absatz 176
**tante** *f* Tante
**tard** spät 27, 40
**tarte** *f* Kuchen 149
**tasse** *f* Tasse 111, 118
**taux de change** Wechselkurs 218
**te** dir 282; dich 284
**télécarte** *f* Telefonkarte; **téléphérique** Seilbahn 199; **téléphone** Telefon 224ff; **téléphoner** telefonieren 224ff, 259f; **télévision** *f* Fernseher 100
**témoin** Zeuge 233, 234
**température** *f* Temperatur 33
**tempête** *f* Sturm

**temps** Zeit; Wetter 31f; **à ~** rechtzeitig
**tendre** zart, weich; zärtlich
**tension** *f* **artérielle** Blutdruck 248
**tente** *f* Zelt 114
**tenue** *f* Benehmen; Kleidung; **~ de soirée** Abendgarderobe 213
**terminus** Endhaltestelle 87
**terrasse** *f* Terrasse 212; **en ~** *(Restaurant)* draußen
**terrible** schrecklich
**terrine** *f* Schüssel; Pastete 133ff, 168
**tête** *f* Kopf 249
**thé** Tee 119, 164
**théâtre** Theater 207, 211
**thermomètre** Thermometer
**thon** Thunfisch 137
**thym** Thymian
**ticket** (Fahr-)Karte; Beleg 220
**timbre** Briefmarke 222ff; Stempel
**tire-bouchon** Korkenzieher 111; **tirer** ziehen
**tisane** *f* Kräutertee 119
**tissu** Stoff
**toi** du; dich, dir;
**toilettes** *f pl* Toilette 94, 98ff, 110ff
**tomate** *f* Tomate 128, 134f, 141, 170
**ton**, **ta**, **tes** dein/e 283
**tôt** früh; **au plus ~** frühestens
**touche** *f* Taste; **toucher** berühren
**toujours** immer
**tour** *f* Turm 204; *m* Ausflug
**tourisme** Tourismus; **office du ~** Fremdenverkehrsamt
**tourner** drehen; abbiegen 57
**tout/e, toutes** jede(r, s); **tous, toutes** alle 94, 161; **tout de suite** gleich, sofort 27, 262; **tout droit** geradeaus
**toux** *f* Husten 244
**toxique** giftig
**traducteur/trice** Übersetzer/in 37; **traduire** übersetzen
**trafic** Verkehr 262
**train** Zug 56, 59, 71ff
**tramway** Straßenbahn
**tranche** *f* Scheibe 163
**transat** Liegestuhl 187, 189
**transférer** *(Arzt)* überweisen 248
**travail** Arbeit, **travaux** Straßenbauarbeiten 187, 189
**traveller's chèque** Reisescheck 21
**traversée** *f* Überfahrt
**triste** traurig
**trop** zu; zu viel
**troubles** *pl* Beschwerden; **~ circulatoires** Kreislaufstörungen
**trouver** finden; **se ~** sich befinden 104
**truffe** *f* Trüffel
**truite** *f* Forelle 137
**tu** du 282
**tuba** Schnorchel 191
**tunnel** Tunnel
**TVA** *f* Mehrwertsteuer 128

## U

**un/e** ein/e 273; *(Zahl)* eins → 16
**uni/e** vereinigt; *(Stoff)* einfarbig 174
**unité** *f* Einheit
**université** *f* Universität
**urgence** *f* Notfall 234, 232; **~s** *f pl* Notfallstation 251; **urgent/e** dringend
**urine** *f* Urin
**ustensile** Gerät; **~s** *pl* **de cuisine** Kochgeschirr
**utile** nützlich; **utiliser** gebrauchen; benutzen 264

## V

**vacances** *f pl* Ferien; Urlaub
**vacciner** impfen
**vache** *f* Kuh
**vague** *f* Welle

**vaisselle** *f* Geschirr 111
**valable** gültig
**valeur** *f* Wert
**valider** *(Automat)* bestätigen 220
**valise** *f* Koffer 80, 176
**varicelle** *f* Windpocken
**veau** Kalb 140, 168
**végétarien/ienne** vegetarisch 147
**vélo** Fahrrad 56, 74, 80, 156, 85ff
**velouté** Cremesuppe 134
**vendeur/euse** Verkäufer/in; **vendre** verkaufen
**vendredi** Freitag
**venir** kommen 277
**vent** Wind 33
**ventre** Bauch 249
**verglas** Glatteis 33
**vérité** *f* Wahrheit; **véritable** wahr; echt 176
**verre** Glas 111, 118, 152; **~s** *pl* **de contact** Kontaktlinsen
**vert** grün
**vertige** Schwindelgefühl
**vésicule** *f* **biliaire** Galle 250
**veste** *f* Jacke 173; Jackett 174; **vestiaire** Garderobe 189, 209; Umkleidekabine 187, 189
**vêtements** *pl* Kleidung 156, 173f
**vétérinaire** Tierarzt/ärztin
**viande** *f* Fleisch 138ff, 168f
**vie** *f* Leben; **~ nocturne** Nachtleben 212ff
**vieux**, **vieil**, **vieille** alt
**vigne** *f* Weinrebe; Weinberg
**village** Dorf; **ville** *f* Stadt
**vin** Wein 152ff; **~ blanc** Weißwein 152; **~ mousseux** Sekt 122, 152f; **~ rouge** Rotwein 152
**vinaigrette** *f* Salatsoße
**virage** Kurve
**virement** *(Bank)* Überweisung 221
**visage** Gesicht
**visiter** besichtigen; **visiteur** Besucher
**vitesse** *f* Geschwindigkeit, Gang
**vivre** leben
**voie** *f* Gleis 77f
**voile** *f* Segel; **voilier** Segelboot 190
**voir** sehen; **se ~** sich treffen 48f
**voiture** *f* Auto, Wagen 56, 62ff, 101ff
**vol** Diebstahl 238, 237; Flug 81f; **voler** stehlen 238; fliegen 56, 80
**volaille** *f* Geflügel 127ff
**volant** *(Auto)* Steuer
**volontiers** gern 50
**volume** Volumen; Lautstärke
**vomissement** Erbrechen
**votre**, **vos** euer/eure 283; Ihr/e
**voudrais** *siehe* **vouloir**
**vouloir** wollen 276
**vous** ihr; euch 282; Sie; Ihnen
**voyage** Reise; **voyager** reisen
**vrai/e** echt, wahr 52

## W

**wagon** Wagen; *(Zug)* Wagon 74, 77; **wagon-lit** Schlafwagen 74; **wagon-restaurant** Speisewagen
**week-end** Wochenende 28, 40

## Y

**y** dort, dorthin; darauf; darin 283
**yacht** Jacht
**yaourt**, **yoghourt** Joghurt 126
**yeux** *siehe* **œil**

## Z

**zéro** null 16
**zone** *f* Zone; **~ piétonne/ piétonnière** Fußgängerzone
**zoo** Zoo 205
**zut!** Mist!; verflixt noch mal!

**Durchschnittliche Temperaturen und Niederschlagstage in Paris:**

| | I | II | III | IV | V | VI | VII | VIII | IX | X | XI | XII |
|---|---|---|---|---|---|---|---|---|---|---|---|---|
| Tag | 6 | 7 | 12 | 16 | 20 | 23 | 25 | 24 | 21 | 16 | 10 | 7°C |
| Nacht | 1 | 1 | 4 | 6 | 10 | 13 | 15 | 14 | 12 | 8 | 5 | 2°C |
| Niederschlagstage | 12 | 10 | 8 | 9 | 9 | 9 | 9 | 9 | 9 | 8 | 10 | 10 |

**Durchschnittliche Temperaturen, Sonnenscheinstunden und Niederschläge in Nizza:**

| | I | II | III | IV | V | VI | VII | VIII | IX | X | XI | XII |
|---|---|---|---|---|---|---|---|---|---|---|---|---|
| Tag | 13 | 13 | 15 | 17 | 20 | 24 | 27 | 27 | 25 | 21 | 17 | 13°C |
| Nacht | 4 | 5 | 7 | 9 | 13 | 16 | 18 | 18 | 16 | 12 | 8 | 5°C |
| Wasser | 13 | 12 | 13 | 14 | 16 | 20 | 22 | 23 | 21 | 19 | 16 | 14°C |
| Tägliche Sonnenscheinstunden | 5 | 6 | 6 | 8 | 9 | 10 | 12 | 11 | 9 | 7 | 5 | 5 |
| Niederschlagstage | 7 | 6 | 6 | 7 | 6 | 3 | 2 | 3 | 6 | 8 | 8 | 7 |

## Ausgewählte französische Käsespezialitäten

| **Weißschimmelkäse** | **Herkunftsgebiet** |
|---|---|
| Brie de Meaux | Seine-et-Marne |
| Brie de Melun | Seine-et-Marne |
| Brillat-Savarin | Normandie |
| Camembert | Normandie |
| Chaource | Champagne, Burgund |
| Coulommiers | Ile-de-France |
| Neufchâtel | Seine-Maritime |
| Saint-Marcellin | Isère |
| **Weichkäse mit Rotflora** | |
| Epoisses | Burgund |
| Livarot | Calvados |
| Munster | Vogesen |
| Pont l'Evêque | Normandie |
| **Ziegenkäse** | |
| Cabécou | Périgord, Query, Rouergue |
| Charolles | Burgund |
| Montrachet | Burgund |
| Pélardon | Cévennes |
| Poivre d'âne | Provence |
| Pouligny-Saint-Pierre | Loire |
| Selles-sur-Cher | Loire |
| **Blauschimmelkäse** | |
| Bleu des Causses | Aveyron |
| Fourme d'Ambert | Auvergne |
| Roquefort | Aveyron |
| **Hartkäse** | |
| Abondance | Savoyen |
| Gruyère de Comté | Comté |
| **Schnittkäse** | |
| Ardi-gasne | Baskenland |
| Bethmale | Pyrenäen |
| Cantal | Südl. Zentralmassiv |
| Morbier | Comté |
| Ossau-Iraty | Westl. Pyrenäen |
| Reblochon | Savoyen |
| Tomme de Savoie | Savoyen |